Silvia Gutschmidt

dBASE IV lernen
am konkreten Beispiel

Aus dem Bereich
Computerliteratur

Nachschlagewerke:

dBASE IV griffbereit
von W. Kaier

Programmierleitfaden dBASE IV
Ein Microsoft Press/Vieweg-Buch

dBASE IV von A .. Z
von D. Hergert

Einführungen:

dBASE IV lernen am konkreten Beispiel
von S. Gutschmidt

**dBASE IV — Schritt für Schritt zum
professionellen Anwender**
von R. A. Byers und C. N. Prague

Programmierung:

Programmierhandbuch zu dBASE IV
Für Umsteiger von dBASE III Plus auf dBASE IV
von H.-P. Herbert

dBASE IV-Wegweiser
von E. Kaier

**dBASE IV — Programmierung für
betriebswirtschaftliche Anwendung**
von R. A. Byers

**dBASE IV — Programmieranleitung für die Arbeit mit
einem relationalen Datenbanksystem auf dem PC**
von W.-M. Kähler

Vieweg

SILVIA GUTSCHMIDT

dBASE IV™

LERNEN AM KONKRETEN BEISPIEL

Springer Fachmedien Wiesbaden GmbH

Layout und Satz: Translingua, Bonn

ISBN 978-3-528-04702-3   ISBN 978-3-322-85482-7 (eBook)
DOI 10.1007/978-3-322-85482-7

Inhaltsverzeichnis

Einleitung

Dieses Buch richtet sich an Anwender, die dBASE IV kennenlernen und mit dem relationalen Datenbanksystem eigene Anwendungen entwickeln wollen. Das Buch setzt keinerlei Kenntnisse über dBASE III plus oder dBASE IV voraus. Es beschreibt sowohl das Menüsystem der Version 1.0 als auch das der neuen Version 1.1.

Sie erfahren, wie Sie mit dem Menüsystem eine Datenbank anlegen, Daten verwalten und auswerten sowie Etiketten, übersichtliche Berichte und Serienbriefe drucken. Zusätzlich beschreibt das Buch, wie Sie Bildschirmmasken entwerfen und die eingegebenen Daten prüfen können. Die Erklärung nützlicher Zusatzfunktionen zu dBASE IV rundet das Buch ab. Sie lernen die wichtigsten Elemente des Menüsystems von dBASE IV kennen.

Anhand einer Fülle praktischer Beispiele werden die Einsatzmöglichkeiten von dBASE IV veranschaulicht. In jedem Kapitel wird mindestens eine Aufgabe aus dem Alltag der Anwender gestellt. Die Lösungen werden vollständig und Schritt für Schritt erklärt.

Überblick über das Buch

Jedes Kapitel dieses Buches gliedert sich in drei Teile. Zunächst erhalten Sie einen Überblick über den jeweiligen Programmteil und den Aufbau der Masken. Dann werden die Möglichkeiten des Programmteils anhand von Beispielen und Aufgaben vorgestellt. Jedes Kapitel endet mit einer Zusammenfassung.

Es folgt eine kurze Beschreibung der einzelnen Kapitel:

Kapitel 1: Datenverwaltung mit dBASE IV

In diesem Kapitel lernen Sie wichtige Begriffe aus der Welt der Datenbankprogramme kennen. Sie erfahren, was die Begriffe relationale Datenbank, Index und Verknüpfung von Dateien bedeuten. Zudem erhalten Sie einen Überblick über die Eigenschaften von dBASE IV.

Kapitel 2: dBASE IV handhaben

Die Handhabung des Menüsystems ist das Thema dieses Kapitels. Sie erfahren, wie Sie Befehle in Menüs aufrufen und Daten in Masken eintragen. Sie werden mit den wichtigsten Funktionstasten und Tastenkombinationen vertraut gemacht.

Kapitel 3: Datenbanken erstellen

In Kapitel 3 lernen Sie, Datenbanken zu erstellen. Es werden die verschiedenen Datentypen von dBASE IV vorgestellt. Außerdem zeigt das Kapitel, wie Sie die Struktur von Datenbanken nachträglich ändern können.

Kapitel 4: Daten eingeben, bearbeiten, auswählen

Mit dBASE IV bearbeiten Sie Daten entweder in der Einzelsatz- oder in der Tabellendarstellung. Dieses Kapitel stellt beide Darstellungsarten vor. Es zeigt, wie Sie Daten eingeben, verändern, löschen, hinzufügen oder bestimmte Daten suchen können.

Kapitel 5: Indizieren und sortieren

Dieses Kapitel beschreibt, wie Sie Indizes über mehrere Felder anlegen und bestehende Indizes ändern. Sie erfahren, wie Sie einen Index zum Hauptindex auswählen, Bestandsdateien nach Indizes sortieren und sortierte Bestandsdateien speichern können.

Kapitel 6: Query By Example

Hier lernen Sie die Abfragesprache Query By Example (QBE) kennen. Es zeigt, wie Sie Daten nach verschiedenen Kriterien auswählen, mit Datenbankfeldern rechnen und die Daten statistisch auswerten können. Zudem lernen Sie, mehrere Datenbankdateien miteinander zu verknüpfen und abzufragen. Das Kapitel beschreibt auch, wie Sie mehrere Sätze gleichzeitig ändern, löschen oder an eine Datei anfügen können.

Kapitel 7: Berichte drucken

Mit dem Berichtgenerator bereiten Sie Daten zum Ausdrucken vor. Sie lernen in diesem Kapitel, Felder für den Bericht auszuwählen und in einer beliebigen Reihenfolge anzuordnen, die Daten zu sortieren und zu gruppieren, statistische Größen zu berechnen und den Bericht zu formatieren.

Kapitel 8: Etiketten drucken

Dieses Kapitel beschreibt, wie Sie Adressaufkleber oder Preisschilder drucken. Sie lernen, die Größe der Etiketten zu bestimmen, die Felder auszuwählen, das Etikettenformat in einem Probedruck zu testen und die Etiketten auszudrucken.

Kapitel 9: Serienbriefe mit individueller Anrede drucken

Mit dem Berichtgenerator von dBASE IV können Sie Serienbriefe drucken. Wenn Sie die Empfänger im Brief mit ihrem Namen anschreiben wollen, müssen Sie benutzerdefinierte Funktionen verwenden. Dieses Kapitel erklärt, wie Sie eigene Funktionen definieren und die Beziehung zwischen Serienbrief und Funktion herstellen können.

Kapitel 10: Masken entwerfen

Dieses Kapitel beschreibt, wie Sie eigene Masken entwerfen können. Es werden zahlreiche Funktionen zur Eingabekontrolle erklärt. Sie können Wertebereiche festlegen, den Typ der eingegebenen Daten prüfen oder die Eingabe an eine Bedingung knüpfen. Sie können die Dateneingabe mit Multiple-Choice-Feldern, der Übernahme von Standardwerten oder erklärenden Hilfstexten einfacher gestalten. Sie lernen Teile der Maske mit Linien, Rahmen oder Schriftarten optisch hervorzuheben.

Kapitel 11: Diverse nützliche Funktionen

Im letzten Kapitel werden Tips für den Umgang mit Katalogen und Verzeichnissen erläutert. Sie erfahren, wie Sie Sicherungskopien Ihrer Dateien anlegen, Makros programmieren, Dateien an andere Programme übergeben oder Dateien von anderen Programmen mit dBASE IV weiterbearbeiten können.

Anhang

Der Anhang beschreibt die Installation von dBASE IV. Er erklärt auch, wie Sie Systemparameter einstellen können. Die Endungen der Dateinamen und die Beziehung zwischen den verschiedenen Dateitypen, die dBASE IV anlegt, werden ebenfalls im Anhang erläutert. Eine Liste vermittelt einen Überblick über die Beispiel-Dateien, die auf der beiliegenden Diskette sind. Über die Begriffe des Stichwortverzeichnisses können Sie schnell auf einzelne Abschnitte des Buches zugreifen.

Wie Sie dieses Buch am besten nutzen

Die Beispiele dieses Buches sollten Sie direkt am Computer ausprobieren. Nur dann wird es Ihnen möglich sein, das Gelesene für Ihre Arbeit zu verwenden.

Im Buch werden zahlreiche Aufgaben gestellt. Alle erforderlichen Lösungsschritte, die Sie auf Ihrem Computer nachvollziehen sollen, sind numeriert:

1.

2.

3.

Besteht die Lösung der Aufgabe aus einer einzigen Anweisung, so beginnt diese mit einem Stern:

*

Zeilen, die mit einem Punkt beginnen, gehören zu einer Aufzählung:

●

●

Erklärungen stehen in normalen Absätzen.

Alle im Text beschriebenen und vorgenommenen Eingaben werden kursiv gedruckt.

Geben Sie ein: *kunden*

Die Bezeichnung der Tasten, die Sie drücken sollen, wird ebenfalls kursiv geschrieben:

Drücken Sie die *Eingabetaste*.

Alle Bildschirmangaben werden fettgedruckt ausgegeben:

> Wählen Sie aus dem **Katalog**-Menü den Befehl **Anderen Katalog wählen** aus.

Antworten von dBASE IV werden ebenfalls fettgedruckt ausgegeben:

Wollen Sie die Datei wirklich aus dem Katalog entfernen?

Das Buch erklärt Funktionen anhand einer Beispiel-Datenbank, die auf der mitgelieferten Diskette gespeichert ist. Die Beispiel-Datenbank besteht aus den vier Bestandsdateien Kunden, Artikel, Auftrag und Position. Alle Abfragen des Kapitels 6, Berichte des Kapitels 7, Etiketten des Kapitels 8, Serienbriefe und benutzerdefinierte Funktionen des Kapitels 9, Masken des Kapitels 10 und Makros des Kapitels 11 sind auf der Diskette gesichert. Der Anhang enthält eine Übersicht über die gespeicherten Dateien.

Sie können das Buch vom ersten bis zum letzten Kapitel durcharbeiten und sich die Datenbank selbst erarbeiten. Wenn Sie nur an bestimmten Kapiteln des Buches interessiert sind, übertragen Sie bitte die Beispiel-Datenbank mit allen zusätzlichen Beispiel-Dateien auf Ihre Festplatte.

Kapitel 6 über die Abfragesprache QBE setzt fünf Bestandsdateien voraus. Sie sollten daher auf jeden Fall die Bestandsdateien (Endung .dbf) auf Ihre Festplatte kopieren.

1   Datenverwaltung mit dBASE IV

Wenn es Ihnen bereits in den Fingern juckt, Ihre erste Datenbank zu entwerfen, sollten Sie damit trotzdem noch ein paar Minuten warten. Die wichtigsten Begriffe aus der Welt der Datenbankprogramme müssen Sie für einen sinnvollen Datenbankeinsatz ganz einfach kennen.

In diesem Kapitel erfahren Sie

- wie eine relationale Datenbank aufgebaut ist,

- wofür Sie ein relationales Datenbankprogramm sinnvoll einsetzen,

- wie Sie über indizierte Felder schnell einen bestimmten Datensatz finden und

- über Join-Felder Datenbank-Dateien miteinander verknüpfen können.

- Das Kapitel schließt mit einem Überblick über die wesentlichen Eigenschaften von dBASE IV.

- Um die Arbeitsweise des Datenbankprogramms dBASE IV zu verdeutlichen, wird in diesem Kapitel ein herkömmliches Karteikartensystem mit einer EDV-gestützten Datenbank verglichen.

Was ist eine Datenbank?

Bei der ständig wachsenden Datenflut wird es immer wichtiger, schnell und zuverlässig an benötigte Daten zu gelangen. Die Daten müssen nach bestimmten Merkmalen strukturiert sein, damit sie effektiv ausgewertet werden können. In einer alphabetisch geordneten Namensliste lassen sich z. B. einzelne Namen schneller finden als in einer ungeordneten Liste.

Eine Datenbank enthält Informationen, die nach einem bestimmten Schema geordnet sind.

Beispiele für Datenbanken können sein:

- Geordnete Namenslisten

- Adressverzeichnisse

- Telefonbücher

- Fahrpläne

- Karteikastensysteme

Solange man nur einige wenige Adressen verwaltet, kommt man mit einem Karteikasten gut klar. Wächst aber die Anzahl der zu bearbeitenden Adressen stark an, wird das Karteikastensystem unübersichtlich und damit zu einer unzuverlässigen Informationsquelle. Wenn man eine Karte einmal an der falschen Stelle einsortiert hat, findet man sie so schnell nicht wieder.

Ab dem Datenbestand, bei dem das Karteikastensystem versagt, bewährt sich ein Datenbankprogramm. Es sortiert Daten automatisch und unabhängig von der Größe des Datenbestands an der richtigen Stelle ein. Im Prinzip ist aber eine EDV-gestützte Datenbank ähnlich aufgebaut wie ein Karteikasten.

Vergleich zwischen Karteikasten und EDV-gestützter Datenbank

Karteikasten	EDV-Datenbank
Der Karteikasten faßt eine zusammengehörige Gruppe von Daten zusammen.	Eine Datenbank-Datei faßt einen Datenbestand unter einem gemeinsamen Oberbegriff, dem Dateinamen, zusammen.
Jede Kartei enthält Karteikarten.	Jede Datei enthält Datensätze.
Auf jeder Karteikarte steht eine bestimmte Zahl von Eintragungen.	Jeder Datensatz besteht aus einer bestimmten Anzahl von Datenfeldern.
Ein Register erleichtert das Auffinden der Daten.	Indizierte Felder beschleunigen die Datensuche.
Mehrere Karteikästen enthalten Karten mit verschiedenen Eintragungen.	Eine Datenbank kann aus mehreren Datenbank-Dateien bestehen.

Bild 1-1 veranschaulicht den Zusammenhang zwischen Datenbank, Datenbank-Datei und Datensätzen.

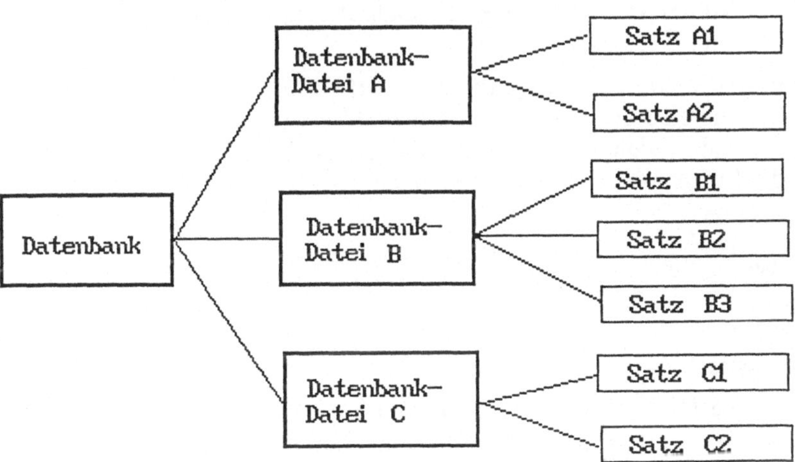

Bild 1-1 Beziehung zwischen Datenbank, Datenbank-Dateien und Datensätzen

Vorteile EDV-gestützter Datenbanken

Datenbankprogramme ersetzen nicht nur Karteikastensysteme. Sie bieten eine Vielzahl weiterer Möglichkeiten an, die Daten auszuwerten, von denen der Anwender eines Karteikastens nur zu träumen wagt:

- Schnelle und einheitliche Datenerfassung.
- Verwaltung riesiger Datenbestände.
- Problemloses Aktualisieren der Daten.
- Schnelles Sortieren nach verschiedenen Kriterien.
- Auswählen von Daten, die bestimmte Bedingungen erfüllen.
- Übersichtliche Ausgabe der Daten in Listen, auf Etiketten und in Briefen.
- Gleichzeitiges Auswerten der Daten aus verschiedenen Dateien.

Aufbau eines relationalen Datenbanksystems

Die meisten modernen Datenbankprogramme für PCs lassen die Arbeit mit relationalen Datenbanken zu. Beispiele für Datenbankprogramme sind dBASE IV, Oracle, Informix oder Ingres.

Wie sieht eine relationale Datenstruktur aus? Auf Karteikarten schreibt man die Daten meist zeilenweise auf. So stehen beispielsweise in der ersten Zeile der Firmenname, in der zweiten Zeile der Name des Ansprechpartners, in der dritten Zeile die Straße und in der vierten Zeile Postleitzahl und Ort.

Beispiel:

```
Sommer GmbH

Fiona Schein

Grasgasse 5

8400 Regensburg
```

Führen Sie Ihre Kartei ordentlich, und pflegen Sie Ihre Datenbestände auf den Karteien, dann weisen alle Karteikarten dieselbe Zeilenstruktur auf.

Eine relationale Datenbank hat im Prinzip eine sehr ähnliche Struktur (Aufbau und Pflege). Die Datensätze einer Datenbank-Datei werden in einer Tabelle abgelegt. "Relation" ist nur ein anderer Begriff für Tabelle, aus dem die Bezeichnung "relationale Datenbank" abgeleitet wurde. Eine Relation besteht aus Zeilen und Spalten.

Spalten: Jedes Eintragungsfeld einer Karteikarte ist mit einer Spalte der Tabelle vergleichbar. Jedem Feld des Datensatzes entspricht eine Tabellenspalte. Ein Feld hat einen Namen, eine Feldlänge und einen Feldtyp.

Zeilen: In den Zeilen der Tabelle stehen die einzelnen Datensätze wie beispielsweise die Adresse der "Sommer GmbH". Pro Satz wird jedem Feld ein Wert zugewiesen.

Eine Tabelle kann demnach folgendermaßen aufgebaut sein:

Firma	Name	Straße	PLZ	Ort
Sommer GmbH	Fiona Schein	Grasgasse 5	8400	Regensburg
Blumen Reiner	Reiner Lang	Maxstr. 24	8000	München
Weigl AG	Eva Maler	Kuhgäßchen 1	8400	Regensburg

Firma, Name, Straße, PLZ und Ort sind die Feldnamen.

Die Datensätze - die Adreßangaben - stehen in den einzelnen Zeilen der Tabelle. Eine Datenbank-Datei (Tabelle) von dBASE IV besteht aus Datensätzen (Zeilen), die alle dieselben Datenfelder (Spalten) enthalten. Anzahl, Typ, Länge und Anordnung der Datenfelder bestimmen die Struktur einer Datenbank-Datei.

Bevor man eine Datenbank anlegt, sollte man sich über ihre Struktur im klaren sein. Dazu entwirft man am besten mit Papier und Bleistift die Tabelle. Überlegen Sie sich genau die Struktur, den Zeilenaufbau und die Feldnamen.

Zugriff über indizierte Felder

Ein Datenbanksystem kann einen Satz auf zweierlei Arten aus einer Tabelle heraussuchen. Ohne jegliches Hilfsmittel liest es jeden Satz der Tabelle und prüft, ob er einer vom Benutzer vorgegebenen Bedingung entspricht. Falls ein Feld der Tabelle indiziert ist, kann das Datenbanksystem direkt auf einen Datensatz zugreifen. Für jedes indizierte Feld aus der Tabelle existiert ein Inhaltsverzeichnis, das in einer Indexdatei gespeichert wird. In diesem Inhaltsverzeichnis stehen lediglich die Daten, die das Datenbankprogramm benötigt, um bestimmte Datensätze zu finden.

Beispiel:

Die Adressen sollen nach den Firmen sortiert werden. Bei der Eingabe erhält jeder Datensatz automatisch eine Satznummer. Die Satznummern entsprechen der Reihenfolge, in der die Sätze eingegeben wurden. Firma ist ein indiziertes Feld. In der Indexdatei stehen dann nur noch die Firmennamen und die zugehörigen Satznummern:

```
Satz-           Firma
nummer

1               Sommer GmbH

2               Blumen Reiner

3               Weigl AG
```

Die Firmen werden in der Indexdatei sortiert:

```
Satz-           Firma
nummer

2               Blumen Reiner

1               Sommer GmbH

3               Weigl AG
```

Über die Satznummern ist nach der Indizierung der schnelle Zugriff auf die vollständigen Sätze gewährt.

Indizierte Felder belegen in der Regel zwar mehr Speicherplatz als einfache Felder. Sie bieten aber entscheidende Vorteile wie schnelleres Sortieren der Datensätze, beschleunigte Auswahl von Datensätzen und rasches Finden einer Verknüpfung von Datenbank-Dateien.

Verknüpfung von Datenbank-Dateien

Zwei oder auch mehrere Datenbank-Dateien können über Indexfelder miteinander verknüpft werden. Die Verknüpfung heißt Join und das Verknüpfungsfeld Join-Feld.

Der Wert eines Join-Feldes muß einen bestimmten Satz eindeutig identifizieren; er darf also nur einmal vorkommen. Das Feld `Firma` aus dem obigen Beispiel ist ungeeignet, da ein Firmenname oder auch ein Zuname leicht mehrfach auftauchen. Man verwendet deshalb als Join-Feld beispielsweise eine fortlaufende Kunden- oder Artikelnummer; auf jeden Fall aber ein Feld, das einen eindeutigen und nur einmalig auftretenden Wert enthält.

Wann sind Joins sinnvoll?

Wenn man Informationen benötigt, die in verschiedenen Tabellen gespeichert sind, führt man einen Join durch.

Beispiel:

Will man in einem übersichtlichen Bericht zusätzlich zu den Daten der Lagerdatei noch die Bezeichnung der Artikel ausgeben, verknüpft man Lager- und Artikeldatei über die Artikelnummer:

Artikeldatei

Artikelnummer	Bezeichnung
1001	Canon T70
1002	Minox 300
1003	Vivitar 300 Z
2001	Tokina Zoom 28-135

Lagerdatei

Artikelnummer	Bestand
1001	22
1002	25
2001	10

Es werden nur die Datensätze miteinander verknüpft, in deren Join-Feldern
derselbe Wert steht.

<u>Verknüpfung</u>

```
Artikelnummer      Bezeichnung                    Bestand

1001               Canon T70                      22
1002               Minox 300                      25
2001               Tokina Zoom 28-135             10
```

Joins bieten den entscheidenden Vorteil, daß doppelte Datenhaltung überflüssig
wird. Benötigt man Daten aus verschiedenen Datenbank-Dateien, verknüpft
man diese ganz einfach.

Überblick über dBASE IV

Weltweit wurden bislang 2 Millionen Exemplare aus der dBASE-Familie ver-
kauft. dBASE IV weist im Vergleich zu dBASE III Plus völlig neue Elemente
auf. In erster Linie aber wurde sowohl Endanwendern als auch Entwicklern
das Arbeiten mit dBASE wesentlich erleichtert. Mit dem Menüsystem können
Sie die Möglichkeiten von dBASE IV ausschöpfen, ohne die Programmierspra-
che von dBASE IV erlernen zu müssen.

dBASE IV ist in sechs Teile gegliedert:

- Dateibearbeitung

- Abfragen (Query By Example - QBE)

- Maskengenerator

- Berichtsgenerator

- Etikettengenerator

- Anwendungsgenerator

Anwender, die mit dBASE III oder III Plus Daten- oder Programmdateien angelegt haben, können aufatmen. dBASE IV ist aufwärts-kompatibel zu den frü-
heren Versionen. Es übernimmt Datenbank-Dateien, die mit dBASE III oder
dBASE III Plus angelegt wurden, ohne Änderungen zu erfordern. dBASE IV
verarbeitet auch Indexdateien von dBASE III Plus.

Die wichtigsten Eigenschaften von dBASE IV im Vergleich zu dBASE III
Plus:

- Der Assistant wurde durch das Regie-Zentrum ersetzt (siehe Kapitel 2).

- Eine Indexdatei speichert bis zu 47 Indizes (siehe Kapitel 5).

- Eine Datenbank darf maximal 255 Felder enthalten (siehe Kapitel 3)

- dBASE IV bietet einen neuen Feldtyp für Fließkommazahlen (siehe Kapitel 3).

- Memo-Felder dürfen bis zu 64 KB Umfang annehmen (siehe Kapitel 3).

- Integrierte Textverarbeitung (siehe Kapitel 9)

- Zwei neue Abfragesprachen: QBE (siehe Kapitel 6) und SQL

- Man kann maximal 8 Dateien miteinander verknüpfen (siehe Kapitel 6).

- 99 Dateien dürfen gleichzeitig offen sein (siehe Kapitel 6).

- Komfortabler Masken- und Berichtsgenerator (siehe Kapitel 7,9 und 10)

- Makros (siehe Kapitel 11)

- Funktionen zur Eingabekontrolle (siehe Kapitel 10)

Nach dem Programmstart sehen Sie sofort die neue Benutzeroberfläche von dBASE IV. Vergebens sucht man nach dem Assistant. Seine Funktion hat das Regie-Zentrum übernommen. Völlig neu entwickelt wurde der Aufbau der Indizes, die zusammen mit der Datenbank definiert werden. Während dBASE III für jeden Index eine eigene Datei anlegte, faßt dBASE IV bis zu 47 Schlüssel in einer einzigen Indexdatei zusammen.

dBASE IV kennt zusätzlich zwei Abfragesprachen: QBE und SQL. Mit beiden Sprachen beschreibt der Anwender die Informationen, die der Computer anzeigen soll. Besonders leicht zu erlernen ist QBE (Query By Example), da man die Abfrage im Dialog mit dem Programm formuliert.

Die Datenbanksprache SQL (Structured Query Language) hat sich zum Standard auf vielen Großrechnern und Unix-Anlagen entwickelt. Um die Kompatibilität zu Datenbanken anderer Programme herzustellen, wurde SQL in dBASE IV integriert. dBASE-SQL folgt dem IBM SAA-Standard (System Application Architecture).

Zu den wichtigsten Neuerungen gehören Funktionen zur Eingabekontrolle. dBASE IV prüft Daten gleich bei der Eingabe auf ihre Plausibilität. Man kann einen Wertebereich für den Eingabewert festlegen oder den Anwender nach dem Multiple-Choice-Verfahren einen Wert aus einer vorgegebenen Liste auswählen lassen. Die Eingabe kann aber auch von einer Bedingung abhängen.

Der Listengenerator druckt nicht nur Berichte, sondern auch Serienbriefe. Zur Formatierung stehen verschiedene Schriftarten, Fettdruck und Schrägschrift zur Verfügung. Mit Hilfe von Linien und Rechtecken kann man Listen übersichtlich gestalten. Sowohl der Listen- als auch der Maskengenerator erzeugen dBASE-Programme.

Mit dem Programmgenerator, der in diesem Buch nicht beschrieben wird, kann man auf einfache Weise die gesamte Oberfläche eines Programms mit horizontalen Balkenmenüs, Pulldown-Menüs, Auswahllisten, numerierten Menüpunken, Farben, Hilfe-Funktionen und vollständiger Fenstertechnik entwikkeln. Zu dBASE IV gehört ein Compiler, der die Ausführgeschwindigkeit der Programme bis zu neun Mal erhöhen soll. Run-Time-Module sind im Entwicklerpaket enthalten und dürfen mit der Applikation kostenfrei vertrieben werden.

Die zahlreichen Ergänzungen haben aus dBASE ein Programm gemacht, das sicherlich auch in den nächsten Jahren seine führende Position unter den PC-Datenbankprogrammen behaupten wird.

Zusammenfassung

In einer relationalen Datenbank werden die Daten tabellarisch gespeichert. In den Zeilen stehen die Datensätze. Pro Spalte wird genau ein Datenfeld des Datensatzes ausgegeben.

Im folgenden werden wichtige Begriffe wiederholt:

Datenbank	Eine Datenbank kann mehrere Datenbank-Dateien enthalten.
Datenbank-Datei	Eine Datenbank-Datei enthält Datensätze (maximal 1 Milliarde - je nach Speicherplatz auf der Festplatte).
Datensatz	Jeder Datensatz besteht aus einer bestimmten Anzahl von Datenfeldern (maximal 255).
Indizes	Indizierte Felder beschleunigen den Zugriff auf Datensätze.
Indexdatei	In der Indexdatei stehen Satznummern und die zugehörigen Werte des Indexfeldes.
Join	Zu einem Join werden mehrere Datenbank-Dateien miteinander verknüpft (maximal 8).

2   dBASE IV handhaben

In diesem Kapitel lernen Sie die Handhabung des Menüsystems kennen. Das Menüsystem besteht aus dem Regie-Zentrum, den Menüs und Masken, die Sie vom Regie-Zentrum aus aufrufen können. Sie erfahren,

- wie das Regie-Zentrum aufgebaut ist,

- wie Sie Befehle aus den Menüs aufrufen und

- den Cursor in Masken bewegen können.

- Sie werden mit wichtigen Funktionstasten und Tastenkombinationen vertraut gemacht.

- Außerdem lernen Sie schnell und jederzeit Hilfestellungen von dBASE IV anzufordern.

Dieses Kapitel setzt voraus, daß dBASE IV bereits installiert ist. Die Installation ist im Anhang dieses Buches beschrieben. Dort steht auch, welche Änderungen an den Dateien CONFIG.SYS und AUTOEXEC.BAT erforderlich sind.

Wenn Sie nun die Welt von dBASE IV entdecken wollen, setzen Sie sich an Ihren PC, auf dem dBASE IV vorschriftsmäßig installiert ist.

dBASE IV starten

Schalten Sie Ihren PC ein, und legen Sie das Verzeichnis \versand an, in das Sie alle folgenden Beispieldateien eintragen werden. Geben Sie ein:

1. *md \versand*

    Der Schrägstrich (\) erzeugen Sie mit der Tastenkombination Alt-92 auf dem PC-XT oder mit AltGr-ß auf dem AT.

2. Drücken Sie die *Eingabetaste (Return-Taste)*.

3. *cd \versand*

4. Drücken Sie die *Eingabetaste (Return-Taste)*.

5. *dbase*

6. Drücken Sie die *Eingabetaste (Return-Taste)*.

Daraufhin startet Ihr PC das Programm dBASE IV.

Aufbau des Regie-Zentrums

Nach dem Start von dBASE IV sehen Sie das Regie-Zentrum auf dem Bildschirm (Bild 2-1).

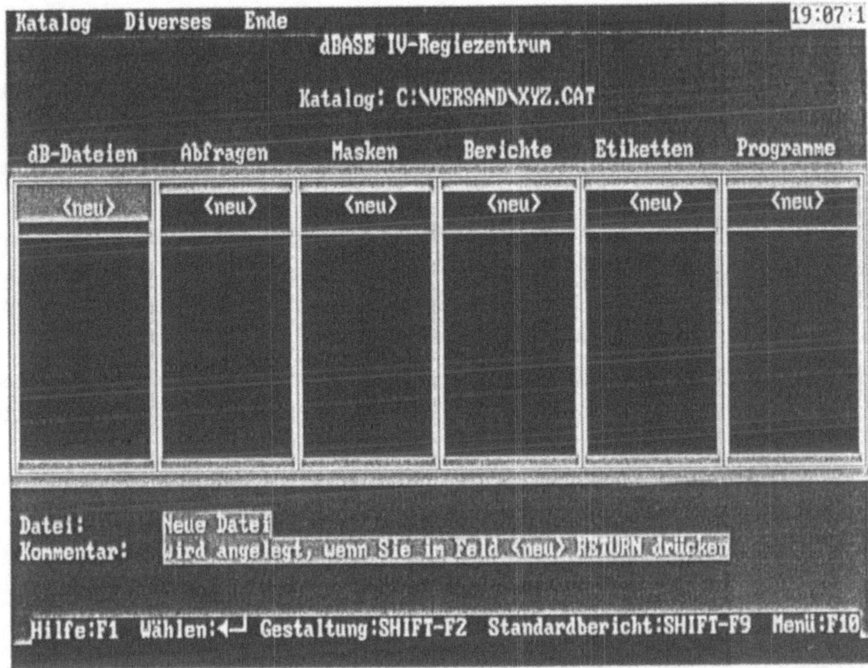

Bild 2-1 Regie-Zentrum von dBASE IV

Das Regie-Zentrum ist Dreh- und Angelpunkt von dBASE IV. Vom Regie-Zentrum aus gelangen Sie zu allen Programmteilen.

Im Regie-Zentrum können Sie

- Dateien auswählen,
- Dateien öffnen,
- Neue Dateien anlegen,
- Dateien schließen und
- Dateien löschen.

Das Regie-Zentrum ist in sechs Bereiche aufgeteilt:

● Menüleiste,

● Aktuelles Dateiverzeichnis,

● Dateilisten,

● Dateianzeige,

● Tastaturhinweise und

● Meldungszeile.

Die erste Bildschirmzeile enthält die Menüleiste mit den Titeln der Pulldown-Menüs und der aktuellen Uhrzeit. Es gibt drei Pulldown-Menüs:

● **Katalog** enthält Kommandos zum Verwalten von Dateiverzeichnissen und Dateien.

● **Diverses** stellt Befehle zur Verfügung, mit denen Sie Makros definieren, Dateien importieren und exportieren und Dateien schützen können. Zusätzlich können Sie über dieses Menü Hilfsprogramme starten, mit denen sich dBASE IV an Ihre Bedürfnisse anpassen läßt.

● Mit **Ende** verlassen Sie das Regie-Zentrum und gelangen entweder in das Betriebssystem MS-DOS oder in die Befehlsebene (Punktmodus) von dBASE IV.

In der vierten Zeile sehen Sie den Namen des aktuellen Dateiverzeichnisses. Die Dateien dieses Verzeichnisses stehen in den sechs Dateilisten des Regie-Zentrums.

In der Mitte des Bildschirms sehen Sie die sechs Dateilisten mit Dateinamen. Jede Liste enthält Dateien eines bestimmten Dateityps.

● **dB-Dateien:**   In dieser Liste stehen Datenbank-Dateien, die Datensätze enthalten. Sie heißen Bestandsdateien.

● **Abfragen:**   Abfrage-Dateien enthalten Befehle, die die Daten einer Datenbank-Datei bearbeiten. Sie können Datensätze auswählen oder verändern. Eine Abfrage, die bestimmte Daten aus einer Bestandsdatei herausfiltert, heißt Sicht. Eine Abfrage, die viele Datensätze gleichzeitig verändert, heißt Aktualisierung.

● **Masken:**   Bildschirmmasken verwenden Sie, um Daten einzugeben oder zu bearbeiten.

● **Berichte:**   Bericht-Dateien drucken Listen mit den Daten einer Bestandsdatei oder einer Sicht in einem bestimmten Format aus.

● **Etiketten:**   Etikettendateien drucken Adressen auf Aufkleber.

● **Programme:**   In der Dateiliste Programme stehen sowohl die Namen
                          der dBASE IV-Programme und der benutzerdefinierten
                          Funktionen als auch die der Anwendungen, die mit dem
                          Anwendungsgenerator von dBASE IV erstellt wurden.

Die verschiedenen Dateitypen der sechs Dateilisten stehen zueinander in Beziehung. Auf einer Datenbank-Datei basieren beispielsweise bestimmte Abfrage-, Masken- und Berichtsdateien. Sie können entweder neue Dateien anlegen oder bestehende auswählen und bearbeiten. Wenn Sie eine Datei auswählen, erscheint der Dateiname in der ersten Zeile dieser Spalte. Andere Dateitypen, die mit dieser Datenbank-Datei verwandt sind, stellt dBASE IV ebenfalls an die erste Stelle der jeweiligen Spalte. Eine horizontale Linie trennt die ausgewählten Dateien von den anderen (Bild 2-2).

Bild 2-2 Geöffnete Dateien oberhalb der horizontalen Linie

Unter den Dateilisten gibt dBASE IV die Dateianzeige mit dem Namen der ausgewählten Datei und einem Kommentar zu dieser Datei aus. Am Dateinamen hängt eine dreistellige Endung, die den Dateityp kennzeichnet. Im Anhang dieses Buches finden Sie eine Übersicht über Dateinamenerweiterungen und Dateitypen.

Die vorletzte Zeile enthält Tastaturhinweise. An dieser Stelle liefert dBASE IV Hinweise über wichtige Tasten und Tastenkombinationen.

In der Meldungszeile - das ist die unterste Zeile - beschreibt dBASE IV wie Befehle der Pulldown-Menüs funktionieren. Diese Zeile sollten Sie während Ihrer Arbeit mit den Datenbankdateien stets im Auge behalten.

Befehle auswählen

Wenn Sie die F10-Taste drücken, springt der Cursor aus einer der sechs Dateilisten in die Menüleiste. Falls die F10-Taste das erste Mal gedrückt wird, klappt dBASE IV das **Katalog**-Menü auf. Andernfalls öffnet dBASE IV das Menü, das zuletzt offen war.

Es gibt noch eine weitere Möglichkeit, ein Pulldown-Menü zu öffnen. Halten Sie die Alt-Taste fest, und drücken Sie den Anfangsbuchstaben des Menünamens. Wenn Sie beispielsweise die Alt-Taste festhalten und gleichzeitig auf K für **Katalog** drücken, öffnet dBASE IV das **Katalog**-Menü.

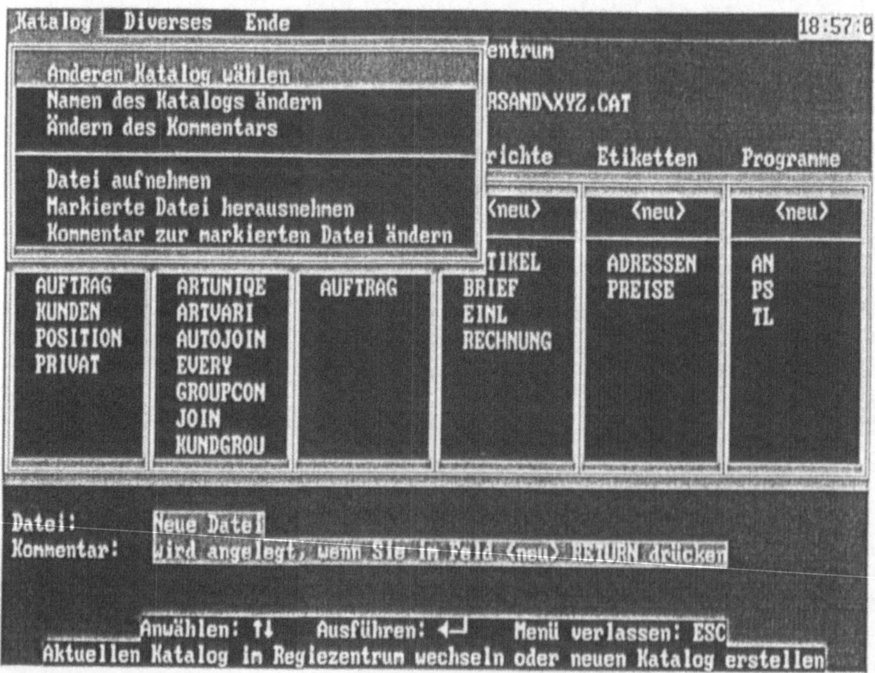

Bild 2-3 Menü mit fett und normal gedruckten Befehlen

In den Menüs gibt es fett und normal gedruckte Befehle (siehe Bild 2-3). Nur die fettgedruckten Befehle sind in der aktuellen Programmsituation ausführbar. Sie können den Cursor deshalb nur auf fettgedruckte Befehle setzen.

Mit den Pfeiltasten nach oben und unten bewegen Sie den Cursor innerhalb eines Menüs. Mit den Pfeiltasten nach links und rechts klappen Sie das benachbarte Pulldown-Menü auf.

Der Befehl, auf dem der Cursor gerade steht, gilt als markiert. Wenn Sie die Eingabetaste drücken, wird der markierte Befehl ausgeführt. Es gibt noch eine schnellere Methode, einen Befehl aufzurufen. Wenn Sie ein Menü aufklappen und den Anfangsbuchstaben des gewünschten Befehls eintippen, wird er sofort ausgeführt. Es spielt dabei keine Rolle, auf welchem Befehl der Cursor gerade steht.

Wenn Sie die Esc-Taste drücken, wird ein geöffnetes Menü geschlossen. Der Cursor springt von der Menüleiste in eine Dateiliste. Der Cursor steht dann in der Liste, in der er bereits vor dem Aufruf der Menüs stand.

Aufgabe: Eine Datei anlegen

Legen Sie eine Datenbank-Datei an, in der Sie Namen, Adressen und Telefonnummern Ihrer (imaginären) Kunden speichern.

Dateien anlegen

Im Regie-Zentrum können Sie sowohl eine neue Datei anlegen als auch eine bereits bestehende auswählen. Im folgenden legen Sie eine neue Datenbank-Datei mit dem Namen Kunden an.

Falls ein Menü offen ist, schließen Sie es mit der *Esc*-Taste.

1. Bewegen Sie den Cursor mit den Pfeiltasten in der **dB-Dateiliste** auf den Befehl <neu>.

2. Drücken Sie die *Eingabetaste* (Return-Taste).

    Daraufhin zeigt Ihnen dBASE IV die Datensatzformatmaske (Bild 2-4), in der Sie die Datenfelder definieren und die Struktur der Datenbank festlegen.

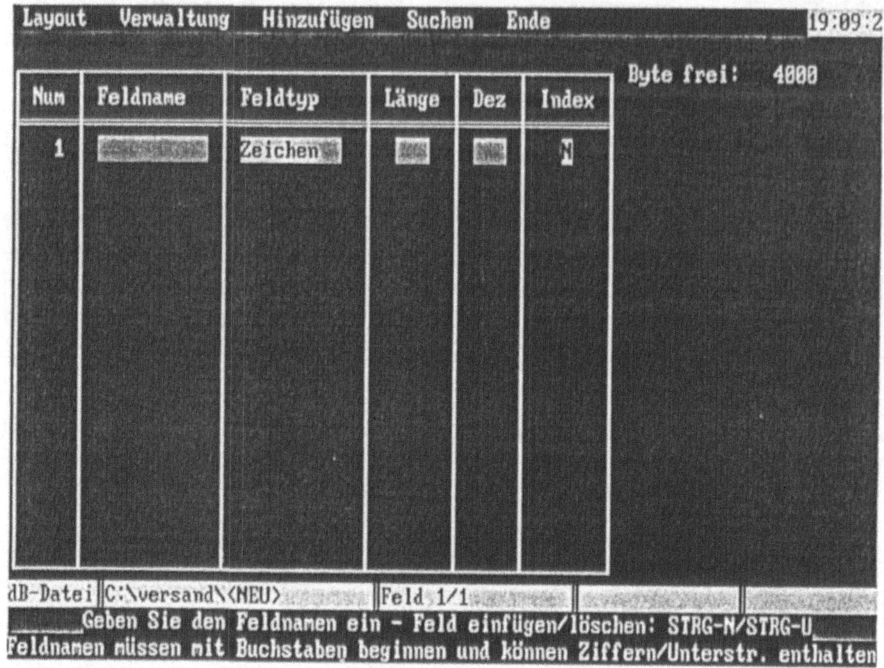

Bild 2-4 Definieren Sie die Felder der Datenbank

3.   Geben Sie den Feldnamen *ZUNAME* ein.

Wenn Sie sich verschreiben, verwenden Sie folgende Tasten für die Korrektur:

Taste	Beschreibung
Rücktaste	Löscht das Zeichen links vom Cursor.
Pfeil-links	Setzt den Cursor eine Stelle nach links ohne ein Zeichen zu löschen.
Entf-Taste	Löscht das Zeichen, auf dem der Cursor steht.
Einf-Taste	Wechselt zwischen Einfüge- und Überschreibmodus.

Jedes Feld ist mit dem Feldtyp **Zeichen** vorbelegt. Sie übernehmen den Vorgabewert, indem Sie die Tab-Taste drücken. Der Cursor springt dann in die nächste Saplte. Weitere Feldtypen lernen Sie im nächsten Kapitel kennen.

4.   Drücken Sie zweimal die *Tab-Taste.*

5.   Geben Sie *30* in die Spalte **Feldlänge** ein.

6.   Drücken Sie einmal die *Tab-Taste.*

7. Drücken Sie einmal die *Leertaste*.

Daraufhin ändert sich das Indexfeld von N auf J.

8. Drücken Sie die *Eingabetaste*.

In der Spalte **Num** erscheint die Nummer 2. Sie können nun das zweite Feld der Datenbank definieren. dBASE IV ist bereit.

9. Wiederholen Sie die Schritte 3 bis 8, und definieren Sie die folgenden Felder:

VORNAME	Zeichen	*20*	kein Index
STRAßE	Zeichen	*30*	kein Index
PLZ	Zeichen	*4*	kein Index
ORT	Zeichen	*20*	kein Index
TELEFON	Zeichen	*15*	kein Index

Sie können den Cursor eine Spalte rückwärts bewegen, indem Sie die *Umstell*-Taste festhalten und gleichzeitig die *Tab*-Taste drücken.

10. Nachdem Sie das Feld Telefon definiert haben, drücken Sie nochmals die *Eingabetaste*.

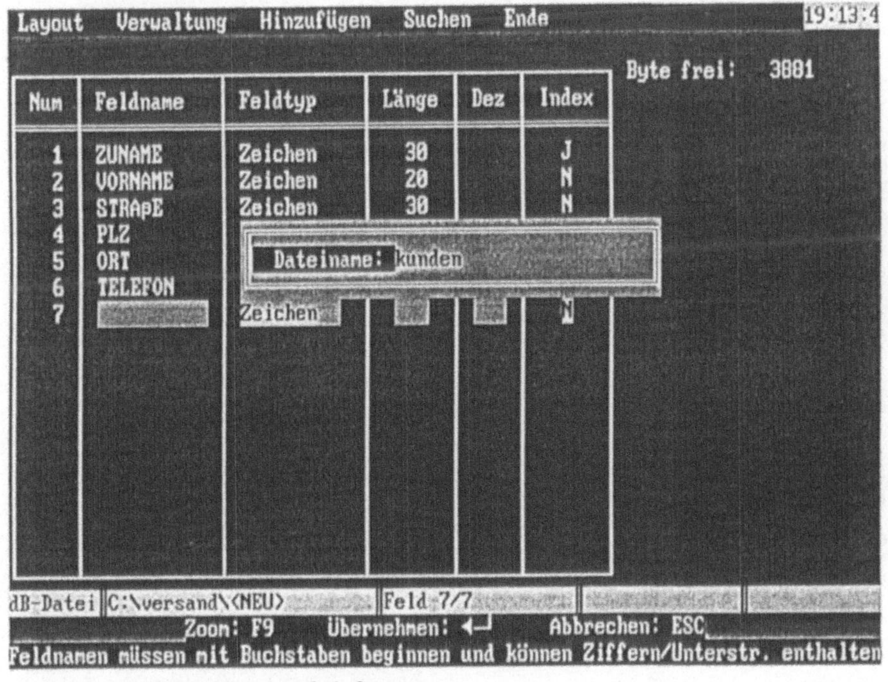

Bild 2-5 Alle Felder sind definiert

dBASE IV weiß dann, daß Sie keine weiteren Felder definieren wollen und fragt, unter welchem Namen es diese Felder sichern soll (Bild 2-5).

11. Geben Sie *Kunden* ein, und drücken Sie die *Eingabetaste*.

Das Programm wandelt Kleinbuchstaben in Feld- oder Dateinamen stets in Großbuchstaben um.

dBASE IV legt den Index für das Feld Zuname an und fragt, ob Sie sofort Daten eingeben wollen.

12. Antworten Sie *N*.

Daraufhin sehen Sie wieder das Regie-Zentrum am Bildschirm, das nun in seiner dB-Dateiliste den Datenbanknamen Kunden enthält. Die Datei Kunden steht oberhalb der horizontalen Linie. Das bedeutet, daß diese Datenbank-Datei geöffnet ist (Bild 2-6).

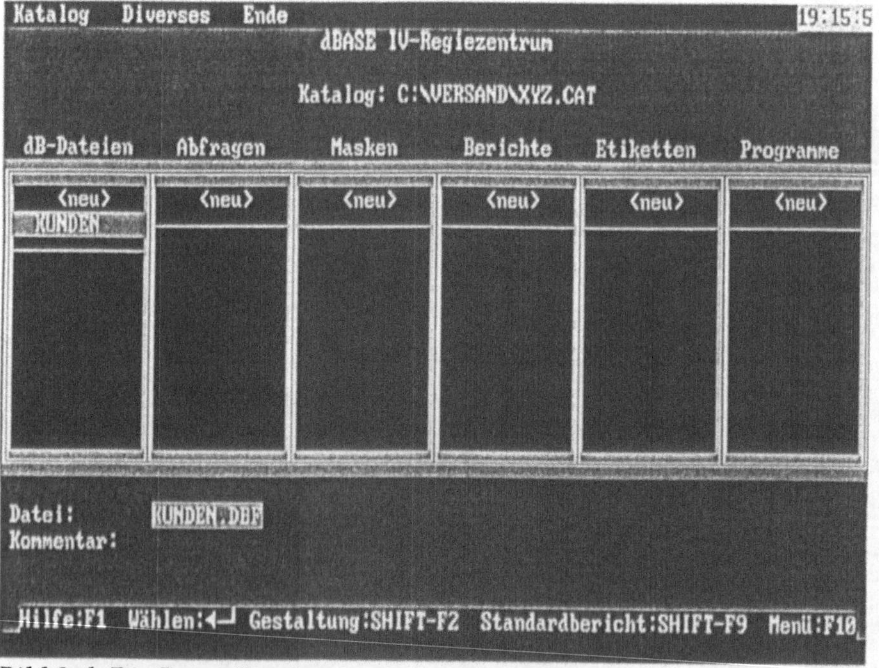

Bild 2-6 Die Datei Kunden wurde neu angelegt

Dateien schließen

Mit folgenden Befehlen schließen Sie die Datei Kunden:

1. Markieren Sie die Datei Kunden, indem Sie den Cursor mit den *Pfeilta-sten* auf diesen Dateinamen setzen.

2. Drücken Sie die *Eingabetaste*.

    Daraufhin sehen Sie ein Dialogfeld (Bild 2-7), aus dem Sie einen Befehl auswählen können.

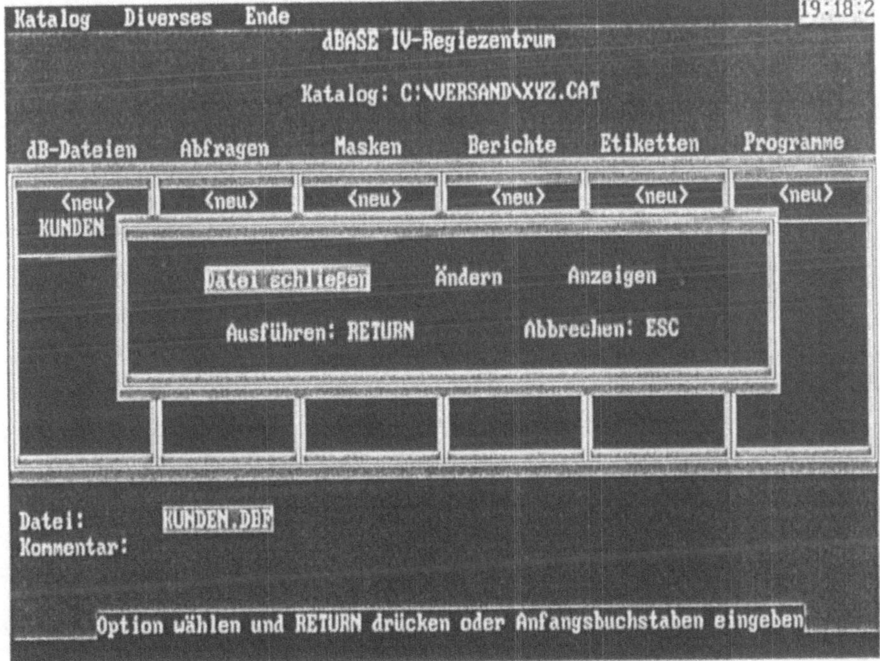

Bild 2-7 Bestandsdateien schließen

3. Markieren Sie den Befehl **Datei schließen.**

4. Drücken Sie die *Eingabetaste*.

Die Bestandsdatei wird geschlossen. Der Dateiname steht nun ebenfalls in der dB-Dateiliste unterhalb der horizontalen Linie.

Dateien öffnen

Das Regie-Zentrum geht davon aus, daß Anwender entweder die Daten für die Datenbankdatei eingeben und bearbeiten wollen, oder aber, daß Datenbankelemente wie z.B. Datensatzformate, Masken oder Berichte entworfen werden sollen. Abhängig davon, ob Sie nun die Daten bearbeiten oder ein Datenbankelement gestalten wollen, können Sie eine Datei auf unterschiedliche Weise aufrufen und Ihre Arbeit mit dem Datenbankprogramm und einer Datei beginnen.

Wollen Sie Daten in die Kundendatei eintragen, tun Sie bitte folgendes:

1. Markieren Sie die Kundendatei.

2. Drücken Sie auf die *F2*-Taste (Daten).

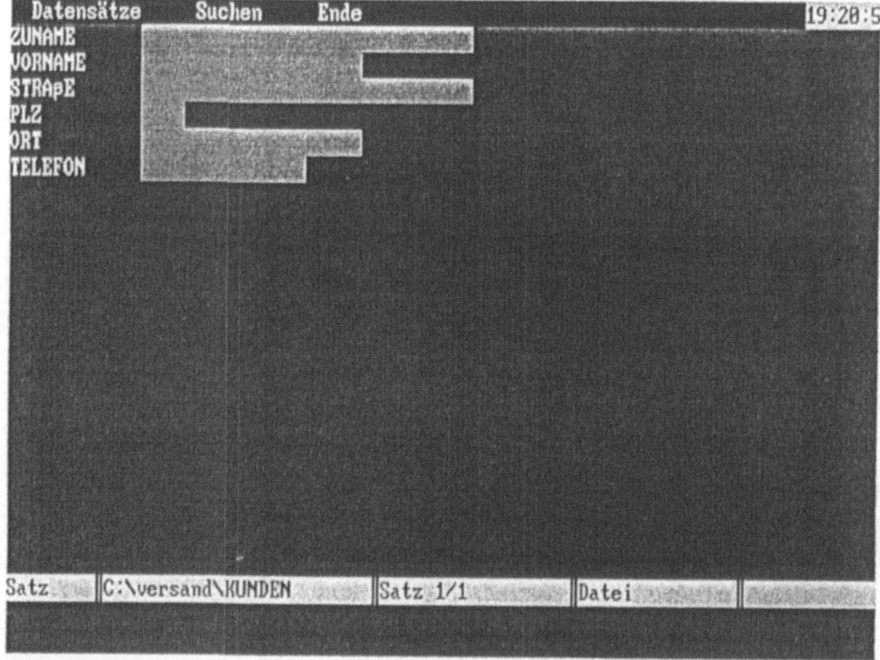

Bild 2-8 Standardmaske zur Dateneingabe und -bearbeitung

Sie sehen dann die Bildschirmmaske (Bild 2-8), in die Sie sowohl Adressen eingeben als auch Adressen bearbeiten können (Die Dateneingabe wird in Kapitel 4 ausführlich beschrieben).

3. Kehren Sie in das Regie-Zentrum zurück, indem Sie das **Ende**-Menü öffnen und den Befehl **Beenden** auswählen.

Wenn Sie das Datensatzformat der Bestandsdatei Kunden ändern und das geänderte Datensatzformat unter einem neuen Namen abspeichern wollen, gehen Sie bitte wie folgt vor:

1. Markieren Sie die Datei Kunden.

2. Halten Sie die *Umstell*-Taste fest und drücken Sie auf die *F2*-Taste (Gestaltung).

   Sie sehen daraufhin die Datensatzformatmaske und können die Formatvorgaben verändern.

3. Schließen Sie das offene Menü mit der *Esc*-Taste.

4. Setzen Sie den Cursor mit den *Pfeiltasten* auf die Definition des Feldes Ort.

5. Setzen Sie den Cursor mit der *Tab*-Taste in die Spalte Feldlänge.

6. Überschreiben Sie die Feldlänge mit *30*.

7. Öffnen Sie das **Layout**-Menü, indem Sie die *Alt*-Taste festhalten und *L* drücken.

8. Wählen Sie mit den *Pfeiltasten* den Befehl **Speichern des Datensatzformats** aus, und drücken Sie die *Eingabetaste* (Bild 2-9).

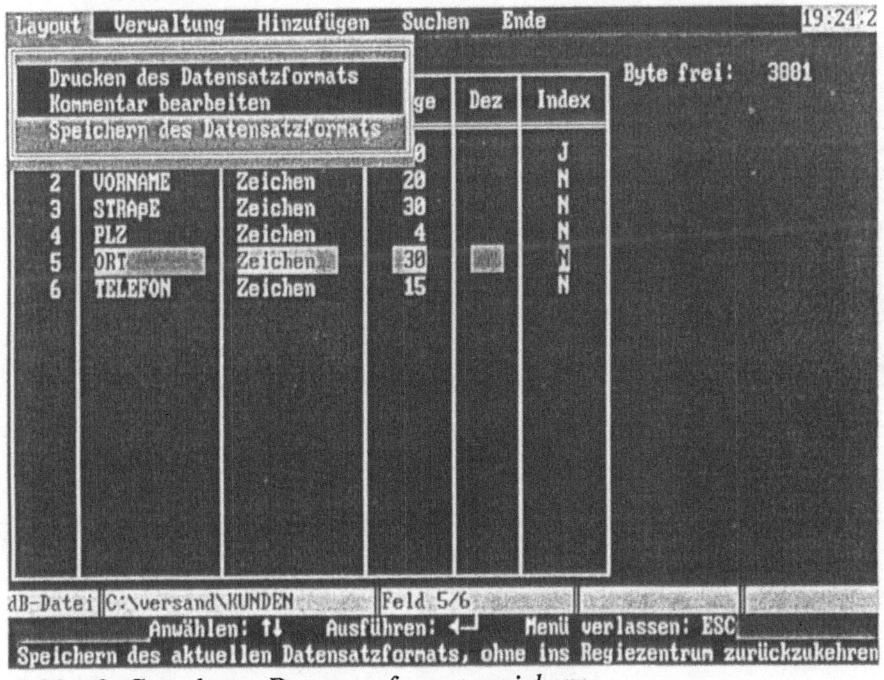

Bild 2-9 Geändertes Datensatzformat speichern

9. Löschen Sie den alten Namen mit der Rücktaste, und geben Sie einen neuen Dateinamen ein: *adr*

10. Drücken Sie die *Eingabetaste*.

    Daraufhin speichert dBASE IV das geänderte Datensatzformat unter dem Namen ADR ab.

10. Verlassen Sie die Datensatzformatmaske über das **Ende**-Menü, indem Sie die *Alt*-Taste festhalten und *E* drücken.

11. Wähen Sie den Befehl **Beenden, ohne zu speichern** aus.

    Im Anschluß daran sehen Sie wieder das Regie-Zentrum auf dem Bildschirm. Die dB-Dateiliste enthält den Namen ADR (Bild 2-10).

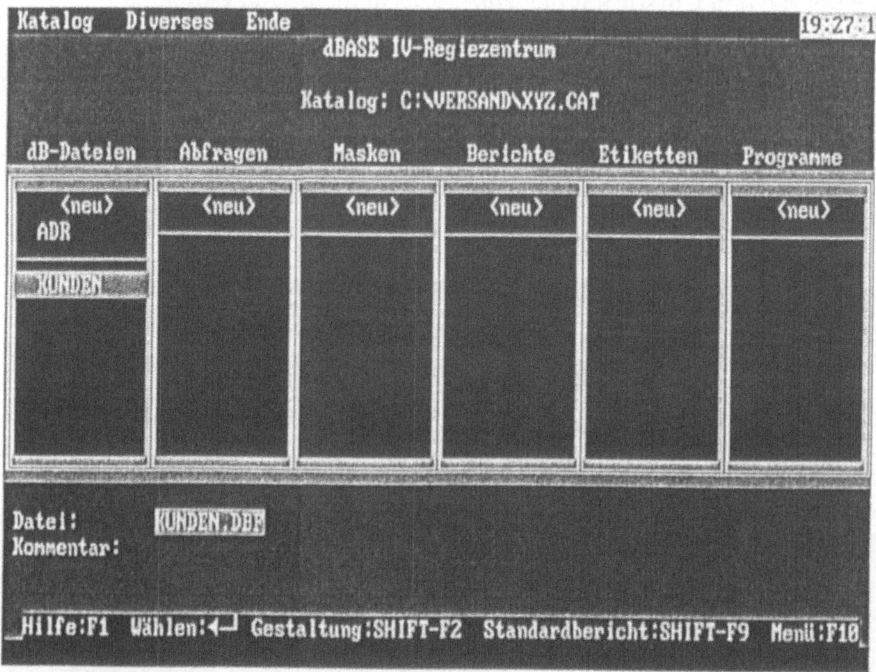

Bild 2-10 Neuangelegte Datei im Regie-Zentrum

Mit Hilfe der Tasten F2 und Umstell-F2 können Sie zwischen den beiden Aufgabenbereichen Gestaltung und Daten wechseln.

Es gibt eine Alternative zur F2-Taste und zur Tastenkombination Umstell-F2.

Sie wollen die Kundendatei öffnen, um Adressen einzutragen:

1.   Markieren Sie die Kundendatei in der dB-Dateiliste,

2.   Drücken Sie die Eingabetaste.

Daraufhin sehen Sie das folgende Dialogfeld (Bild 2-11):

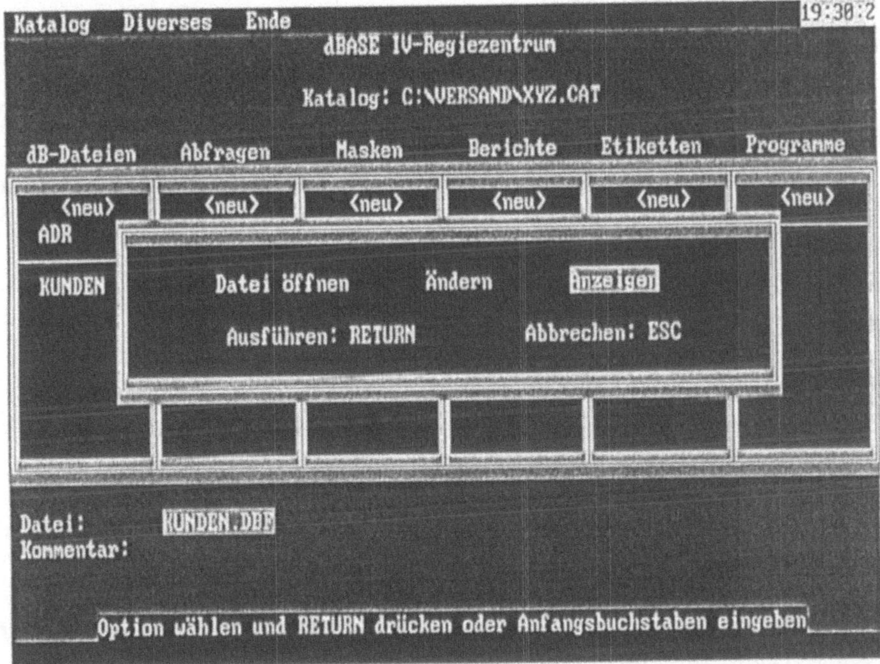

Bild 2-11 *Eine Datei zur Dateneingabe öffnen*

Es werden Ihnen abhängig vom Dateityp verschiedene Bearbeitungsoptionen
angeboten. Wenn Sie zur Kundendatei beispielweise eine Bildschirmmaske
oder einen Bericht definieren wollen, wählen Sie **Datei öffnen** aus. Mit **Ändern** können Sie die Struktur der Datenbank-Datei nachträglich verändern.
Diese Option entspricht der Tastenkombination Umstell-F2. Der Befehl **Anzeigen** hat dieselbe Wirkung wie die F2-Taste. Sie sehen die Standardmaske
und können Daten eingeben oder bearbeiten (siehe Kapitel 4).

3.   Wählen Sie mit den *Pfeiltasten* den Befehl **Anzeigen** aus und drücken Sie
     die *Eingabetaste*.

     Sie sehen daraufhin die Standardmaske zur Eingabe und Bearbeitung der
     Daten.

4.   Kehren Sie in das Regie-Zentrum zurück, indem Sie das **Ende**-Menü öffnen und den Befehl **Beenden** auswählen.

Dateien löschen

dBASE IV löscht nur geschlossene Dateien. Wenn Sie eine Datei löschen wollen, müssen Sie darauf achten, daß sie unter der horizontalen Linie steht.

Um die Datei ADR zu löschen, gehen Sie wie folgt vor:

1. Schließen Sie die Datei ADR.

2. Markieren Sie den Dateinamen und

3. Drücken Sie die *Entf*-Taste.

    Eine Alternative zur Entf-Taste ist folgende Vorgehensweise:

    Öffnen Sie das **Katalog**-Menü, indem Sie die *Alt*-Taste festhalten und die *K*-Taste drücken. Wählen Sie mit den Pfeiltasten **Markierte Datei herausnehmen** aus. Drücken Sie die Eingabetaste.

4. dBASE verlangt dann eine Bestätigung:

    Wollen Sie die Datei wirklich aus dem Katalog entfernen?

5. Tippen Sie auf die *J*-Taste.

    Achtung, die Datei existiert noch auf der Festplatte und kann in einen anderen Katalog kopiert werden.

    dBASE fragt weiter:

    Wollen Sie die Datei auch vom Datenträger löschen?

6. Tippen Sie wiederum auf die *J*-Taste.

    Nach dieser Bestätigung wird die Datei tatsächlich gelöscht. Dieser Löschvorgang kann nicht mehr rückgängig gemacht werden.

Hilfen anfordern

Abhängig von der aktuellen Cursorposition liefert die Betätigung der F1-Taste hilfreiche Informationen. Die Hilfstexte beziehen sich stets auf den Programmteil, mit dem Sie gerade arbeiten (das nennt man kontextsensitive Hilfe).

1. Stellen Sie den Cursor auf den Befehl <neu> in der dB-Dateiliste.

2. Drücken Sie die *F1*-Taste.

Daraufhin erfahren Sie, wie man eine Datenbank anlegt (Bild 2-12).

Hilfestellung erhalten Sie aber auch, wenn Sie in einem Fenster mit einer Fehlermeldung die Option **Hilfe** auswählen. Ein Hilfe-Fenster enthält entweder den Hilfstext oder ein Verzeichnis über die Themen, über die Sie Informatio-

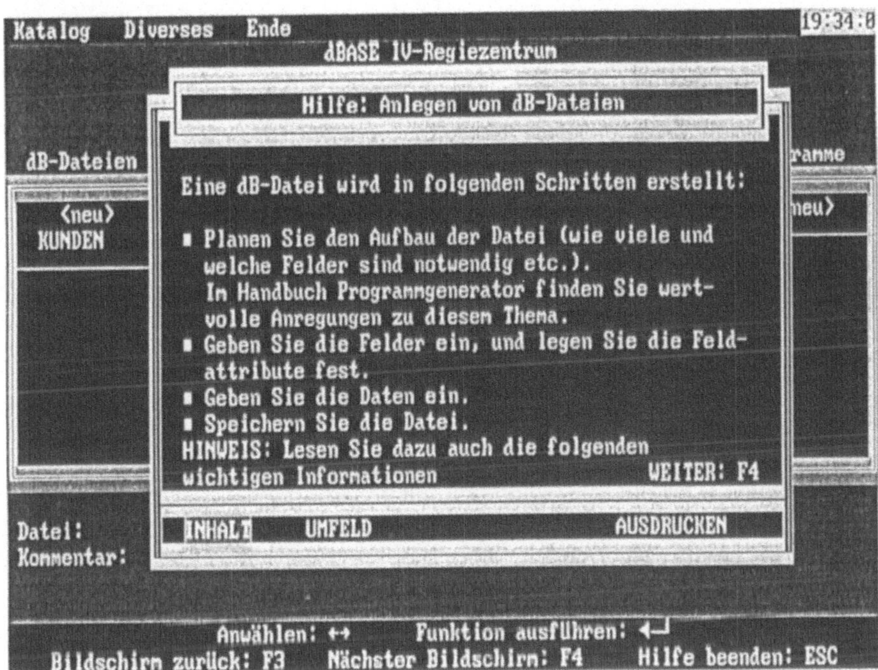

Bild 2-12 Hilfestellung im Regie-Zentrum

nen anfordern können. In einem Fenster mit Hilfstext steht der Name des aktuellen Themas in der Titelzeile. Mit der F3-Taste blättern Sie eine Bildschirmseite zurück und mit der F4-Taste eine Seite vorwärts.

Am unteren Rahmen des Fensters mit dem Hilfstext sehen Sie ein Menü, in dem Sie den Cursor mit den Pfeiltasten bewegen können:

● **Inhalt** liefert das Verzeichnis der Hilfstexte, die zu dem gerade aktuellen Thema zur Verfügung stehen.

  Wenn Sie in einem Verzeichnis die F3-Taste drücken, erhalten Sie ein Verzeichnis mit allgemeineren Informationen. Die F4-Taste hingegen liefert entweder ein Verzeichnis mit spezielleren Informationen oder sofort die entsprechenden Hilfstexte.

● **Umfeld** listet die Titel von Hilfstexten auf, die in Beziehung zum aktuellen Programmteil stehen.

● **Schritt zurück** führt zur ursprünglichen Anzeige des Hilfefensters zurück. Inhaltsverzeichnisse oder Umfeldanzeigen werden übersprungen.

● **Ausdrucken** gibt eine Seite des aktuellen Hilfstext auf den Drucker aus.

Mit der Esc-Taste schließen Sie das Hilfe-Fenster.

dBASE IV verlassen

Sie wollen die Arbeit mit dBASE IV beenden,

1. Kehren Sie ins Regie-Zentrum zurück.
2. Klappen Sie mit *Alt*-E das **Ende**-Menü auf.
3. Wählen Sie **Rückkehr zum Betriebssystem** aus.

Daraufhin wird dBASE IV beendet und Sie gelangen in das Betriebssystem.

Zusammenfassung

Das Regie-Zentrum besteht aus folgenden Elementen:

* Menüleiste
* Dateianzeige
* Sechs Dateilisten
* Name und Beschreibung der markierten Datei
* Tastaturhinweise
* Meldungszeile

dBASE IV starten	Geben Sie auf der MS-DOS-Befehlsebene dbase ein und drücken Sie die Eingabetaste.
Menüs öffnen	Die F10-Taste aktiviert die Menüleiste. Mit den Pfeiltasten wählen Sie Menüs aus.
	Halten Sie die Alt-Taste fest, und drücken Sie den Anfangsbuchstaben des Menünamens.
Befehle aufrufen	Wählen Sie mit den Pfeiltasten einen Befehl aus und drücken Sie die Eingabetaste.
	Drücken Sie den Anfangsbuchstaben des Befehls.
Menüs verlassen	Mit der Esc-Taste verlassen Sie ein Menü sofort, ohne daß ein Befehl oder eine Aktion ausgeführt wird.
In Dateilisten bewegen	In den Dateilisten bewegen Sie den Cursor mit den Pfeiltasten.

Datei öffnen	Markieren Sie den Dateinamen mit den Pfeiltasten, und drücken Sie die Eingabetaste. Markieren Sie den gewünschten Befehl im Dialogfeld, und drücken Sie die Eingabetaste. Für eine Befehlsaktivierung können Sie auch den Anfangsbuchstaben des Befehls eingeben.

Markieren Sie den Dateinamen mit den Pfeiltasten und drücken Sie

F2   für die Datenbearbeitung,

Umstell-F2   für die Formatbearbeitung.

Hilfen anfordern	Drücken Sie die F1-Taste.
dBASE IV verlassen	Halten Sie die Alt-Taste fest, und geben Sie E für Ende ein. Geben Sie R für Rückkehr zum Betriebssystem ein.

3 Datenbanken erstellen

In diesem Kapitel

- entwerfen Sie eine Datenbank, mit der Sie die wichtigsten Geschäftsdaten eines Versandhauses für Foto-Artikel verwalten können. Die Datenbank soll aus den vier Datenbank-Dateien Artikel, Auftrag, Position und Kunden bestehen.

- Es werden die verschiedenen Datentypen von dBASE IV vorgestellt.

- Außerdem zeigt das Kapitel, wie Sie die Struktur von Datenbanken nachträglich ändern können.

Die vier Dateien sollen folgende Anforderungen erfüllen:

Artikel   Die Artikeldatei soll eine eindeutig identifizierbare Artikelnummer, die Artikelbezeichnung, die Artikelgruppe, den Einkaufspreis, den Lagerbestand und den Mindestbestand des Artikels enthalten.

Auftrag   Die Auftragsdatei soll eine einddeutige Auftragsnummer, das Datum des Auftrags und die Kundennummer speichern.

Position   Eine Kunde kann in einem Auftrag mehrere Artikel bestellen. Deshalb sollen die einzelnen Positionen in einer eigenen Datei gespeichert werden. Die Positionsdatei enthält die Auftragsnummer, die Nummer der Position, die Artikelnummer und die bestellte Menge. In einem logischen Feld soll vermerkt werden, ob der Auftrag bereits erledigt ist.

Kunden   Die Kundendatei, die Sie bereits angelegt haben, muß erweitert werden. Jeder Kunde soll eine Kundennummer erhalten. Vor dem Zunamen sollen eventuelle Titel gespeichert werden. Da an die Kunden Werbebriefe mit individueller Anrede geschickt werden sollen, wird der Kundendatei das einstellige Feld Anrede hinzugefügt. Es enthält ein "w" für Damen und ein "m" für Herren. Vor dem Feld Straße soll ein Feld für das Postfach eingefügt werden. Das Datum des ersten Auftrags soll erfaßt werden. In einem weiteren Feld soll der Umsatz im laufenden Geschäftsjahr gespeichert werden. Ein Memo-Feld soll für Bemerkungen über den Kunden zur Verfügung stehen.

Überblick über die Dateien

Damit Sie den Überblick über die vier Dateien nicht verlieren, zeichnen Sie sich am besten ein Bild, das die Beziehungen zwischen den Dateien veranschaulicht. Sie können anhand der Skizze in Bild 3-1 erkennen, über welche Felder sich die Dateien miteinander verknüpfen lassen.

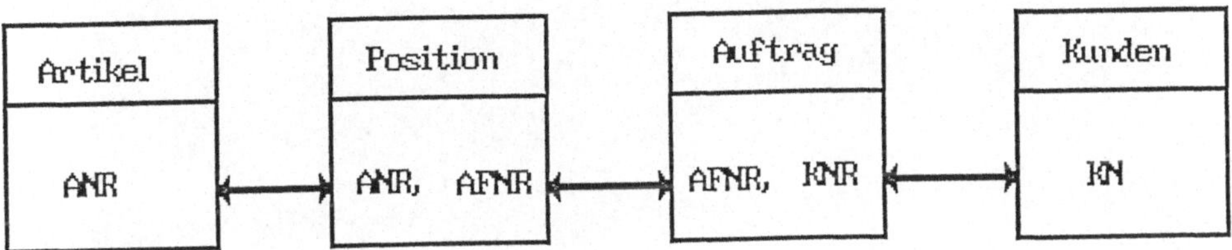

Bild 3-1 Beziehung der vier Datenbank-Dateien

Aufbau der Datensatzformatmaske

Starten Sie dBASE IV, und beginnen Sie mit der Definition der Artikeldatei. Sie sollten das Regie-Zentrum auf dem Bildschirm sehen.

1. Setzen Sie den Cursor auf den Befehl <neu> in der **dB-Dateiliste,** und drücken Sie die *Eingabetaste*.

Daraufhin sehen Sie die Datensatzformatmaske, in der Sie Datenbank-Dateien definieren können (vergleiche Bild 3-2).

Folgende Funktionen stehen zur Verfügung:

- Eine neue Datenbank-Datei anlegen (Kapitel 3).

- Struktur einer bereits bestehenden Datenbank-Datei ändern (Kapitel 3).

- Struktur der Datenbank ausdrucken (Kapitel 3).

- Beschreibung der Datenbank eingeben oder ändern (Kapitel 3).

- Indizes hinzufügen oder löschen (Kapitel 5).

- Daten sortieren (Kapitel 5).

- Zum Löschen markierte Datensätze löschen (Kapitel 4).

In jeder Zeile steht die Definition eines Feldes der aktuellen Datenbank-Datei. Die Spalten enthalten die einzelnen Definitionen wie Feldname, Feldtyp, Feldlänge, Dezimalstellen, Indexierung. Im folgenden werden die einzelnen Spalten der Datensatzformatmaske erklärt.

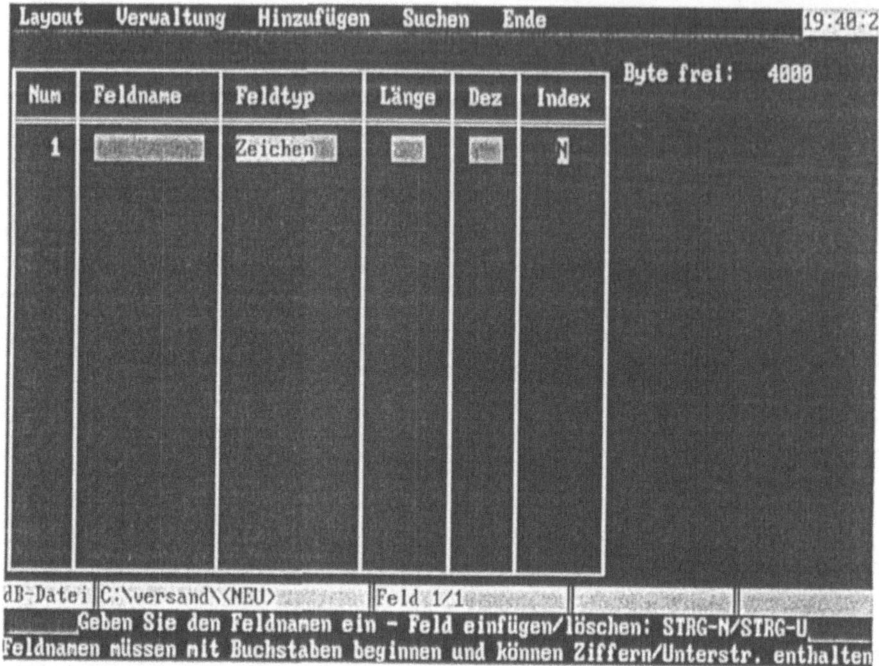

Bild 3-2 Eine Datenbank-Datei wird definiert

Feldnummer

dBASE IV numeriert die Felder fortlaufend. Sie können diese Nummer verwenden, um den Cursor direkt auf ein bestimmtes Feld zu bewegen. Verwenden Sie dazu den Befehl **Feldnummer** aus dem **Suchen**-Menü.

Feldname

Der Feldname besteht aus Buchstaben, Ziffern und dem Unterstreichungszeichen. Er darf maximal zehn Zeichen lang sein und muß mit einem Buchstaben beginnen. Der Feldname darf keine Leerzeichen enthalten. Sie müssen für jedes Feld einen Feldnamen eingeben.

Feldtyp

dBASE IV unterscheidet sechs Feldtypen: **Zeichen, Numerisch, Gleitkomma, Datum, Logisch** und **Memo**. Vorgabe-Wert dieser Spalte ist der Typ Zeichen.

Wenn Sie die Leertaste drücken, blättert dBASE IV durch die Liste der Feldtypen. Sie können aber auch den Feldtyp auswählen, indem Sie seinen Anfangsbuchstaben eingeben. Wenn der gewünschte Feldtyp erscheint, drücken Sie die Eingabetaste. Der Cursor springt dann in die nächste Spalte.

In einem Feld des Typs **Zeichen** können Sie beliebige Zeichen und Ziffern speichern. Sie müssen die Länge eines Zeichen-Feldes festlegen; maximal kann der Feldumfang 254 Zeichen sein. Wenn Sie ein Zeichen-Feld beispielsweise für 30 Zeichen definieren, reserviert dBASE IV für dieses Feld in jedem Datensatz 30 Zeichen. Es spielt keine Rolle, wie viele Zeichen das Feld dann tatsächlich enthält. Es belegt immer 30 Zeichen. Achten Sie deshalb darauf, Zeichen-Felder nicht zu groß zu definieren, um den Speicherplatz optimal zu nutzen.

Felder des Typs **Numerisch** speichern Festkommawerte. Diese Felder können bis zu 20 Stellen lang sein. Diesen Feldtyp benötigen Sie für Werte, die exakt stimmen müssen. Es treten keine Ungenauigkeiten durch Auf- oder Abrundungen auf. Die meisten numerischen Werte, die Sie mit dBASE IV verarbeiten, sind vom Typ Numerisch.

Den Typ **Gleitkomma** verwenden Sie für Fließkommazahlen, die in wissenschaftlichen Anwendungen häufig vorkommen. Diese Zahlen sind häufig sehr klein oder sehr groß. Ebenso wie Felder des Typs Numerisch können auch Gleitkomma-Felder bis zu 20 Stellen lang sein.

Felder des Typs **DATUM** speichern Tag, Monat und Jahr in acht Zeichen. Sie können in Masken und Listen das Format, in dem das Datum dargestellt wird, bestimmen (siehe Kapitel über Masken- bzw. Berichtsgenerator).

LOGISCHE Felder enthalten entweder den Wert "wahr" oder "falsch" und sind genau ein Zeichen lang. Sie können sowohl "j" oder "n", "w" oder "f" in Groß- oder Kleinbuchstaben eingeben. Logische Felder können für eine Indizierung nicht verwendet werden.

In **Memo**-Felder können Sie Text mit beliebiger Länge eintragen. Das Memo-Feld selbst ist stets zehn Zeichen lang. Es enthält den Zeiger auf die Stelle, an der der Text gespeichert wird. Der Text wird in eine Memo-Datei geschrieben, die denselben Namen wie die Datenbank-Datei erhält, allerdings mit einer anderen Dateinamenerweiterung. Anstelle der Endung .dbf steht im Namen der Memo-Datei .dbt. Wenn Sie eine Datenbank-Datei (.dbf) kopieren, müssen Sie zusätzlich die Memo-Datei (.dbt) kopieren. Eine Memo-Datei ist von variabler Länge.

Feldlänge

In dieser Spalte legen Sie fest, wie viele Zeichen oder Ziffern in dem Feld gespeichert werden können. Es gelten folgende Regeln:

```
Zeichen        1 bis 254
Numerisch      1 bis  20
Gleitkomma     1 bis  20
Datum          8
Logisch        1
MEMO           10
```

dBASE IV legt die Länge von logischen und von Datum-Feldern automatisch fest. Memo-Dateien sind von variabler Länge.

Dezimalstellen

Für Felder der Typen Numerisch und Gleitkomma legen Sie in der Dez-Spalte die Anzahl der Nachkommastellen fest. Felder dieser beiden Typen können zwischen 0 und 18 Nachkommastellen besitzen. Achten Sie bitte darauf, daß die Anzahl der Nachkommastellen mindestens um zwei Zeichen kleiner ist als die Feldlänge. Diese beiden Zeichen benötigt dBASE IV für das Dezimalzeichen (Komma) und gegebenenfalls für ein Minuszeichen.

Index

In dieser Spalte legen Sie fest, ob für dieses Feld eine Indexdatei angelegt wird. Der Vorgabewert dieser Spalte beträgt n. Mit der Leertaste können Sie zwischen n und j hin und her schalten. Sie können aber auch j oder n eintippen.

Die Indexdatei erhält den Namen der Datenbank-Datei mit der Erweiterung .mdx. Wenn Sie beispielsweise in der Kundendatei das Feld Zuname indizieren, legt dBASE IV die Indexdatei Kunden.mdx mit dem Index Zuname an. Eine Indexdatei speichert bis zu 47 Indizes. Falls bei komplexen Anwendungen 47 Indizes für eine Bestandsdatei nicht ausreichen, kann man mit der dBASE IV-Programmiersprache weitere Indexdateien anlegen. Maximal zehn Indexdateien mit jeweils 47 Indizes dürfen gleichzeitig offen sein.

In dieser Spalte können Sie lediglich einen einfachen Index für das jeweilige Feld vereinbaren. dBASE IV bietet jedoch weitaus mehr Möglichkeiten zur Indizierung an (vgl. Kapitel 5).

Aufgabe: Artikeldatei definieren

Definieren Sie die Artikeldatei mit den Feldern ANR (Artikelnummer), BEZ (Bezeichnung), GRUPPE (Artikelgruppe) EK (Einkaufspreis), BESTAND und MB (Mindestbestand).

Die Artikelnummer soll eine ganzzahlige vierstellige Zahl sein. Die ersten beiden Stellen kennzeichnen den Hersteller, die weiteren beiden Stelle sollen eine fortlaufende Nummer enthalten. Wählen Sie deshalb den Feldtyp Zeichen mit der Länge 4. Dieses Feld soll indiziert werden.

Definieren Sie für die Bezeichnung ein Zeichen-Feld der Länge 30. dBASE IV überspringt bei Zeichen-, Datum-, Memo- und Logischen-Feldern die Spalte Dezimal. Das Feld Bezeichnung soll nicht indiziert werden.

Im Feld Gruppe speichern Sie die Artikelgruppe. Dieses Feld soll zehn Stellen lang sein. Im Kapitel über den Maskengenerator erfahren Sie, wie Sie später für die Artikelgruppe ein Multiple-Choice-Feld zur Dateneingabe definieren können.

Der Einkaufspreis ist eine Dezimalzahl mit zwei Nachkommastellen. Wählen Sie den Typ Numerisch aus. Tragen Sie als Länge 8 und für die Anzahl der Dezimalstellen 2 ein. Bei der Feldlänge zählt das Dezimalzeichen mit. Die größtmögliche Zahl, die Sie im Einkaufsfeld speichern können, beträgt somit:

99999,99

Das Feld Einkaufspreis benötigt keinen Index.

Die Felder Bestand und Mindestbestand sind vom Typ Numerisch. Die Länge des Feldes Bestand soll 4 Stellen und die von Mindestbestand 3 Stellen betragen. Beide Felder benötigen keinen Index.

Felder definieren

Im folgenden definieren Sie Feld für Feld in der Datensatzformatmaske. dBASE IV hat für das erste Feld bereits die Feldnummer **1** in die erste Spalte der Datensatzformatmaske eingetragen. Der Cursor steht in der Spalte Feldname. Definieren Sie bitte wie folgt das Feld ANR.

1.   Geben Sie ein: *ANR*

2.   Drücken Sie die *Tab*-Taste.

3.   Wählen Sie den Feldtyp **Zeichen** aus, indem Sie wiederum die *Tab*-Taste drücken.

4.   Geben Sie die Feldlänge ein: *4*

5.   Drücken Sie einmal die *Leertaste*.

     Daraufhin wechelt die Voreinstellung in der Index-Spalte von **N** auf **J**.

6. Drücken Sie die *Eingabetaste*.

Damit schließen Sie die Definition des ersten Feldes ab und setzen den
Cursor in die zweite Zeile. dBASE IV trägt automatisch die Feldnummer
2 ein (Bild 3-3).

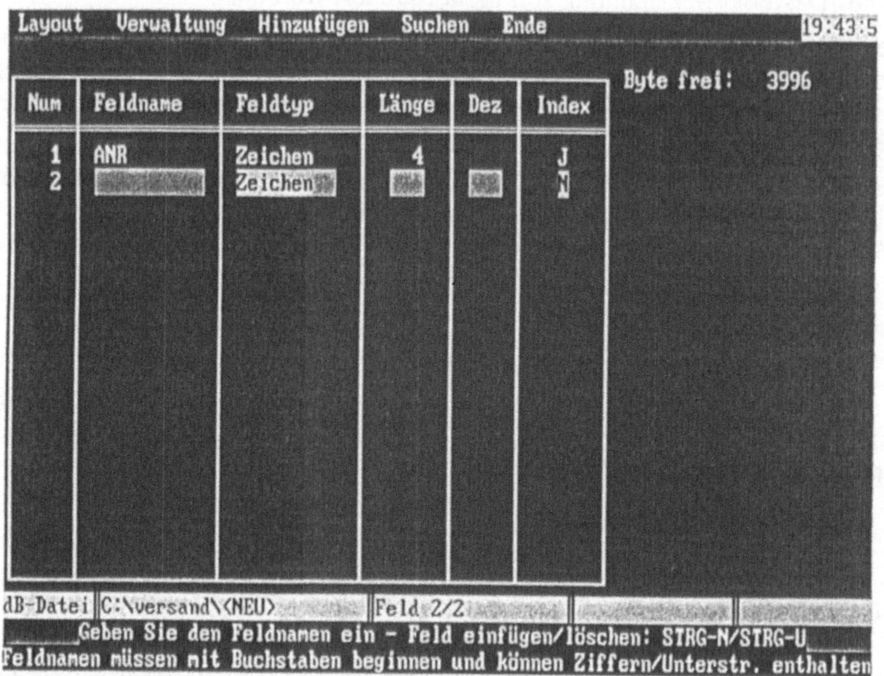

Bild 3-3 Defintion des Feldes ANR

7.   Definieren Sie nun die weiteren Felder der Artikeldatei. Wiederholen Sie
      die Schritte 1 bis 6 und tragen Sie die Felddefinitionen wie in Bild 3-4
      ein.

```
 Layout    Verwaltung   Hinzufügen   Suchen    Ende                    19:51:0

                                                 Byte frei:   3941

 ┌─────┬───────────┬────────────┬───────┬──────┬─────────┐
 │ Num │ Feldname  │ Feldtyp    │ Länge │ Dez  │ Index   │
 ├─────┼───────────┼────────────┼───────┼──────┼─────────┤
 │  1  │ ANR       │ Zeichen    │   4   │      │    J    │
 │  2  │ BEZ       │ Zeichen    │  30   │      │    N    │
 │  3  │ GRUPPE    │ Zeichen    │  10   │      │    N    │
 │  4  │ EK        │ Numerisch  │   8   │  2   │    N    │
 │  5  │ BESTAND   │ Numerisch  │   4   │  0   │    N    │
 │  6  │ MB        │ Numerisch  │   3   │  0   │    N    │
 │  7  │           │ Zeichen    │       │      │    N    │
 └─────┴───────────┴────────────┴───────┴──────┴─────────┘

 dB-Datei  C:\versand\<NEU>          Feld 7/7
          Geben Sie den Feldnamen ein - Feld einfügen/löschen: STRG-N/STRG-U
 Feldnamen müssen mit Buchstaben beginnen und können Ziffern/Unterstr. enthalten
```

Bild 3-4 Definition der Artikeldatei

Felddefinitionen korrigieren

Prüfen Sie sämtliche Felddefinitionen der Datensatzformatmaske, bevor Sie sie
abspeichern. Sie können jetzt noch jede Definition ändern. Setzen Sie dazu den
Cursor auf die entsprechende Definition, und führen Sie die Änderung durch.

Mit folgenden Tasten und Tastenkombinationen steuern Sie den Cursor:

Pfeiltasten   Mit der Pfeiltaste nach oben setzen Sie den Cursor auf bereits
                 definierte Felder. Sie können Änderungen durchführen und mit
                 der Pfeiltaste nach unten wieder zur letzten Felddefinition ge-
                 langen.

                 Mit den Pfeiltasten nach links und rechts bewegen Sie den Cur-
                 sor in der Spalte Felddefinition um jeweils ein Zeichen. Am
                 Ende einer Spalte springt der Cursor in die nächste Spalte.

Tab	Mit der Tab-Taste bewegen Sie den Cursor genau eine Spalte weiter. Befindet er sich am Ende einer Zeile, setzt die Betätigung der Tabulator-Taste den Cursor an den Anfang der nächsten Zeile.
Umstell-Tab	Halten Sie die Umstelltaste fest, und drücken Sie auf die Tab-Taste. Der Cursor springt eine Spalte zurück.

Sie können den Cursor aber auch mit den Befehlen des **Suchen**-Menüs bewegen. Öffnen Sie das **Suchen**-Menü (Alt-S). Es enthält drei Befehle:

- **Erstes Feld**

- **Letztes Feld**

- **Feldnummer**

Wenn Sie Feldnummer auswählen, müssen Sie die entsprechende Feldnummer eingeben oder mit mit Hilfe der Pfeiltasten nach oben und unten eine auswählen. dBASE IV akzeptiert ungültige Feldnummern nicht.

Mit folgenden Tasten können Sie Feldnamen und Längenangaben korrigieren:

Rücktaste	Löscht das Zeichen links vom Cursor.
Entf-Taste	Löscht das Zeichen, auf dem der Cursor steht.
Einf-Taste	Wechselt zwischen Überschreib- und Einfügemodus. Standard ist der Überschreibmodus.
Strg-G	Löscht rechts vom Cursor alle Zeichen einer Spalte.

Felder löschen

Eine vollständige Felddefinition (Zeile) löschen Sie, indem Sie die Strg-Taste festhalten und die U-Taste drücken. Es spielt dabei keine Rolle, in welcher Spalte der Cursor gerade steht.

Felder einfügen

Wenn Sie feststellen, daß Sie eine Felddefinition vergessen haben, fügen Sie einfach eine Leerzeile für die zusätzliche Felddefinition ein. Setzen Sie den Cursor auf das Feld, vor dem Sie das zusätzliche Feld einfügen wollen. Halten Sie die Strg-Taste fest, und drücken Sie die N-Taste.

Datenbank-Struktur speichern

Nachdem Sie sämtliche Felddefinitionen überprüft haben, müssen Sie die Datenbank-Struktur speichern.

1. Öffnen Sie das **Ende**-Menü (Alt-E).

   Das **Ende**-Menü bietet zwei Optionen:

   ● **Speichern und beenden**

   ● **Beenden, ohne zu speichern**

   Sie können entweder die eben definierte Datenbank-Struktur speichern oder alle Eingaben löschen:

2. Rufen Sie den Befehl **Speichern und beenden** auf.

   dBASE IV fragt dann nach dem Namen der neuen Datenbank-Datei.

3. Geben Sie *ARTIKEL* ein.

   Dateinamen dürfen maximal acht Zeichen lang sein. Sie bestehen aus Buchstaben, Ziffern und dem Unterstreichungszeichen und müssen mit ei nem Buchstaben beginnen.

   Beispiele: ART3

   ST_Kunden

4. Drücken Sie die *Eingabetaste*.

   Daraufhin speichert dBASE IV die neue Datenbank-Datei und kehrt auf die Ebene des Regie-Zentrums zurück. In der dB-Dateiliste steht nun der Name Artikel über der horizontalen Linie. Die Datenbank-Datei ist geöffnet.

Legen Sie noch die beiden Dateien Auftrag und Position an.

Definieren Sie die Auftragsdatei mit den Feldern AFNR (Auftragnummer), Datum und KNR (Kundennummer).

Feldnummer	Feldname	Feldtyp	Länge	Dezimal	Index
1	AFNR	Numerisch	4	0	j
2	DATUM	Datum	8		n
3	KNR	Numerisch	4	0	n

Speichern Sie das Datensatzformat (Bild 3-5) unter dem Namen Auftrag.

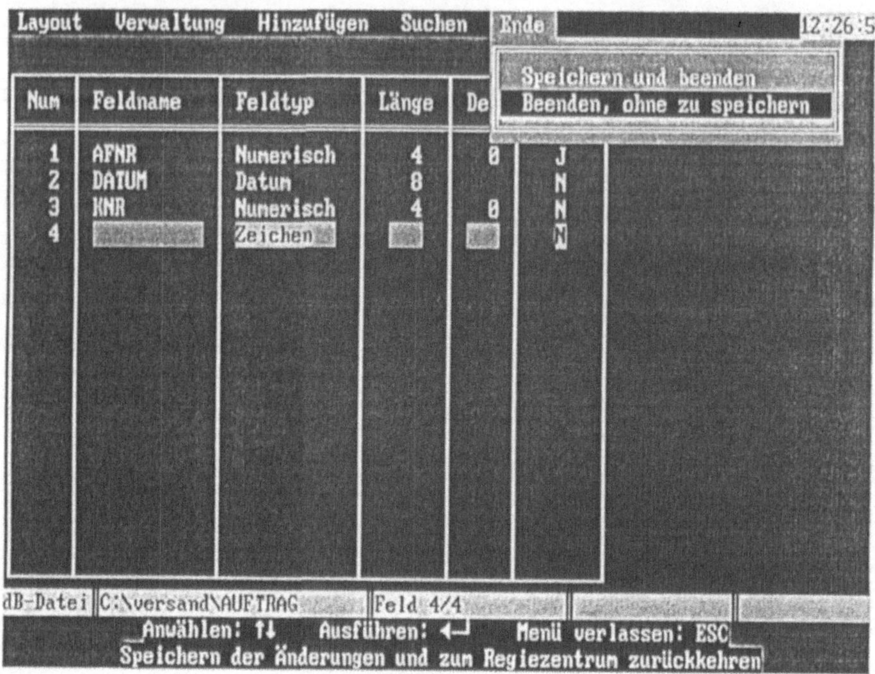

Bild 3-5 Definition der Auftragsdatei

Im Regie-Zentrum steht dann in der dB-Dateiliste die Auftragsdatei über der horizontalen Linie. dBASE IV hat die Artikeldatei geschlossen. Sie steht jetzt unter der horizontalen Linie (Bild 3-6).

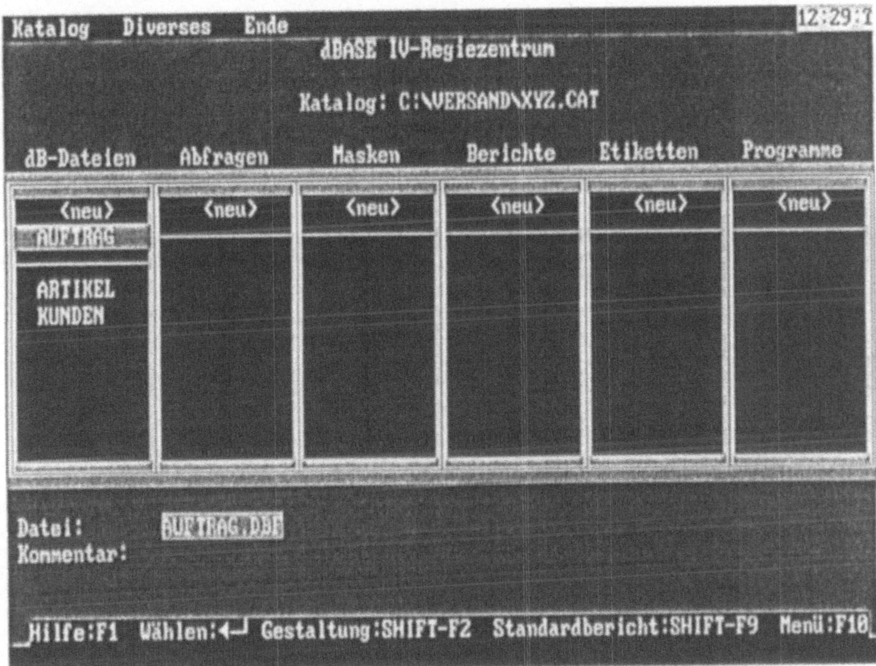

Bild 3-6 Die Auftragsdatei ist geöffnet

Definieren Sie die Positionsdatei mit den Feldern AFNR (Auftragnummer),
POSNR (Positionsnummer), ANR (Artikelnummer), Menge und Status.

Feldnummer	Feldname	Feldtyp	Länge	Dezimal	Index
1	AFNR	Numerisch	5	0	j
2	POSNR	Numerisch	2	0	n
3	ANR	Zeichen	4		n
4	MENGE	Numerisch	3	0	n
5	STATUS	Logisch	1		n

Speichern Sie das Datensatzformat (Bild 3-7) unter dem Namen Position.

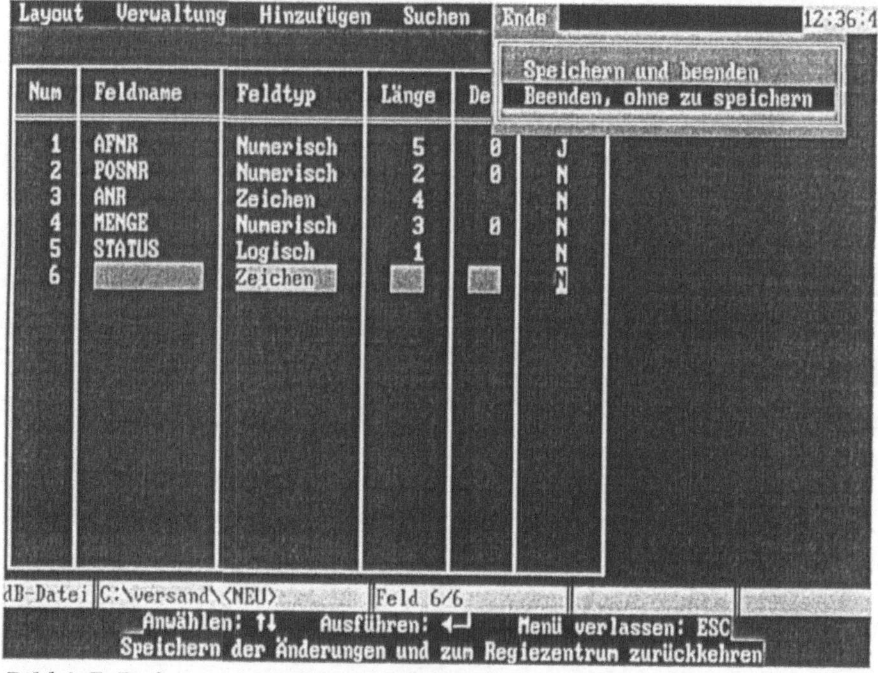

Bild 3-7 Definition der Positionsdatei

Im Regie-Zentrum steht dann in der dB-Dateiliste die Positionsdatei über der horizontalen Linie. dBASE IV hat die Auftragsdatei geschlossen. Sie steht jetzt direkt unter der horizontalen Linie (Bild 3-8).

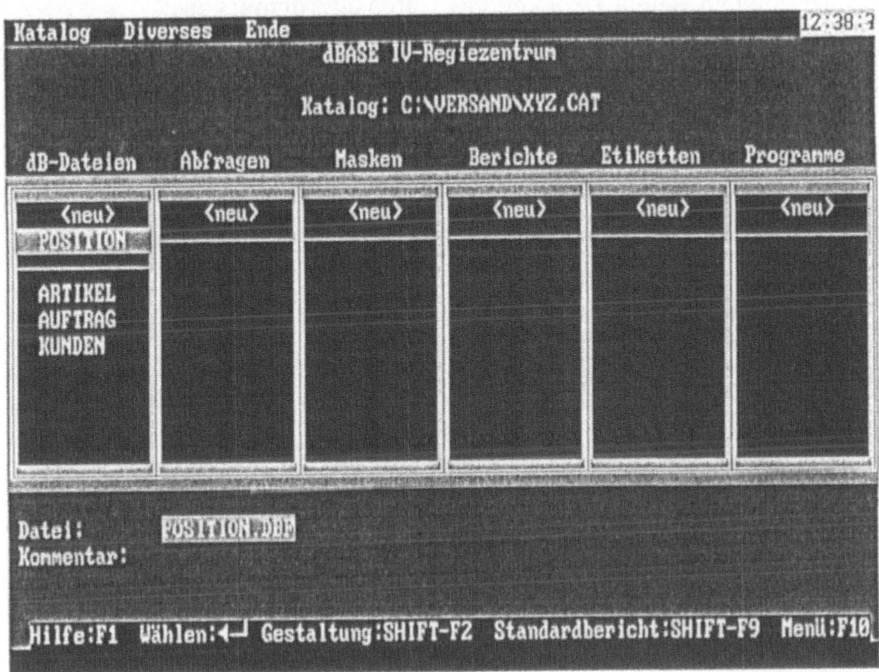

Bild 3-8 Die Positionsdatei ist geöffnet

Beschreibung der Datenbank-Strukur ausgeben

Damit Sie sich jederzeit über die Struktur der Datenbank-Dateien informieren können, sollten Sie die Struktur-Beschreibung der Dateien ausdrucken. In der Struktur-Beschreibung sind alle Felddefinitionen aufgeführt.

Wenn Sie vorhaben, die Struktur einer Datenbank-Datei zu verändern, sollten Sie sich auf jeden Fall die Beschreibung der Datenbank-Datei vorher ausdrukken lassen.

1. Markieren Sie im Regie-Zentrum den Dateinamen Kunden in der dB-Dateiliste.

2. Halten Sie die *Umstelltaste* fest und drücken Sie die *F2*-Taste.

    Sie sehen daraufhin die Datensatzformatmaske für die Kundendatei mit dem aufgeklappten **Verwaltung**-Menü.

3. Drücken Sie die *Esc*-Taste.

    Das Menü verschwindet.

4. Klappen Sie das **Layout**-Menü auf.

5. Wählen Sie den Befehl **Drucken des Datensatzformats** aus.

6. Wenn Sie einen Drucker angeschlossen haben, entscheiden Sie sich für
    Start. Daraufhin beginnt das Ausdrucken.

```
Datensatzformat der dB-Datei: C:\VERSAND\KUNDEN.DBF
Anzahl der Datensätze:           0
Datum der letzten Aktualisierung: 28.06.1989
Feld    Feldname      Typ            Länge     Dez      Index
   1    ZUNAME        Zeichen          30               J
   2    VORNAME       Zeichen          20               N
   3    STRAßE        Zeichen          30               N
   4    PLZ           Zeichen           4               N
   5    ORT           Zeichen          20               N
   6    TELEFON       Zeichen          15               N
** Gesamt **                         120
```

Bild 3-9 Beschreibung des Datensatzformats der Datei Kunden.dbf

Die Beschreibung enthält den Pfadnamen der Datenbank-Datei, die Anzahl der
gespeicherten Datensätze, das Datum der letzten Aktualisierung der Daten, die
Eigenschaften der Felder und die Länge eines gesamten Datensatzes.

Datenbank-Kommentar editieren

Für jede Datei können Sie einen Kommentar mit eingeben, der aus maximal 80
Zeichen besteht. Wenn Sie die Datei im Regie-Zentrum markieren, gibt
dBASE IV die ersten 50 Zeichen dieses Kommentars aus. Somit lassen sich
Angaben über eine Datei gesondert angeben.

Geben Sie bitte einen Kommentar für die Kundendatei ein.

1. Markieren Sie im Regie-Zentrum den Dateinamen Kunden in der dB-Da-
    teiliste.

2. Halten Sie die *Umstelltaste* fest und drücken Sie die *F2*-Taste.

3. Schließen Sie das **Verwaltung**-Menü, indem Sie die *Esc*-Taste drücken.

4. Rufen Sie aus dem **Layout**-Menü den Befehl **Kommentar bearbeiten** auf.

    Sie können dann einen Kommentar eingeben oder einen bestehenden
    Kommentar ändern (Bild 3-10).

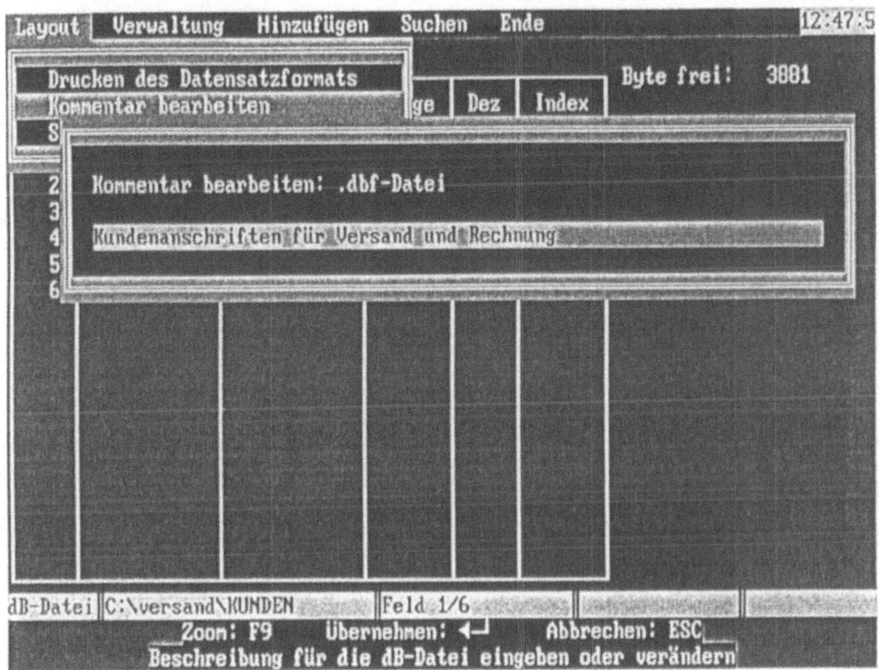

Bild 3-10 Einen Kommentar zur Datenbank eingeben

5. Geben Sie ein: *Kundenanschriften für Versand und Rechnung*

6. Drücken Sie die *Eingabetaste*.

7. Kehren Sie über das **Ende**-Menü ins Regie-Zentrum zurück.

    dBASE IV gibt dann den Kommentar in der Dateianzeige aus, sobald Sie
    die Datei in der dB-Dateiliste markieren (Bild 3-11).

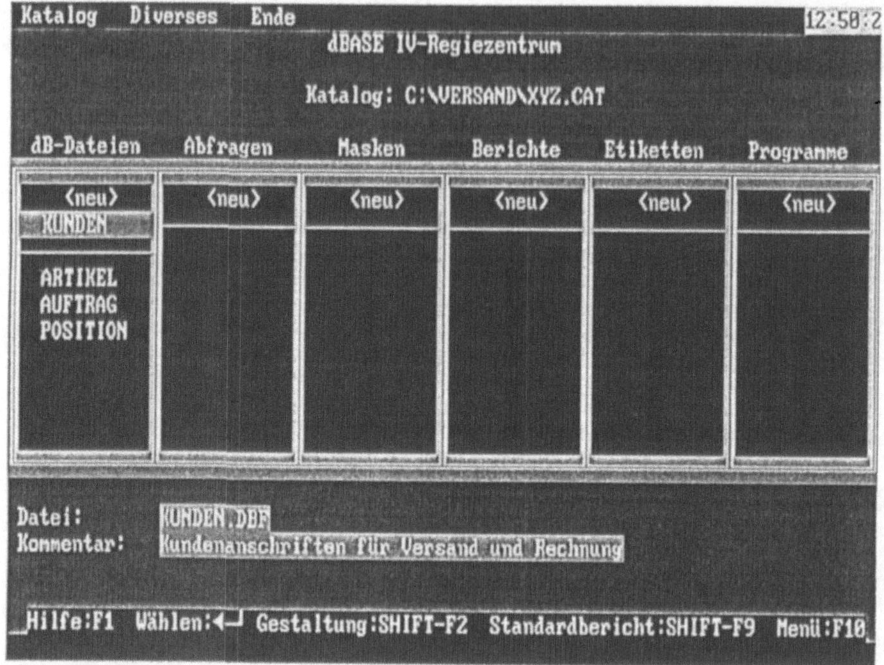

Bild 3-11 Datei mit Kommentar

Struktur einer Datenbank-Datei nachträglich ändern

An der Struktur einer Datenbank-Datei können Sie folgende Eigenschaften ändern:

- Feld hinzufügen
- Feld löschen
- Feldnamen ändern
- Feldlänge erweitern
- Feldlänge kürzen
- Feldtyp ändern
- Anzahl an Dezimalstellen von numerischen Feldern ändern
- Index anlegen
- Index löschen

Bevor dBASE IV die Struktur einer Datenbank-Datei ändert, erstellt es automatisch eine Kopie der ursprünglichen Datenbank-Datei. Falls bei der Strukturänderung etwas schief laufen sollte, steht dann immer noch die Sicherungskopie zur Verfügung. Der Dateiname der Kopie erhält die Endung .bak. Existiert eine Memo-Datei zur Datenbank-Datei, kopiert dBASE IV zur Sicherheit auch diese und hängt an den Dateinamen der Kopie die Endung .tbk. Nach der Strukturänderung wird der Inhalt der kopierten Dateien in die veränderte Datenbank-Datei übertragen. Die Kopien haben ihren Zweck erfüllt und werden deshalb automatisch gelöscht.

Wenn Sie eine Strukturänderung durchführen wollen, sollten sie zuvor prüfen, ob genug Platz auf der Festplatte vorhanden ist. dBASE IV führt die Strukturänderung nur dann durch, wenn es Sicherungskopien anlegen kann.

Feld hinzufügen

Sie können an jeder beliebigen Stelle in der Datenbank-Struktur ein Feld einfügen. Fügen Sie bitte in die Kundendatei ein zweistelliges Zeichenfeld für das Bundesland ein.

1. Markieren Sie im Regie-Zentrum den Dateinamen Kunden in der dB-Dateiliste.

2. Halten Sie die *Umstell*-Taste fest, und drücken Sie die *F2*-Taste.

    Sie sehen daraufhin die Datensatzformatmaske für die Kundendatei mit dem aufgeklappten **Verwaltung**-Menü.

3. Drücken Sie die *Esc*-Taste.

    Das Menü verschwindet.

4. Markieren Sie das Feld Telefon, vor dem Sie das neue Feld einfügen wollen.

5. Halten Sie die *Strg*-Taste fest, und tippen Sie auf die *N*-Taste *(Strg-n)*.

    Daraufhin fügt dBASE IV eine leere Zeile ein und numeriert die Felder neu. Sie können nun das neue Feld definieren.

6. Definieren Sie das neue Feld Land (siehe Bild 3-12).

Wenn Sie am Ende der Datenbank-Struktur ein Feld anfügen wollen, setzen Sie den Cursor auf die Index-Spalte des letzten Datenfeldes, und drücken Sie auf die Eingabetaste. dBASE IV fügt eine Leerzeile für das neue Feld an.

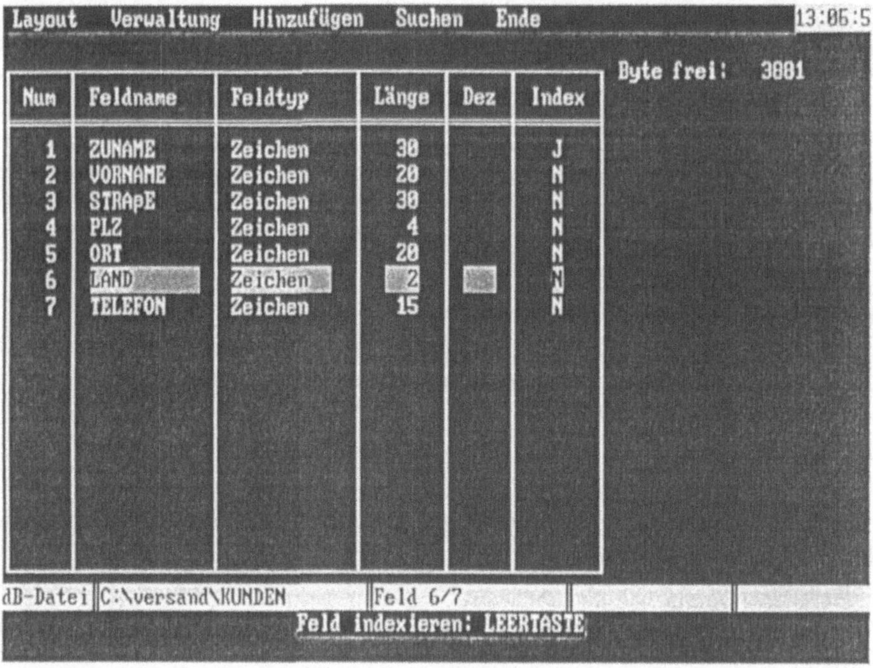

Bild 3-12 Eine Feld nachträglich einfügen

Feld löschen

Wenn Sie ein Feld löschen, löscht dBASE IV auch alle Daten, die Sie bereits in dieses Feld eingetragen haben. Das oben hinzugefügte Feld Land wird nun gelöscht.

1.   Markieren Sie das zu löschende Feld (Land).

2.   Halten Sie die *Strg*-Taste fest, und tippen Sie auf die *U*-Taste *(Strg-u)*.

Das Feld wird gelöscht und die Felder in der Datensatzformatmaske werden neu numeriert (Bild 3-13). Die Löschung ist nicht rückgängig zu machen.

```
 Layout   Verwaltung   Hinzufügen   Suchen   Ende                    13:14:2

                                                      Byte frei:   3881

 Num   Feldname     Feldtyp     Länge   Dez   Index

  1    ZUNAME       Zeichen      30            J
  2    VORNAME      Zeichen      20            N
  3    STRAßE       Zeichen      30            N
  4    PLZ          Zeichen       4            N
  5    ORT          Zeichen      20            N
  6    TELEFON      Zeichen      15            N

 dB-Datei  C:\versand\KUNDEN        Feld 6/6
        Geben Sie den Feldnamen ein - Feld einfügen/löschen: STRG-N/STRG-U
 Feldnamen müssen mit Buchstaben beginnen und können Ziffern/Unterstr. enthalten
```

Bild 3-13 *Ein Feld der Datenbank wurde gelöscht*

Feldnamen ändern

Feldnamen können sie jederzeit ändern. dBASE IV ordnet automatisch die Daten, die bereits unter dem alten Feldnamen gespeichert wurden, dem neuen Feldnamen zu. Wenn Sie Feldnamen ändern, sollten Sie gleichzeitig keine weiteren Änderungen an der Struktur vornehmen. dBASE IV ordnet der neuen Datei die Daten der alten Datei aufgrund der Feldposition zu. Wenn Sie Feldnamen ändern und gleichzeitig Felder hinzufügen oder löschen, Feldlängen oder Feldtypen ändern, kann dBASE IV die Daten nicht mehr zuordnen.

Feldlänge erweitern

Sie können ein Feld problemlos größer definieren. Bei Zeichen-Feldern fügt dBASE IV die zusätzlichen Stellen rechts an. Bei Feldern der Typen Numerisch und Gleitkomma wird die Anzahl der Vorkommastellen erhöht.

Feldlänge kürzen

Es ist äußerst problematisch, die Feldlänge zu kürzen. Es kann dabei sehr leicht vorkommen, daß ein Teil der Daten in dem zu verändernden Feld verloren geht. Wenn Sie Zeichen-Felder kürzen, schneidet dBASE IV die Stellen am rechten Feldrand ab. Numerische Felder kürzt dBASE IV ebenfalls am rechten Feldrand.

Beispiel:

NUM war mit 10 Stellen und 5 Dezimalstellen definiert. Die gesamte Stellenzahl wurde auf 7 vermindert:

1234,56789 wird zu 1234,56

In Gleitkomma-Feldern streicht dBASE IV ebenfalls Stellen vom rechten Feldrand her.

Beispiel:

FLO war mit 10 Stellen und 5 Dezimalstellen definiert. Die gesamte Stellenzahl wurde auf 7 vermindert:

1234,56789 wird zu 1234,56

Anzahl an Dezimalstellen numerischer Felder ändern

dBASE IV ignoriert eine Erhöhung der Dezimalstellen, wenn ein numerischer Wert alle Vorkommastellen belegt.

Beispiel:

NUM war mit 10 Stellen und 5 Dezimalstellen definiert. Die Dezimalstellen wurden auf 7 erhöht. Der Wert 1234,56789 bleibt unverändert.

Eine Reduzierung der Dezimalstellen hingegen wird ausgeführt.

Beispiel:

FLO war mit 10 Stellen und 5 Dezimalstellen definiert. Die Anzahl der Dezimalstellen wurde auf 3 vermindert:

1234,56789 wird zu 1234,568

dBASE IV rundet die letzte Dezimalstelle.

Feldtyp ändern

Folgende Konvertierungen des Feldtyps sind möglich:

Konvertierung	Auswirkung
Numerisch in Zeichen	Aus den einzelnen Ziffern werden Zeichen.
Zeichen in Numerisch	dBASE IV wandelt alle Ziffern eines Zeichen-Feldes in eine Zahl um, bis es auf einen Buchstaben oder ein Sonderzeichen trifft. Wenn das erste Zeichen des Zeichen-Feldes ein Buchstabe ist, erhält das numerische Feld den Wert null.
Zeichen in Datum	Zeichen-Felder, die wie ein Datum formatiert sind, können in ein Datum-Feld umgewandelt werden.
Datum in Zeichen	Datum-Felder können in Zeichen-Felder umgewandelt werden. Es ist nicht möglich, logische Felder in Zeichen-Felder zu konvertieren und umgekehrt.

Aufgabe: Struktur der Kundendatei ändern

Die Kundendatei soll um folgende Felder erweitert werden:

- Kundennummer
- Titel
- Anrede
- Postfach
- Datum des ersten Auftrags
- Umsatz des laufenden Geschäftsjahres
- Bemerkungen

1. Öffnen Sie die Kundendatei mit *Umstell-F2* (Bild 3-14).

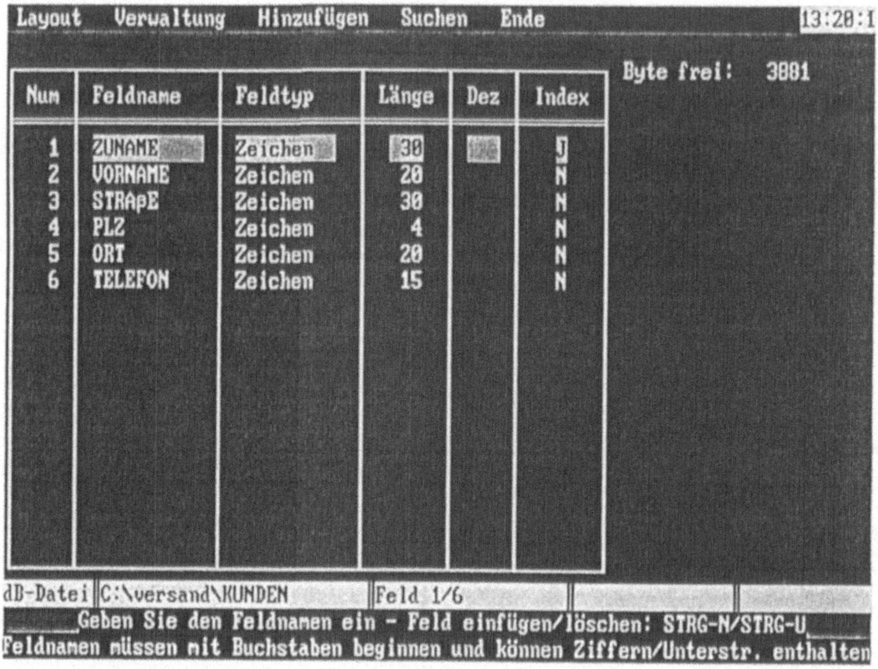

Bild 3-14 Ursprüngliche Definition der Kundendatei

2. Definieren Sie die Felder wie in der folgenden Übersicht dargestellt:

Feldnummer	Feldname	Feldtyp	Länge	Dezimal	Index
1	KN	Numerisch	4	0	J
2	TITEL	Zeichen	10		N
5	ANREDE	Zeichen	1		N
6	POSTFACH	Zeichen	6		N
11	DAT	Datum	8		N
12	ULGJ	Numerisch	9	2	N
13	BEM	MEMO	10		N

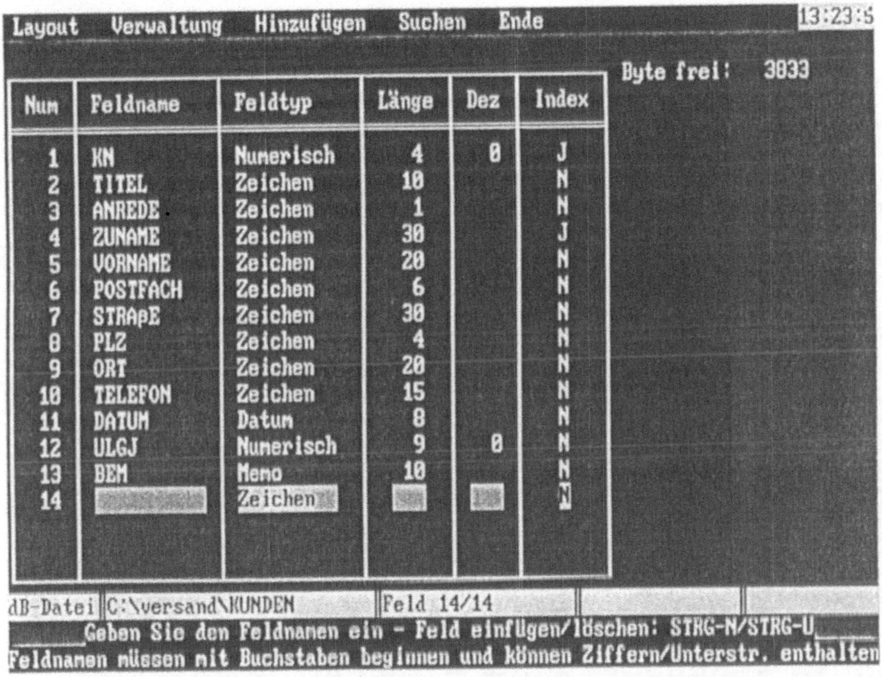

Layout   Verwaltung   Hinzufügen   Suchen   Ende   13:23:5

Byte frei: 3033

Num	Feldname	Feldtyp	Länge	Dez	Index
1	KN	Numerisch	4	0	J
2	TITEL	Zeichen	10		N
3	ANREDE	Zeichen	1		N
4	ZUNAME	Zeichen	30		J
5	VORNAME	Zeichen	20		N
6	POSTFACH	Zeichen	6		N
7	STRAßE	Zeichen	30		N
8	PLZ	Zeichen	4		N
9	ORT	Zeichen	20		N
10	TELEFON	Zeichen	15		N
11	DATUM	Datum	8		N
12	ULGJ	Numerisch	9	0	N
13	BEM	Memo	10		N
14		Zeichen			N

dB-Datei C:\versand\KUNDEN   Feld 14/14
Geben Sie den Feldnamen ein - Feld einfügen/löschen: STRG-N/STRG-U
Feldnamen müssen mit Buchstaben beginnen und können Ziffern/Unterstr. enthalten

Bild 3-15 zeigt das geänderte Datensatzformat der Kundendatei.

Geändertes Datensatzformat speichern

Es gibt zwei Alternativen, das geänderte Datensatzformat zu speichern.

1. Halten Sie die *Strg*-Taste fest und drücken Sie auf die *Ende*-Taste.

   dBASE IV fragt daraufhin, ob das neue Format gespeichert werden soll (Bild 3-16).

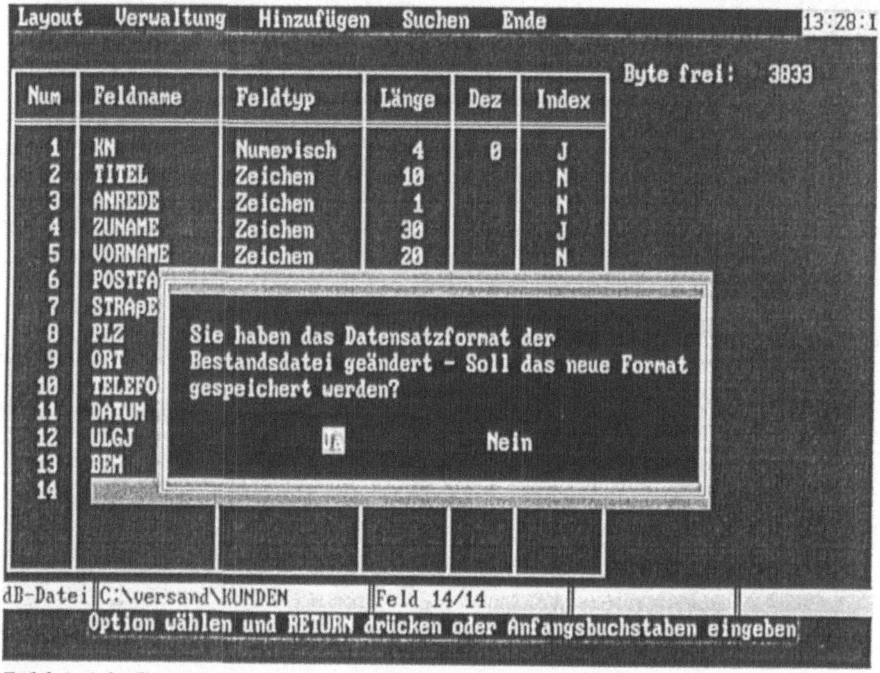

Bild 3-16 Geändertes Datensatzformat mit Strg-Ende speichern

2. Antworten Sie: *J*

   Wenn Sie diese Frage bejahen, kopiert dBASE IV die Daten, ändert die Datenbank-Struktur und überträgt die kopierten Daten in die geänderte Struktur. Die neue Datenbank-Struktur ist damit gesichert. dBASE IV kehrt in das Regie-Zentrum zurück.

Oder Sie können wie folgt vorgehen:

1. Wählen Sie aus dem **Layout**-Menü den Befehl **Datensatzformat spei-
    chern** aus.

    Sie können dann das neue Datensatzformat unter dem alten Namen spei-
    chern oder den Namen der Datenbank-Datei ändern (Bild 3-17).

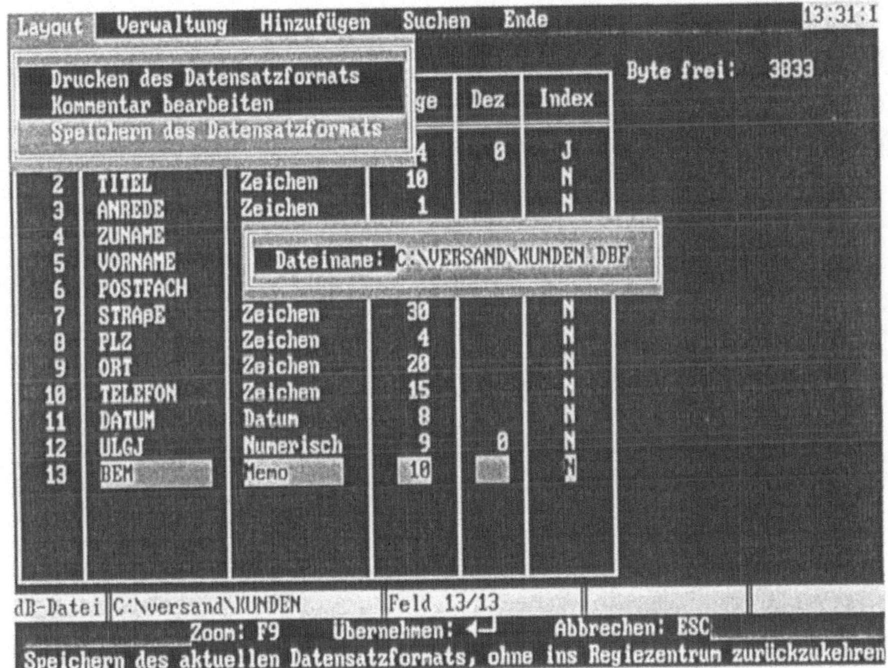

Bild 3-17 Geändertes Datensatzformat speichern

2. Drücken Sie die *Eingabetaste*.

    dBASE IV fragt daraufhin genauso wie bei der obigen Alternative (Bild 3-
    16), ob das neue Format gespeichert werden soll.

3. Antworten Sie: *J*

    dBASE IV speichert die Datei unter dem ursprünglichen Namen. dBASE
    IV kehrt nicht ins Regie-Zentrum zurück. Es bleibt im Programmteil Da-
    tenbankentwicklung.

Zusammenfassung

Die Struktur einer Datenbank-Datei definieren Sie in der Datensatzformat-maske, die folgende Spalten enthält: Feldnummer, Feldname, Feldtyp, Feld-länge, Dezimalstellen und Index.

dBASE IV unterscheidet folgende Feldtypen:

- Zeichen
- Numerisch
- Gleitkomma
- Datum
- Logisch
- Memo

Sie können ein Datensatzformat jederzeit ändern, auch wenn Sie bereits Daten gespeichert haben.

4   Daten eingeben, bearbeiten, auswählen

In diesem Kapitel erfahren Sie,

- wie Sie Daten eingeben,

- sortieren und

- auf dem Bildschirm ausgeben.

- Sie lernen auch, Datensätze nach bestimmten Kriterien auszuwählen.

Die Möglichkeiten von dBASE IV zur Eingabekontrolle werden erst im Kapitel über den Maskengenerator (Kapitel 10) vorgestellt.

Einzelsatz- und Tabellendarstellung

dBASE IV zeigt Ihnen die Daten in zwei verschiedenen Modi auf dem Bildschirm:

- Einzelsatzdarstellung und

- Tabellendarstellung.

In der Einzelsatzdarstellung (Bild 4-1) sehen Sie genau einen Datensatz auf dem Bildschirm. Er wird entweder in der Standard-Eingabemaske oder in einer Maske, die Sie selbst definiert haben (siehe Kapitel 10), auf dem Bildschirm dargestellt.

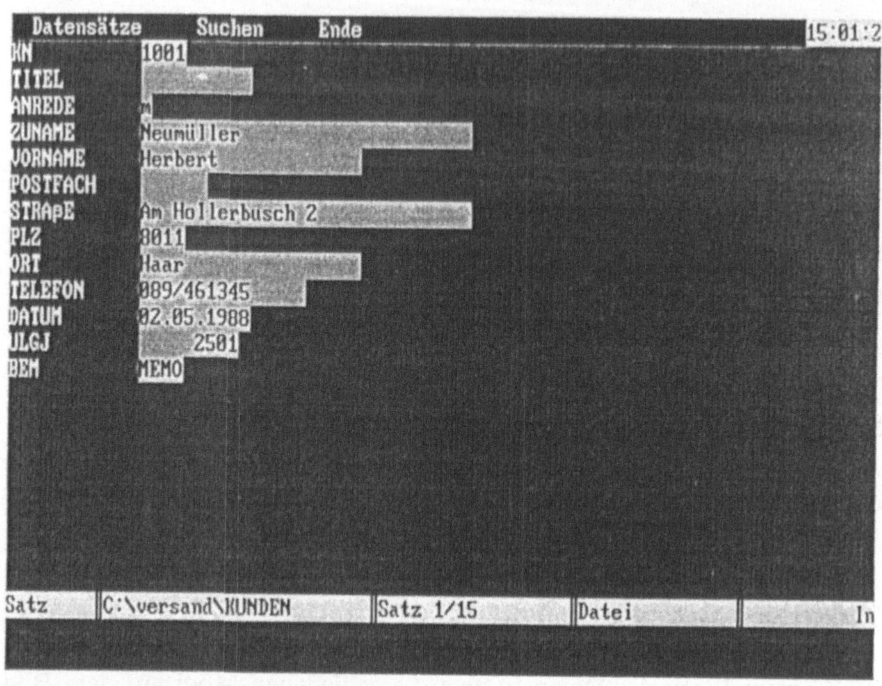

Bild 4-1 Einzelsatzdarstellung

Mit folgenden Tasten bewegen Sie den Cursor in der Maske der Einzelsatzdarstellung:

Tab oder Eingabe	Cursor springt in das nächste Feld
Umstell-Tab	Cursor springt ein Feld zurück
Bild_vor	Einen Datensatz vorwärtsblättern
Bild_zurück	Einen Datensatz zurückblättern

In der Tabellendarstellung (Bild 4-2) sehen Sie 17 Datensätze gleichzeitig auf dem Bildschirm. In jeder Zeile steht ein Datensatz, in jeder Spalte ein Feld.

Datensätze	Felder	Suchen	Ende		15:03:4
KN	TITEL	ANREDE	ZUNAME	VORNAME	POS
1001		m	Neumüller	Herbert	
1002		w	Fröhlich	Jutta	
1003	Dr.	m	Wahl	Felix	
1004		w	Schick	Linda	
1005		m	Kratz	Max	
1006	Prof. Dr.	m	Schupp	Michael	806
1007		m	Freiberger	Julian	
1008		w	Sommer	Lore	375
1009		m	Freiberger	Ludwig	
1010	Dr.	w	Westerheide	Ulrike	
1011		m	Scharschmidt	Peter	
1012		w	Schmidtbauer	Sonja	
1013		m	Meier	Gerd	705
1014	Prof. Dr.	w	Mayer	Vera	
1015		m	Mayr	Joseph	

Tabelle C:\versand\KUNDEN   Satz 1/15   Datei   In

Daten anzeigen und bearbeiten

Bild 4-2 Tabellendarstellung

Mit folgenden Tasten bewegen Sie den Cursor in dieser Tabelle:

Tab oder Eingabe	Cursor in die nächste Spalte bewegen
Umstell-Tab	Cursor eine Spalte zurück bewegen
Bild_vor	Eine Bildschirmseite weiter blättern
Bild_zurück	Eine Bildschirmseite zurück blättern
Pfeiltasten	Cursor um ein Zeichen oder eine Zeile in die angegebene Richtung bewegen
Pos1	Cursor in das erste Feld der Tabelle setzen
Ende	Cursor in das letzte Feld der Tabelle setzen

Mit der F2-Taste schalten Sie zwischen Einzelsatz- und Tabellendarstellung hin und her.

Sowohl in der Einzelsatzdarstellung als auch in der Tabellendarstellung können Sie den Cursor auf jedes beliebige Feld positionieren und Daten ändern. Änderungen werden gespeichert, sobald Sie den Cursor auf einen anderen Datensatz setzen.

Wenn Sie das Ende der Datei erreichen, fragt dBASE IV in beiden Darstellungsarten, ob Sie Daten hinzufügen wollen.

In beiden Modi sehen Sie in der Statuszeile (dritte Zeile von unten) eine Meldung wie beispielsweise Satz 6/15. Die erste Zahl ist die Nummer des aktuellen Datensatzes. Der Cursor steht also gerade auf dem Satz mit der Satznummer 6. Die zweite Zahl steht für die Gesamtzahl der Datensätze dieser Datei (Bild 4-3).

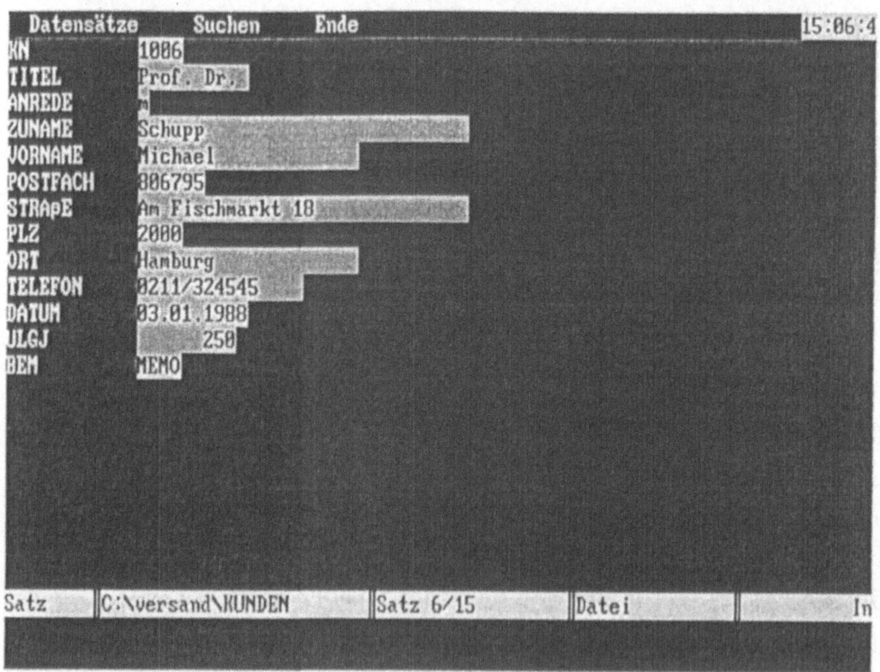

Bild 4-3 In der Statuszeile steht die Nummer des aktuellen Satzes

dBASE IV numeriert die Datensätze bei der Dateneingabe und verwendet diese Nummern als Satzzeiger. Der Satzeiger weist immer auf einen ganz bestimmten Datensatz, den aktuellen Satz. Auch nach einer Sortierung behalten Datensätze ihre ursprünglichen Satzzeiger.

Es empfiehlt sich, einen bestimmten Datensatz in der Tabellendarstellung auszuwählen und dann in die Einzelsatzdarstellung zu wechseln, um sich den Datensatz vollständig anzeigen zu lassen.

Daten eingeben

Im folgenden Beispiel öffnen Sie die Datei Artikel und geben fünf Datensätze
ein.

1. Markieren Sie Artikel in der dB-Dateiliste im Regie-Zentrum.

2. Drücken Sie die *F2*-Taste.

    Daraufhin öffnet dBASE IV die Datei Artikel und zeigt Ihnen die Stan-
    dardmaske zur Dateneingabe (Bild 4-4).

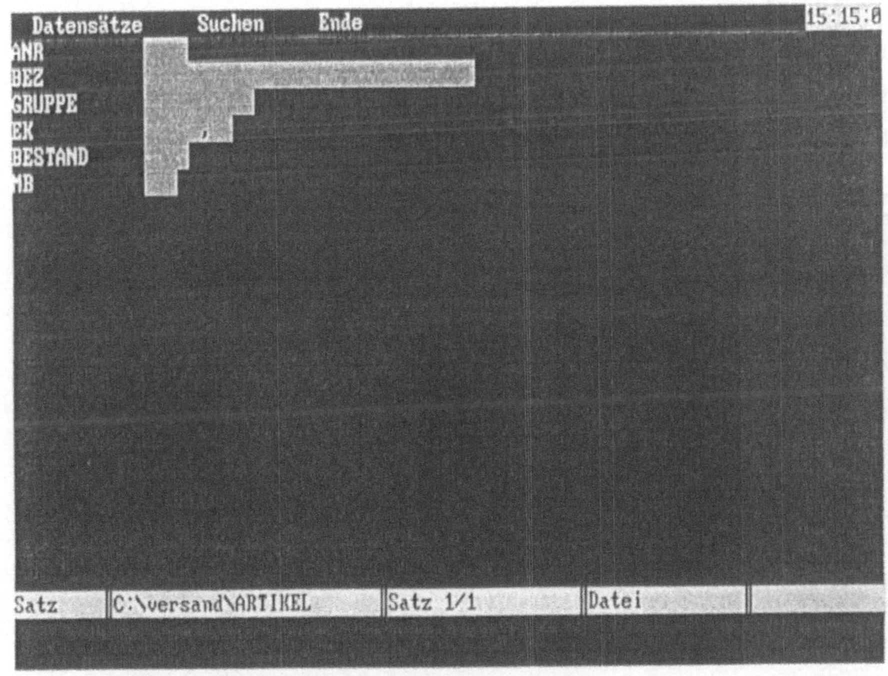

Bild 4-4 Leere Standardmaske zur Dateneingabe

3.   Geben Sie die Artikelnummer ein: *1301*

Nachdem Sie die letzte Stelle eines Feldes ausgefüllt haben, gibt dBASE IV einen Signalton aus und der Cursor springt automatsich in das nächste Feld.

4.   Drücken Sie die *Tab-* oder die *Eingabetaste*, um zum nächsten Eingabefeld zu gelangen.

5.   Geben Sie die Bezeichnung ein: *Canon T70*

dBASE IV unterscheidet bei der Dateneingabe zwischen Groß- und Kleinbuchstaben.

6.   Überspringen Sie das Feld Gruppe mit der *Tab-*Taste.

Hinweis:

Für das Feld Gruppe wird in Kapitel 11 eine Multiple-Choice-Auswahl zur Dateneingabe definiert.

7.   Geben Sie Werte in die folgenden Felder ein, und drücken Sie auch nach der Eingabe in das letzte Feld die Eingabetaste.

EK   : *350*

Bestand   : *10*

MB   : *5*

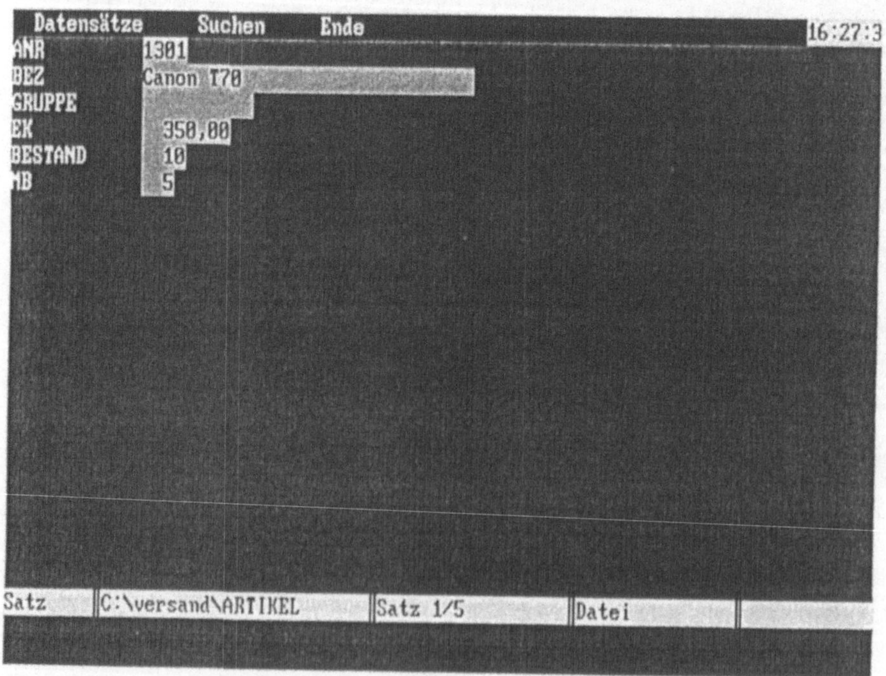

Bild 4-5 Erster Datensatz der Artikeldatei

Wenn Sie keine Dezimalstellen eingeben, werden sie automatisch mit Nullen aufgefüllt. dBASE IV merkt sich den Datensatz und zeigt Ihnen eine leere Eingabemaske, in die Sie den nächsten Datensatz eingeben können.

7. Nun geben Sie folgende Datensätze ein:

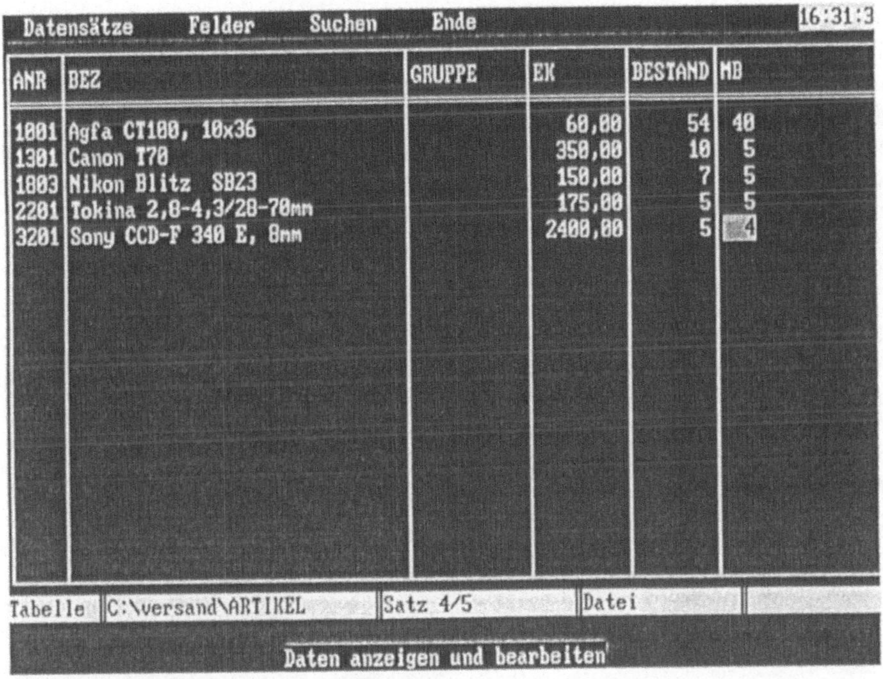

Bild 4-6 Datensätze der Artikeldatei

Nach der Eingabe des letzten Datensatzes sehen Sie wiederum eine leere Eingabemaske. Es gibt drei Möglichkeiten die Dateneingabe zu beenden.

8. Halten Sie die *Alt*-Taste fest und tippen Sie auf *E*, den Anfangsbuchstaben des **Ende**-Menüs. Führen Sie den Befehl **Beenden** aus.

Die zweite Möglichkeit ist wie folgt:

Halten Sie die *Strg*-Taste fest und drücken Sie gleichzeitig die *Ende*-Taste.

Bei der dritten Möglichkeit können Sie so vorgehen:

Drücken Sie die *Eingabetaste*, wenn der Cursor im ersten Feld der leeren Eingabemaske steht.

In allen drei Fällen speichert dBASE IV die eingegebenen Datensätze. Im Anschluß daran sollten Sie wiederum das Regie-Zentrum sehen. Die Datenbank bleibt offen.

Feldwerte übernehmen

Während Sie neue Datensätze eingeben, kommt es häufig vor, daß Sie in ein oder mehrere Felder wiederholt dieselben Werte eintragen. Dieser Fall tritt dann ein, wenn Sie die Adressen mehrerer Kunden aus München erfassen. Da Sie aber die Adressen mit dBASE IV erfassen, ist es überflüssig, immer wieder dieselbe Postleitzahl und denselben Ort einzutippen. Nachdem Sie die erste Münchner Adresse vollständig eingegeben haben, können Sie im nächsten Datensatz die Werte aus den Feldern PLZ und ORT des vorhergehenden Datensatzes mit der Ditto-Funktion übernehmen.

*   Halten Sie die *Umstelltaste* fest und drücken Sie die *F8*-Taste.

dBASE IV trägt den Wert aus dem Feld des letzten Datensatzes in dasselbe Feld des aktuellen Datensatzes ein. Die Ditto-Funktion läßt sich nicht auf Memo-Felder anwenden.

Übung: Dateneingabe

Geben Sie folgende Datensätze in die Kundendatei ein, und erleichtern Sie sich die Dateneingabe der Ortsnamen mit der Ditto-Funktion:

```
1005

m
Kratz   Max

Pappelallee 33
8400  Regensburg
0941/676761
23.10.1987              0



1007

m
Freiberger  Julian

Domplatz 5
8400  Regensburg
0941/515253
01.05.1988        2300
```

Bild 4-7 Datensätze der Kundendatei

Bild 4-7 (Fortsetzung)

```
1009

m
Freiberger   Ludwig

Am Protzenweiher 1
4000   Düsseldorf
0211/786751
  .   .                        0


1010
Dr.
w
Westerheide   Ulrike

Maximilianstr.22
4000   Düsseldorf
0211/676432
  .   .                        0


1011

m
Scharschmidt   Peter
605013
Keplerstr. 13
8400   Regensburg
0941/555444
01.01.1988              3500
```

Text in Memo-Felder eingeben

Solange Sie in ein Memo-Feld noch keine Angaben eingegeben haben, steht in der Eingabemaske in diesem Feld "memo", kleingeschrieben. Sobald Sie aber in das Memo-Feld Text eingetragen haben, erscheint "MEMO", großgeschrieben.

1. Öffnen Sie die Kundendatei, und setzen Sie den Cursor auf das Memo-Feld des Kunden Ludwig Bär.

2. Halten Sie die *Strg*-Taste fest, und drücken Sie auf die *Pos1*-Taste.

    Eine andere Vorgehensweise:

    Drücken Sie die *F9*-Taste (Zoom).

    Daraufhin ruft dBASE IV das integrierte Textverarbeitungsprogramm auf, mit dem Sie Text in das Memo-Feld eintragen können (Bild 4-8).

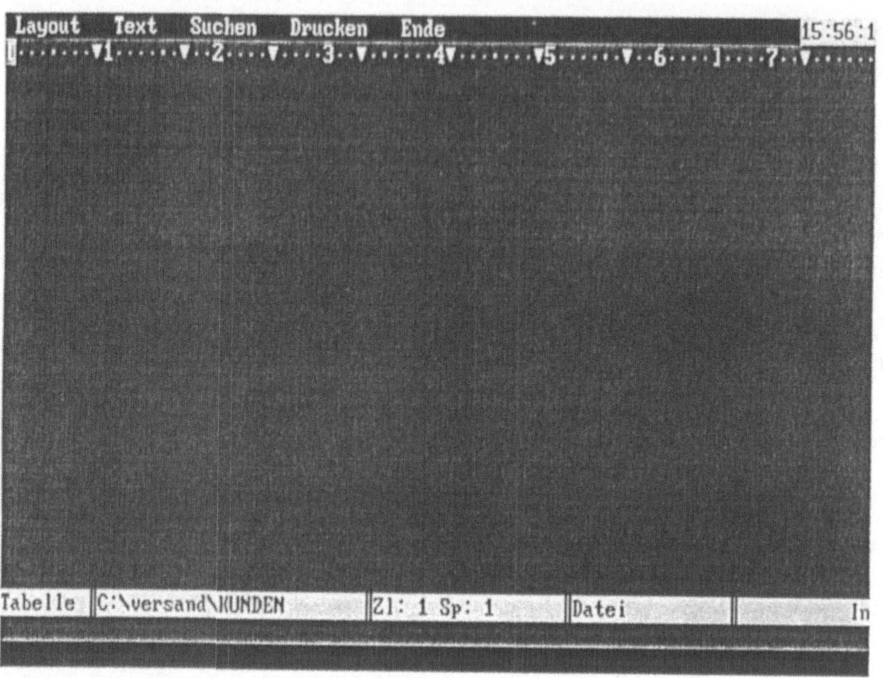

Bild 4-8 Eingabe in ein Memo-Feld

3. Tippen Sie einfach den folgenden Text ein:

Kunde ist an 8mm-Kameras interessiert. Fotoausrüstung hat er bereits.

Kunde wurde über Annonce in SZ geworben.

Sobald Sie das Zeilenende erreichen, schreibt das Textprogramm automatisch in der nächsten Zeile weiter. Sie sollten nur dann auf die Eingabetaste drücken, wenn Sie einen neuen Absatz beginnen wollen. In der Statuszeile am unteren Bildschirmrand sehen Sie den Namen der Datei, zu der dieses Memo-Feld gehört, und die Zeilen- und Spaltenangabe der aktuellen Cursorposition (Bild 4-9).

Mit den Pfeiltasten und den Tasten Bild_vor/Bild_zurück können Sie den Cursor an jede beliebige Stelle des Textes positionieren. Die Zeilenbreite beträgt standardmäßig 65 Zeichen. Das Textprogramm unterscheidet zwischen Überschreib- und Einfügemodus. Standard ist der Überschreibmodus. Mit der *Einfg*-Taste schalten Sie den Einfügemodus ein. Werfen Sie einen Blick auf die Statuszeile. Am Zeilenende steht jetzt die Meldung "Einfg". Wenn Sie nochmals die Einfg-Taste drücken, gelangen Sie wieder in den Überschreibmodus. Die Meldung in der Statuszeile verschwindet.

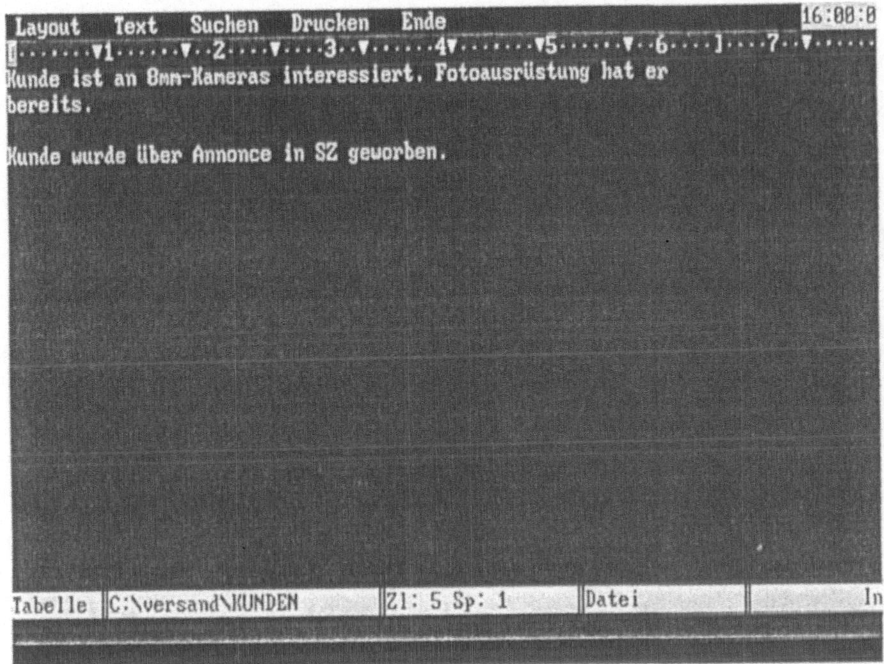

Bild 4-9 Die Statuszeile enthält wichtige Informationen

Text markieren

Setzen Sie dazu den Cursor an den Anfang des zu markierenden Textes. Drükken Sie die F6-Taste. Benutzen Sie die Pfeiltasten, um den Text zu markieren. Am Ende des zu markierenden Texts drücken Sie die Eingabetaste.

Text verschieben

Markieren Sie mit der F6-Taste den Text, den Sie verschieben wollen. Setzen Sie den Cursor an Stelle, an der Sie den Text einfügen wollen. Drücken Sie die F7-Taste. Der markierte Text wird an seiner ursprünglichen Position gelöscht und an der neuen Stelle eingefügt.

Vertauschen Sie bitte den ersten und den zweiten Absatz im Memo-Feld:

1.   Setzen Sie den Cursor an den Anfang des zweiten Absatzes.

2.   Drücken Sie die *F*6-Taste.

3.   Markieren Sie mit den *Pfeiltasten* den gesamten Absatz.

4.   Drücken Sie die *Eingabetaste.*

Der zweite Absatz ist nun markiert (Bild 4-10).

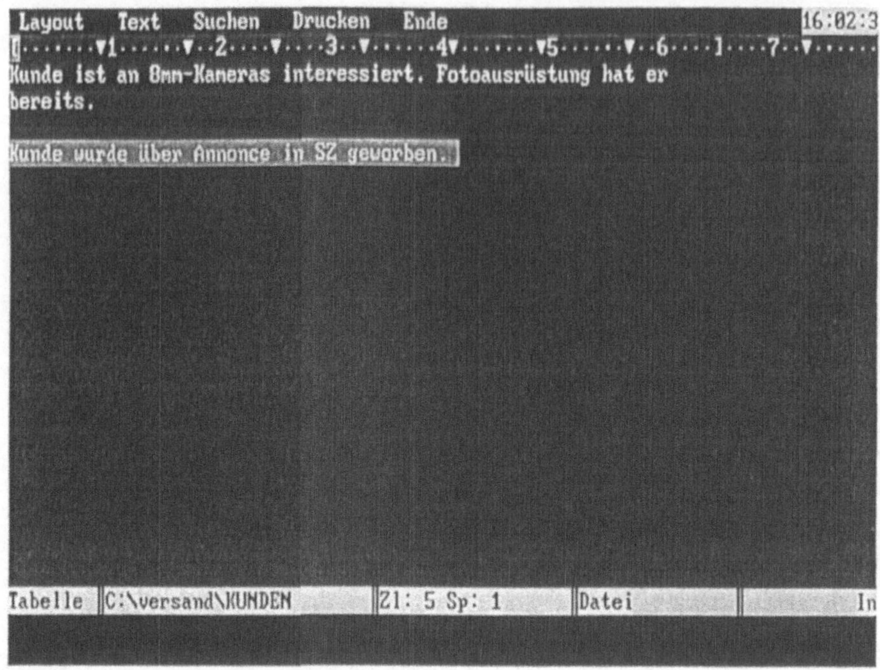

Bild 4-10 Markierter Absatz

5.   Setzen Sie den Cursor an den Anfang des ersten Absatzes.

6.   Drücken Sie die *F7*-Taste.

     dBASE IV löscht daraufhin den zweiten Absatz an seiner ursprünglichen
     Position und fügt ihn an der aktuellen Cursorposition ein (Bild 4-11).

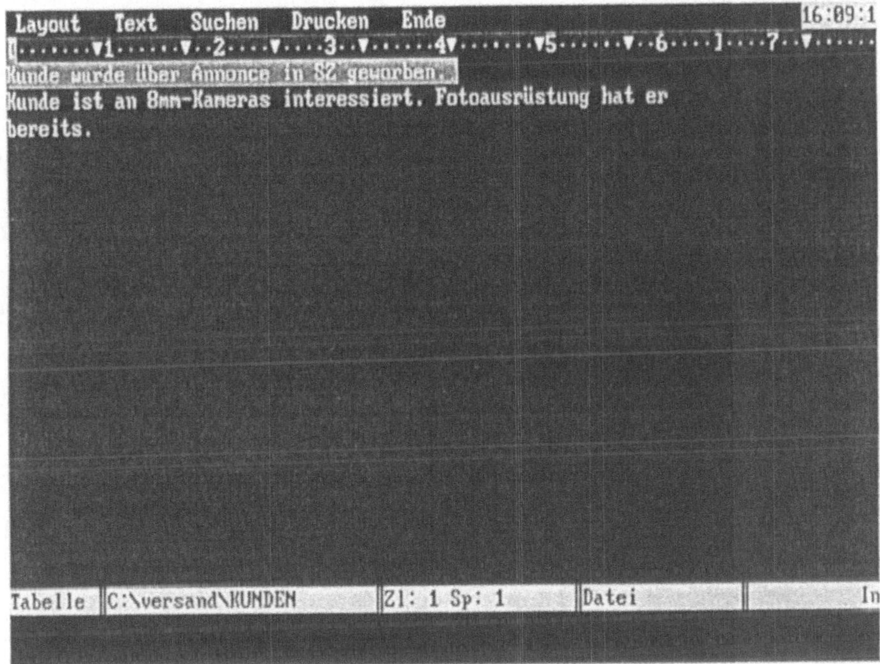

Bild 4-11 Der markierte Text wurde verschoben

Text kopieren

Markieren Sie mit der F6-Taste den zu kopierenden Text. Setzen Sie den Cursor an die Position, an der Sie eine Kopie einfügen wollen. Drücken Sie die F8-Taste. Der Text wird in der Folge der Befehlsausführung kopiert.

Text löschen

Sie können mit der Rück- und mit der Entf-Taste einzelne Zeichen löschen. Wenn Sie allerdings im Überschreibmodus die Rücktaste drücken, wird das Zeichen durch ein Leerzeichen ersetzt. Mit der Tastenkombination Strg-Y löschen Sie eine vollständige Zeile und mit Strg-Rücktaste das Wort links vom Cursor. Sie können aber auch Text beliebigen Umfangs markieren und dann mit der Entf-Taste löschen.

Text im MEMO-Feld speichern

Sie können den Text im Memo-Feld auf mehrere Arten speichern:

1. Halten Sie die *Strg*-Taste fest, und drücken Sie die *Ende*-Taste.

2. Öffnen Sie das **Ende**-Menü, und führen Sie den Befehl **Speichern und Beenden** aus.

    In beiden Fällen gelangen Sie zurück zur Einzelsatz- oder Tabellendarstellung. "MEMO" ist jetzt großgeschrieben.

Weitere Informationen über das Textprogramm erhalten Sie im Kapitel "Serienbriefe drucken".

Daten suchen

Sie können den Cursor sowohl in der Einzelsatz- als auch in der Tabellendarstellung mit Befehlen des **Suchen**-Menüs bewegen (Bild 4-12).

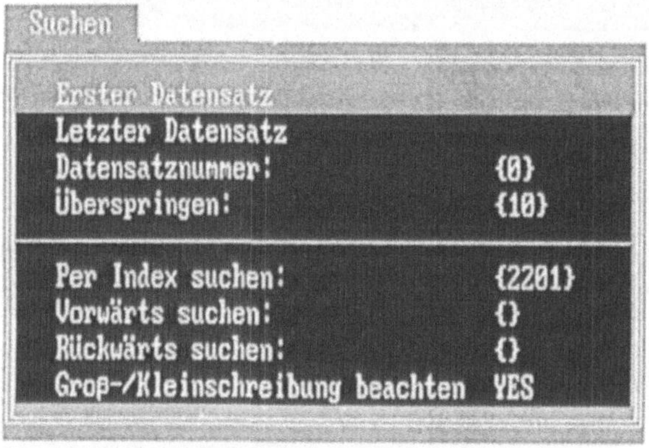

Bild 4-12 Befehle des Suchen-Menüs

Die ersten beiden Befehle des **Suchen**-Menüs sind selbsterklärend und benötigen daher keine Beschreibung.

Wenn Sie **Datensatznummer** aufrufen, müssen Sie die Satznummer des gewünschten Datensatzes eingeben.

Auch der Befehl **Überspringen** erwartet eine Eingabe. Sie geben die Anzahl der Sätze ein, die der Cursor in der Datei vor- oder rückwärts springen soll.

Eine positive Zahl, wenn er in Richtung Dateiende, und eine negative (z.B. -5), wenn er in Richtung Dateianfang springen soll. Das " + "-Zeichen für positive Zahlen ist überflüssig.

Es ist ziemlich mühsam, über die Datensatznummer bestimmte Datensätze zu suchen. Mit den Befehlen **Per Index, Vorwärts** und **Rückwärts suchen** des **Suchen**-Menüs können Sie schnell auf Datensätze zugreifen, die eine Bedingung erfüllen. Der Wert der Datensätze muß mit dem Suchbegriff übereinstimmen.

Mit der Funktion **Per Index** können Sie eine Datei sehr schnell nach bestimmten Daten durchsuchen. Sie setzt voraus, daß das Feld, nach dem Sie die Datei durchsuchen, indiziert ist. Im folgenden Beispiel suchen Sie in der Artikeldatei den Artikel mit der Nummer 2201. Verwenden Sie dazu den Befehl **Per Index**.

1. Öffnen Sie die Datensatzformatmaske für die Artikeldatei *(Umstell-F2)*.

2. Wählen Sie aus dem **Verwaltung**-Menü den Befehl **Datensätze nach zu wählendem Index ordnen** aus.

    Daraufhin listet Ihnen dBASE IV alle bereits vereinbarten Indizes auf. Für die Artikeldatei haben Sie lediglich das Feld ANR indiziert (Bild 4-13).

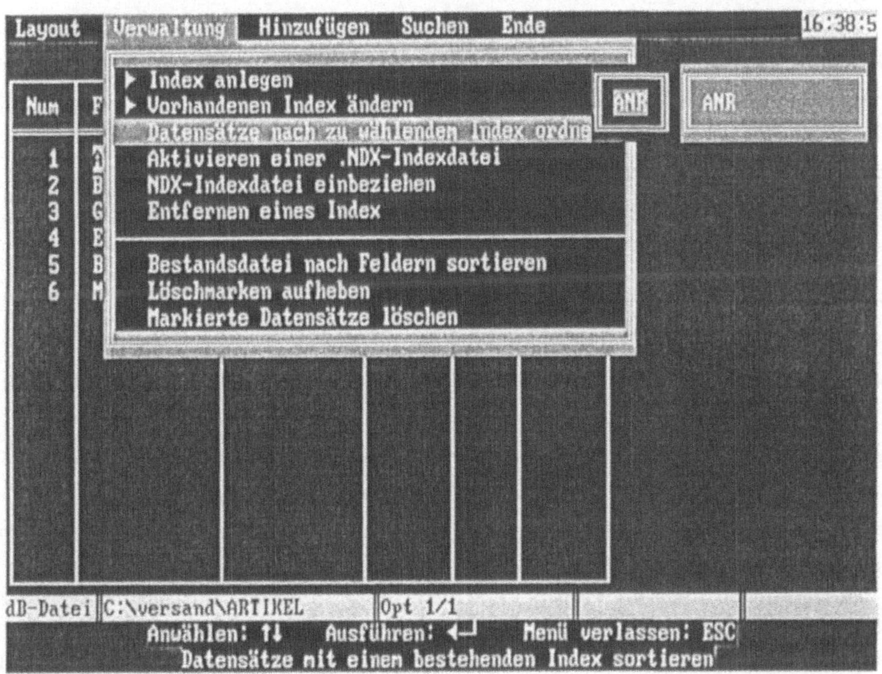

Bild 4-13 Ordnen nach einem Index

3.   Wählen Sie den Index ANR aus. Die Datei wird nun nach dem Feld ANR
     sortiert.
4.   Schalten Sie mit *F2* zur Einzelsatzdarstellung um.
5.   Öffnen Sie das **Suchen**-Menü und wählen Sie **Per Index** aus.
6.   Geben Sie ein: *2201* (vgl. Bild 4-14)

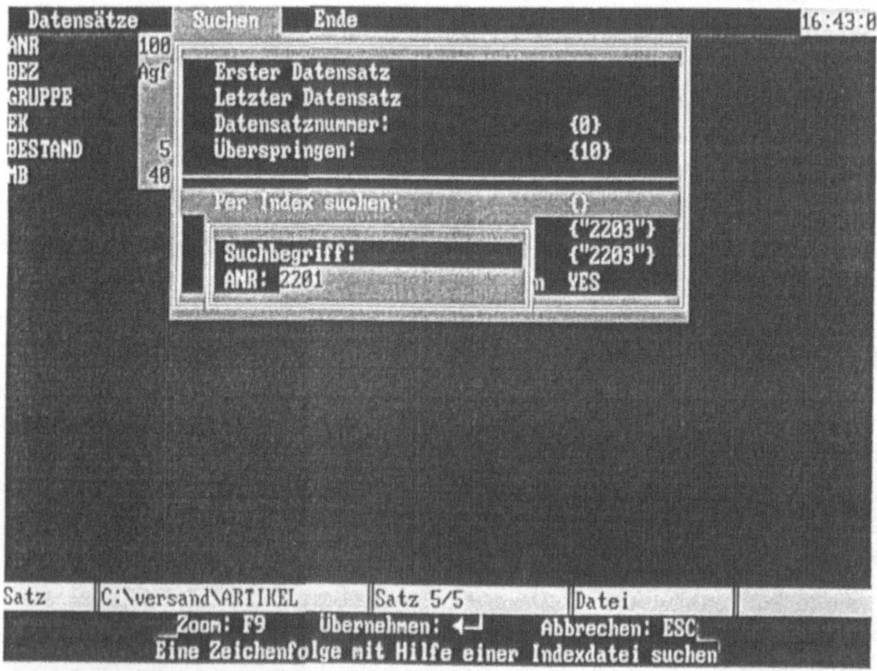

Bild 4-14 Suche nach dem Index ANR

Daraufhin gibt dBASE IV den gesuchten Datensatz auf dem Bildschirm
aus. Falls es keinen Satz mit der angegebenen ANR gibt, meldet es die er-
folglose Suche.

Die Zeichenfolge des Suchbegriffs muß den exakten Typ des Indexausdrucks
verwenden. Es kommt auch auf Groß- und Kleinschreibung an.

Wenn Sie beispielsweise das Feld Zuname indiziert und dabei festgelegt haben,
daß alle Buchstaben groß geschrieben werden, müssen Sie auch den Suchbegriff groß schreiben. Der Befehl **Per Index** sucht immer den ersten Datensatz,
der den Suchbegriff enthält. dBASE IV vergleicht den Suchbegriff mit dem
Anfang der Zeichenfolge in dem betreffenden Feld. Lautet der Suchbegriff beispielsweise "Schmidt", findet dBASE IV mit diesem Befehl auch "Schmidtbauer".

Die Funktionen **Vorwärts** und **Rückwärts suchen** benötigen keinen Index. Sie arbeiten daher etwas langsamer als die Funktion **Per Index.**

Im folgenden Beispiel suchen Sie wieder in der Artikeldatei den Artikel mit der Nummer 1002. Diesmal verwenden Sie aber die Funktion **Vorwärts suchen.**

1. Springen Sie mit dem Befehl **Erster Datensatz** des **Suchen**-Menüs an den Anfang der Datei.

    Springen Sie immer an den Dateianfang, wenn Sie mit **Vorwärts suchen** arbeiten, bzw. an das Dateiende, wenn Sie **Rückwärts suchen** verwenden. Diese beiden Befehle durchsuchen die Datei ab der aktuellen Cursorposition.

2. Setzen Sie den Cursor auf die Spalte MB.

3. Rufen Sie **Vorwärts suchen** aus dem **Suchen**-Menü auf (Bild 4-15).

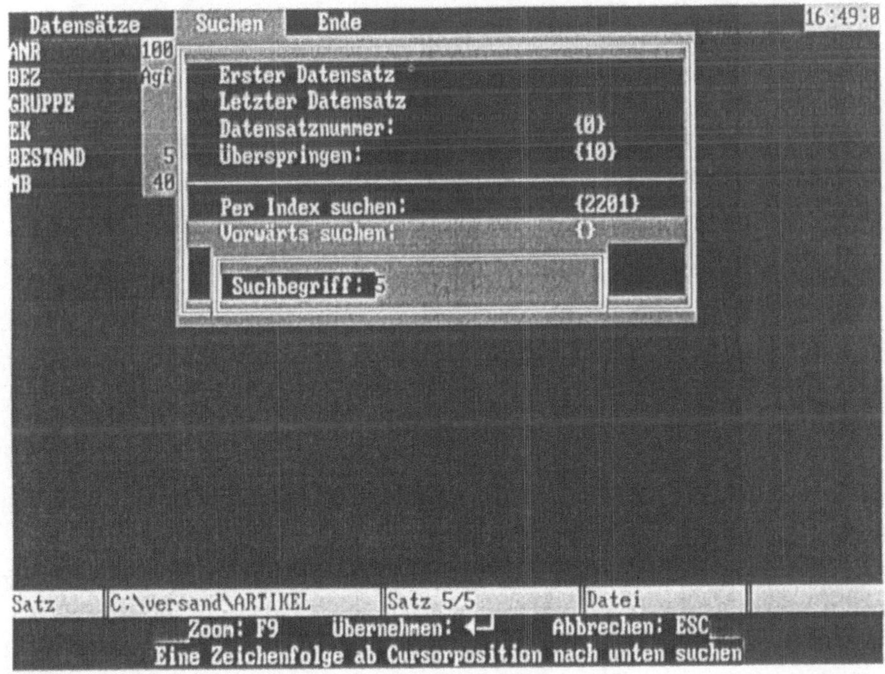

Bild 4-15 Vorwärts suchen in der Spalte MB

4.   Geben Sie ein:
      5

Daraufhin markiert dBASE IV den Datensatz mit der Artikelnummer 1301
(Bild 4-16).

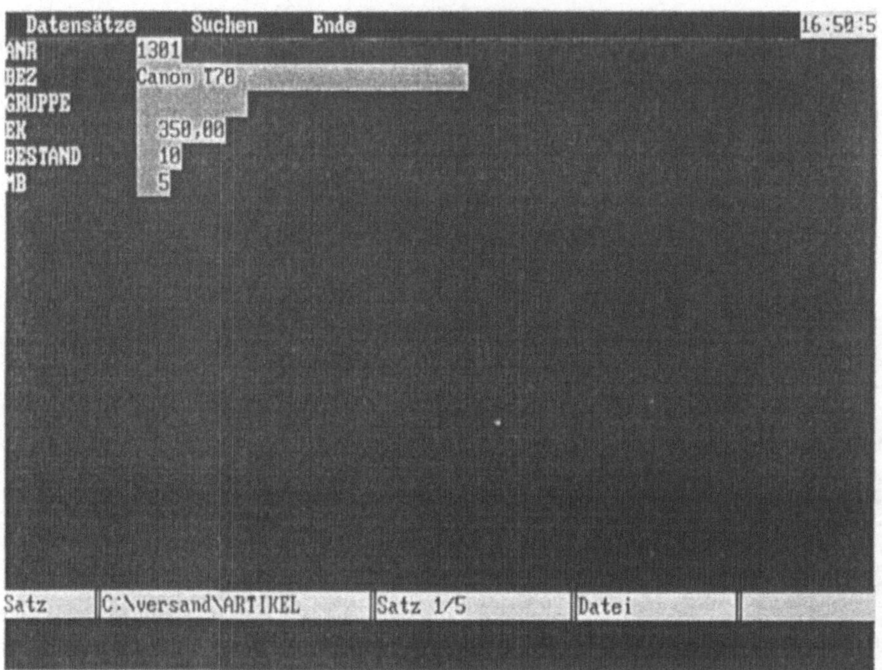

Bild 4-16 dBASE IV markiert den ersten gefundenen Datensatz

Falls kein Datensatz mit dem Suchbegriff übereinstimmt, gibt dBASE IV einen
Signalton und eine entsprechende Meldung aus.

5.   Um die Suche fortzusetzen, drücken Sie *Umstell-F4*. Zurück zum zuletzt
      gefundenen Datensatz gelangen Sie mit *Umstell-F3*.

dBASE IV unterscheidet bei der Datensuche standardmäßig zwischen Groß-
und   Kleinschreibung.   Wenn   im   **Suchen**-Menü   der   Befehl   **Groß-
/Kleinschreibung beachten** eingeschaltet ist, unterscheidet dBASE IV die
Schreibweise. Wenn Sie diese Option auf "Nein" setzen, spielt die Groß- und
Kleinschreibung für die Suche keine Rolle. Sie ändern diese Option, indem Sie
die Leer- oder die Eingabetaste drücken.

Achtung

Die Funktion **Groß-/Kleinschreibung** kann nicht gleichzeitig mit der Funktion **Per Index** verwendet werden.

Es ist in der Einzelsatz- und in der Tabellendarstellung nicht möglich, einen Vergleich als Suchbedingung anzugeben (siehe Query By Example, Kapitel 6).

Dateigruppenzeichen (Wildcards) in Suchbegriffen

dBASE IV kennt zwei Dateigruppenzeichen (Wildcards): das sind erstens der Stern "*" und zum zweiten das Fragezeichen "?".

Der Stern steht für eine beliebige Folge von Zeichen, die entweder kein einziges, genau eines oder mehrere Zeichen enthält. Die Suchbedingung "Canon*" in der Spalte BEZ liefert daher alle Artikel, deren Bezeichnung mit "Canon" beginnt.

Das folgende Beispiel zeigt, wie Sie alle Artikel finden, die in ihrer Bezeichnung "Blitz" enthalten.

1.   Springen Sie an den Anfang der Datei.

2.   Setzen Sie den Cursor auf die Spalte BEZ.

3.   Rufen Sie **Vorwärts suchen** aus dem **Suchen**-Menü auf.

4.   Geben Sie ein: **Blitz**

     Mit "*Blitz*" finden Sie alle Bezeichnungen, die "Blitz" enthalten (Bild 4-17).

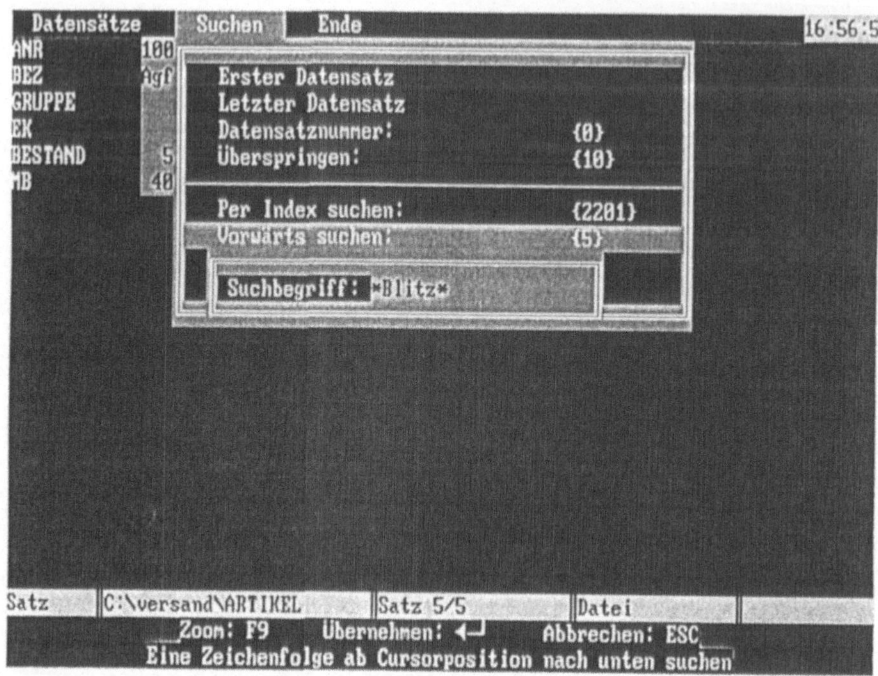

Bild 4-17 Vorwärts suchen mit Wildcards

5.   Drücken Sie die *Eingabetaste*.

dBASE IV markiert den ersten Datensatz, der in der Spalte BEZ die Zeichenfolge "Blitz" enthält (Bild 4-18).

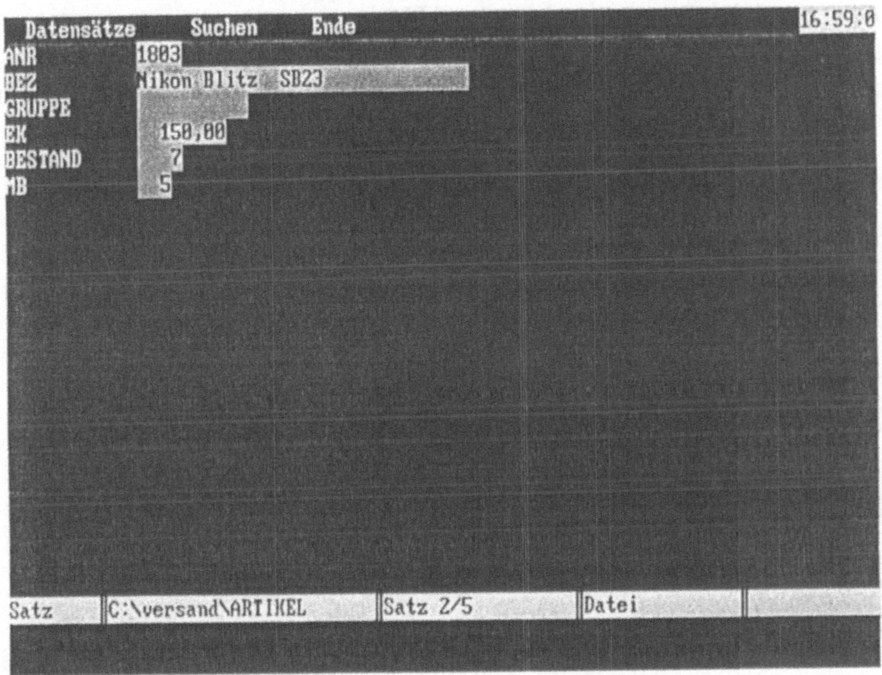

Bild 4-18 Erster Satz mit der Zeichenfolge "Blitz"

6.   Mit *Umstell-F4* setzen Sie die Suche fort.

Das Fragezeichen steht für ein einziges beliebiges Zeichen. Es leistet hervorragende Dienste, wenn man beispielsweise alle "Canon T70" und "Canon T90" suchen will. Die Suchbedingung im Feld BEZ lautet dann: Canon T?0

Sie können auch Stern und Fragezeichen in einem Suchbegriff kombinieren. Der Suchbegriff "???on*" in der BEZ-Spalte liefert sämtliche Artikel, die "Canon" oder "Nikon" in ihrer Bezeichnung enthalten.

Achtung

Wildcards dürfen Sie nur mit den Funktionen Vorwärts und Rückwärts suchen verwenden. Die Funktion **Per Index** erkennt "?" und "*" nicht als Wildcards. Sie würde nach diesen Sonderzeichen suchen.

Daten ändern

Sie können Daten sowohl in der Einzelsatzdarstellung als auch in der Tabellendarstellung ändern. Suchen Sie sich mit Befehlen des **Suchen**-Menüs die Datensätze heraus, die Sie bearbeiten wollen. Im folgenden werden die Befehle des **Felder**- und des **Datensätze**-Menüs erklärt.

Die Bearbeitung der Daten können Sie sich in der Tabellendarstellung mit Befehlen des **Felder**-Menüs wesentlich erleichtern. Das **Felder**-Menü steht nur in der Tabellendarstellung zur Verfügung (Bild 4-19).

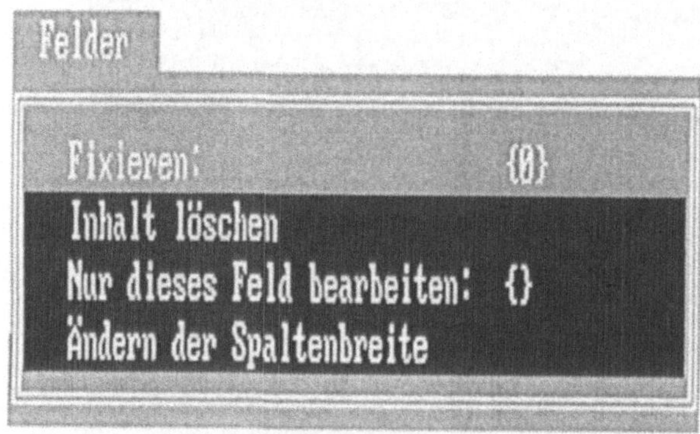

Bild 4-19 Befehle des Felder-Menüs

1. Öffnen Sie die Kundendatei, und blättern Sie spaltenweise mit der *Tab*-Taste, bis Sie die Telefon-Spalte vollständig sehen.

    Sie stehen dann vor dem Problem, daß der Name des Kunden nicht mehr auf dem Bildschirm steht. Der Befehl **Fixieren** wird dieses Problem beheben.

2. Sorgen Sie mit *Tab*- und *Umstell-Tab* dafür, daß das Feld Zuname in der ersten Spalte steht.

3. Öffnen Sie das **Felder**-Menü (Alt-F).

4. Führen Sie **Fixieren** aus.

5. Geben Sie ein: 2

    dBASE IV sperrt daraufhin die Felder ZUNAME und VORNAME. Wenn Sie wiederum mit der Tab-Taste bis zur Telefon-Spalte springen, bleiben die ersten beiden Felder sichtbar (Bild 4-20).

```
 Datensätze     Felder      Suchen      Ende                          17:08:6
```

ZUNAME	VORNAME	TELEFON	DATUM
Neumüller	Herbert	089/461345	02.05.1988
Fröhlich	Jutta	089/342456	03.03.1987
Wahl	Felix	0911/564578	01.05.1987
Schick	Linda	089/675678	01.12.1988
Kratz	Max	0941/676761	23.10.1987
Schupp	Michael	0211/324545	03.01.1988
Freiberger	Julian	0941/515253	01.05.1988
Sommer	Lore	069/676757	15.07.1988
Freiberger	Ludwig	0211/786751	. .
Westerhelde	Ulrike	0211/676432	. .
Scharschmidt	Peter	0941/555444	01.01.1988
Schmidtbauer	Sonja	089/467788	01.01.1988
Meier	Gerd	069/7643245	. .
Mayer	Vera	089/1502345	. .
Mayr	Joseph	0911/65356	. .

```
 Tabelle  C:\versand\KUNDEN        Satz 1/15        Datei
                        Daten anzeigen und bearbeiten
```

Bild 4-20 Die ersten drei Felder sind gesperrt

Sie machen den Befehl **Fixieren** rückgängig, indem Sie ihn nochmals aufrufen und für die Anzahl der zu fixierenden Felder 0 eingeben.

Der Befehl **Inhalt löschen** löscht das Feld, auf dem der Cursor gerade steht. Sie können die Löschung widerrufen, indem Sie aus dem **Datensätze**-Menü den Befehl **Änderungen rückgängig machen** aufrufen. Dieser Widerruf ist nicht mehr möglich, sobald Sie diesen Datensatz mit dem Cursor verlassen haben.

Sie wissen, daß sich einige Telefonnummern ihrer Kunden geändert haben. Nun wollen Sie die Datei aktualisieren. Sie können sich diese Arbeit erleichtern, indem Sie die Bearbeitung auf das Telefon-Feld beschränken. Der Cursor läßt sich dann nur innerhalb dieser Spalte bewegen.

1. Wählen Sie aus dem **Felder**-Menü den Befehl **Nur dieses Feld bearbeiten** aus.

2. Geben Sie den Feldnamen ein: *Telefon*

Daraufhin setzt dBASE IV die Telefon-Spalte neben die ersten beiden gesperrten Felder (Bild 4-21). Der Cursor steht auf der Telefon-Spalte. Wenn Sie eine Telefonnummer aktualisiert haben und die Eingabetaste drücken, springt der Cursor direkt zur nächsten Telefonnummer.

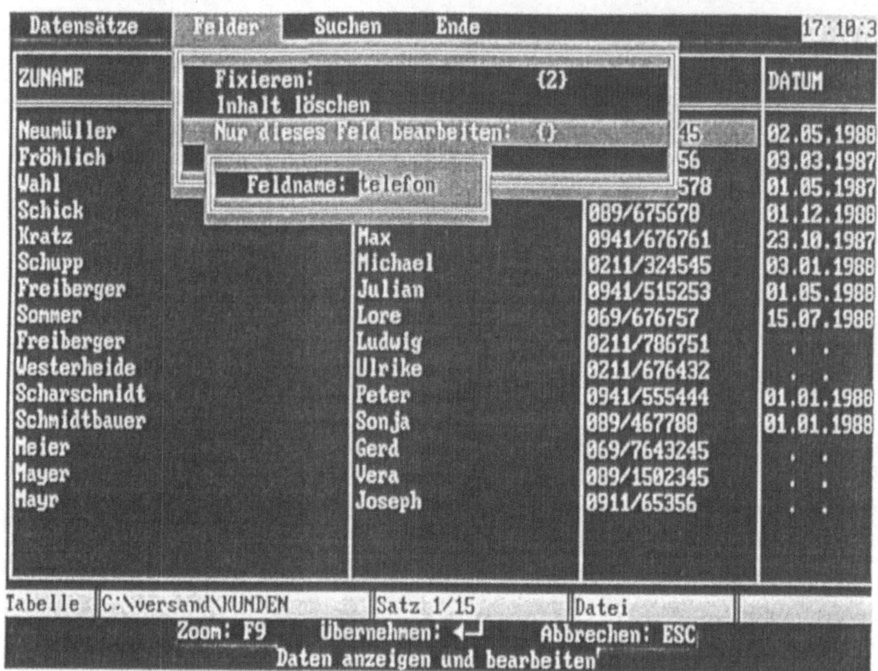

Bild 4-21 Nur die Telefon-Spalte wird bearbeitet

Sie machen diese Funktion rückgängig, indem Sie nochmals den Befehl **Nur dieses Feld bearbeiten** aufrufen und den Feldnamen löschen

Mit dem Befehl **Ändern der Spaltenbreite,** können Sie Spalten vergrößern oder verkleinern. Diese Änderung wirkt sich nicht auf die Feldlänge aus, sondern nur auf die Bildschirmausgabe in der Tabellendarstellung.

Reduzieren Sie die Spalte ZUNAME auf eine Breite von 10 Zeichen.

1. Setzen Sie den Cursor in die ZUNAME-Spalte.

2. Wählen Sie aus dem **Felder**-Menü den Befehl **Ändern der Spaltenbreite** aus.

3. Drücken Sie so oft auf die *Pfeiltaste* nach links, bis die Spalte nur noch zehn Zeichen breit ist.

4. Drücken Sie die *Eingabetaste.*

Wenn Sie nun in der ZUNAME-Spalte mehrfach die Pfeiltaste nach rechts drücken, zeigt dBASE IV die restlichen Stellen dieses Feldes. Es gehen keine Daten verloren, wenn Sie eine Spalte verkleinern. Lediglich der Ausschnitt des Feldes, den Sie sehen, wird kleiner.

Die Einstellungen, die Sie über das **Felder**-Menü vorgenommen haben, bleiben, solange Sie mit der Einzelsatz- oder der Tabellendarstellung arbeiten, erhalten. Sie können mit der F2-Taste zwischen den beiden Darstellungsmodi wechseln. Die Einstellungen über das Felder-Menü werden davon nicht berührt. dBASE IV hebt die Einstellungen erst dann auf, wenn Sie ins Regie-Zentrum zurückkehren.

Mit den Befehlen des **Datensätze**-Menüs können Sie einen vollständigen Datensatz bearbeiten (Bild 4-22).

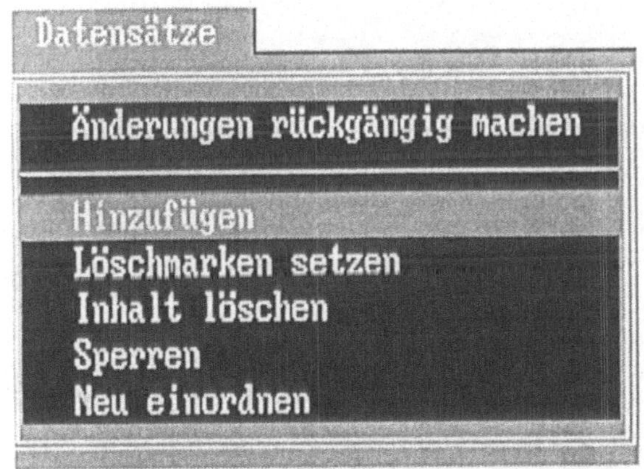

Bild 4-22 Befehle des Datensätze-Menüs

Wenn Sie einen Datensatz geändert haben und der Cursor noch auf diesem Datensatz steht, können Sie die Änderungen mit der Funktion **Änderungen rückgängig machen** widerrufen.

Daten hinzufügen

Es gibt zwei Möglichkeiten, Daten an das Dateiende anzufügen:

1. Setzen Sie den Cursor in das letzte Feld des letzten Datensatzes, und drücken Sie die Eingabetaste. dBASE IV fragt dann, ob Sie Datensätze hinzufügen wollen (Bild 4-23).

```
 Datensätze      Felder      Suchen      Ende                          17:15:3

 KN   TITEL       ANREDE ZUNAME                          VORNAME              POS

 1001              m     Neumüller                       Herbert
 1002              w     Fröhlich                        Jutta
 1003 Dr.          m     Wahl                            Felix
 1004              w     Schick                          Linda
 1005              m     Kratz                           Max
 1006 Prof. Dr.    m     Schupp                          Michael              806
 1007              m     Freiberger                      Julian
 1008              w     Sommer                          Lore                 375
 1009              m     Freiberger                      Ludwig
 1010 Dr.          w     Westerheide                     Ulrike
 1011              m     Scharschmidt                    Peter                605
 1012              w     Schmidtbauer                    Sonja
 1013              m     Meier                           Gerd                 705
 1014 Prof. Dr.    w     Mayer                           Vera
 1015              m     Mayr                            Joseph


 Tabelle  C:\versand\KUNDEN          Satz 15/15        Datei
                   | Neue Datensätze hinzufügen? (J/N): |
                     Daten anzeigen und bearbeiten
```

Bild 4-23 Datensätze hinzufügen

2. Antworten Sie: *J*

Oder Sie können wie folgt vorgehen:

1. Rufen Sie aus dem **Datensätze**-Menü den Befehl **Hinzufügen** auf.

In der Einzelsatzdarstellung sehen Sie dann eine leere Eingabemaske, in der Tabellendarstellung eine Leerzeile am Dateiende (4-24). Das erste Feld ist markiert.

KN	TITEL	ANREDE	ZUNAME	VORNAME	POS
Datensätze		Felder	Suchen	Ende	17:17:3
1001		m	Neumüller	Herbert	
1002		w	Fröhlich	Jutta	
1003	Dr.	m	Wahl	Felix	
1004		w	Schick	Linda	
1005		m	Kratz	Max	
1006	Prof. Dr.	m	Schupp	Michael	806
1007		m	Freiberger	Julian	
1008		w	Sommer	Lore	375
1009		m	Freiberger	Ludwig	
1010	Dr.	w	Westerheide	Ulrike	
1011		m	Scharschmidt	Peter	605
1012		w	Schmidtbauer	Sonja	
1013		m	Meier	Gerd	705
1014	Prof. Dr.	w	Mayer	Vera	
1015		m	Mayr	Joseph	

Tabelle C:\versand\KUNDEN   Satz EOF/15   Datei

Neue Datensätze werden hinzugefügt!

Bild 4-24 *Eine leere Zeile für einen neuen Satz der Tabelle*

2. Schalten Sie mit der *F2*-Taste auf die Einzelsatzdarstellung um.

3. Fügen Sie den folgenden Datensatz (Bild 4-25) an die Kundendatei an und
    speichern Sie ihn mit *Strg-Ende*:

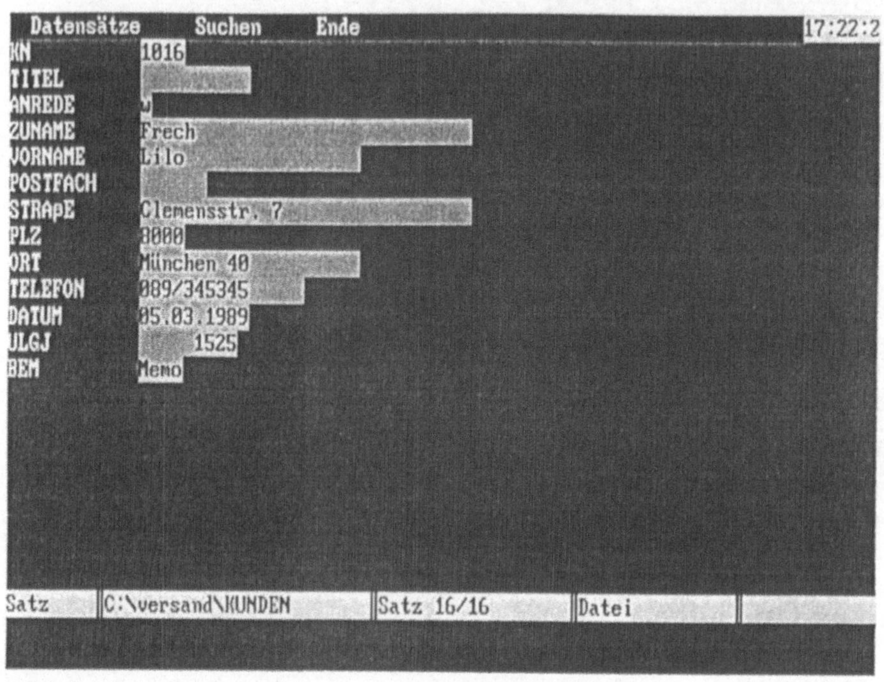

Bild 4-25 Einen Datensatz hinzufügen und speichern

Daten löschen

Das **Datensätze**-Menü enthält Befehle zum Löschen von Daten.

Das eigentliche Löschen von Datensätzen verläuft in zwei Phasen:

- Sie markieren Datensätze, die Sie löschen wollen.
- Sie löschen die markierten Datensätze.

Der Kunde Max Kratz ist in die Südsee gezogen und deshalb aus der Kundendatei zu löschen.

1. Öffen Sie die Kundendatei, und setzen Sie den Cursor auf den Datensatz "Max Kratz" (Bild 4-26).

```
 Datensätze    Felder     Suchen      Ende                        17:26:5

 KN  TITEL      ANREDE  ZUNAME                    VORNAME            POS

 1001               n   Neumüller                 Herbert
 1002               w   Fröhlich                  Jutta
 1003 Dr.           n   Wahl                      Felix
 1004               w   Schick                    Linda
 1005               n   Kratz                     Max
 1006 Prof. Dr.     n   Schupp                    Michael            806
 1007               n   Freiberger                Julian
 1008               w   Sonner                    Lore               375
 1009               n   Freiberger                Ludwig
 1010 Dr.           w   Westerheide               Ulrike
 1011               n   Scharschmidt              Peter              605
 1012               w   Schmidtbauer              Sonja
 1013               n   Meier                     Gerd               705
 1014 Prof. Dr.     w   Mayer                     Vera
 1015               n   Mayr                      Joseph
 1016               w   Frech                     Lilo

 Tabelle  C:\versand\KUNDEN      Satz 5/16       Datei
                       Daten anzeigen und bearbeiten
```

Bild 4-26 Der markierte Satz soll gelöscht werden

2. Dann führen Sie entweder den Befehl **Löschmarken setzen** aus oder drücken *Strg-U*. In beiden Fällen erscheint in der Statuszeile die Meldung **Del** (Bild 4-27). Im **Datensätze**-Menü wurde der Befehl **Löschmarken setzen** durch **Löschmarken aufheben** ersetzt. Sie können die Markierung rückgängig machen, indem Sie diesen Befehl ausführen oder nochmals *Strg-U* drücken. Um die markierten Datensätze tatsächlich zu löschen, müssen Sie die Datensatzformatmaske aufrufen.

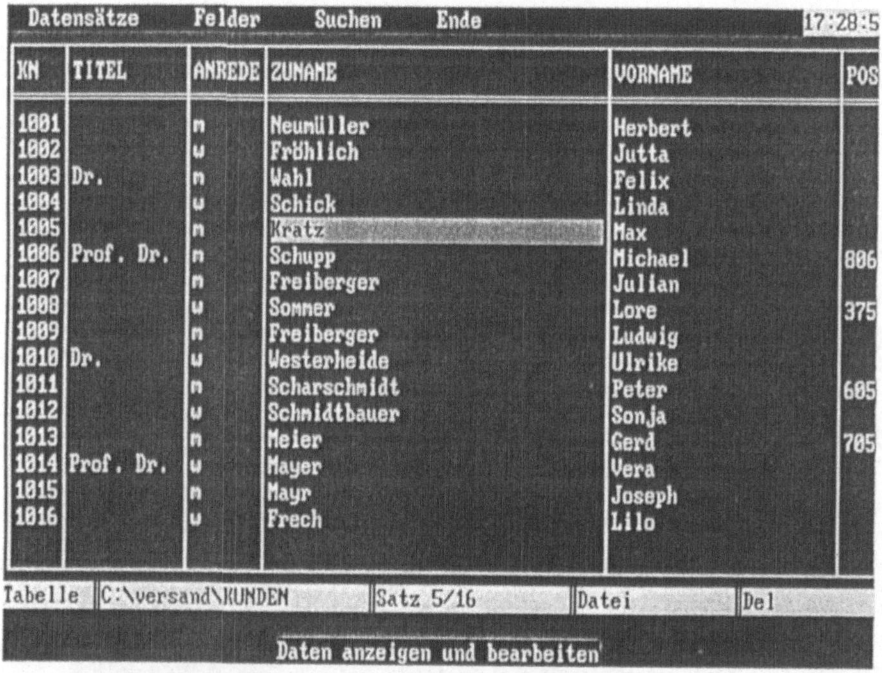

Bild 4-27 Der Datensatz ist zum Löschen markiert

3. Kehren Sie von der Einzelsatz- oder der Tabellendarstellung über das **Ende**-Menü in das Regie-Zentrum zurück.

4. Rufen Sie mit *Umstell-F2* die Datensatzformatmaske auf.

5. Wählen Sie aus dem **Verwaltung**-Menü den Befehl **Markierte Daten-sätze löschen** aus (Bild 4-28).

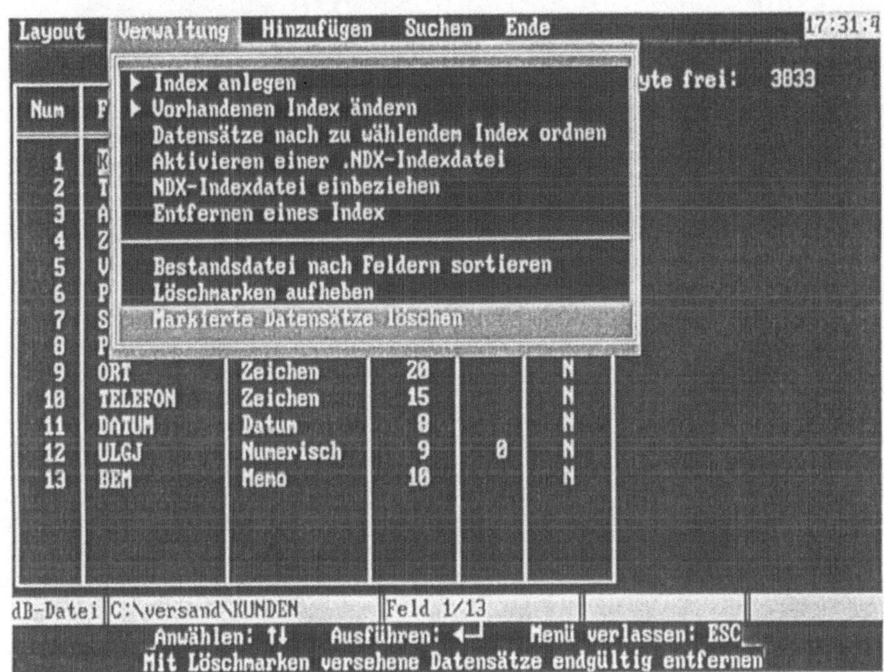

Bild 4-28 *Markierte Datensätze löschen*

Daraufhin werden alle markierten Datensätze auf einmal gelöscht. Es bleiben keine leeren Datensätze übrig. Sowohl die Daten als auch der für den Datensatz reservierte Platz werden gelöscht.

6. Bestätigen Sie die Löschung mit der *Eingabetaste*.

7. Kehren Sie in die Tabellendarstellung zurück, und überzeugen Sie sich (Bild 4-29).

```
 Datensätze      Felder      Suchen      Ende                              17:34:2

 KN    TITEL      ANREDE  ZUNAME                        VORNAME              POS

 1001             m       Neumüller                     Herbert
 1002             w       Fröhlich                      Jutta
 1003  Dr.        m       Wahl                          Felix
 1004             w       Schick                        Linda
 1006  Prof. Dr.  m       Schupp                        Michael              806
 1007             m       Freiberger                    Julian
 1008             w       Sommer                        Lore                 375
 1009             m       Freiberger                    Ludwig
 1010  Dr.        w       Westerheide                   Ulrike
 1011             m       Scharschmidt                  Peter                605
 1012             w       Schmidtbauer                  Sonja
 1013             m       Meier                         Gerd                 705
 1014  Prof. Dr.  w       Mayer                         Vera
 1015             m       Mayr                          Joseph
 1016             w       Frech                         Lilo



 Tabelle  C:\versand\KUNDEN          Satz 1/15          Datei

                    Daten anzeigen und bearbeiten
```

Bild 4-29 Der markierte Datensatz wurde gelöscht

Die Zweiteilung des Löschvorgangs bietet den Vorteil, daß das Löschen wesentlich schneller abläuft. Es wäre sehr umständlich, jeden Datensatz einzeln auf der Platte zu löschen. Es ist wesentlich effektiver, zu löschende Daten zu sammeln und auf einmal zu löschen.

Der Befehl **Inhalt löschen** löscht sämtliche Felder des aktuellen Datensatzes. Der leere Datensatz bleibt erhalten. Diesen Befehl benutzen Sie, um einen unnötigen Datensatz zu löschen und stattdessen sofort einen neuen Datensatz einzutragen.

Die Funktion **Sperren** spielt nur für Netzwerke eine Rolle. Dieser Befehl wird in diesem Buch nicht beschrieben.

Die Funktion **Neu einordnen** ist von Bedeutung, wenn Sie indizierte Felder bearbeiten. Falls Sie Daten in einem Feld ändern, das indiziert ist, kann es vorkommen, daß der geänderte Datensatz an einer anderen Stelle in der Datei erscheinen sollte. Die Datei muß dann nach dem Index sortiert werden. Setzen Sie die Option **Neu einordnen** auf **Ja**, wenn der geänderte Datensatz in seiner neuen Position im Index angezeigt werden soll. Falls er nicht neu einsortiert werden soll, setzen Sie die Option auf **Nein**.

Standardbericht drucken

Im Regie-Zentrum können Sie die Daten einer Bestandsdatei in einem Standardbericht ausdrucken.

Drucken Sie die Artikelliste aus.

1. Markieren Sie die Artikeldatei in der dB-Dateiliste.

2. Halten Sie die *Umstelltaste* fest, und drücken Sie die *F9*-Taste.

    Daraufhin blendet dBASE IV das Drucker-Menü (Bild 4-30) ein.

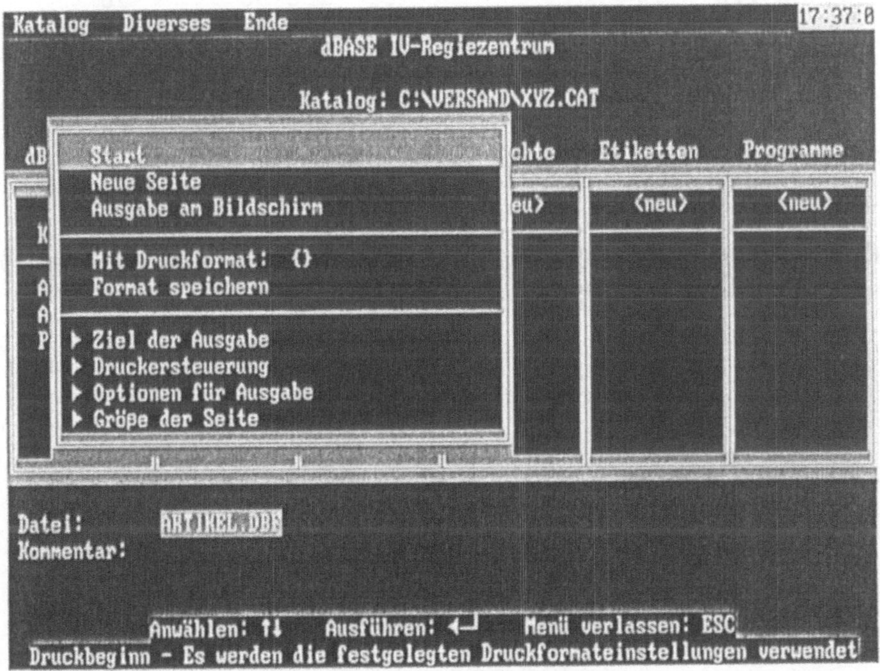

Bild 4-30 Drucker-Menü für einen Standardbericht

3.   Markieren Sie **Start**, und drücken Sie die *Eingabetaste*.

Daraufhin sollte der Drucker in Aktion treten. Falls irgendwelche Probleme beim Drucken auftreten, unterbrechen Sie den Vorgang mit *Strg-S*.

Wenn Sie keinen Drucker angeschlossen haben, können Sie die Liste auf den Bildschirm ausgeben lassen. Wählen Sie dazu den Befehl **Ausgabe am Bilschirm**.

```
01.07.1989

ANR    BEZ                            GRUPPE        EK   BESTAND    MB

1301   Canon T70                               350,00        10     5
1803   Nikon Blitz   SB23                      150,00         7     5
2201   Tokina 2,8-4,3/28-70mm                  175,00         5     5
3201   Sony CCD-F 340 E, 8mm                  2400,00         5     4
1001   Agfa CT100, 10x36                        60,00        54    40
                                              3135,00        81    59
```

Bild 4-31 Standardbericht der Artikelliste

Die Blätter des Standardberichts sind numeriert und datiert. Die Feldnamen bilden die Überschriften der Spalten (Bild 4-31).

Zusammenfassung

Daten ansehen	Markieren Sie den Dateinamen in der dB- Dateiliste, und drücken Sie die F2-Taste.
Einzelsatzdarstellung/ Tabellendarstellung	Mit der F2-Taste wechseln Sie zwischen diesen beiden Modi.
Datenanzeige verlassen	Sie speichern die Daten und verlassen die Einzelsatz- oder Tabellendarstellung, mit Strg-Ende
Daten löschen	Setzen Sie den Cursor auf den zu löschenden Datensatz. Rufen Sie aus dem Datensätze-Menü den Befehl Löschmarken setzen. Rufen Sie die Datensatzformatmaske auf. Rufen Sie aus dem Verwaltung-Menü den Befehl Markierte Datensätze löschen auf.
Daten sortieren	Markieren Sie den Dateinamen, halten Sie die Umstelltaste fest und drücken Sie die F2-Taste. Führen Sie den Befehl Datensätze nach zu wählendem Index ordnen aus.
Standardbericht drucken	Halten Sie die Umstelltaste fest, und drücken Sie die F9-Taste.

5 Indizieren und sortieren

In Kapitel 3 haben Sie bereits gelernt, wie Sie in der Datensatzformatmaske einen Index für ein einzelnes Feld anlegen.

Dieses Kapitel beschreibt,

- wie Sie Indizes über mehrere Felder anlegen und

- bestehende Indizes ändern.

- Sie erfahren, wie Sie einen Index zum Hauptindex auswählen,

- Bestandsdateien nach Indizes sortieren und

- sortierte Bestandsdateien speichern können.

Mit dBASE IV können Sie Ihre Datenbank-Datei nicht nur jeweils auf ein Feld bezogen indizieren, sondern auch mehrere Felder zu einem Index zusammenfassen. Es läßt sich beispielsweise für die Kundendatei ein Index anlegen, der aus den Feldern Vor- und Zuname besteht. Personen mit demselben Zunamen, aber unterschiedlichen Vornamen werden dann richtig sortiert. Die Datei, in der die Indizes gespeichert werden, erhält den Namen der Bestandsdatei mit der Dateinamenserweiterung .mdx. In dieser Hauptindexdatei können Sie 47 verschiedene Indizes speichern. Neun weitere Indexdateien können Sie von der Befehlsebene von dBASE IV aus definieren.

Einen Index der Hauptindexdatei können Sie zum Hauptindex erklären. Die Daten der Bestandsdatei werden automatisch nach dem Hauptindex sortiert ausgegeben. Es empfiehlt sich Felder, über die Sie häufig auf Datensätze zugreifen, oder Felder, nach denen Sie sortieren, zu indizieren. Wenn Sie vorhaben, Dateien für Abfragen zu verknüpfen (siehe Kapitel Query By Example) sollten Sie die Verknüpfungsfelder indizieren. dBASE IV liefert Ihnen dann das Ergebnis der Abfrage wesentlich schneller.

Achtung

Bevor Sie einen Index anlegen oder andere Funtionen aus dem **Verwaltung**-Menü aufrufen können, müssen Sie Änderungen am Datensatzformat speichern.

Index über ein Feld anlegen

Wenn Sie genau für ein Feld einen Index anlegen wollen, setzen Sie in der Datensatzformatmaske die Spalte **Index** auf **J**.

Legen Sie für die Kundendatei einen Index zum Feld PLZ an.

1. Markieren Sie die Kundendatei in der dB-Dateiliste im Regie-Zentrum.

2. Rufen Sie mit *Umstell-F2* die Datensatzformatmaske auf.

3. Setzen Sie den Cursor mit den *Pfeiltasten* in die Zeile mit der Definition des Feldes PLZ.

4. Markieren Sie mit der *Tab*-Taste die Spalte **Index**.

5. Drücken Sie entweder die Leertaste oder die Eingabetaste (Bild 5-1).

```
 Layout   Verwaltung   Hinzufügen   Suchen   Ende              17:45:2

                                                 Byte frei:   3833

  Num   Feldname     Feldtyp      Länge   Dez   Index

   1    KN           Numerisch       4     0      J
   2    TITEL        Zeichen        10            N
   3    ANREDE       Zeichen         1            N
   4    ZUNAME       Zeichen        30            J
   5    VORNAME      Zeichen        20            N
   6    POSTFACH     Zeichen         6            N
   7    STRApE       Zeichen        30            N
   8    PLZ          Zeichen         4            J
   9    ORT          Zeichen        20            N
  10    TELEFON      Zeichen        15            N
  11    DATUM        Datum           8            N
  12    ULGJ         Numerisch       9     0      N
  13    BEM          Memo           10            N

 dB-Datei C:\versand\KUNDEN        Feld 8/13
                   Feld indexieren: LEERTASTE
```

Bild 5-1 Index für das Feld PLZ

Daraufhin erscheint in der Index-Spalte ein **J**. Sie haben einen Index für das Feld PLZ angelegt und können nun die Bestandsdatei nach dem Feld PLZ sortieren.

6. Speichern Sie das geänderte Datensatzformat mit *Strg-Ende*.

Index über mehrere Felder anlegen

Im obigen Beispiel wurde ein Index zu genau einem Feld angelegt. Sie können
mit dBASE IV aber auch einen Index über mehrere Felder definieren.

Für die Kundendatei soll ein Index über Zu- und Vornamen angelegt werden.

1.   Rufen Sie die Datensatzformatmaske für die Kundendatei auf.

2.   Wählen Sie aus dem **Verwaltung**-Menü den Befehl **Index anlegen** aus.

      Daraufhin sehen Sie das Dialogfeld zum Anlegen von Indizes (Bild 5-2)

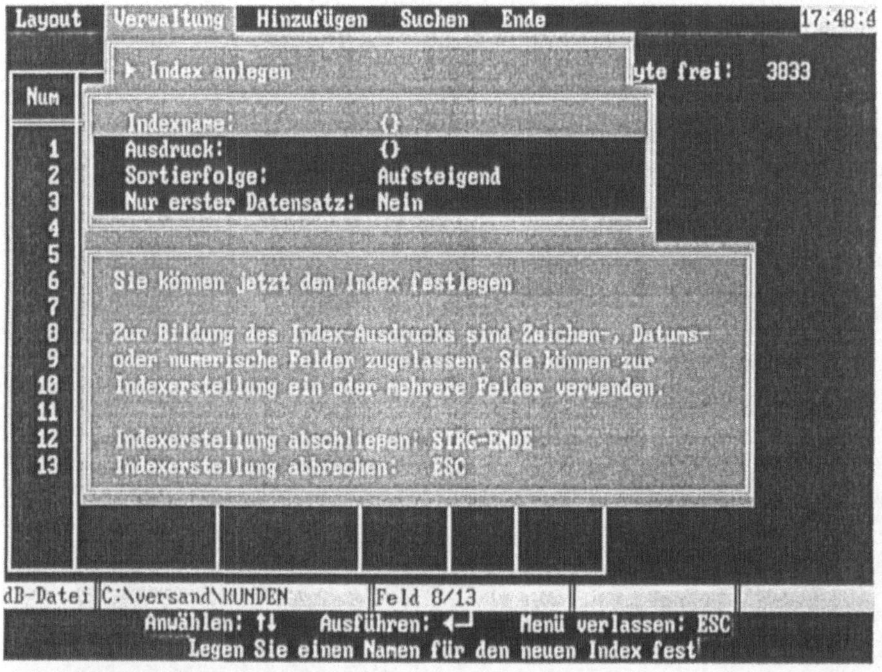

Bild 5-2 *Anlegen von Indizes*

3.   Setzen Sie den Cursor auf die Option **Indexname,** und drücken Sie die
      Eingabetaste.

4.   Geben Sie ein: *Name*

5.   Drücken Sie die *Eingabetaste.*

Jeder Index erhält einen Namen. Er darf maximal 10 Zeichen lang sein und aus Buchstaben, Ziffern und dem Unterstreichungszeichen bestehen. Das erste Zeichen muß ein Buchstabe sein.

Wenn Sie einen längeren Indexausdruck eingeben, drücken Sie die *F9*-Taste (Zoom). dBASE IV blendet dann am unteren Bildschirmrand ein größeres Bearbeitungsfeld ein (Bild 5-3).

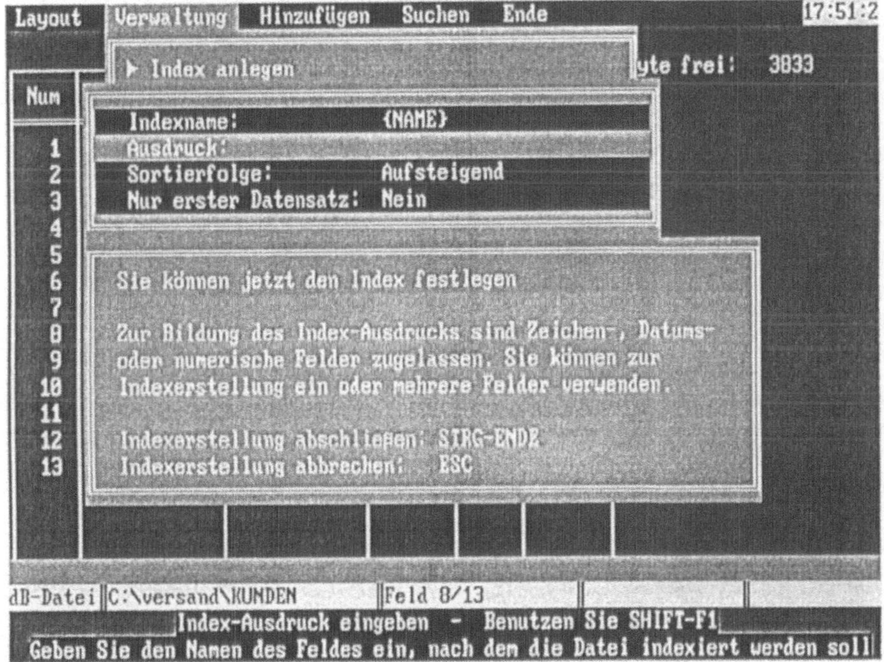

Bild 5-3 Vergrößertes Eingabefeld für den Indexausdruck

6.   Setzen Sie den Cursor auf die Option **Ausdruck,** und drücken Sie die *Eingabetaste*.

Der Indexausdruck setzt sich zusammen aus Feldnamen, Operatoren und Funktionen. Logische Felder und Memo-Felder dürfen Sie in Indexausdrücken nicht verwenden.

7. Halten Sie die *Umstelltaste* fest, und drücken Sie die *F1*-Taste.

Daraufhin sehen Sie eine Liste mit Feldern, Operatoren und Funktionen,
aus denen Sie den Index-Ausdruck formulieren können (s. Bild 5-4).
Wenn Sie ein Element dieser Liste auswählen, wird es an der aktuellen
Cursorposition eingefügt.

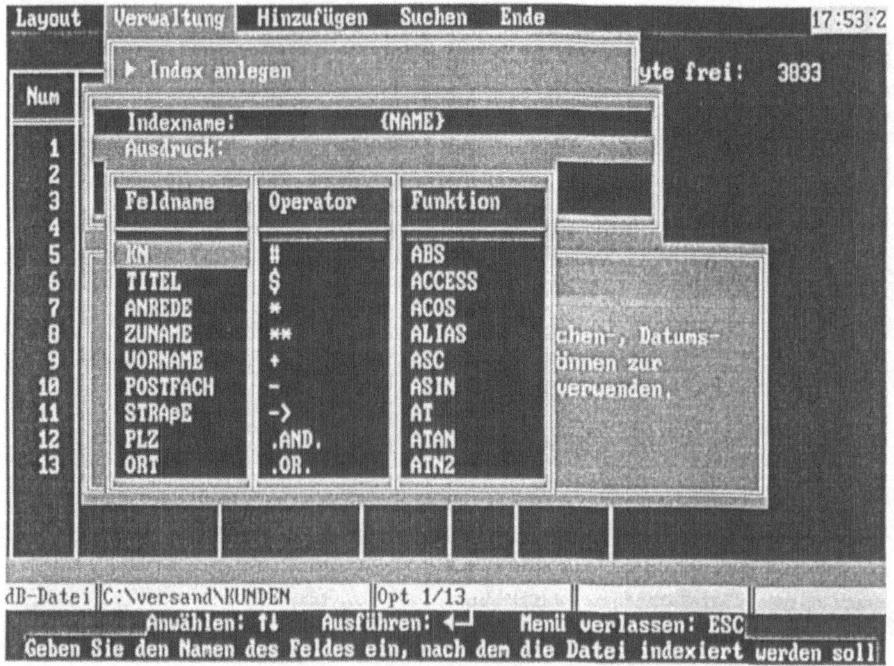

Bild 5-4 Komponenten für den Indexausdruck

8. Wählen Sie ZUNAME aus.

9. Geben Sie das Additionszeichen ein: +

10. Tippen Sie ein: *Vorname*

    Sie haben nun den Indexausdruck definiert (Bild 5-5).

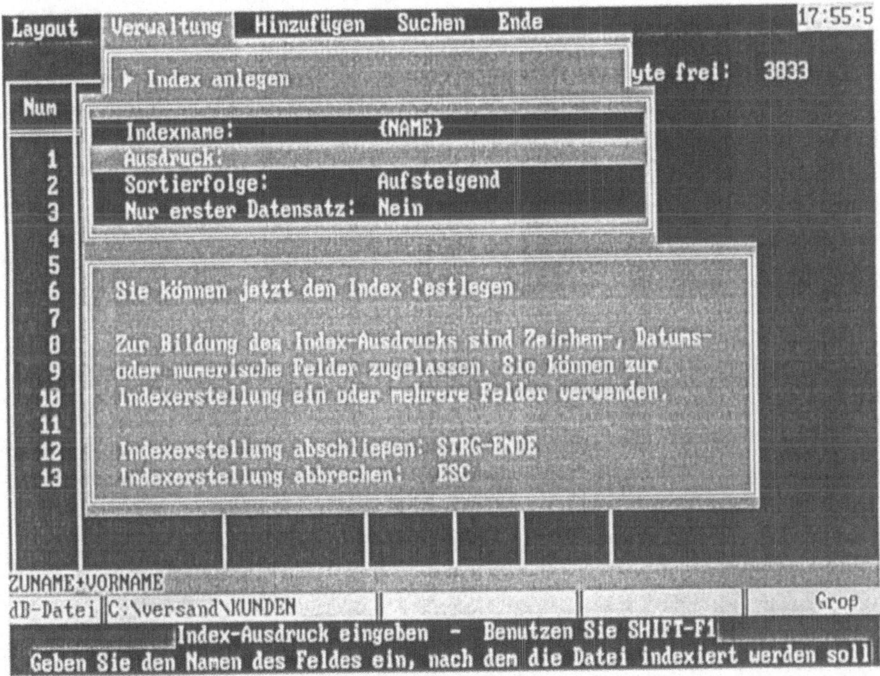

Bild 5-5 Indexausdruck für den Index Name

11. Drücken Sie die *Eingabetaste*.

12. Die Datensätze sollen aufsteigend sortiert werden. Setzen Sie den Cursor
    auf die Option **Sortierfolge** und drücken Sie einmal entweder auf die *Ein-
    gabetaste* oder die *Leertaste*.

    Mit dieser Option legen Sie fest, ob dBASE IV die Bestandsdatei nach
    dem Index **aufsteigend** oder **absteigend** sortiert. Bei einem steigenden In-
    dex werden Großbuchstaben vor Kleinbuchstaben sortiert. Wenn Sie den
    Zunamen "alber" klein schreiben, wird er in der Datei hinter "Zwick"
    aufgeführt.

    Mit den Funktionen **UPPER** und **LOWER** im Indexausdruck umgehen
    Sie derartige Fehlsortierungen. UPPER wandelt im Index alle Buchstaben
    des Indexausdrucks in Großbuchstaben um und LOWER in Kleinbuchsta-

ben. Die Werte in der Bestandsdatei sind von dieser Umwandlung nicht betroffen. Die Schreibweise der Werte in den Feldern spielt dann für die Sortierung nach dem Index keine Rolle mehr. Der obige Indexausdruck läßt sich beispielsweise mit UPPER folgendermaßen formulieren:

```
UPPER(ZUNAME + VORNAME)
```

13. Mit der Option **Nur erster Datensatz** legen Sie fest, daß von all den Datensätzen mit gleichen Daten im Indexausdruck nur der erste in den Index aufgenommen wird. Diese Option ist dann sinnvoll, wenn Sie beispielsweise an Vera Müller und Felix Schramm, für die dieselbe Adresse gespeichert ist, nur einen Brief schicken wollen. Für diesen Fall legen Sie den Index Adresse an, der aus den Feldern Straße, PLZ und Ort besteht. Wenn Sie dann nach dem Index Adresse sortieren, gibt dBASE IV nur eine der beiden Adressen aus.

In unserem Beispiel sollen alle Indizes ausgegeben werden. Schalten Sie deshalb die Option auf **Nein** (Bild 5-6).

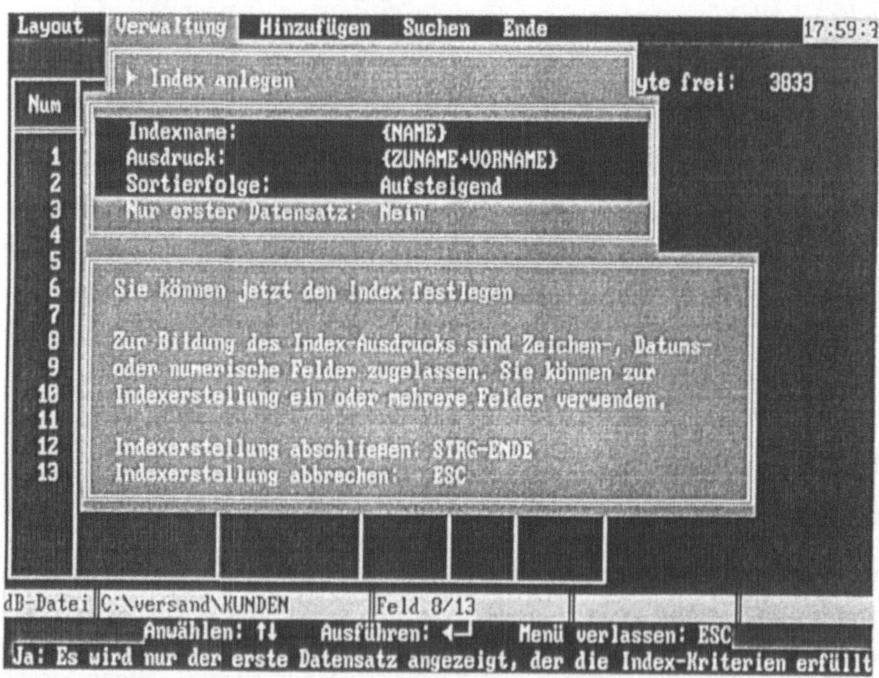

Bild 5-6 Definition des Indizes Name

14. Speichern Sie die Definition des Indexes mit *Strg-Ende*.

dBASE IV protokolliert, daß es einen Index anlegt. Der Index Name wird in die Indexdatei Kunden.mdx eingetragen.

Index ändern

Ändern Sie den Index Name für die Kundendatei.

1. Rufen Sie die Datensatzformatmaske für die Kundendatei auf.

2. Wählen Sie aus dem **Verwaltung**-Menü den Befehl **Vorhandenen Index
    ändern** aus.

    Sie sehen anschließend eine Liste mit den bereits definierten Indizes zur
    Kundendatei. Wenn Sie mit dem Cursor einen Indexnamen markieren,
    blendet dBASE IV den zugehörigen Indexausdruck ein.

3. Wählen Sie den Index Name aus, indem Sie den Indexnamen markieren
    und die *Eingabetaste* drücken.

    Sie sehen dasselbe Dialogfenster wie beim Anlegen eines Indizes. Sie
    können alle Einstellungen in diesem Fenster ändern.

4. Setzen Sie den Cursor auf die Option **Ausdruck**, und drücken Sie die
    Eingabetaste.

5. Ändern Sie den Ausdruck in: `UPPER(ZUNAME + VORNAME)`

    Setzen Sie den Cursor mit *Pos1* auf die erste Stelle des Ausdrucks. Drük-
    ken Sie dann die *Einfg*-Taste, um den Einfügemodus aufzurufen. Tippen
    Sie *UPPER* (ein. Setzen Sie den Cursor an das Ende des Ausdrucks und
    geben Sie ein) (Bild 5-7).

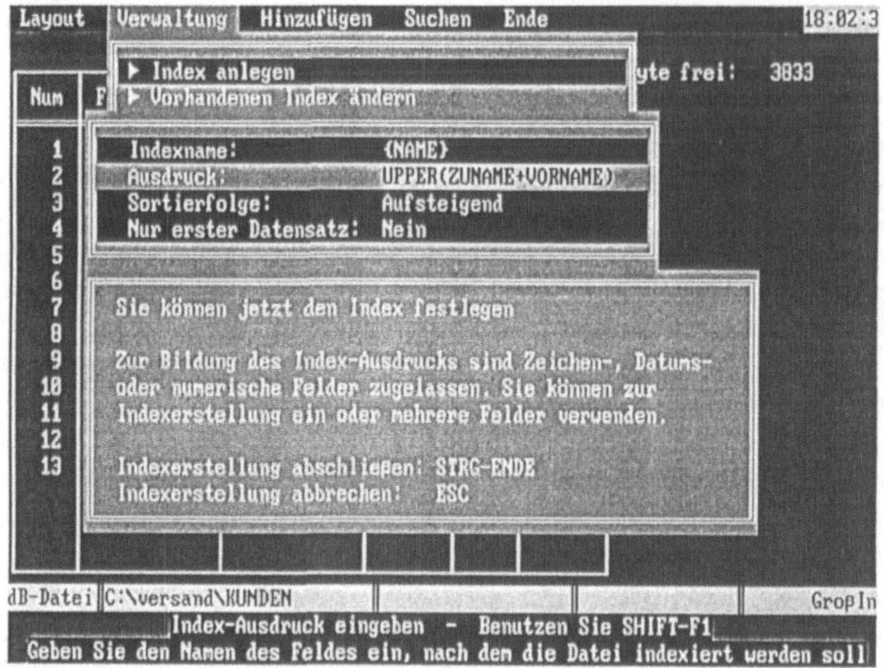

Bild 5-7 Geänderter Index Name

6.   Drücken Sie die *Eingabetaste*.

7.   Speichern Sie die Änderung mit *Strg-Ende*.

Sie haben nun den Index Name geändert und die Änderungen abgespeichert.

Index löschen

dBASE IV aktualisiert ständig alle Indizes der Indexdatei, ohne daß Sie sich darum kümmern müssen. Diese Arbeit nimmt für jeden Index einige Zeit in Anspruch. Zusätzlich benötigt jeder Index in der Indexdatei Speicherplatz. Um keinen Speicherplatz auf Ihrer Festplatte zu vergeuden und dBASE IV möglichst schnell laufen zu lassen, sollten Sie Indizes, die Sie nicht mehr benötigen, löschen.

Löschen Sie den Index PLZ aus der Indexdatei zur Kundendatei.

1. Rufen Sie die Datensatzformatmaske zur Kundendatei auf.

2. Wählen Sie aus dem **Verwaltung**-Menü den Befehl **Entfernen eines Index** aus.

    Sie sehen dann eine Liste mit Indexnamen und ihren Ausdrücken (Bild 5-8).

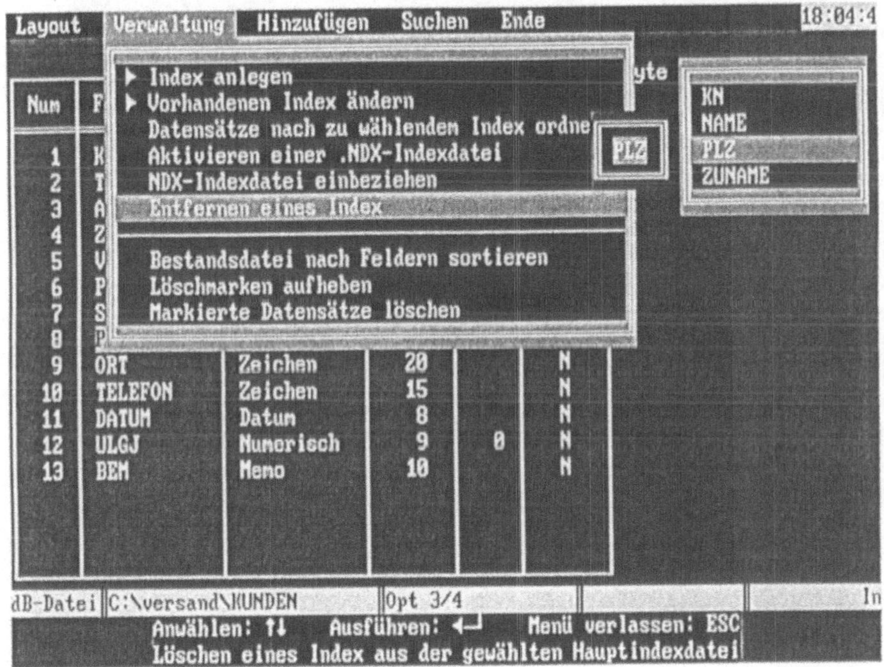

Bild 5-8 Liste der verfügbaren Indizes

3. Markieren Sie den Index PLZ mit den *Pfeiltasten*, und drücken Sie die *Eingabetaste*.

    Der Index PLZ wird daraufhin aus der Indexdatei gelöscht.

Nach einem Index sortieren

dBASE IV aktualisiert automatisch alle Indizes der Indexdatei. Die Datensätze können aber immer nur nach einem Index, dem Hauptindex, sortiert sein. Sie legen fest, welcher Index die Rolle des Hauptindizes übernimmt. Der Hauptindex bestimmt dann die Reihenfolge der Datensätze.

Sortieren Sie die Kundendatei (Bild 5-9) nach dem Index Name.

Datensätze	Felder	Suchen	Ende		18:10:2

KN	TITEL	ANREDE	ZUNAME	VORNAME	POS
1001		m	Neumüller	Herbert	
1002		w	Fröhlich	Jutta	
1003	Dr.	m	Wahl	Felix	
1004		w	Schick	Linda	
1006	Prof. Dr.	m	Schupp	Michael	806
1007		m	Freiberger	Julian	
1008		w	Sommer	Lore	375
1009		m	Freiberger	Ludwig	
1010	Dr.	w	Westerheide	Ulrike	
1011		m	Scharschmidt	Peter	605
1012		w	Schmidtbauer	Sonja	
1013		m	Meier	Gerd	705
1014	Prof. Dr.	w	Mayer	Vera	
1015		m	Mayr	Joseph	
1016		w	Frech	Lilo	

Tabelle	C:\versand\KUNDEN	Satz 1/15	Datei		In

Daten anzeigen und bearbeiten

Bild 5-9 Die Kundendatei ist nach der KN sortiert

1. Rufen Sie die Datensatzformatmaske für die Kundendatei auf.

2. Wählen Sie aus dem **Verwaltung**-Menü den Befehl **Datensätze nach zu wählendem Index ordnen** aus.

   dBASE IV listet dann alle Indizes der Indexdatei auf dem Bildschirm auf. Wenn Sie einen Index markieren, blendet dBASE IV zusätzlich den Indexausdruck ein (Bild 5-10).

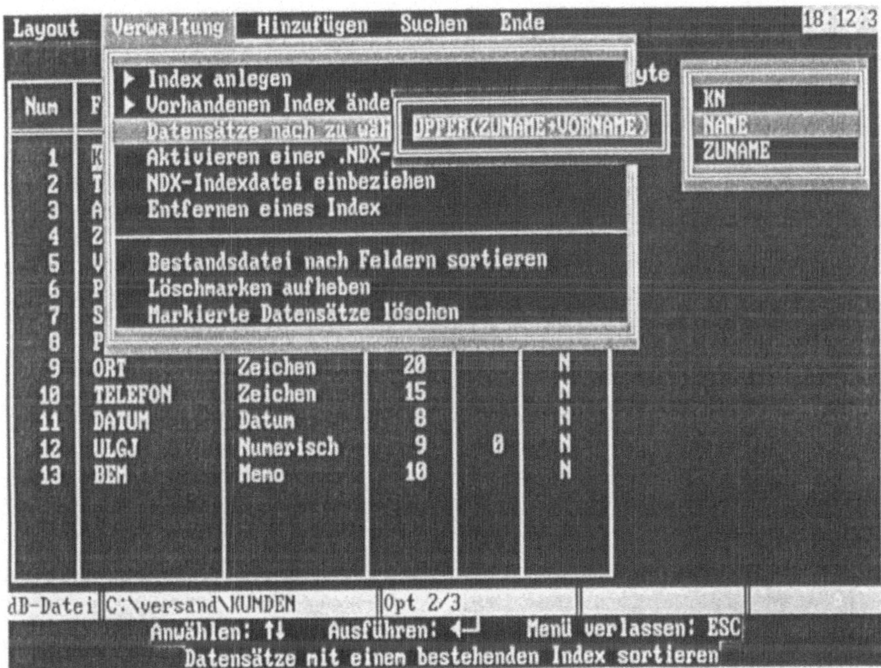

Bild 5-10 Wählen Sie den Hauptindex aus

3. Markieren Sie den Index Name mit den *Pfeiltasten*, und drücken Sie die *Eingabetaste*.

    Sie haben den Index Name zum Hauptindex erklärt. Wenn Sie sich nun die Daten ansehen, sind Sie nach Zu- und Vornamen sortiert.

4. Rufen Sie mit der *F2*-Taste die Tabellendarstellung auf, und sehen Sie sich das Ergebnis der Sortierung nach dem Index Name an (Bild 5-11).

```
 Datensätze      Felder      Suchen      Ende                         18:14:2

 KN    TITEL      ANREDE  ZUNAME                        VORNAME            POS

 1016             w       Frech                         Lilo
 1007             m       Freiberger                    Julian
 1009             m       Freiberger                    Ludwig
 1002             w       Fröhlich                      Jutta
 1014  Prof. Dr.  w       Mayer                         Vera
 1015             m       Mayr                          Joseph
 1013             m       Meier                         Gerd               705
 1001             m       Neumüller                     Herbert
 1011             m       Scharschmidt                  Peter              605
 1004             w       Schick                        Linda
 1012             w       Schmidtbauer                  Sonja
 1006  Prof. Dr.  m       Schupp                        Michael            806
 1008             w       Sommer                        Lore               375
 1003  Dr.        m       Wahl                          Felix
 1010  Dr.        w       Westerheide                   Ulrike

 Tabelle  C:\versand\KUNDEN         Satz 15/15       Datei                   In
                       Daten anzeigen und bearbeiten
```

Bild 5-11 Nach dem Index Name sortierte Kundendatei

Sortierte Bestandsdatei speichern

Sie können mit der Funktion **Bestandsdatei nach Feldern sortieren** aus dem **Katalog**-Menü eine Bestandsdatei nach Feldern ordnen und als neue Bestandsdatei speichern. Die neue Bestandsdatei müssen Sie unter einem anderen Namen speichern als die alte Bestandsdatei. Zwischen alter und neuer Bestandsdatei besteht keine Beziehung. Wenn Sie die alte Bestandsdatei aktualisieren, werden die Änderungen nicht an die neue Bestandsdatei übergeben.

Die Funktion **Bestandsdatei nach Felder sortieren** ist sinnvoll, wenn Sie die Daten einer Bestandsdatei sortiert an ein anderes Programm übergeben wollen.

Sortieren Sie die Artikeldatei (Bild 5-12) nach der Bezeichnung, dem Einkaufspreis und dem Lagerbestand, und speichern Sie die sortierte Datei unter dem Namen An_Lotus ab.

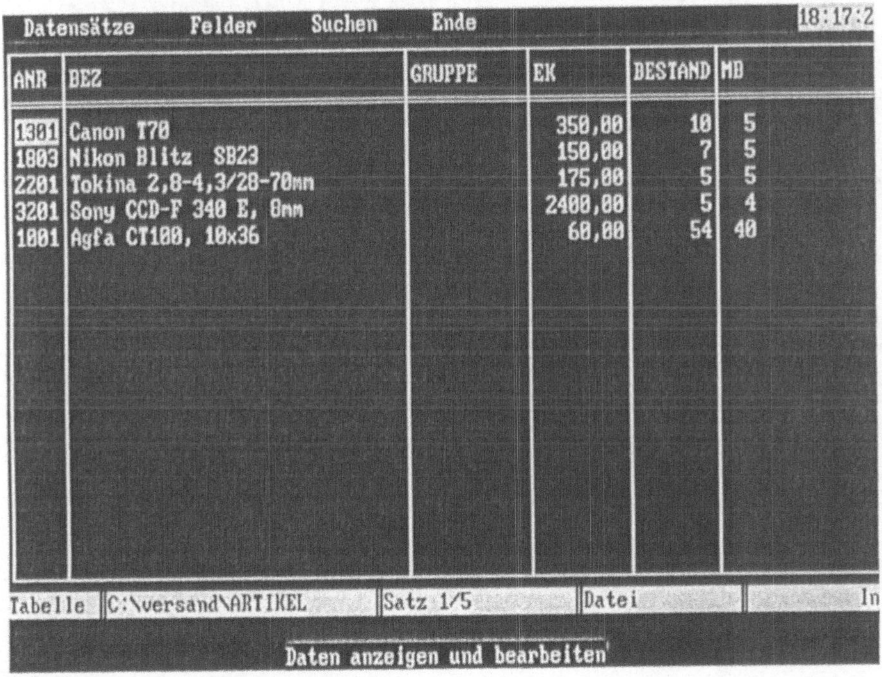

```
 Datensätze     Felder      Suchen      Ende                    18:17:2

ANR  BEZ                               GRUPPE    EK       BESTAND  MB

1301 Canon T70                                   350,00       10   5
1803 Nikon Blitz  SB23                           150,00        7   5
2201 Tokina 2,8-4,3/28-70mm                      175,00        5   5
3201 Sony CCD-F 340 E, 8mm                      2400,00        5   4
1001 Agfa CT100, 10x36                            60,00       54  40











 Tabelle  C:\versand\ARTIKEL        Satz 1/5           Datei              In
            Daten anzeigen und bearbeiten
```

Bild 5-12 Unsortierte Artikeldatei

1. Rufen Sie die Datensatzformatmaske für die Artikeldatei auf.

2. Wählen Sie aus dem **Verwaltung**-Menü den Befehl **Bestandsdatei nach Feldern sortieren** aus (Bild 5-13).

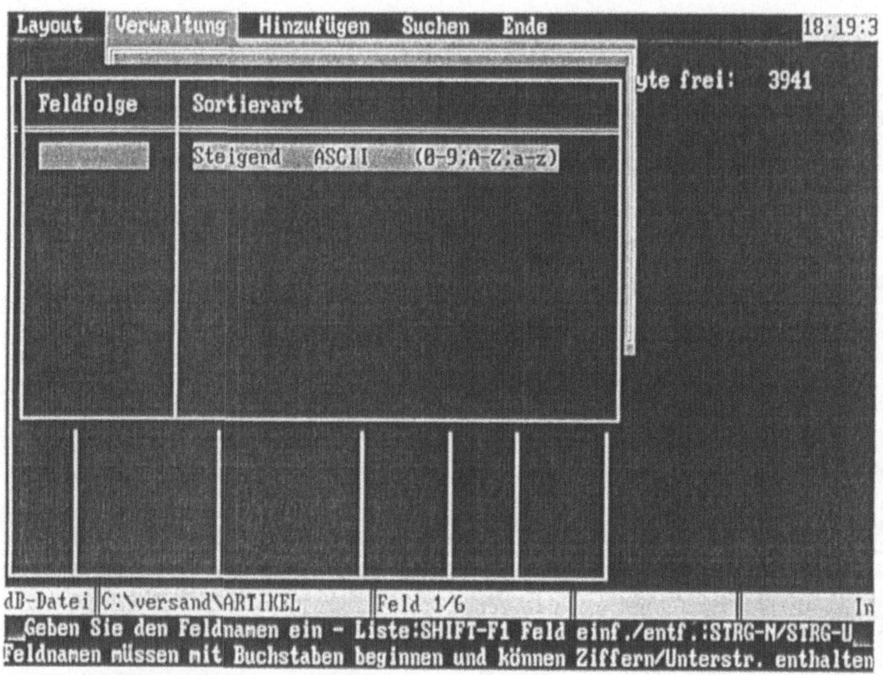

Bild 5-13 Sortieren nach Feldern

In die linke Spalte tragen Sie die Namen der Felder ein, nach denen dBASE IV die Datei sortieren soll. Das Feld, das in der linken Spalte ganz oben steht, dient als oberstes Sortierkriterium. Die Datei wird zuerst nach diesem Feld sortiert. Dann wird sie nach dem zweiten Feld sortiert, usw. .

In der rechten Spalte geben Sie an, ob dBASE IV auf- oder absteigend sortiert.

3. Rufen Sie mit *Umstell-F1* die Liste der Feldnamen der aktuellen Bestandsdatei auf.

4. Wählen Sie das Feld BEZ aus (Bild 5-14).

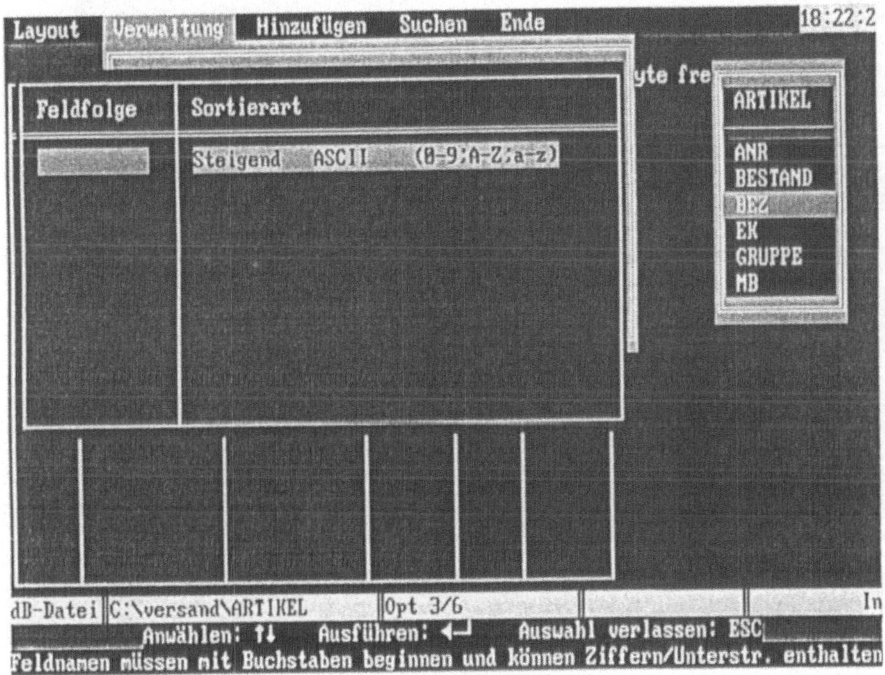

Bild 5-14 Felder für die Sortierliste auswählen

dBASE IV trägt den Feldnamen BEZ in die linke Spalte ein. Sie können
bis zu zehn Feldnamen angeben. Die Felder müssen nicht indiziert sein.
Wenn Sie Felder aus der Sortierliste streichen wollen, setzen Sie den Cursor auf diesen Feldnamen und drücken Sie *Strg-U*. Wenn Sie die Reihenfolge der Felder in der Sortierliste ändern wollen, setzen Sie den Cursor
auf den Feldnamen, dessen Position zu ändern ist, drücken Sie die Funktionstaste *F7* (Verlagern), stellen Sie den Cursor an die neue Position des
Feldes und drücken Sie die *Eingabetaste*.

5. Tragen Sie in die linke Spalte untereinander die Feldnamen *EK* und *BE-STAND* ein (Bild 5-15).

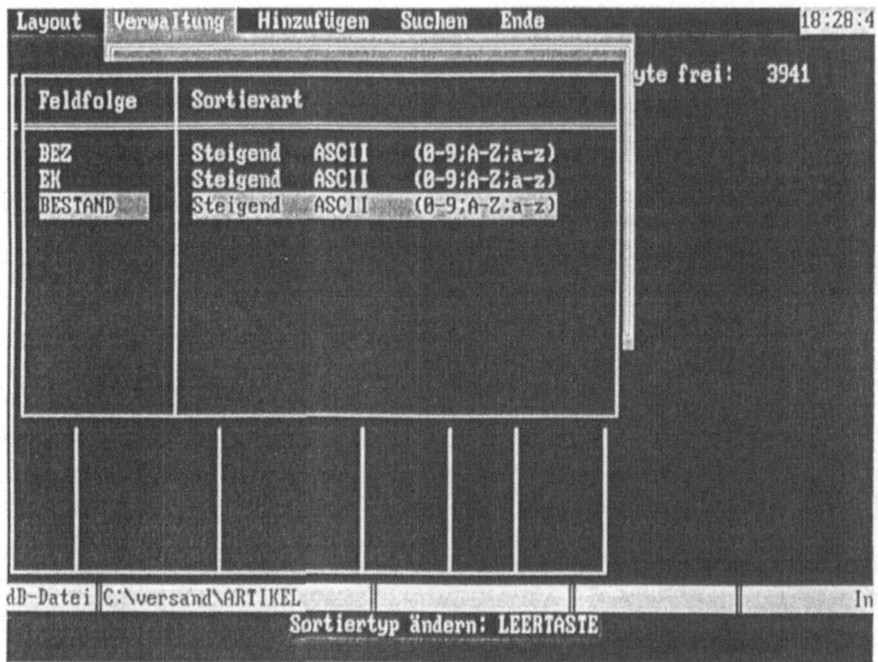

Bild 5-15 Felder in der Sortierliste

6. Setzen Sie den Cursor mit der *Tab*-Taste in die rechte Spalte neben den Feldnamen GRUPPE. Mit *Umstell-Tab* und *Tab* wechseln Sie zwischen den beiden Spalten.

7. Wählen Sie den Sortiertyp aus. Wenn Sie die *Leertaste* drücken, zeigt Ihnen dBASE IV der Reihe nach die vier zur Verfügung stehenden Sortiertypen:

Sortiertypen	Beispiele						
Steigend ASCII	0	3	77	Alber	Zimmer	auf	zu
Absteigend ASCII	77	3	0	Zimmer	Alber	zu	auf
Steigend Wörterbuch	0	3	77	Alber	auf	Zimmer	zu
Absteigend Wörterbuch	77	3	0	zu	Zimmer	auf	Alber

Beim Sortieren einer Bestandsdatei nach Feldern stehen die Funktionen **UPPER** und **LOWER** nicht zur Verfügung.

Geben Sie folgende Sortiertypen ein (Bild 5-16):

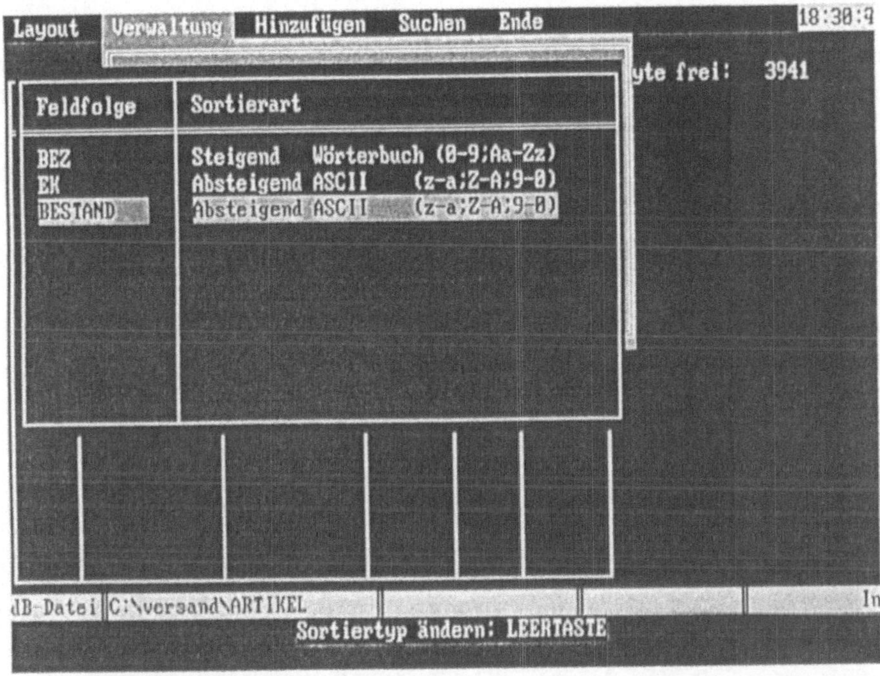

Bild 5-16 Sortiertypen

8.   Speichern Sie die Sortierliste mit der Tastenkombination *Strg-Ende*.

      dBASE IV fragt Sie nach dem Namen der neuen Bestandsdatei.

9.   Geben Sie ein: *an_lotus*

Daraufhin sortiert dBASE IV die Datei und speichert die neue Bestandsdatei
(Bild 5-17). Die ursprüngliche Bestandsdatei Artikel wird von dem Sortiervor-
gang nicht verändert.

```
 Datensätze      Felder       Suchen      Ende                        18:33:2

 ANR  BEZ                          GRUPPE    EK        BESTAND  MB

 1001 Agfa CT100, 10x36                         60,00      54   40
 1301 Canon T70                                350,00      10    5
 1003 Nikon Blitz  SB23                        150,00       7    5
 3201 Sony CCD-F 340 E, 8mm                   2400,00       5    4
 2201 Tokina 2,8-4,3/28-70mm                   175,00       5    5




 Tabelle  C:\versand\AN_LOTUS        Satz 1/5        Datei              In
                      Daten anzeigen und bearbeiten
```

Bild 5-17 Sortierte Bestandsdatei an_lotus

Zusammenfassung

dBASE IV speichert bis zu 47 Indizes in einer Indexdatei. Die Indexdatei erhält den Namen der Bestandsdatei mit der Endung .mdx. Einen Index der Indexdatei können Sie zum Hauptindex erklären. Die Daten der Bestandsdatei werden automatisch nach dem Hauptindex sortiert ausgegeben.

Bevor Sie einen Index anlegen oder andere Funtionen aus dem **Verwaltung**-Menü aufrufen können, müssen Sie Änderungen am Datensatzformat speichern. Wenn Sie genau für ein Feld einen Index anlegen wollen, setzen Sie in der Datensatzformatmaske die Spalte **Index** auf **J**.

Jeder Index erhält einen **Namen**. Der **Indexausdruck** setzt sich zusammen aus Feldnamen, Operatoren und Funktionen. Logische Felder und Memo-Felder dürfen Sie in Indexausdrücken nicht verwenden. Sie können auf- oder absteigend nach dem Index **sortieren** (ASCII-Sortierung). Mit der Option **Nur erster Datensatz** legen Sie fest, daß von all den Datensätzen mit gleichen Daten im Indexausdruck nur der erste in den Index aufgenommen wird.

Sie können mit der Funktion **Bestandsdatei nach Feldern** sortieren eine Bestandsdatei nach Feldern ordnen und als neue Bestandsdatei speichern. Dazu müssen die Felder nicht indiziert sein.

Wichtige Tasten und Tastenkombinationen	
Umstell-F1	Ruft Liste der zur Verfügung stehenden Elemente auf.
Leertaste	Wechselt zwischen vorgegebenen Werten.
Tab	Bewegt den Cursor eine Spalte nach rechts.
Umstell-Tab	Bewegt den Cursor eine Spalte nach links.
F9	Vergrößert Bearbeitungsfeld.
Strg-Ende	Speichert eingegebene Daten.

6   Query By Example

In diesem Kapitel lernen Sie die Abfragesprache Query By Example kennen. Es zeigt,

- wie Sie Daten nach verschiedenen Kriterien auswählen,

- mit Datenbankfeldern rechnen und

- die Daten statistisch auswerten können.

- Zudem lernen Sie, mehrere Datenbankdateien miteinander zu verknüpfen und abzufragen.

- Das Kapitel beschreibt auch, wie Sie mehrere Sätze gleichzeitig ändern, löschen oder an eine Datei anfügen können.

QBE (Query By Example) ist eine besonders leicht zu erlernende Abfragespra-che, da Sie die Abfrage im Dialog mit dem Programm formulieren. Auf dem Bildschirm sehen Sie eine Liste aller auf dem Bildschirm sichtbaren Felder der Datenbank, in die Sie die Abfragegbedingungen eintragen. Sie setzen den Cur-sor auf das entsprechende Feld, geben den Vergleichsoperator und den Ver-gleichswert ein. dBASE IV sucht dann die gewünschten Daten aus der Daten-bank-Datei heraus. Zur Hilfe können Sie sich jederzeit eine Liste aller Felder, Operatoren und Funktionen ansehen, die für eine Abfrage zur Verfügung ste-hen.

Hinweis

Die Beispiele in diesem und den folgenden Kapiteln basieren auf dem Datenbe-stand, der auf der beiliegenden Diskette gespeichert ist. Verwenden Sie daher für das Kapitel Query By Example die Dateien der Beispieldiskette. Kopieren Sie sich bitte die Dateien von der Beispieldiskette auf Ihre Festplatte:

1.   Verlassen Sie dBASE IV.

2.   Legen Sie auf der MS-DOS-Befehlsebene das Unterverzeichnis c:\versand an:

     md \versand

3.   Verzweigen Sie in das neu angelegte Unterverzeichnis:

     cd \versand

4. Kopieren Sie alle Bestands-, Index- und Memodateien von der Diskette in das neu angelegte Verzeichnis:

   copy a:.dbf*   (Datenbankdateien)

   copy a:.mdx*   (Indexdateien)

   copy a:.dbt*   (Memodateien)

5. Starten Sie dBASE IV von diesem Verzeichnis aus:

   dbase

   dBASE IV trägt automatisch die Dateien aus dem Verzeichnis \versand in die Dateilisten des Regie-Zentrums ein.

Sicht- und Aktualisierungsabfragen

dBASE IV unterscheidet Sichtabfragen und Aktualisierungsabfragen. Beide Arten von Abfragen werden in derselben Abfragemaske erstellt. Sie erfüllen aber unterschiedliche Aufgaben.

Mit einer <u>Sichtabfrage</u> wählen Sie Daten, die bestimmte Kriterien erfüllen, aus einer Bestandsdatei aus. Die ausgewählten Datensätze können Sie sich auf dem Bildschirm ansehen, in einem Bericht oder auf Etiketten ausdrucken. Sie können Dateien verknüpfen und Daten aus verschiedenen Dateien zusammenfassen. Sie wählen aber nicht nur Sätze aus, sondern auch die Felder, die dBASE IV ausgeben soll.

dBASE IV behält die Daten einer Sichtabfrage im Arbeitsspeicher, solange Sie mit ihr arbeiten. Wenn Sie sie nicht mehr verwenden, wird sie automatisch gelöscht. Sie können aber sowohl die Abfragebedingungen speichern als auch die Daten der Sicht in einer neuen Datenbank-Datei anlegen.

Mit einer <u>Aktualisierungsabfrage</u> können Sie Datensätze aus einer Bestandsdatei auswählen, und dann die ausgewählten Daten löschen, bearbeiten oder an eine andere Datenbank hinzufügen. Sie selektieren beispielsweise alle Kameras der Firma Nikon und erhöhen deren Preis um 3 Prozent, oder Sie markieren mit nur einem Befehl alle Produkte der Firma Bauer zum Löschen. Es ist nicht möglich, die Daten verknüpfter Datenbank-Dateien zu aktualisieren.

Aktualisierungsabfragen sind in der Abfragen-Spalte im Regie-Zentrum mit einem "*" gekennzeichnet.

Query By Example bietet Ihnen eine Vielzahl nützlicher Funktionen:

● Mehrere Bedingungen in ein Feld eingeben

Beispiel:

Wählen Sie alle Kunden in Düsseldorf und München aus.

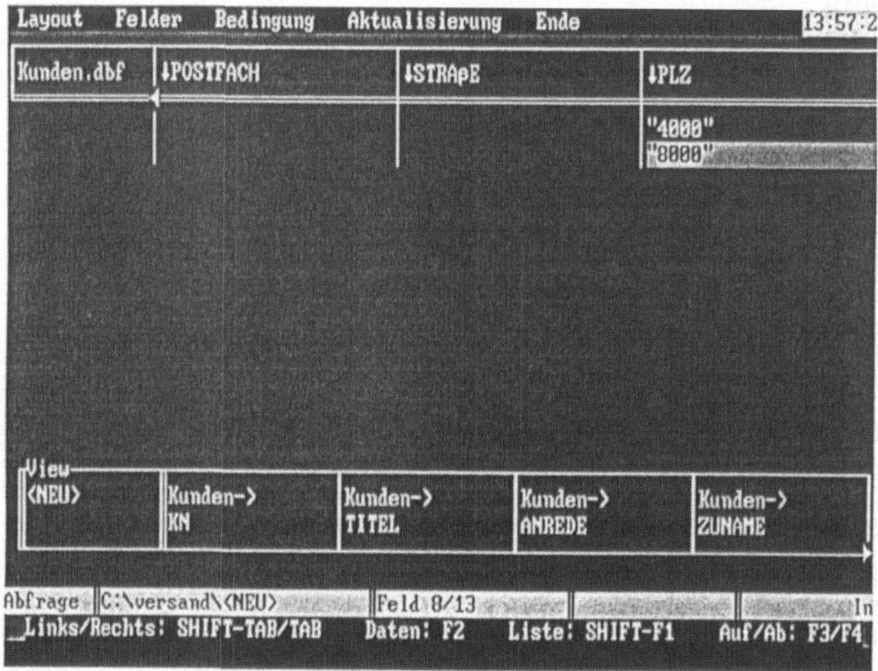

Bild 6-1 Mehrere Bedingungen pro Feld

- In mehrere Felder Bedingungen eintragen

  Beispiel:

  Wählen Sie alle Artikel aus, von denen mehr als fünf Stück im Lager sind und deren Einkaufspreis über 500 DM liegt.

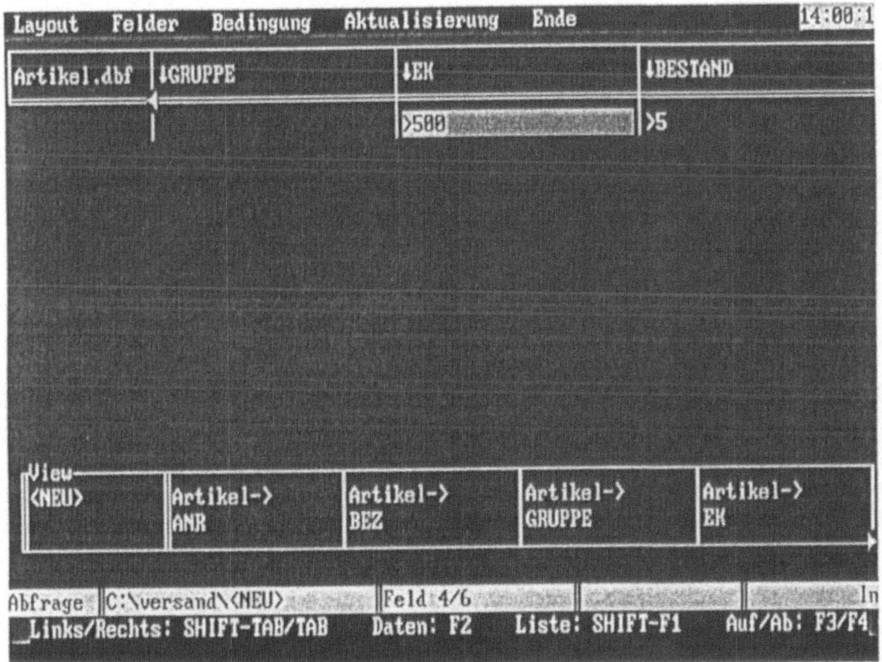

Bild 6-2 In mehreren Feldern Bedingungen

- Bedingungen mit logischen Operatoren verknüpfen

- Berechnete Felder

Beispiel:

Berechnen Sie mit einer Formel für jeden Artikel aus dem Einkaufspreis den Verkaufspreis.

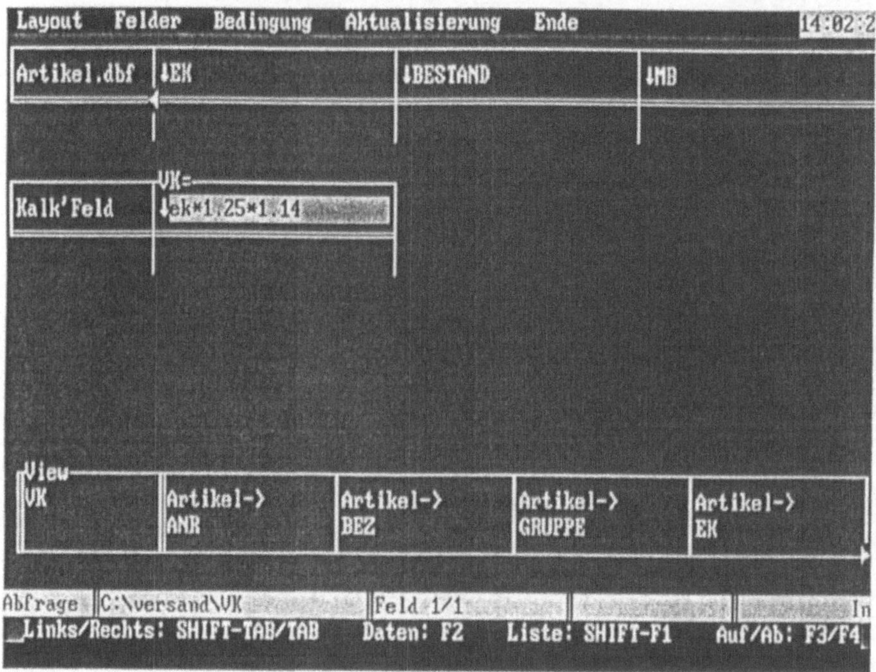

Bild 6-3 Kalkulationsfelder

- Nach mehreren Felder sortieren
- Datensätze gruppieren

Beispiel:

Gruppieren Sie die Kundenadressen nach der Postleitzahl.

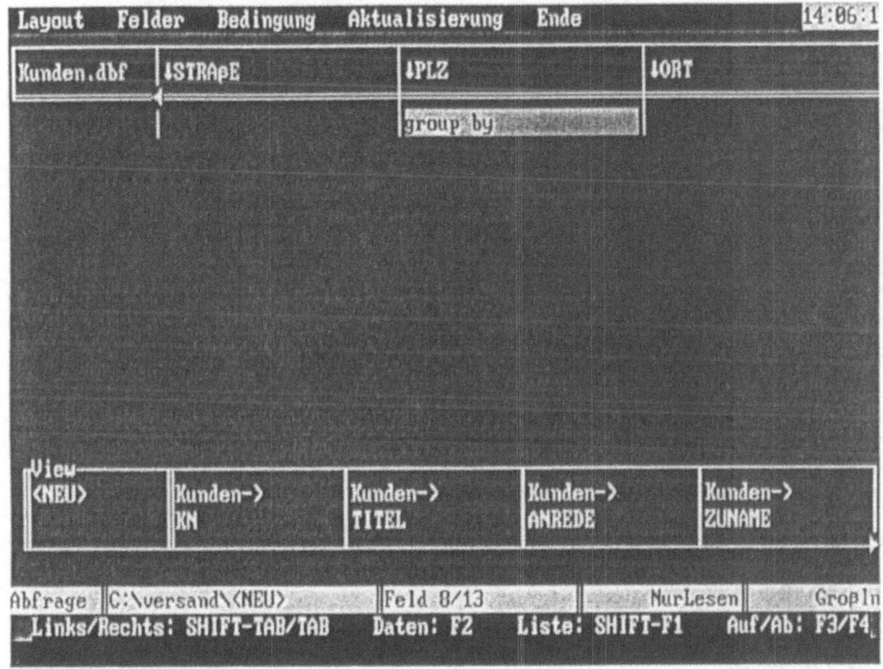

Bild 6-4 Daten mit gleichem Merkmal gruppieren

- Statistische Berechnungen

Beispiel:

Zählen Sie, wieviel verschiedene Artikel auf Lager sind.

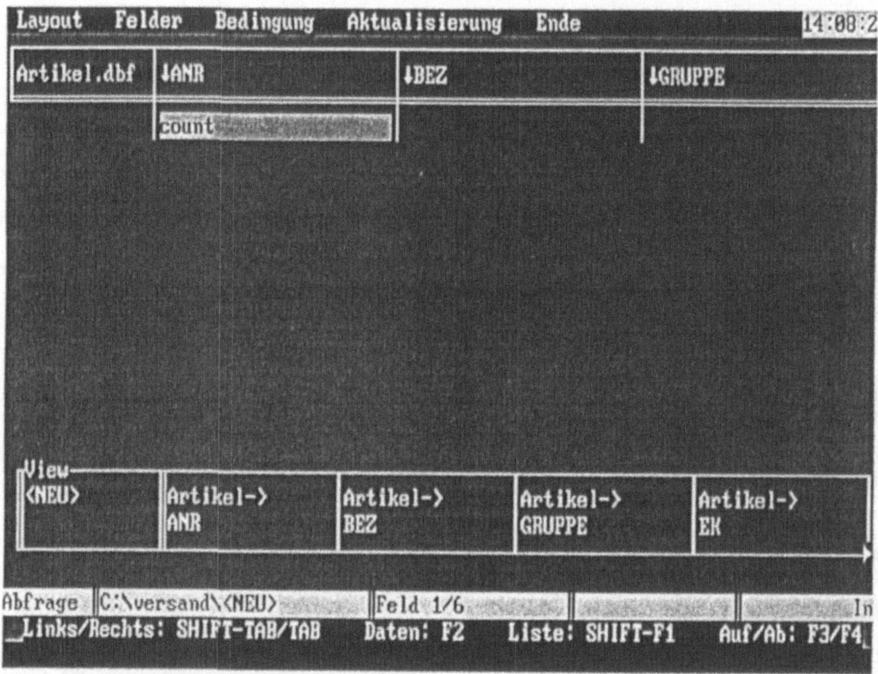

Bild 6-5 Daten statistisch auswerten

● Dateien miteinander verknüpfen und abfragen

Beispiel:

Stellen Sie fest, welche Artikel der Kunde Neumüller bestellt hat. Verknüpfen Sie dazu die Kunden-, die Auftrag- und die Positionsdatei miteinander.

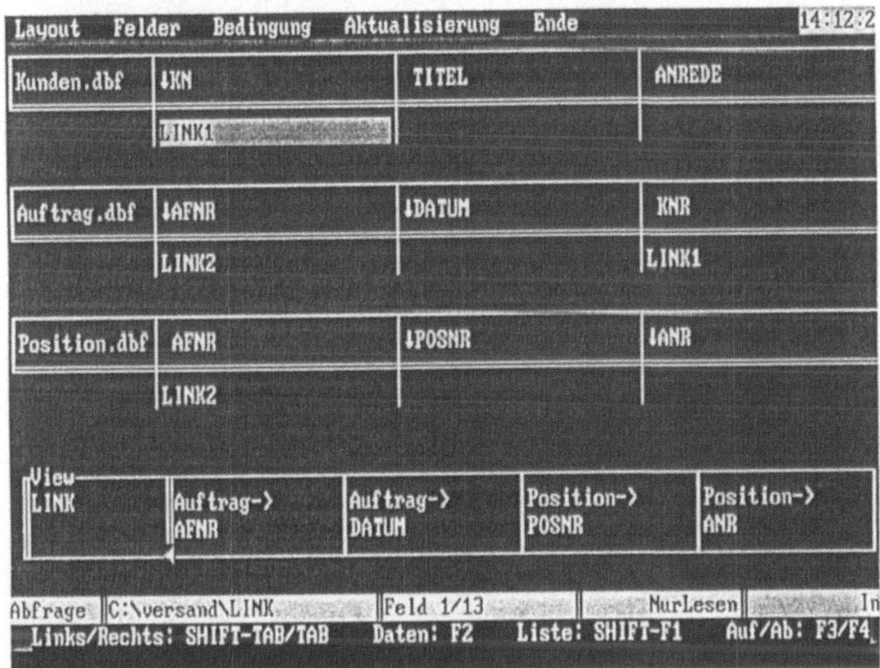

Bild 6-6 Mehrere Dateien verknüpfen und abfragen

● Globale Änderungen durchführen

Beispiel:

Erhöhen Sie den Mindestbestand für alle Kameras um 5 Stück.

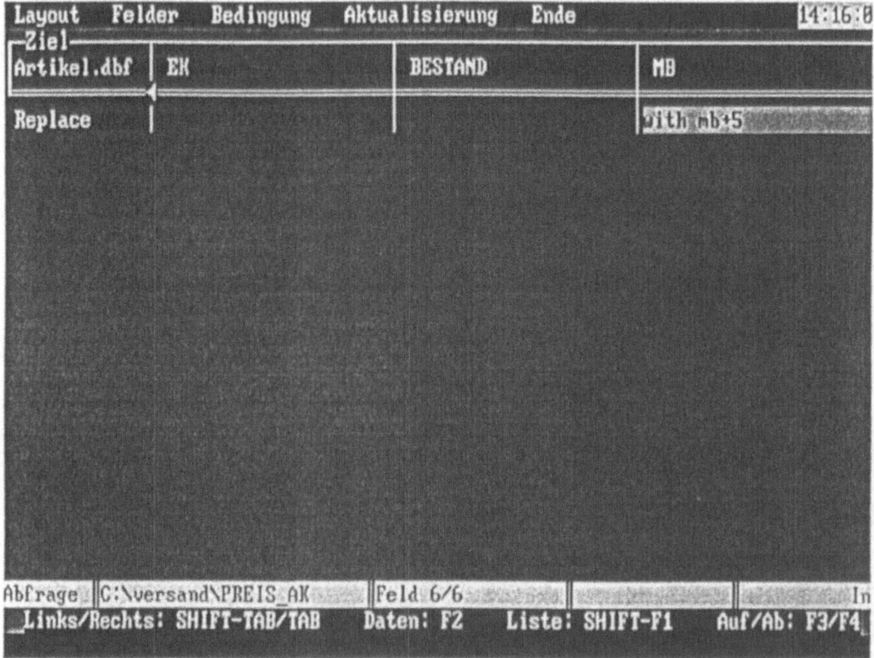

Bild 6-7 Datensätze global bearbeiten

Aufbau der Abfragemaske

Viele Wege führen zur Abfragemaske. Wenn Sie zu einer bestimmten Datei eine neue Abfrage definieren wollen, gehen Sie am besten folgendermaßen vor:

1. Öffnen Sie im Regie-Zentrum die Kundendatei mit der *Eingabetaste* (Bild 6-8).

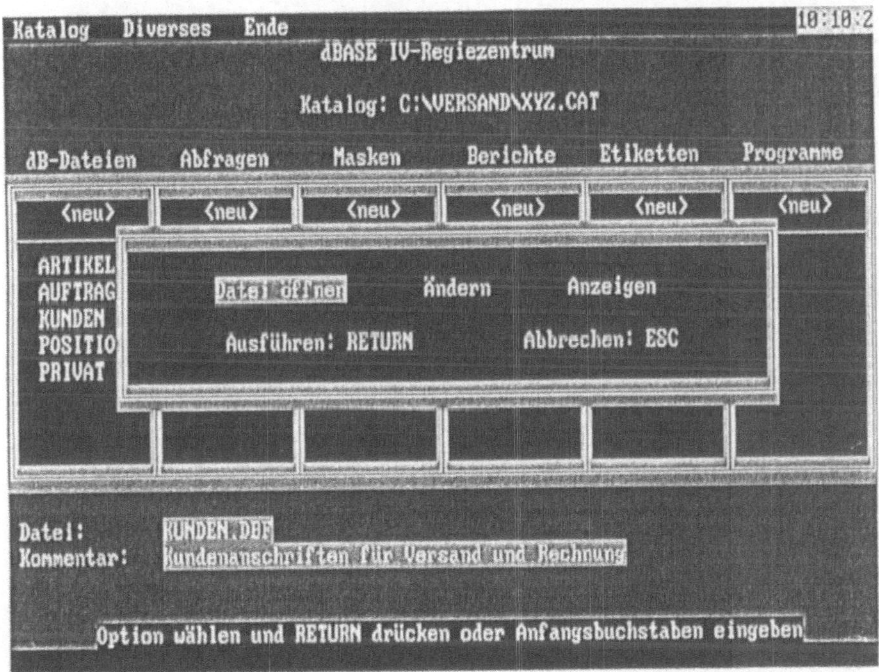

Bild 6-8 Kundendatei benützen

2. Wählen Sie aus dem Dialogfenster den Befehl **Datei öffnen** aus.

3. Setzen Sie den Cursor auf **<neu>** in der Abfragen-Spalte, und drücken
    Sie die *Eingabetaste*.

    Daraufhin zeigt Ihnen dBASE IV die Abfragemaske (Bild 6-9).

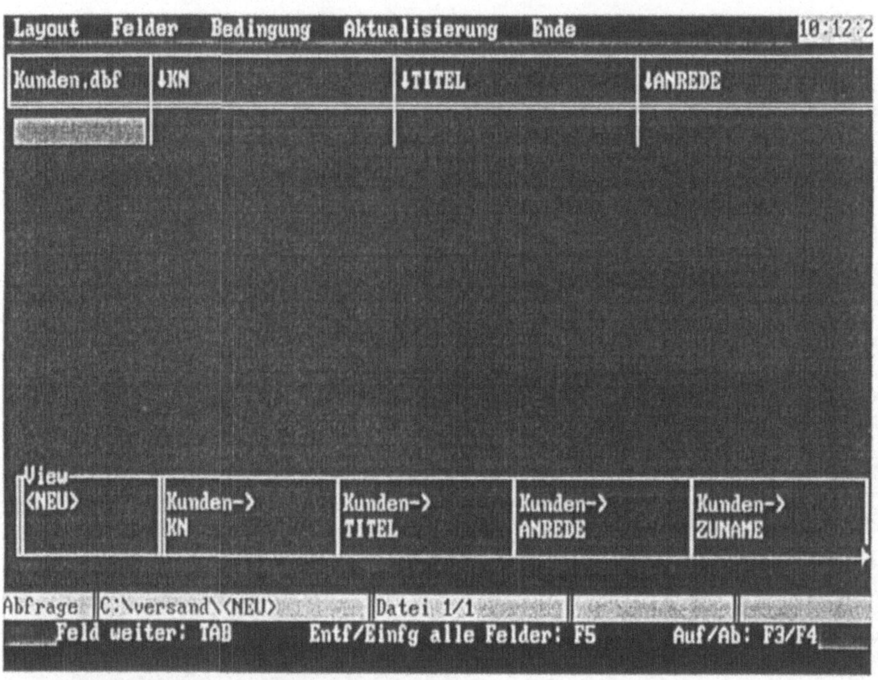

Bild 6-9 Die Abfragemaske

Dasselbe Bild erhalten Sie auch auf folgenden Wegen:

● Drücken Sie in der Einzelsatz- oder Tabellendarstellung *Umstell-F2* oder
  wählen Sie den Befehl **Abfrage aufrufen** aus dem **Ende**-Menü aus.

● Wenn Sie die Datensatzformatmaske sehen oder mit dem Masken-, Listen-
  oder Etikettengenerator arbeiten, drücken Sie *Umstell-F2*.

● Um eine existierende Abfrage aufzurufen, setzen Sie den Cursor auf ihren
  Namen und drücken *Umstell-F2*.

● Um eine existierende Abfrage aufzurufen, setzen Sie den Cursor auf ihren
  Namen und drücken die *Eingabetaste*. Anschließend wählen Sie **Ändern
  der Abfrage** aus dem Dialogfeld aus.

Die Abfragemaske ist in vier Bereiche gegliedert (vgl. Bild 6-10):

- Dateiaufbau

- Aufbau der Kalkulationsfelder

- Bedingungsfenster

- Aufbau der Sicht

Am oberen Bildrand sehen Sie den Dateiaufbau. dBASE IV stellt die Bestandsdatei graphisch dar. Das Programm zeigt den Namen der Datei und die Namen all ihrer Felder. Unterhalb der Datei- und Feldnamen geben Sie die Auswahlkriterien ein.

dBASE öffnet für eine Abfrage maximal acht Dateien und stellt sie mit all ihren Feldern graphisch dar (Bild 6-10).

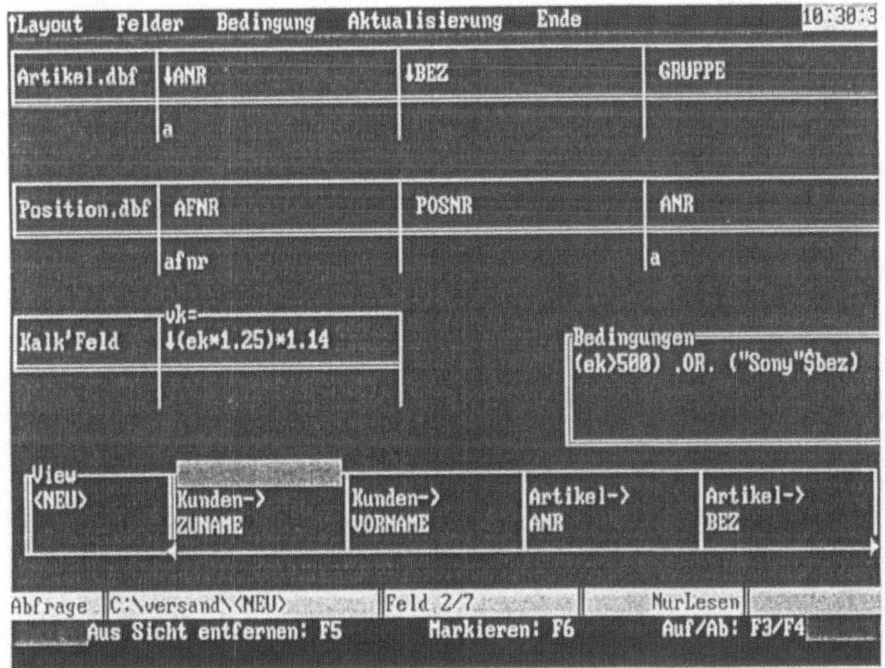

Bild 6-10 Sicht mit Feldern verschiedener Dateien

In **Kalkulationsfelder** geben Sie Formeln ein. Kalkulationsfelder legen Sie selbst an.

Das **Bedingungsfenster** brauchen Sie, um komplizierte Abfragen zu formulieren. Sie öffnen das Bedingungsfenster bei Bedarf.

Am unteren Bildrand sehen Sie den **Aufbau der Sicht**. Hier sind alle Felder aufgeführt, die entsprechend der definierten Abfrage in der Sicht enthalten sein werden. Im Dateiaufbau kennzeichnet ein Pfeil nach unten Felder, die in der Sicht ausgegeben werden. Wenn Sie den Abfragebildschirm für die Kundendatei in der oben beschriebenen Weise aufrufen, enthält die Sicht alle Felder der Kundendatei.

Mit folgenden Tasten bewegen Sie den Cursor in der Abfragemaske:

Mit der F3-Taste (zurück) und der F4-Taste (vorwärts) bewegen Sie den Cursor zwischen den vier Bereichen der Abfragemaske.

Mit Tab und Umstell-Tab setzen Sie den Cursor eine Spalte weiter nach rechts bzw. nach links. Pos1 positioniert den Cursor in die erste Spalte und Ende in die letzte Spalte.

Abfragebedingungen eingeben

Wählen Sie alle Kunden aus, die im Postleitzahlgebiet 8000 wohnen.

1. Drücken Sie so oft die *Tab*-Taste bis der Cursor die Spalte PLZ erreicht hat.

2. Tippen Sie ein: = *"8000"*   (siehe Bild 6-11)

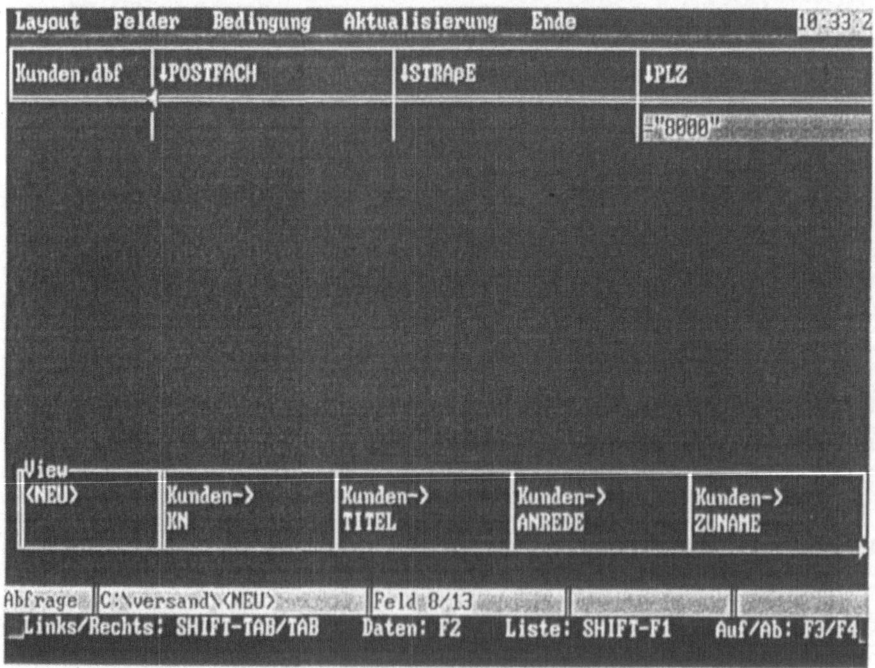

Bild 6-11 Auswahl über die PLZ

Das Gleichheitszeichen ist der Vergleichsoperator und "8000" der Vergleichswert. Der Vergleichswert muß in Anführungszeichen stehen, da das Feld PLZ vom Typ Zeichen ist.

Wichtig!

Feld und Vergleichswert müssen vom selben Datentyp sein.

Der Vergleichsoperator " = " muß nicht unbedingt gesetzt werden. Wenn Sie einen Vergleichswert ohne Operator eingeben, verwendet dBASE IV automatisch das Gleichheitszeichen als Vergleichsoperator.

3. Drücken Sie die *F2*-Taste.

Nun wählt dBASE IV die Datensätze aus. dBASE IV zeigt Ihnen in der Tabellendarstellung die ausgewählten Daten (Bild 6-12).

```
 Datensätze      Felder      Suchen      Ende                        10:35:2

 KN  | TITEL    | ANREDE | ZUNAME             | VORNAME       | POS

 1002 |          | w | Fröhlich              | Jutta
 1004 |          | w | Schick                | Linda
 1014 | Prof. Dr.| w | Mayer                 | Vera
 1016 |          | w | Frech                 | Lilo




 Tabelle  C:\versand\<NEU>          Satz 2/15          Sicht
                      Daten anzeigen und bearbeiten
```

Bild 6-12 Ergebnis der Abfrage: PLZ = "8000"

4.   Drücken Sie *Umstell-F2,* um zurück zur Abfragemaske zu gelangen.

Wenn Sie eine umfangreiche Bedingungsabfrage eingeben, verschiebt dBASE
IV den sichtbaren Ausschnitt nach rechts (Scrolling). Die Eingabe längerer Bedingungen ist wesentlich übersichtlicher, wenn Sie die Spalte mit der F9-Taste
auf die volle Breite des Bildschirms vergrößern (Bild 6-13). Wenn Sie
nochmals die F9-Taste drücken, nimmt die Spalte wieder ihre ursprüngliche
Breite an.

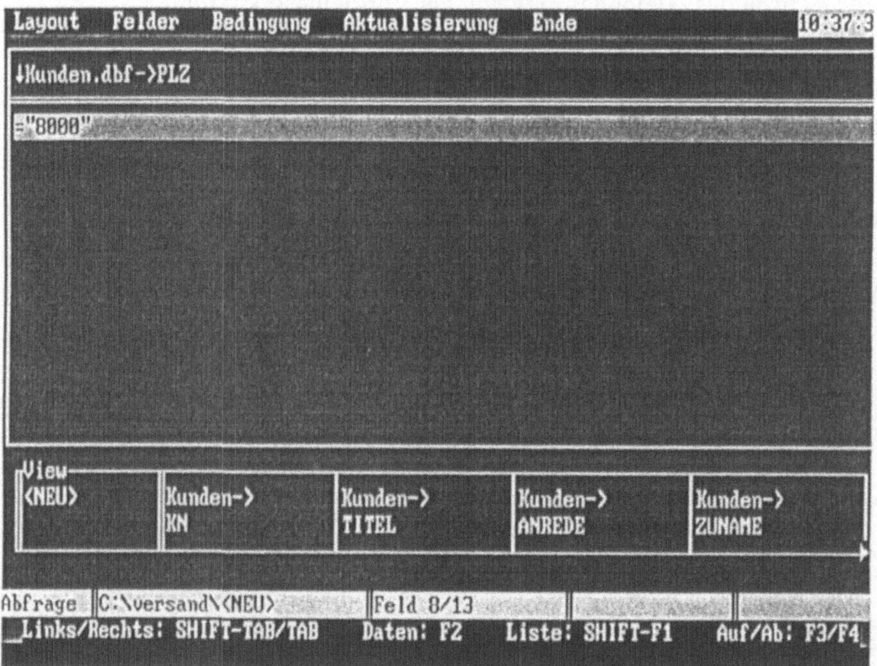

Bild 6-13 Vergrößertes Eingabefeld für umfangreiche Bedingungen

Um eine Bedingung zu löschen, verwenden Sie Strg-Y, Strg-T, Entf oder die
Rücktaste.

In die Spalte eines logischen Feldes geben Sie als Vergleichswert entweder .T.
oder .F. ein. Sie können stattdessen aber auch .t., .f., .Y., .N., .y. oder .n.
eingeben.

Wählen Sie alle Personen aus, die seit seit dem 1.7.89 zu ihrer Kundschaft gehören und deren Umsatz im laufenden Geschäftsjahr bereits mehr als 500 DM
beträgt.

1. Löschen Sie die alten Bedingungen mit der *Entf*-Taste.

2. Tragen Sie in die Datum-Spalte ein:

    > *{01.07.88}*

    Das Datum muß in geschwungenen Klammern stehen. Sie erzeugen die
    Klammern mit den Tastenkombinationen *Alt-123* und *Alt-125*.

3. Geben Sie in das Feld ULGJ ein: > *500*

    Vergleichswerte für Felder der Typen Numerisch oder Gleitkomma geben
    Sie ohne Anführungszeichen ein.

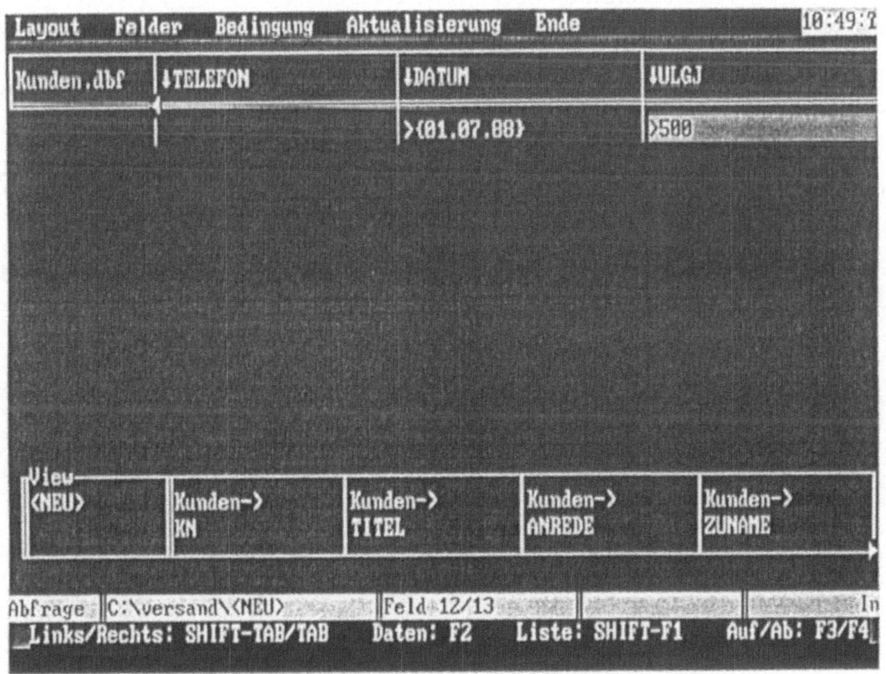

Bild 6-14 Auswahl über numerische und Datumsfelder

Vergleichsoperatoren

dBASE IV kennt folgende Vergleichsoperatoren:

Operator	Beschreibung
>	größer als
<	kleiner als
=	gleich
< > oder #	ungleich
> =	größer gleich
< =	kleiner gleich
$	enthalten in
LIKE	ähnlich geschrieben wie
SOUNDS LIKE	hört sich an wie

Zur Ermittlung des Vergleichswertes können Sie die arithmetischen Funktionen +, -, *, / und ** oder ^ (Exponent) verwenden.

Alle Funktionsnamen, Operatoren und Funktionen, die zur Verfügung stehen, können Sie bequem aus einer Liste auswählen. Die Liste rufen Sie mit *Umstell-F1* auf.

Erweitern Sie die obige Abfrage um die Bedingung, daß die auszuwählenden Kunden nicht in München wohnen.

1.   Setzen Sie den Cursor in die PLZ-Spalte.

2.   Drücken Sie *Umstell-F1*. Sie sehen dann die Liste der verfügbaren Feldnamen, Operatoren und Funktionen (Bild 6-15).

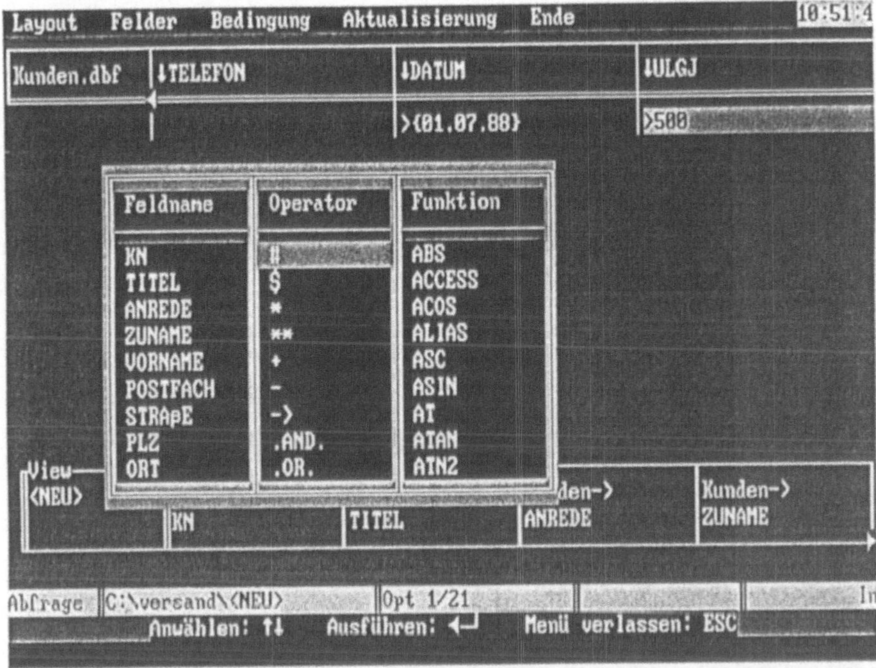

Bild 6 15 Liste der verfügbaren Feldnamen, Operatoren und Funktionen

In der Liste bewegen Sie den Cursor mit den *Pfeiltasten*. Innerhalb einer
Spalte blättern Sie mit den Tasten Bild_vor und *Bild_zurück*. Mit der *Eingabetaste* wählen Sie ein Feld, einen Operator oder eine Funktion aus.

3. Markieren Sie mit den Pfeiltasten das Ungleich-Zeichen "<>" oder "#"
   aus.

4. Wählen Sie das Ungleich-Zeichen mit der *Eingabetaste* aus.

   dBASE IV trägt das Ungleich-Zeichen automatisch an der aktuellen Cursorposition in den Abfragebildschirm ein.

5. Geben Sie ein: *"8000"*

6. Führen Sie die Abfrage durch.

Operatoren für Zeichen-Felder

Die Operatoren $, LIKE und SOUNDS LIKE können Sie nur auf Zeichen-Felder anwenden. Nach dem $-Zeichen geben Sie eine Zeichenfolge in Anführungszeichen ein. dBASE IV sucht dann die Datensätze, die die angegebene Zeichenfolge in diesem Zeichen-Feld enthalten. Den $-Operator verwenden Sie beispielsweise in der Spalte ZUNAME, um alle Personen zu finden, deren Name "chmidt" enthält (Bild 6-16).

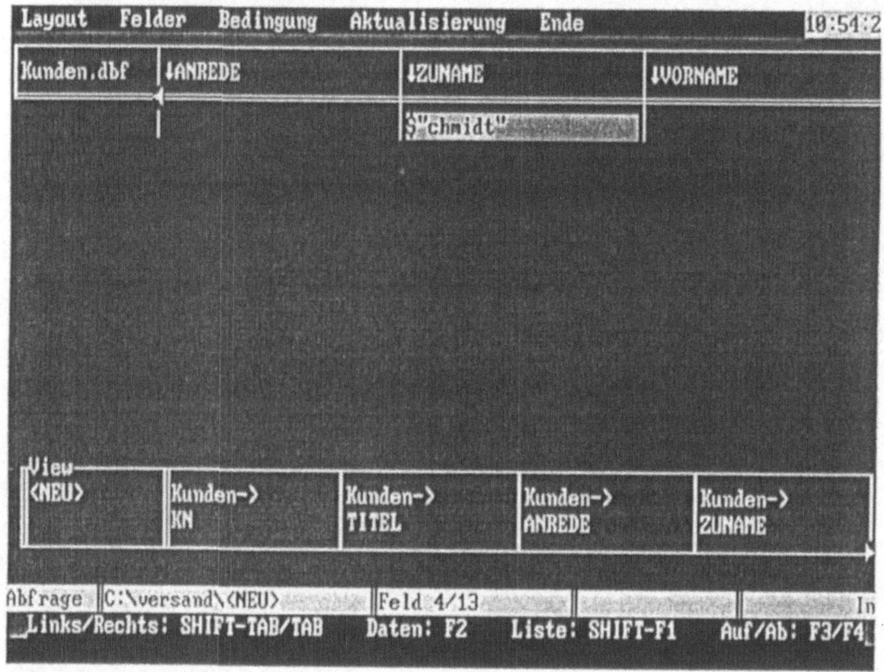

Bild 6-16 Der Operator $

Das Ergebnis enthält sowohl die Kunden Scharschmidt als auch Schmidtbauer. dBASE IV unterscheidet zwischen Groß- und Kleinschreibung. Wenn Sie in der Zeichenfolge "schmidt" angeben, findet dBASE IV nur Scharschmidt.

Auf den Operator **LIKE** folgt eine Zeichenfolge, in der Sie die Wildcards "*" und "?" verwenden dürfen. Um alle Sätze zu finden, deren Ortsname auf "burg" endet, geben Sie in die Spalte ORT den Vergleich   LIKE "*burg" ein (Bild 6-17).

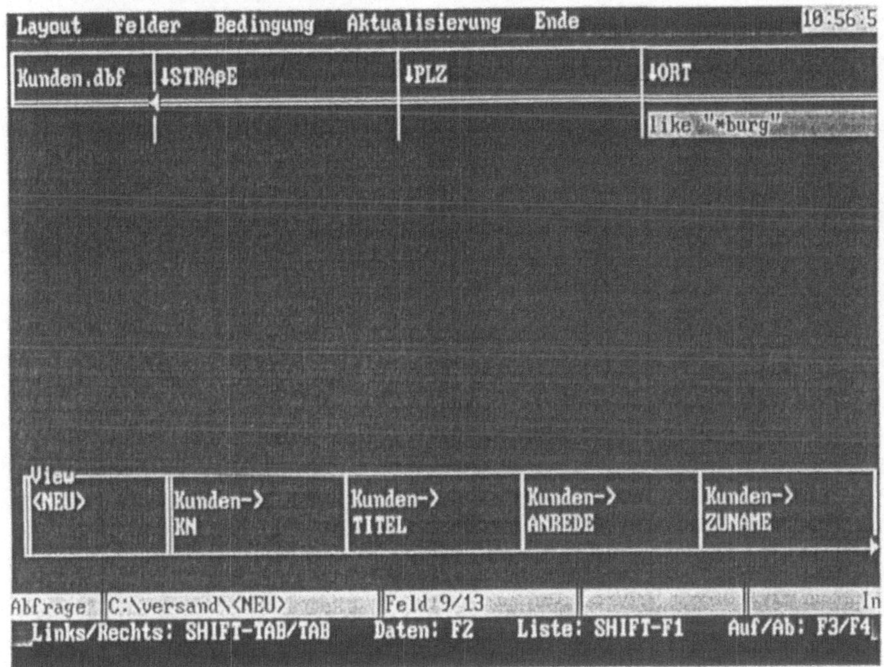

Bild 6-17 Der Operator LIKE

Wenn Sie alle Kunden suchen, deren Name wie "Meier" klingt, verwenden Sie den Operator **SOUNDS LIKE**. Geben Sie in die Spalte ZUNAME SOUNDS LIKE "Meier" ein (Bild 6-18).

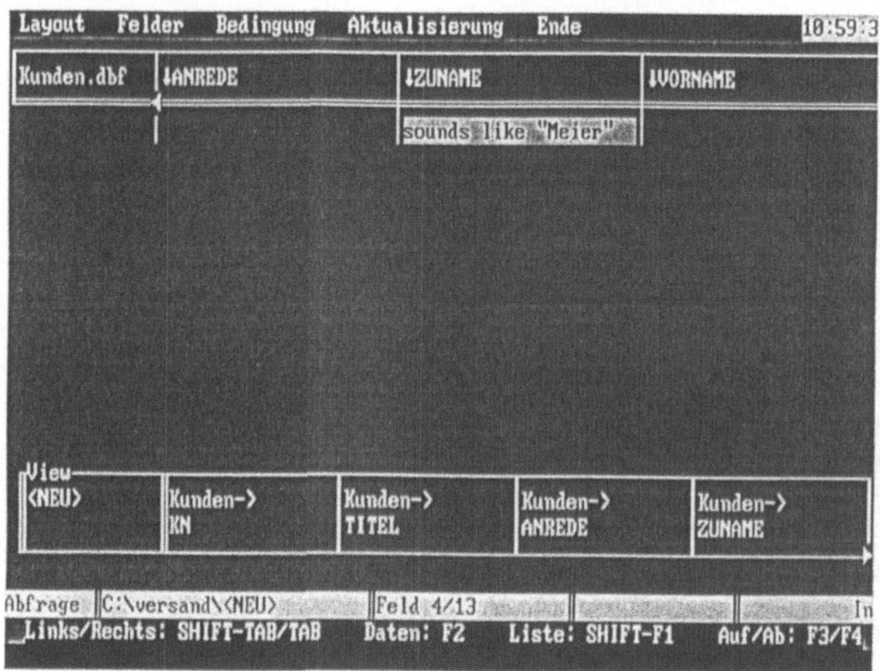

Bild 6-18 Der Operator SOUNDS LIKE

dBASE IV findet die Kunden Meier, Mayer und Mayr.

Abfragebedingungen miteinander verknüpfen

Sie können Bedingungen auf zwei Arten miteinander verknüpfen.

- Sie schreiben mehrere Bedingungen in dieselbe Zeile des Dateiaufbaus. dBASE IV wählt dann die Sätze aus, die alle Bedingungen erfüllen (UND-Verknüpfung).

- Sie schreiben mehrere Bedingungen in verschiedene Zeilen des Dateiaufbaus. dBASE IV selektiert dann auch die Sätze, die nur eine dieser Bedingungen erfüllen (ODER-Verknüpfung).

Wählen Sie den Kunden Julian Freiberger aus.

1. Geben Sie die Bedingungen in eine Zeile entsprechend der Bildschirmdarstellung in Bild 6-19 ein.

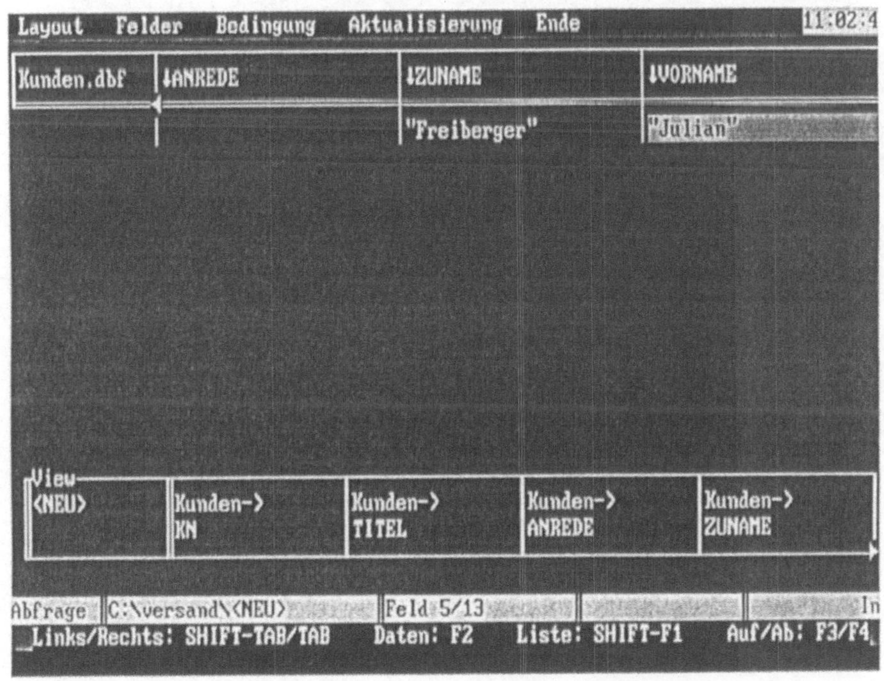

Bild 6-19 Zwei Bedingungen werden mit UND verknüpft

Löschen Sie mit *Strg-T* die alten Bedingungen und wählen Sie alle Kunden aus, die entweder auf Felix hören oder Westerheide heißen.

1. Geben Sie die Bedingungen in zwei verschiedene Zeilen ein. Mit dem Pfeil nach unten setzen Sie den Cursor in die nächste Zeile (siehe Bild 6-20).

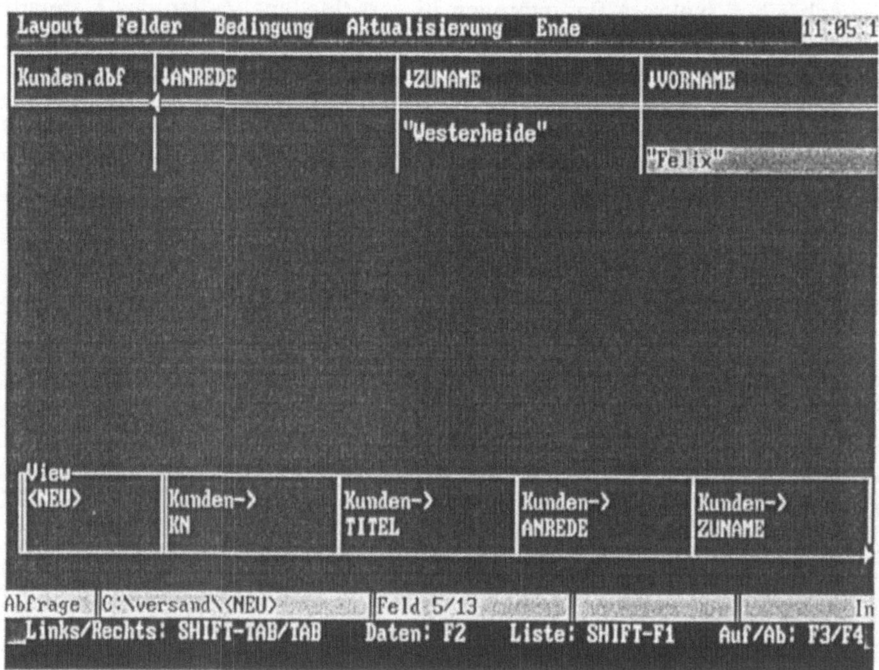

Bild 6-20 Zwei mit ODER verknüpfte Bedingungen

Sie können aber auch in eine Spalte mehrere Bedingungen eintragen. Wenn Sie alle Kunden selektieren wollen, die entweder Peter oder Paul heißen, geben Sie beide Namen untereinander in die Spalte VORNAME ein:

"Peter"

"Paul"

Das Ergebnis ist in Bild 6-21 zu sehen.

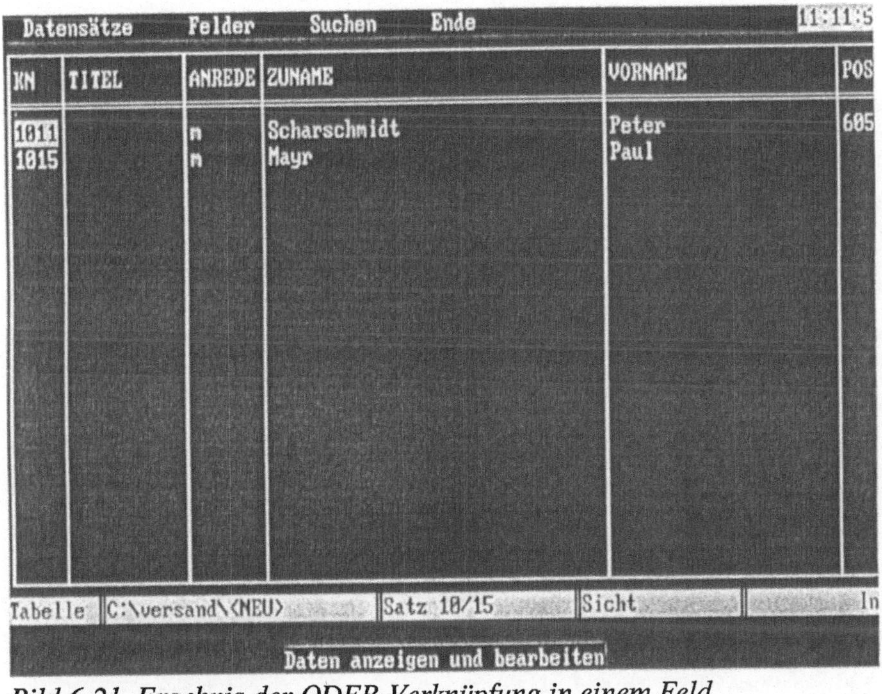

Bild 6-21 Ergebnis der ODER-Verknüpfung in einem Feld

Um alle Kunden aus der Kundendatei herauszufinden, deren Umsatz im laufenden Geschäftsjahr zwischen 1000 und 3000 Mark betrug, geben Sie in die Spalte ULGJ nebeneinander folgende Bedingungen ein:

> =1000, < =3000

dBASE IV wählt nur die Kunden aus, deren Umsatz im laufenden Geschäftsjahr im angegebenenen Bereich liegt.

Mit dem Bedingungsfenster arbeiten

Das Bedingungsfenster brauchen Sie, um komplizierte Abfragebedingungen zu formulieren.

Wählen Sie alle Kunden mit dem Namen Freiberger aus, die nicht in Regensburg wohnen.

1.   Löschen Sie alle alten Bedingungen.

2.   Öffnen Sie mit *Alt-B* das **Bedingung**-Menü (Bild 6-22).

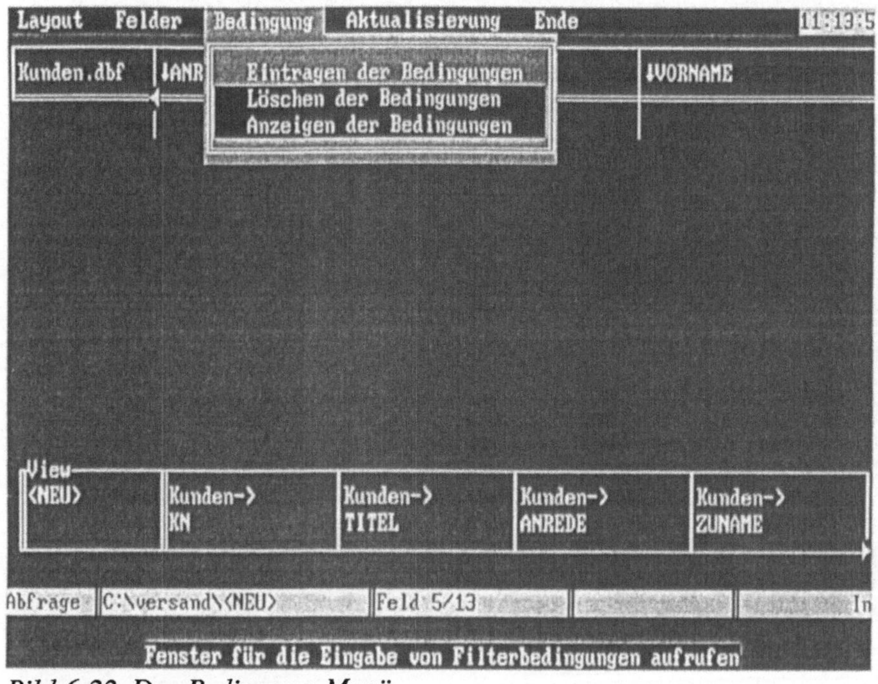

Bild 6-22 Das Bedingung-Menü

3. Wählen Sie **Eintragen der Bedingungen** aus.

Daraufhin blendet dBASE IV das Bedingungsfenster ein. Sie können für eine Abfrage nur ein Bedingungsfenster öffnen.

4. Vergrößern Sie das Bedingungsfenster mit der *F9*-Taste.

5. Geben Sie die Bedingung in das Bedingungsfenster ein (Bild 6-23).

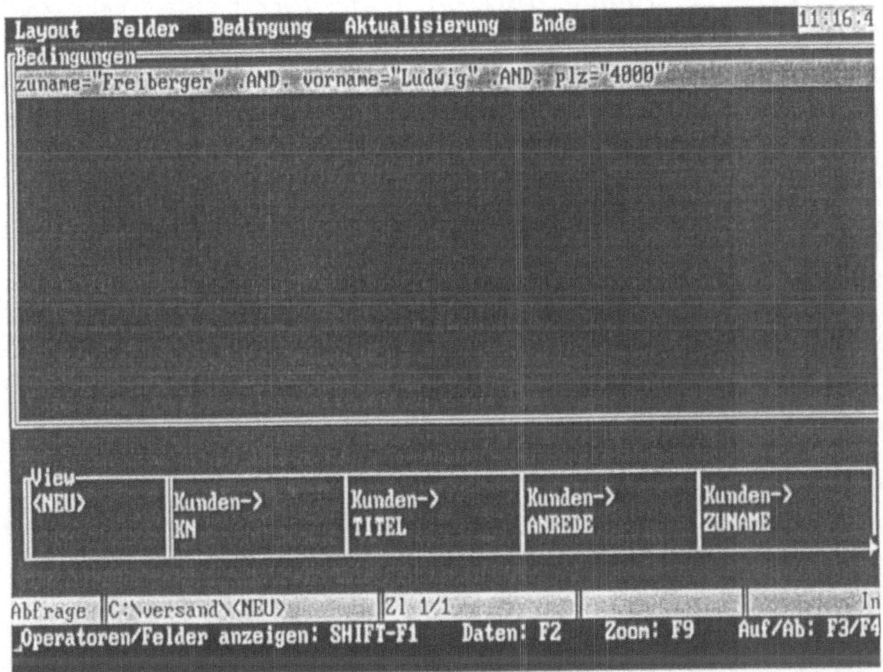

Bild 6-23 Bedingung im Bedingungsfenster

dBASE IV findet den Freiberger Ludwig aus Düsseldorf.

Die logischen Operatoren werden in folgender Reihenfolge abgearbeitet:

1. .NOT.

2. .AND.

3. .OR.

Mit Klammern können Sie jedoch eine andere Abarbeitungsreihenfolge erzwingen. Es empfiehlt sich, grundsätzlich in längeren Ausdrücken Klammern zu verwenden, um die Abarbeitungsreihenfolge deutlich und unmißverständlich herauszustellen.

Wählen Sie alle Kunden aus, deren Zuname "schmidt" enthält oder mehr als 1000 Mark, aber weniger als 3000 Mark Umsatz im laufenden Geschäftsjahr verbuchten.

1. Öffnen Sie das Bedingungsfenster, setzen Sie den Cursor mit *Pos1* in die obere linke Ecke und löschen Sie die alte Bedingung mit *Strg-Y*.

2. Geben Sie folgende Bedingung in das Bedingungsfenster ein (Großschreibung beachten!):

"SCHMIDT" $ UPPER(ZUNAME) .OR. (ULGJ >=1000 .AND. ULGJ<=3000)

dBASE IV findet sowohl den Kunden Scharschmnidt als auch Schmidtbauer und weitere Kunden, die die den Umsatz betreffenden Bedingungen erfüllen (vgl. Bil 6-24).

KN	TITEL	ANREDE	ZUNAME	VORNAME	POS
1001		m	Neumüller	Herbert	
1003	Dr.	m	Wahl	Felix	
1004		w	Schick	Linda	
1007		m	Freiberger	Julian	
1011		m	Scharschmidt	Peter	605
1012		w	Schmidtbauer	Sonja	
1016		w	Frech	Lilo	

Bild 6-24 Ergebnis einer Abfrage über das Bedingungsfenster

Die Funktion **UPPER** verwandelt alle Buchstaben des Feldes ZUNAME in Großbuchstaben, so daß dBASE die Zeichenfolge "SCHMIDT" in beiden Datensätzen findet.

Die Funktion **LOWER** verwandelt alle Buchstaben eines Zeichen-Feldes in Kleinbuchstaben.

Die Klammer ist nicht erforderlich. Sie verbessert jedoch die Übersichtlichkeit.

Die Funktion **LIKE** ist im Bedingungsfenster folgendermaßen zu verwenden:

```
LIKE("Schmidt*", ZUNAME)
```

Mit dieser Bedingung finden Sie nur den Kunden Schmidtbauer.

Die Funktion **SOUNDS LIKE** steht im Bedingungsfenster nicht zur Verfügung. Stattdessen gibt es die Funktion **SOUNDEX**. SOUNDEX ist folgendermaßen zu verwenden:

```
ZUNAME = SOUNDEX("Meier")
```

dBASE IV findet die drei verschiedenen Schreibweisen Meier, Mayr und Maier.

Schließen Sie das Bedingungsfenster mit dem Befehl **Löschen der Bedingungen** aus dem **Bedingung**-Menü.

Operatoren für Memo-Felder

Sie können Datensätze auch nach Einträgen in Memo-Feldern auswählen. Die Abfragebedingung tragen Sie in das Bedingungsfenster ein. So lassen sich beispielsweise alle Datensätze herausfiltern, in deren Bemerkung das Wort "Kamera" vorkommt:

"Kamera" $ BEM

Die Funktionen UPPER und LOWER lassen sich nicht auf Memo-Felder anwenden.

Nach mehreren Feldern sortieren

Die ausgewählten Datensätze können Sie nach einem oder mehreren Feldern sortieren. dBASE IV kennt vier Sortier-Operatoren:

- **Steigend**

  Alphabetisch aufsteigend oder numerisch aufsteigend (ASCII-Sortierung). Großbuchstaben kommen vor Kleinbuchstaben. Beispielsweise wird "Zucker" vor "aufsteigend" sortiert. Zahlen stehen vor Text.

- **Absteigend**

  Alphabetisch absteigend oder numerisch absteigend.

- **Steigend nach Wörterbuch**

  Alphabetisch aufsteigend oder numerisch aufsteigend. Groß- und Kleinschreibung spielt keine Rolle.

- **Absteigend nach Wörterbuch**

  Alphabetisch absteigend oder numerisch absteigend. Groß- und Kleinschreibung spielt keine Rolle.

Mit diesen Operatoren sortieren Sie nur die Abfrage, aber nicht den Datenbestand.

Sortieren Sie die Datensätze der Kundendatei nach Zu- und Vornamen.

1.   Öffnen Sie die Kundendatei mit der *F2*-Taste.

2.   Setzen Sie den Cursor in die Spalte ZUNAME.

3.   Öffnen Sie das **Felder**-Menü.

4.   Führen Sie **Sortieren nach diesem Feld** aus.

     Daraufhin sehen Sie das folgende Dialogfenster (Bild 6-25):

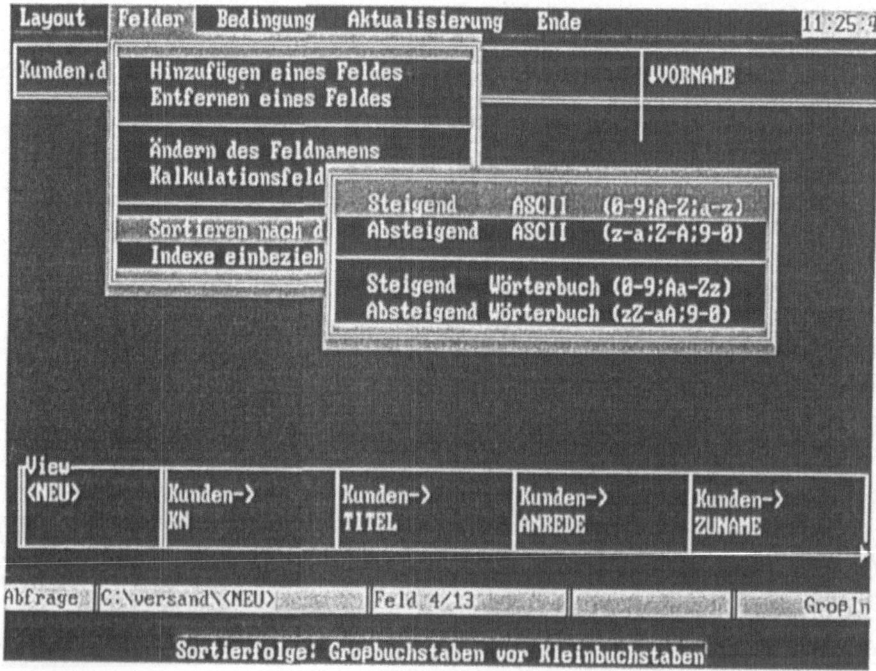

Bild 6-25 Vier verschiedene Operatoren zum Sortieren

4.	Wählen Sie **Steigend ASCII** aus.

	dBASE IV trägt daraufhin **Asc1** in die Spalte ZUNAME ein.

5.	Wiederholen Sie die Schritte 1 bis 4 für die Spalte VORNAME.

	Daraufhin trägt dBASE IV **Asc2** in die Spalte VORNAME ein (Bild 6-26).

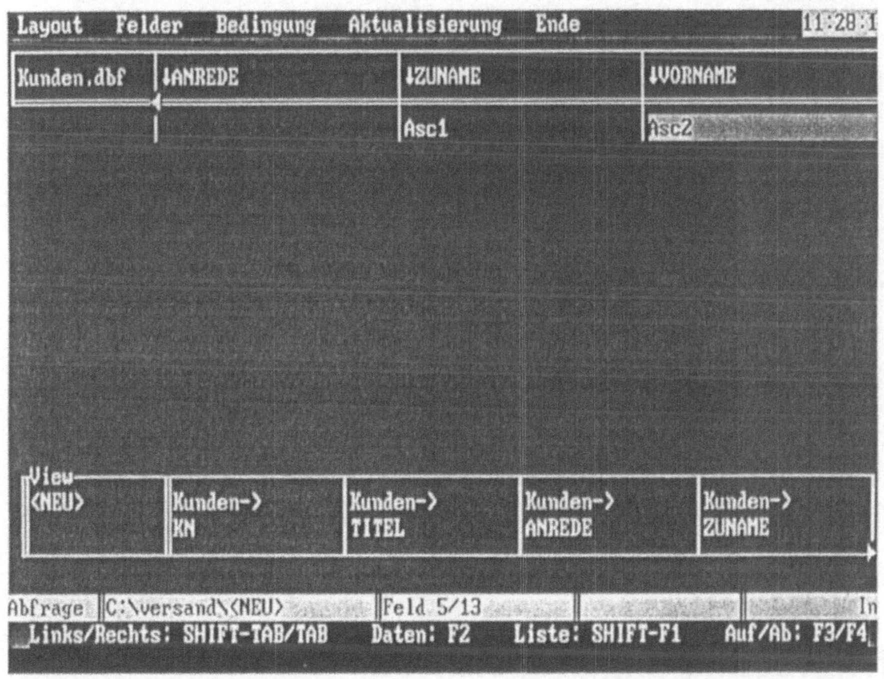

Bild 6-26 Sätze mit gleichem Zunamen werden zusätzlich nach dem Vornamen sortiert

6.   Sehen Sie sich mit der *F2*-Taste das Ergebnis an (Bild 6-27).

```
 Datensätze      Felder      Suchen      Ende                          11:30:1

 KN   TITEL     ANREDE ZUNAME                        VORNAME              POS

 1016            w     Frech                         Lilo
 1007            m     Freiberger                    Julian
 1009            m     Freiberger                    Ludwig
 1002            w     Fröhlich                      Jutta
 1014 Prof. Dr. w      Mayer                         Vera
 1015            m     Mayr                          Paul
 1013            m     Meier                         Gerd                 705
 1001            m     Neumüller                     Herbert
 1011            m     Scharschmidt                  Peter                605
 1004            w     Schick                        Linda
 1012            w     Schmidtbauer                  Sonja
 1006 Prof. Dr. m      Schupp                        Michael              806
 1008            w     Sommer                        Lore                 375
 1003 Dr.        m     Wahl                          Felix
 1010 Dr.        w     Westerheide                   Ulrike


 Tabelle  C:\versand\<NEU>         Satz 2/15        Sicht NurLesen              In
                          Daten anzeigen und bearbeiten
```

Bild 6-27 *Die nach Vor- und Zunamen sortierte Kundendatei*

Abfragebedingungen speichern

dBASE IV bietet zwei Befehle zum Speichern der Abfragebedingungen. Beide speichern nur die Bedingungen, aber nicht die ausgewählten Datensätze. Mit den gespeicherten Bedingungen, können Sie aber jederzeit die Sätze nochmals auswählen.

Speichern Sie die letzte Abfrage unter dem Namen Sort.

1.   Öffnen Sie das **Ende**-Menü, und wählen Sie **Speichern und beenden** aus.
      dBASE IV verlangt daraufhin den Namen der Sichtabfrage.Falls die Abfrage bereits einmal gespeichert wurde, speichert dBASE IV alle Änderungen unter demselben Namen.

2.   Geben Sie ein: *Sort*

dBASE prüft die Syntax der Abfrage und meldet gegebenenfalls Fehler. Es speichert nur fehlerfreie Abfragen. dBASE IV kehrt in das Regie-Zentrum zurück.

Sie haben noch eine weitere Möglichkeit die Abfragebedingungen zu speichern:

1.   Öffnen Sie das **Layout**-Menü und wählen Sie **Speichern der Abfrage** aus.

Mit diesem Befehl speichern Sie eine neue Abfrage oder eine bereits bestehende Abfrage unter einem neuen Namen ab. dBASE IV fragt, unter welchem Namen die Abfrage gespeichert werden soll.

2.   Geben Sie den Namen ein: *Sort*

dBASE IV prüft die Abfrage auf Syntaxfehler, speichert sie und zeigt weiterhin die Abfragemaske.

Ausgewählte Daten speichern

Der Befehl **Abspeichern als dB-Datei** aus dem **Layout**-Menü speichert die ausgewählten Datensätze in einer neuen Datenbank-Datei. dBASE IV verwendet den Namen der Abfrage oder erwartet die Eingabe eines neuen Datenbanknamens. Es hängt die Dateinamenserweiterung .dbf automatisch an den Namen.

Dieser Befehl ist sinnvoll, wenn Sie Datensätze selektieren und an ein anderes Programm übergeben wollen. Er empfiehlt sich auch, wenn Sie nur mit bestimmten Daten rechnen wollen.

Bedenken Sie aber, daß die neue Datenbank-Datei von der ursprünglichen Datenbank-Datei völlig unabhängig ist. Aktualisierungen an den Daten der alten Datenbank werden nicht an die neue Datenbank übergeben. Wenn Änderungen an der ursprünglichen Datenbank automatisch an die Sicht übergeben werden sollen, speichern Sie die Abfragebedingungen (siehe obigen Abschnitt). Sie können dann die Sicht jederzeit mit den aktuellen Daten erzeugen.

Felder für eine Sicht auswählen

In einer Sicht müssen Sie nicht alle Felder der Bestandsdatei ausgeben. Sie können sowohl Felder für die Sicht auswählen als auch deren Namen und Reihenfolge ändern. Es ist möglich, in Felder Bedingungen einzutragen, ohne zugleich das Feld in der Sicht auszugeben.

Wählen Sie für eine Telefonaktion alle Münchner Kunden aus und geben Sie in der Sicht nur deren Vor- und Zunamen und die Telefonnummer aus.

1. Rufen Sie die Abfragemaske mit <neu> in der Abfrage-Spalte auf.

2. Rufen Sie aus dem **Layout**-Menü den Befehl **Hinzufügen einer Datei** auf.

    Der Bereich **Aufbau der Sicht** ist leer. Wenn Sie auf diesem Weg eine Datei für die Abfrage auswählen, werden deren Felder nicht automatisch in die Sicht übernommen.

3. Wählen Sie die Kundendatei aus (Bild 6-28).

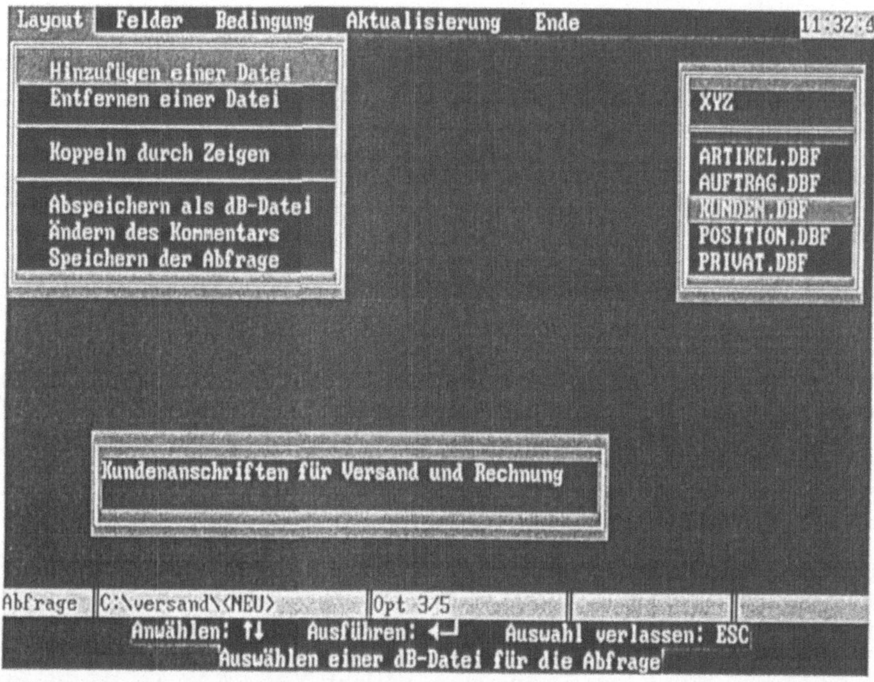

Bild 6-28 Eine Datei für die Abfrage auswählen

4. Geben Sie in die PLZ-Spalte ein: *"8000"*

5. Setzen Sie den Cursor in die ZUNAME-Spalte.

6. Drücken Sie die *F5*-Taste.

    dBASE IV übernimmt das Feld ZUNAME in die Sicht und zeigt dies am
    unteren Bildrand an. Im Dateiaufbau setzt dBASE IV vor den Feldnamen
    einen Pfeil nach unten (Bild 6-29).

7. Übernehmen Sie die Felder VORNAME und TELEFON in die Sicht.

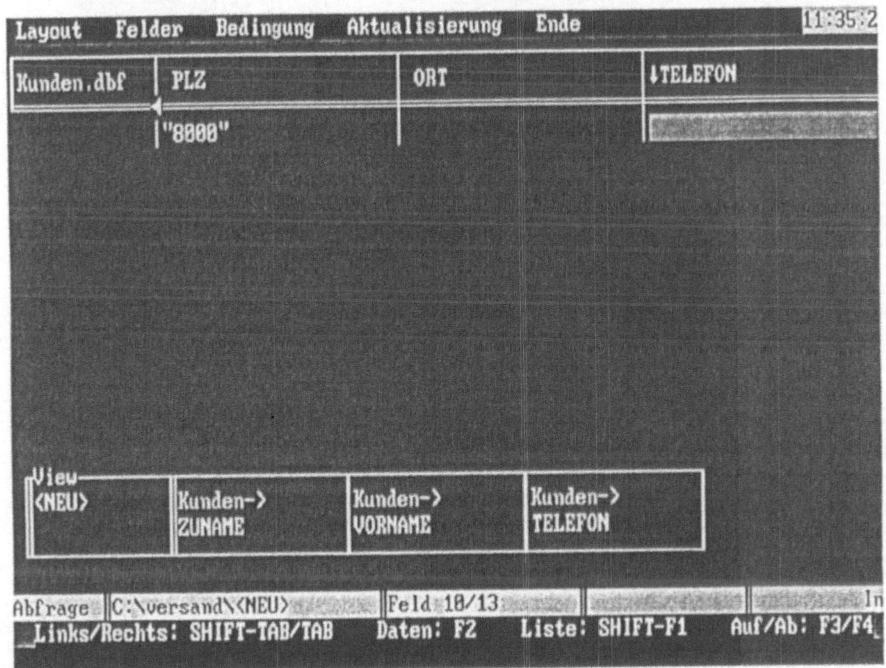

Bild 6-29 Übernahme von Feldern in die Sicht

8.   Sortieren Sie die Sicht nach dem Zunamen.

9.   Sehen Sie sich das Ergebnis an (*F2-Taste*).

Die drei Spalten passen auf einen Bildschirm, so daß Sie einen guten Überblick für die Telefonaktion haben (Bild 6-30).

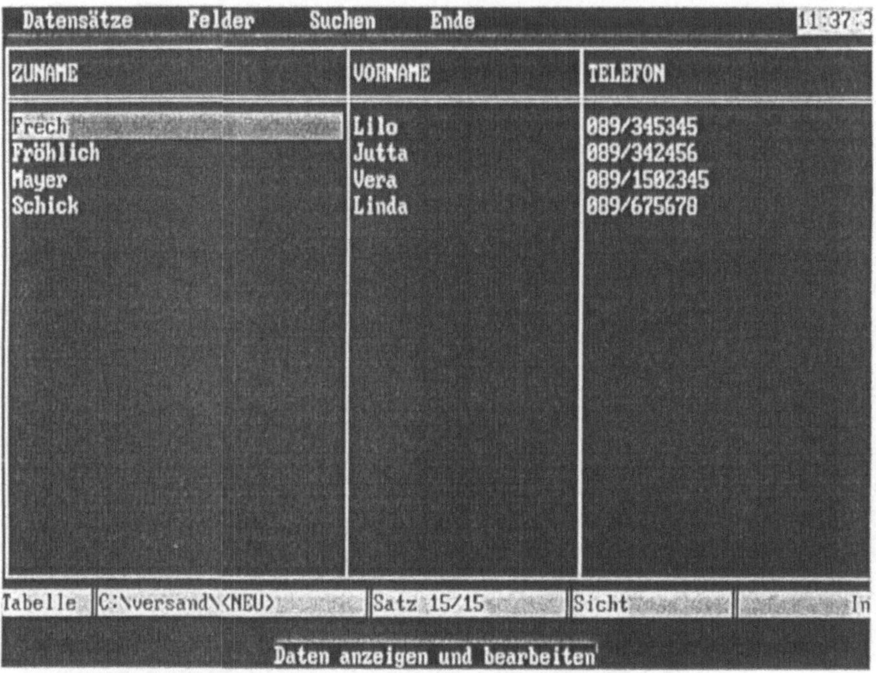

Bild 6-30 Sortierte Telefonliste der Münchner Kunden

Wichtig!

Mit den Tasten F3 und F4 wechseln Sie zwischen den Bereichen **Dateiaufbau** und **Aufbau der Sicht.** Mit der F5-Taste wählen Sie Felder für die Sicht aus.

Sie können Felder aus der Sicht herausnehmen, indem Sie den Cursor auf das entsprechende Felder im Dateiaufbau oder im Aufbau der Sicht setzen und die F5-Taste drücken.

Um alle Felder einer Datenbank-Datei in die Sicht zu übernehmen, setzen Sie den Cursor in die erste Spalte auf den Dateinamen (z.B. Kunden.dbf) und drücken die F5-Taste. Enthielt die Sicht bereits einige Felder dieser Datei, übernimmt dBASE IV die restlichen Felder in die Sicht.

Sie können entweder mit der F5-Taste die Sicht aufbauen oder die Befehle **Hinzufügen eines Feldes** und **Entfernen eines Feldes** aus dem **Felder**-Menü übernehmen.

Mit dem Befehl **Ändern des Feldnamens** aus dem **Layout**-Menü können Sie Namen von Feldern der Sicht oder der Kalkulationsfelder ändern (vgl. Bild 6-31). Setzen Sie dazu den Cursor auf das entsprechende Feld und rufen Sie den Befehl auf. Geben Sie den neuen Feldnamen ein. dBASE IV verwendet ihn dann bei der Datenausgabe.

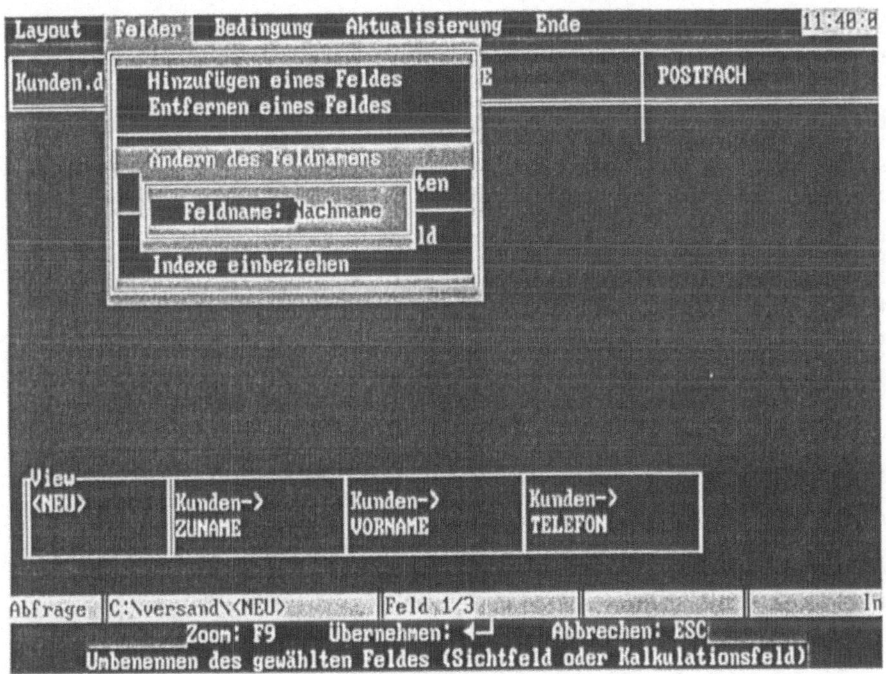

Bild 6-31 Feldnamen für die Sicht ändern

Sie können aber auch direkt einen neuen Feldnamen eingeben, wenn der Cursor auf diesem Feld steht.

Wenn Sie die Felder einzeln in die Sicht übernehmen, werden Sie in der Reihenfolge ausgegeben, in der Sie sie übernommen haben. Sie können diese Reihenfolge ändern. Setzen Sie im Aufbau der Sicht den Cursor auf das Feld, das Sie verschieben wollen. Drücken Sie die F6-Taste. Sie können jetzt mit Tab oder Umstell-Tab ein oder mehrere Felder markieren. Beenden Sie die Markierung mit der Eingabetaste. Drücken Sie die F7-Taste und setzen Sie mit den Pfeiltasten die markierten Felder an die Stelle, an der Sie sie einfügen wollen. Wenn Sie die Eingabetaste drücken, werden die Felder eingefügt.

Daten statistisch auswerten

dBASE IV kennt fünf statistische Funktionen. SUM addiert alle Werte eines bestimmten Feldes. Wenn Sie aber Datensätze auswählen, zählt SUM nur die Werte der ausgewählten Datensätze zusammen. Die Funktionen MIN und MAX bestimmen das Minimum bzw. das Maximum eines Feldes. Die Funktion AVG berechnet den arithmetischen Mittelwert. Datensätze, die keinen Wert enthalten, werden dabei nicht berücksichtigt. COUNT ermittelt die Anzahl der Datensätze, die in einem Feld einen Wert besitzen.

Pro Spalte dürfen Sie immer nur eine der statistischen Funktionen verwenden. In verschiedenen Spalten können Sie aber verschiedene statistische Größen berechnen. Sie können für die Artikeldatei beispielsweise gleichzeitig den durchschnittlichen Lagerbestand und den maximalen Einkaufspreis berechnen.

Die statistischen Funktionen können nur zusammen mit bestimmten Datentypen verwendet werden.

```
Feldtyp              Statistische Funktion
Numerisch            AVG, SUM, MIN, MAX, COUNT
Gleitkomma           AVG, SUM, MIN, MAX, COUNT
Zeichen              MIN, MAX, COUNT
Datum                MIN, MAX, COUNT
Logisch              COUNT
Memo                 keine
```

Stellen Sie fest, wie viele verschiedene Artikel im Lager sind.

1.   Öffnen Sie die Artikeldatei.

2.   Erstellen Sie eine neue Abfrage.

3.   Geben Sie in die Spalte ANR die Funktion *COUNT* ein (Bild 6-32).

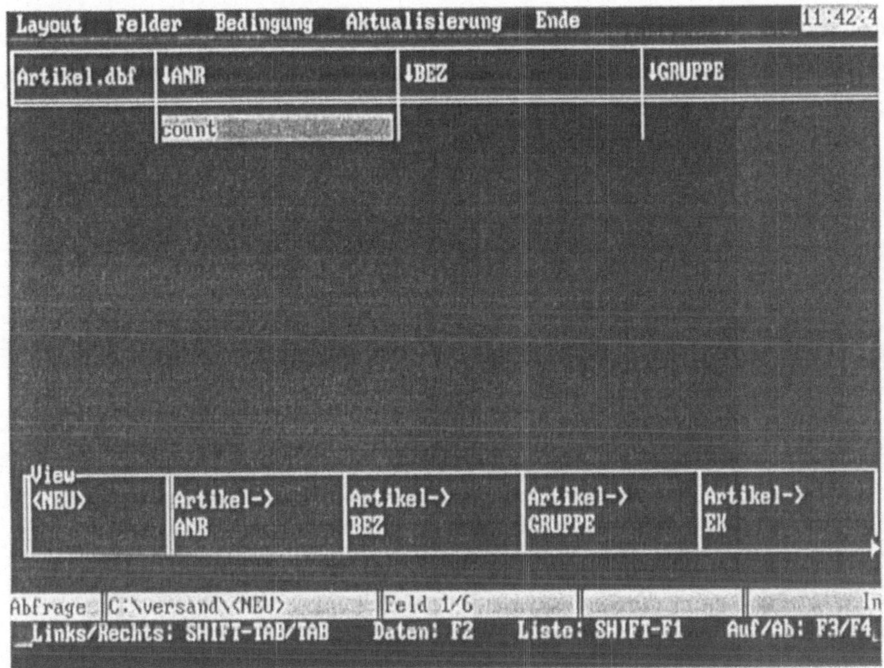

Bild 6-32 Abfrage mit statistischer Funktion

4. Führen Sie die Abfrage aus *(F2-Taste)*.

dBASE IV gibt das Ergebnis in der Tabellendarstellung in der ANR-Spalte aus. Alle anderen Spalten sind leer (Bild 6-33).

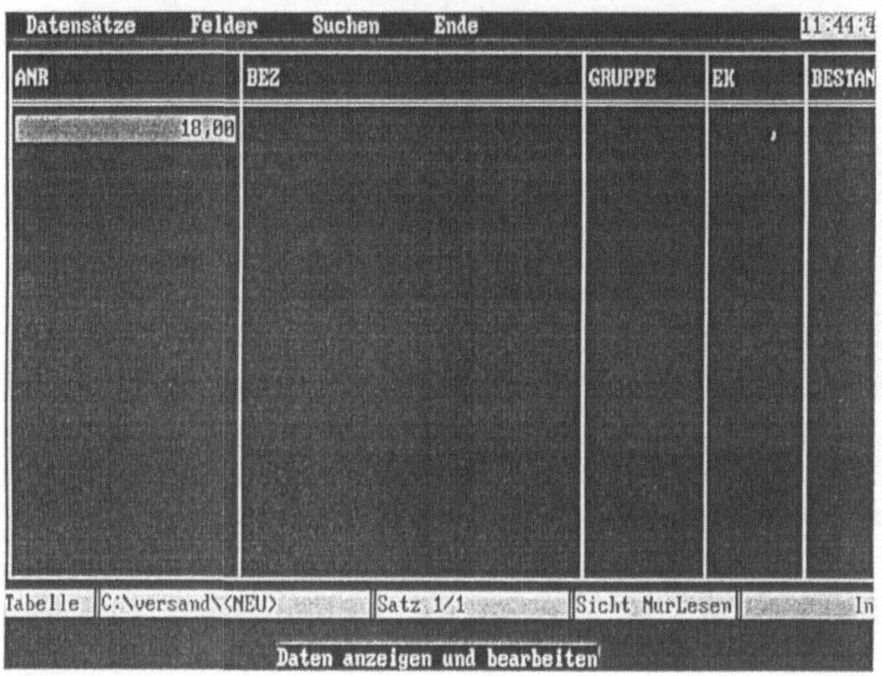

Bild 6-33 Ergebnis von COUNT

5.   Mit *Umstell-F2* gelangen Sie zurück zur Abfragemaske.

Stellen Sie den durchschnittlichen Lagerbestand von Kameras fest. Ermitteln Sie zugleich den günstigsten Einkaufspreis.

1.   Löschen Sie die alte Bedingung (*Strg-Y*).

2.   Geben Sie die Bedingungen wie in Bild 6-34 dargestellt ein:

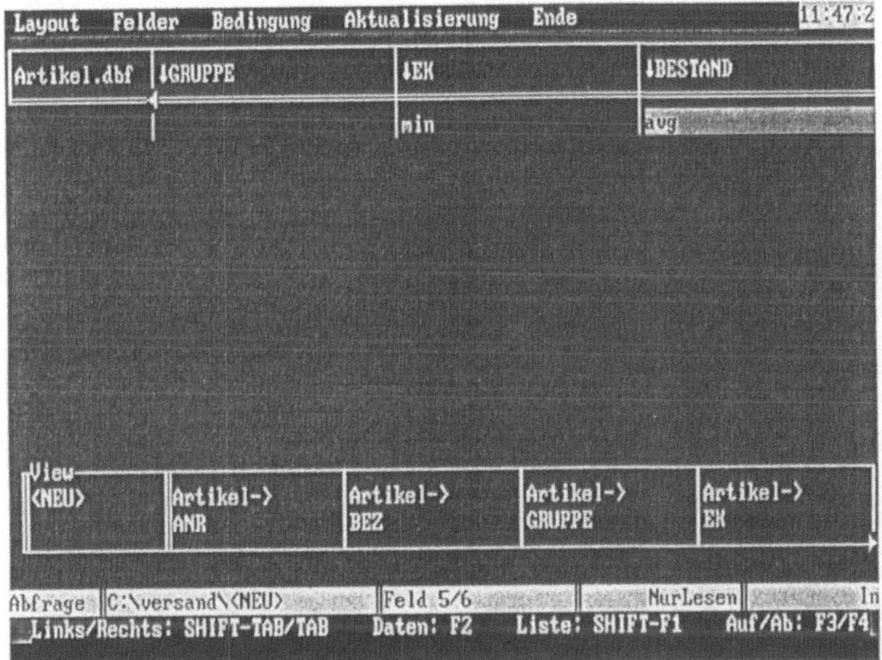

Bild 6-34 Die Funktionen AVG und MIN

dBASE IV gibt dann in der EK-Spalte den Einkaufspreis der billigsten Kamera aus und in der Spalte Bestand den durchschnittlichen Lagerbestand der Kameras.

Sie erfahren allerdings nicht, welche Kamera am billigsten ist. Wie Sie dBASE IV diese Information entlocken, steht weiter unter im Abschnitt über verknüpfte Dateien.

Datensätze gruppieren

Mit dBASE IV können Sie die Datensätze in Gruppen aufteilen und jede Gruppe für sich statistisch auswerten. Sie können beispielsweise zählen, wieviele Produkte zu einer Artikelgruppe gehören. Diese Datensätze haben einen Wert, die Artikelgruppe, gemeinsam und können daher zu Gruppen zusammengefaßt werden.

1.   Geben Sie in das Feld GRUPPE ein: *GROUP BY*

2.   Geben Sie in das Feld ANR ein: *COUNT*

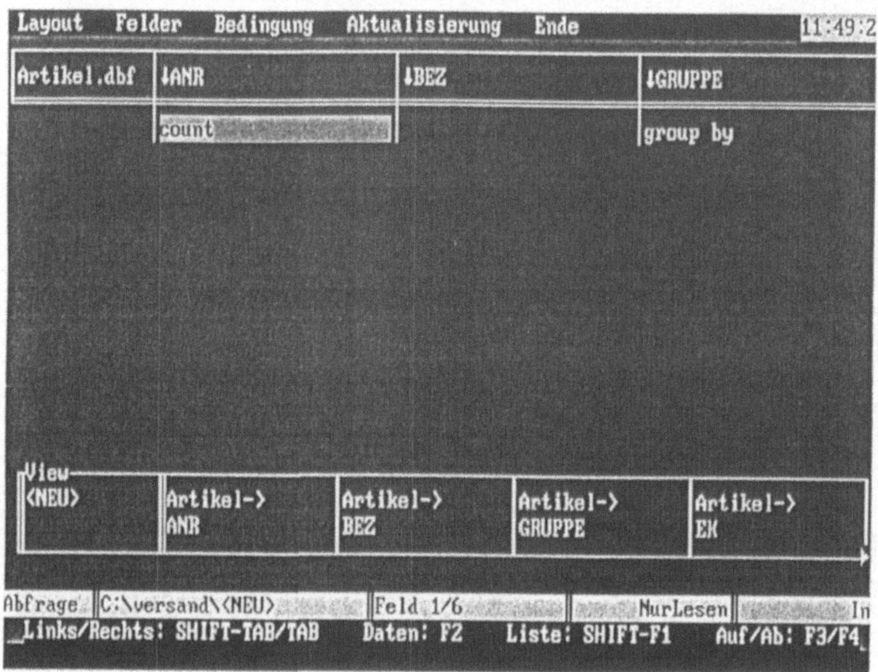

Bild 6-35 Abfrage mit Gruppenbildung

3.   Drücken Sie die *F2*-Taste (Bild 6-36).

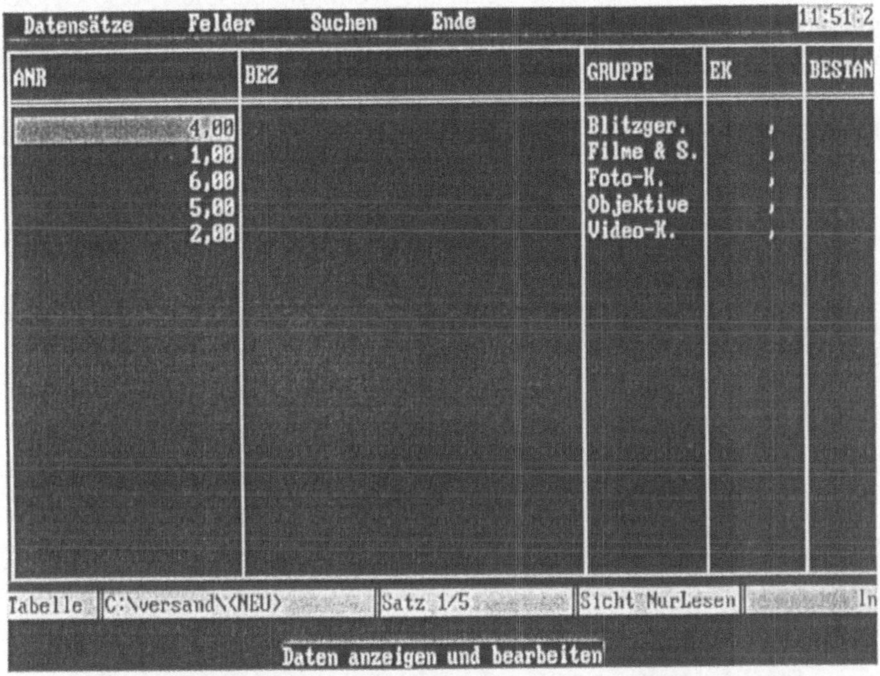

Bild 6-36 Ergebnis der Gruppenbildung

4.   Kehren Sie mit *Umstell-F2* zur Abfragemaske zurück.

Wenn Sie die Datensätze nach mehreren Feldern gruppieren, arbeitet dBASE IV die Operatoren von links nach rechts ab. Wenn Sie beispielsweise GROUP BY in den Feldern GRUPPE und MB angeben, werden die Sätze zuerst nach der Artikelgruppe gruppiert. Innerhalb einer Artikelgruppe werden dann die Daten nochmals nach dem Mindestbestand eingeordnet.

1.   Erweitern Sie die obige Abfrage um *GROUP BY* in der MB-Spalte und sehen Sie sich die Wirkung an (siehe Bild 6-37).

Datensätze	Felder	Suchen	Ende			11:59:0
ANR	BEZ	GRUPPE	EK	BESTAND	MB
1,00		Blitzger.	,		3
3,00		Blitzger.	,		5
1,00		Filme & S.	,		40
1,00		Foto-K.	,		3
1,00		Foto-K.	,		4
4,00		Foto-K.	,		5
1,00		Objektive	,		3
4,00		Objektive	,		5
2,00		Video-K.	,		3

Tabelle │C:\versand\<NEU>   │Satz 1/9   │Sicht NurLesen │   In
         Spaltenbreite ändern: ↔   Übernehmen: ◄┘   Abbrechen: ESC
                         Daten anzeigen und bearbeiten

Bild 6-37 Gruppenbildung nach GRUPPE und MB

Sie können die Reihenfolge der Gruppenbildung selbst festlegen. Dazu geben Sie nach GROUP BY einen Sortieroperator an, z.B. GROUP BY, ASC1 und GROUP BY, ASC2. Der Sortieroperator bestimmt dann die Reihenfolge.

Wichtig!

Wenn Sie den Operator GROUP BY verwenden, müssen Sie zugleich auch in einem anderen Feld einen statistischen Operator (SUM, AVG, COUNT, MIN, MAX) verwenden. GROUP BY und ein statistischer Operator dürfen nicht in demselben Feld vorkommen.

Sie können Datensätze auswählen, die ausgewählten Sätze in Gruppen aufteilen und die Gruppen sortiert ausgeben. Zuallererst sucht dBASE IV die Daten, dann bildet es die Gruppen und zum Schluß sortiert es die Gruppen.

Stellen Sie fest, wie viele Artikel pro Artikelgruppe nachzubestellen sind.

1. Geben Sie in der Spalte BESTAND die Bedingung ein: < = MB

2. Geben Sie in die Spalte GRUPPE den Operator GROUP BY ein.

3. Geben Sie in die Spalte ANR den Operator COUNT ein (Bild 6-38).

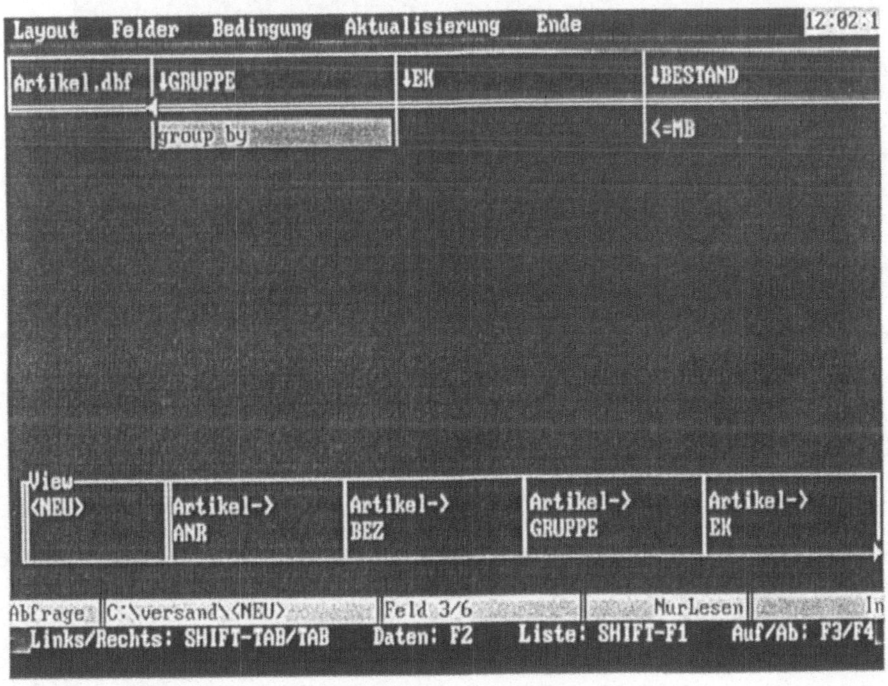

Bild 6-38 Abfrage, Gruppenbildung und Statistik

4.   Sehen Sie sich die Sicht an.

Das Ergebnis sollte wie in Bild 6-39 aussehen.

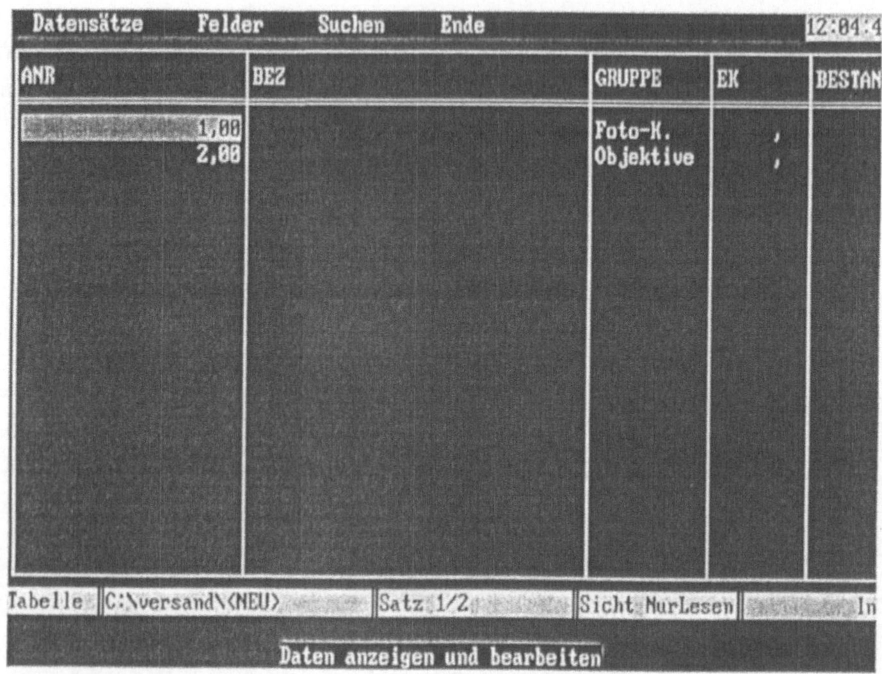

Bild 6-39 Selektion und Gruppenbildung

Variablen verwenden

Im letzten Beispiel haben Sie bereits den Feldnamen MB wie eine Variable verwendet. BESTAND und MB wurden miteinander verglichen, um festzustellen, welche Produkte nachbestellt werden müssen.

Sie können anstelle des Feldnamens aber auch einen Variablennamen vereinbaren und dann diesen Namen in arithmetischen Ausdrücken verwenden. Die Variable dient als Platzhalter für alle Einträge in der entsprechenden Spalte.

Überprüfen Sie, von welchen Produkten der Lagerbestand den Mindestbestand um mindestens 1 und höchstens 5 Stück übersteigt.

1. Vereinbaren Sie die Variable x für die Spalte MB.

2. Geben Sie die Abfragebedingungen wie in Bild 6-40 ein.

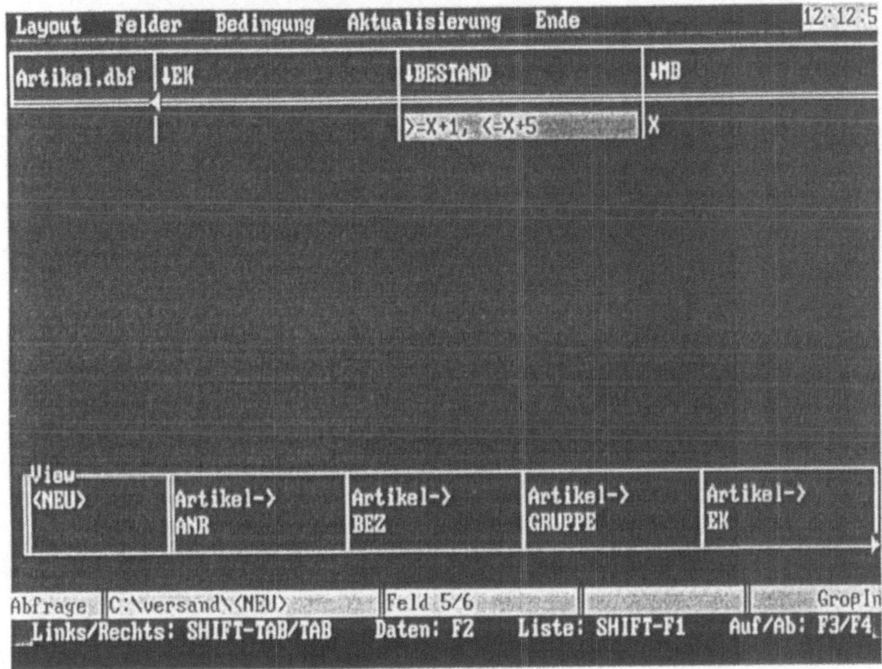

Bild 6-40 Vergleich mit Variablen

Die Bedingungen in einer Zeile werden mit dem logischen Operator UND
verknüpft.

3.   Sehen Sie sich das Ergebnis an (Bild 6-41).

```
 Datensätze      Felder       Suchen      Ende                          12:10:0

 ANR  BEZ                              GRUPPE     EK       BESTAND  MB

 3202 Sony CCD-V90E                    Video-K.   2700,00        4  3
 1902 Ricoh Mirai                      Foto-K.     800,00       10  5
 1806 Nikon F-801, Gehäuse             Foto-K.     814,03        8  5
 1507 Leica R6, 2,0/50mm               Foto-K.    4000,00        4  3
 1202 Bauer Ultrablitz 400             Blitzger.   100,00        5  3
 1702 Nikkor AF Zoom 80-200mm, ED      Objektive  1050,00        4  3
 1703 Nikkor AF Zoom 70-210mm          Objektive   350,00        8  5
 1803 Nikon Blitz SB23                 Blitzger.   152,63        7  5
 1804 Nikon Blitz SB22                 Blitzger.   170,07        8  5
 1805 Nikon Blitz SB20                 Blitzger.   305,27        7  5
 3201 Sony CCD-F 340 E, 8 mm           Video-K.   2400,00        5  3




 Tabelle  C:\versand\(NEU)         Satz 2/18          Sicht              GropIn
                      Daten anzeigen und bearbeiten
```

Bild 6-41 Ergebnis einer Abfrage mit Variablen

Doppelte Werte ignorieren

Mit dem Operator UNIQUE können Sie feststellen, wie viele verschiedene Feldwerte ein Feld enthält. Sie erfahren beispielsweise, wieviel verschiedene Mindestbestände es für die einzelnen Artikelgruppen gibt. Sie können aber auch in der Kundendatei feststellen, in wieviel verschiedenen Orten Ihre Kunden leben. Sie können UNIQUE aber auch verwenden, um Ihre Datenbank zu prüfen. Die Artikelnummern sollen eindeutig sein.

1.   Stellen Sie mit COUNT die Anzahl der Einträge in der Spalte ANR fest.

2.   Dann ermitteln Sie mit COUNT UNIQUE in der ANR-Spalte die Anzahl der unterschiedlichen Einträge.

3.   Wenn das Ergebnis von COUNT größer ist als das von COUNT UNIQUE haben Sie doppelte Artikelnummern in Ihrer Artikeldatei.

Mit numerischen Feldern rechnen

In der Artikeldatei haben Sie lediglich den Einkaufspreis gespeichert. Der Verkaufspreis summiert sich aus dem Einkaufspreis, 25 Prozent Aufschlag und 14 Prozent Mehrwertsteuer. In einem Kalkulationsfeld können Sie in einer Abfrage den Verkaufspreis ermitteln. Pro Abfrage können Sie maximal 20 Kalkualtionsfelder definieren. Kalkulationsfelder erhalten einen Namen und werden in der Sicht genauso ausgegeben wie die anderen Felder. Kalkulationsfelder werden nicht in der Datenbank gespeichert, sondern bei jedem Aufruf der Sicht neu berechnet und auf den Bildschirm ausgegeben. Mit Kalkulationsfeldern sparen Sie Platz auf Ihrer Festplatte. Es wäre unnötig, Einkaufs- und Verkaufspreis auf der Platte zu sichern, da dBASE IV den Verkaufspreis jederzeit schnell aus dem Einkaufspreis berechnen kann. In Kalkulationsfeldern stehen Ihnen die vier Grundrechenarten, die Exponentation und Klammern zur Verfügung. Sie können Konstanten und Feldnamen verwenden. Die statistischen Operatoren dürfen nicht in Kalkulationsfeldern vorkommen. Es führt auch zu Fehlern, wenn Sie den Namen eines Kalkulationsfeldes als Variable in einem anderen Kalkulationsfeld verwenden.

Berechnen Sie den Verkaufspreis für alle Artikel der Artikeldatei. Die Artikeldatei ist bereits geöffnet.

1.   Löschen Sie alle alten Bedingungen.

2.   Öffnen Sie das **Felder**-Menü, und wählen Sie **Kalkulationsfeld einrichten aus**.

3.   Geben Sie die Formel wie in Bild 6-42 ein.

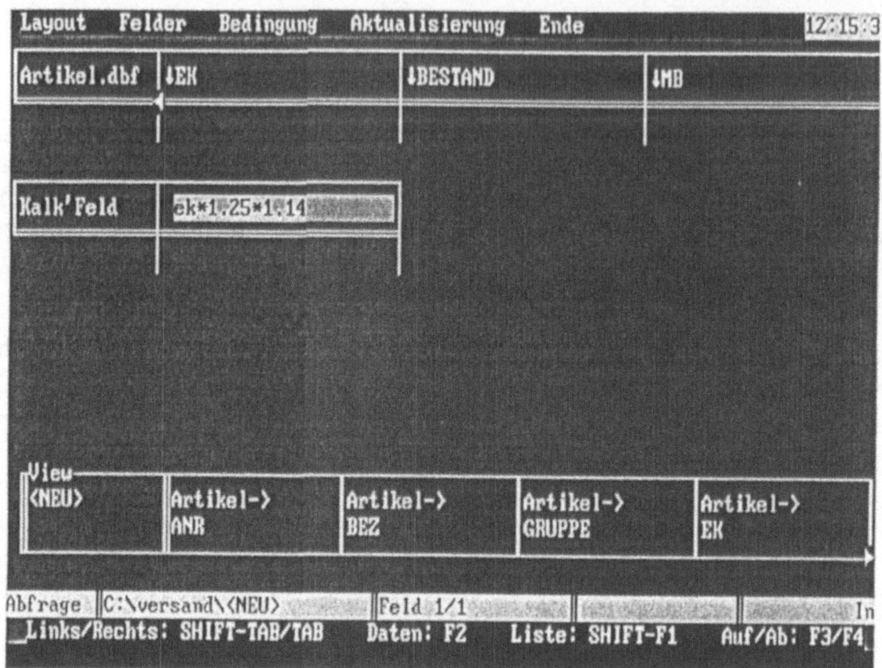

Bild 6-42 Der Verkaufspreis wird berechnet

4. Drücken Sie die *Eingabetaste*.

    dBASE IV prüft dann die Formel. Falls sie Fehler enthält, meldet dBASE
    IV einen Syntaxfehler. Andernfalls erhalten Sie keine Meldung.

5. Drücken Sie die *F5*-Taste, um das Kalkualtionsfeld in die Sicht zu über-
    nehmen.

6. Geben Sie den Feldnamen *VK* ein.

7. Drücken Sie die *Eingabetaste*.

    dBASE IV fügt das Kalkualtionsfeld VK am Ende der Sicht an.

8. Sehen Sie sich das Ergebnis an (*F2*-Taste) und vergleichen Sie mit
    Bild 6-43.

Datensätze	Felder	Suchen	Ende		12:18:3

GRUPPE	EK	BESTAND	MB	VK
Foto-K.	360,00	1	4	513,00
Video-K.	2700,00	4	3	3847,50
Objektive	312,00	15	5	444,60
Foto-K.	800,00	10	5	1140,00
Filme & S.	60,00	54	40	85,50
Foto-K.	500,00	12	5	712,50
Foto-K.	250,00	17	5	356,25
Objektive	350,00	4	5	498,75
Foto-K.	814,03	8	5	1159,99
Objektive	175,00	5	5	249,38
Foto-K.	4000,00	4	3	5700,00
Blitzger.	100,00	5	3	142,50
Objektive	1050,00	4	3	1496,25
Objektive	350,00	8	5	498,75
Blitzger.	152,63	7	5	217,50
Blitzger.	178,07	8	5	253,75
Blitzger.	305,27	7	5	435,01

Tabelle C:\versand\<NEU>   Satz 1/18   Sicht   In

Daten anzeigen und bearbeiten

Bild 6-43 Das Feld VK wurde berechnet

Es ist nicht möglich, nach Kalkulationsfeldern zu sortieren. Wenn Sie eine
Sicht nach dem Preis sortieren wollen, verwenden Sie ASC1 im Feld EK.

Mehrere Sätze gleichzeitig ändern

Wenn Sie mehrere Sätze gleichzeitig aktualisieren wollen, formulieren Sie eine Aktualisierungsabfrage. Sie können bestimmte Sätze auswählen und genau diese Sätze gleichzeitig bearbeiten.

Mit einer Aktualisierungsabfrage können Sie beispielsweise alle Einkaufspreise der Firma Nikon um 3 Prozent erhöhen. Sie können aber auch den Mindestbestand für Objektive um 5 Stück erhöhen. Wenn die Firma Bauer nicht mehr zu Ihren Lieferanten zählt, wählen Sie einfach alle Produkte dieses Herstellers aus und löschen sie.

Mit einer Aktualisierungsabfrage dürfen Sie immer nur eine Datei bearbeiten. Globale Änderungen an verknüpften Dateien sind nicht möglich. Wenn Sie eine Datei statistisch auswerten, ist es nicht möglich, sie gleichzeitig zu verändern.

Kalkulationsfelder lassen sich nicht ändern. Man kann aber die Felder, die in dem Kalkualtionsfeld als Variablen vorkommen, aktualisieren.

Sichten, die nach einem indizierten Feld sortiert werden, kann man ändern. Wenn man aber mehrere Sortierkriterien angibt oder nach einem nicht indizierten Feld sortiert, sind an der Sicht keinerlei Änderungen durchzuführen.

Erhöhen Sie alle Preise der Artikel der Firma Nikon um 3 Prozent.

1. Schließen Sie alle Dateien im Regie-Zentrum, und rufen Sie eine leere Abfragemaske auf.

2. Öffnen Sie die Artikeldatei (**Layout**-Menü).

3. Wählen Sie aus dem **Aktualisierung**-Menü den Befehl **Wahl der Aktualisierungsart** aus (siehe Bild 6-44).

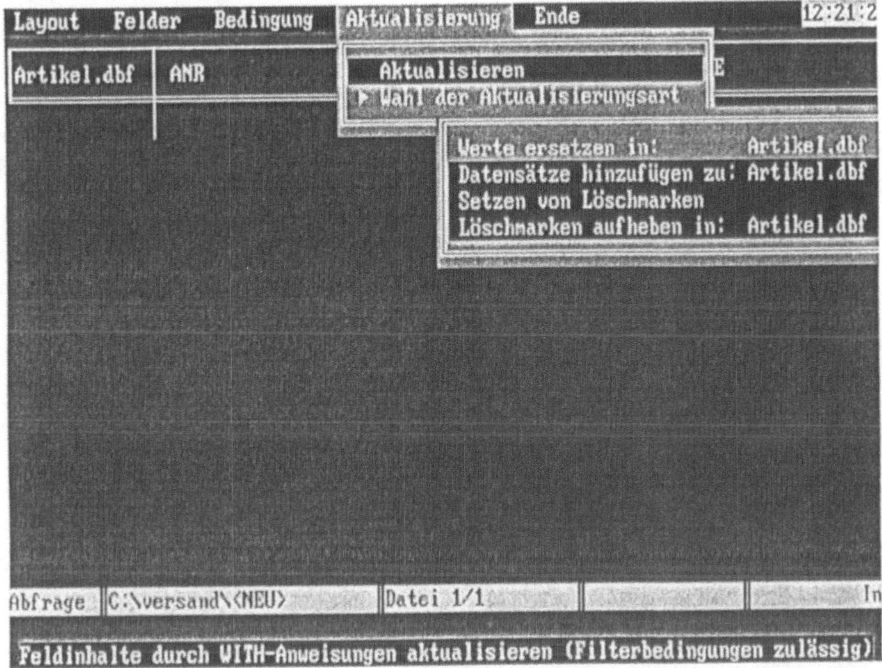

Bild 6-44 Vier Operatoren zum Aktualisieren der Sicht

4. Wählen Sie **Werte ersetzen in** aus.

    dBASE IV schreibt den Befehl **Replace** in die erste Spalte und versieht
    die linke obere Ecke des Dateiaufbaus mit dem Hinweis "Ziel". Dieser
    Hinweis kennzeichnet die Datei, in der die aktualisierten Daten gespei-
    chert werden. Diese Markierung ist vor allem dann wichtig, wenn Sie
    mehrere Dateien geöffnet haben. Sie können immer nur eine Datei aktua-
    lisieren und diese erhält das Kennzeichen **Ziel** sobald Sie einen Aktualisie-
    rungsoperator ausgewählt haben. Pro Aktualisierung dürfen Sie stets nur
    einen Aktualisierungsoperator verwenden.

5. Die Artikelnummern aller Nikon-Artikel beginnen mit "18". Geben Sie in
    die ANR-Spalte ein: *LIKE "18??"*

    Mit dieser Bedingung wählen Sie alle zu ändernden Datensätze aus.

6. In die EK-Spalte tragen Sie ein, wodurch die Daten ersetzt werden sollen:
    *with ek * 1.03*

Auf **with** folgt ein dBASE IV-Ausdruck. Er definiert den Ersatzwert (Bild
6-45). **with** können Sie gleichzeitig in mehreren Spalten verwenden. Sie
können beispielsweise in einem Durchgang den Einkaufspreis und den
Mindestsbestand ändern.

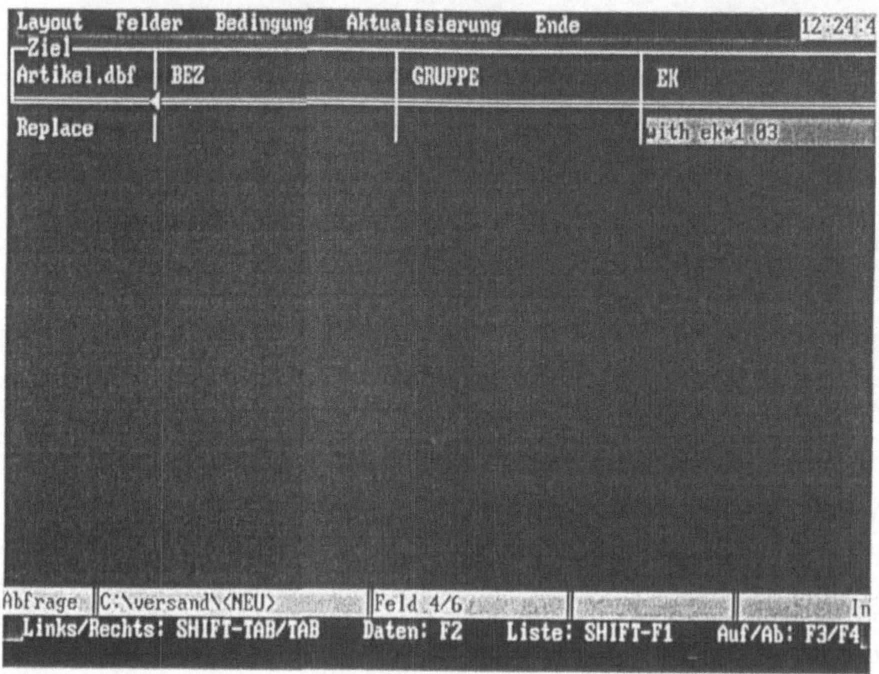

Bild 6-45 Die Einkaufspreise werden erhöht

7. Führen Sie die Aktualisierung aus, indem Sie aus dem **Aktualisierung**-Menü den Befehl **Aktualisieren** aufrufen.

Daraufhin meldet dBASE IV die Anzahl der aktualisierten Datensätze.

8. Drücken Sie eine beliebige Taste.

9. Wenn Sie die *F2*-Taste drücken, sehen Sie die aktualisierten Datensätze (Bild 6-46).

```
  Datensätze     Felder      Suchen      Ende                        12:39:6

 ANR  BEZ                               GRUPPE     EK       BESTAND  MB

 3202 Sony CCD-V90E                     Video-K.   2700,00       4   3
 3303 Vivitar 300 Z, Zoom 38-60mm       Objektive   312,00      15   5
 1902 Ricoh Mirai                       Foto-K.     800,00      10   5
 1001 Agfa CT100, 10x36                 Filme & S.   60,00      54   40
 1302 Canon EOS 650                     Foto-K.     500,00      12   5
 1604 Minox AF 1                        Foto-K.     250,00      17   5
 1405 Fuji FZ-500 Zoom, 35-70mm         Objektive   350,00       4   5
 1006 Nikon F-801, Gehäuse              Foto-K.     830,45       8   5
 2201 Tokina 2,8-4,3/28-70mm            Objektive   175,00       5   5
 1507 Leica R6, 2,0/50mm                Foto-K.    4000,00       4   3
 1202 Bauer Ultrablitz 400              Blitzger.   100,00       5   3
 1702 Nikkor AF Zoom 80-200mm, ED       Objektive  1050,00       4   3
 1703 Nikkor AF Zoom 70-210mm           Objektive   350,00       8   5
 1803 Nikon Blitz SB23                  Blitzger.   157,21       7   5
 1804 Nikon Blitz SB22                  Blitzger.   183,41       8   5
 1805 Nikon Blitz SB20                  Blitzger.   314,43       7   5
 3201 Sony CCD-F 340 E, 8 mm            Video-K.   2400,00       5   3

 Tabelle  C:\versand\ARTIKEL      Satz 9/18        Datei                    In

                     Daten anzeigen und bearbeiten
```

Bild 6-46 Global aktualisierte Datensätze

10. Kehren Sie mit *Umstell-F2* zur Abfragemaske zurück.

11. Speichern Sie die Aktualisierungsabfrage unter dem Namen Preis_ak.

Im Regie-Zentrum versieht dBASE IV alle Namen von Aktualisierungsabfragen in der Abfragen-Spalte mit einem Stern. Der Dateiname von Aktualisierungsabfragen erhält die Endung .upd.

Mehrere Sätze löschen

Löschen Sie alle Artikel der Firma Bauer, deren Artikelnummern mit "12" beginnen.

1. Rufen Sie aus dem **Aktualisierung**-Menü den Befehl Wahl der **Aktualisierungsart** auf.

2. Wählen Sie **Setzen von Löschmarken** aus.

In der ersten Spalte erscheint der Befehl **Mark**.

3. Wählen Sie die zu löschenden Sätze in der ANR-Spalte aus: *LIKE "12??"*

4. Löschen Sie den alten Befehl in der EK-Spalte (*Strg-Y*).

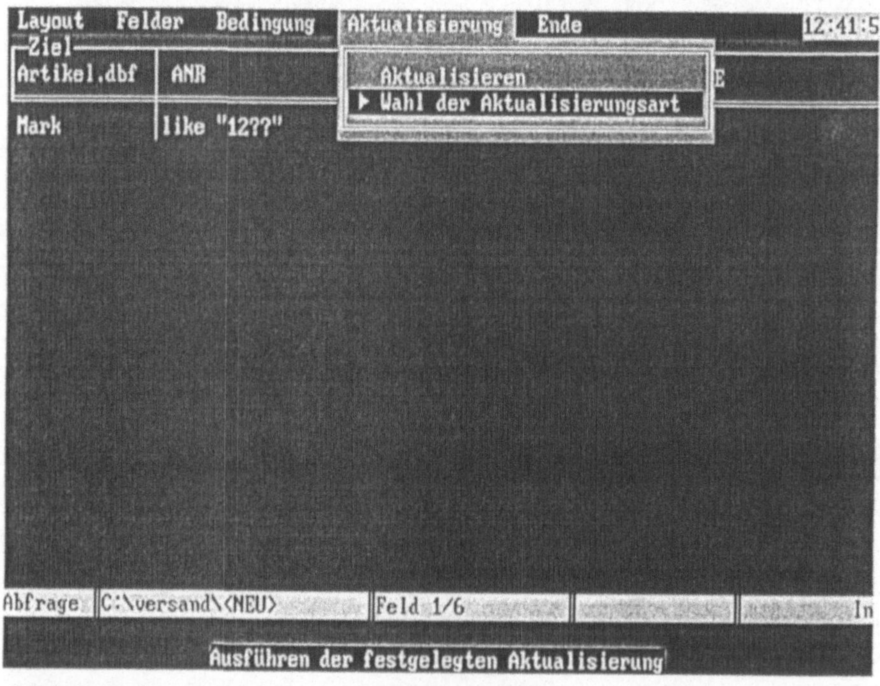

Bild 6-47 Sätze werden zum Löschen markiert

5. Führen Sie die Aktualisierung durch.

dBASE IV meldet die Anzahl der zum Löschen markierten Datensätze
(Bild 6-48). Die Sätze sind noch auf der Festplatte vorhanden. Sie können
daher die Löschung mit dem Befehl **Markierung aufheben** rückgängig
machen. Wenn Sie keine Auswahlbedingung angeben, widerruft der Befehl **Markierung aufheben** sämtliche Löschmarken.

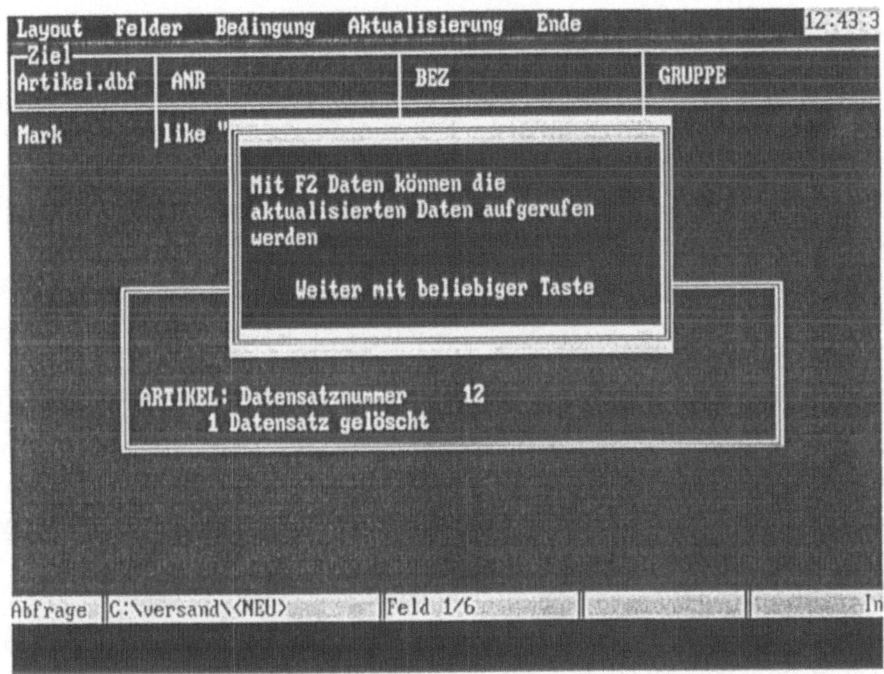

Bild 6-48 dBASE IV meldet die Anzahl der markierten Sätze.

6. Speichern Sie die Abfrage unter dem Namen Löschen (**Layout**-Menü).

Die Löschung ist erst nach den folgenden Schritten unwiderruflich.

7. Kehren Sie ins Regie-Zentrum zurück.

8. Wählen Sie die Artikeldatei in der dB-Dateiliste aus (*Eingabetaste*).

9. Wählen Sie **Ändern** im Dialogfeld aus.

Daraufhin sehen Sie die Datensatzformatmaske mit dem aufgeklappten
Verwaltung-Menü.

10. Wählen Sie den Befehl **Markierte Datensätze löschen** aus.

11. Bestätigen Sie den Befehl mit: *J*

    Die markierten Daten sind jetzt unwiderruflich verloren. dBASE IV hat
    sie von der Platte gelöscht und die Datei neu indexiert.

Mehrere Sätze anfügen

Sie können Sätze aus einer Datei auswählen und an eine andere Datei anfügen.
Die korrespondierenden Felder müssen keine identischen Namen besitzen. Sie
sollten jedoch vom selben Datentyp und gleicher Länge sein.

Zwei Ihrer Freunde, deren Adresse in der Privat-Datei gespeichert sind, sind
zu Kunden geworden. Übernehmen Sie deren Adressen in die Kundendatei.

1. Schließen Sie offene Datenbank-Dateien und rufen Sie eine leere Abfra-
    gemaske auf.

2. Wählen Sie die Kundendatei aus.

3. Wählen Sie die Privat-Datei aus.

4. Setzen Sie den Cursor mit der *F3*-Taste in den Dateiaufbau der Kun-
    den_dbf.

5. Öffnen Sie das **Aktualisierung**-Menü und rufen Sie den Befehl **Wahl der
    Aktualisierungsart** auf.

6. Wählen Sie den Befehl **Datensätze hinzufügen zu** aus.

    In der ersten Spalte erscheint der Befehl **Append** und die Kunden.dbf
    wurde zur Zieldatei (Bild 6-49). Sie müssen nun noch die zu übertragen-
    den Sätze auswählen und angeben, in welche Felder der Zieldatei die Da-
    ten der Privat-Datei übernommen werden sollen. Sämtliche Felder der
    Privat-Datei sollen in die Kundendatei übernommen werden.

7. Geben Sie in die korrespondierenden Felder identische Variablennamen
    ein (siehe Bild 6-49).

8. Setzen Sie den Cursor in die Spalte ZUNAME der Privat-Datei.

9. Geben Sie in drei Zeilen untereinander die Namen *"Hübschmann"*, *"An-
    dechser"* und *"Kerler"* ein (siehe Bild 6-49).

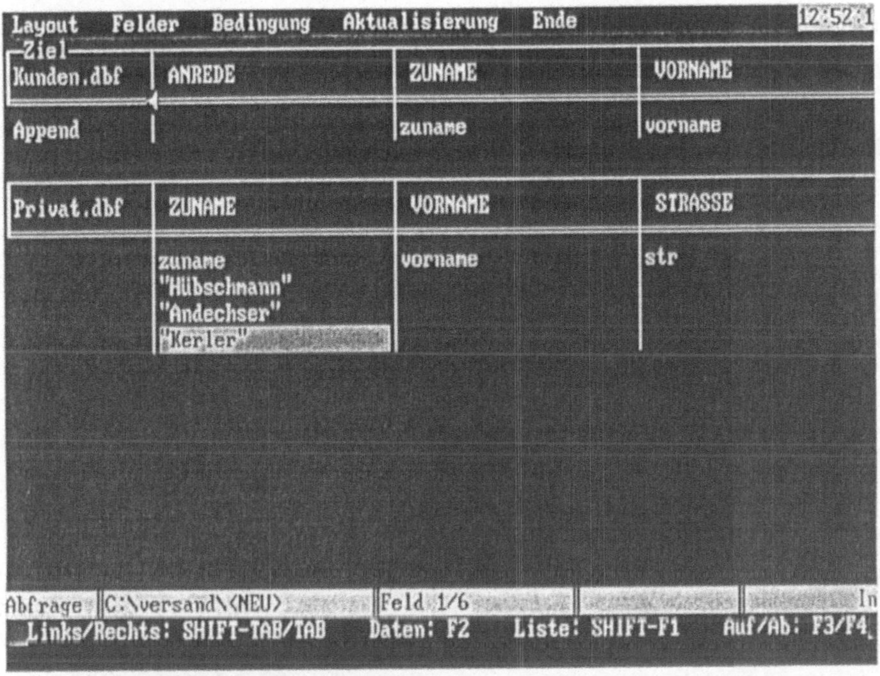

Bild 6-49 Ausgewählte Datensätze an eine andere Datei anfügen

10. Führen Sie die Aktualisierung durch.

Daraufhin fügt dBASE IV die ausgewählten Datensätze der Bestandsdatei Privat an die Bestandsdatei Kunden an.

11. Prüfen Sie, ob das Anfügen der drei Datensätze geklappt hat (Bild 6-50).

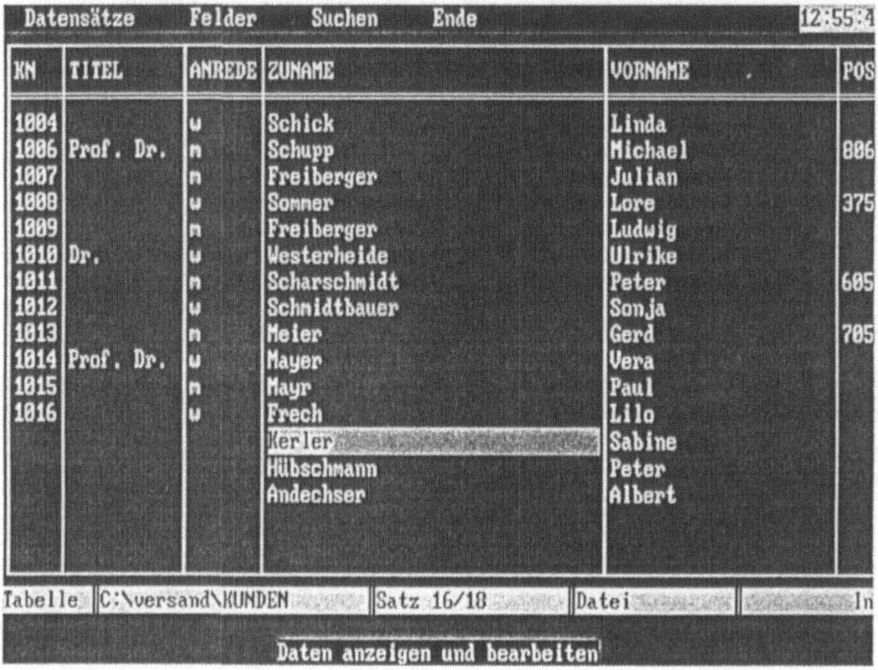

Bild 6-50 Ergebnis der Anfügung

12. Ergänzen Sie die angefügten Datensätze um die fehlenden Werte.

Dateien verknüpfen und abfragen

Die Grundregeln des Query By Example (QBE) haben Sie inzwischen kennengelernt. Sie wissen aber noch nicht, wie Sie Dateien verknüpfen können, um sie auszuwerten.

Eine Verknüpfung der Auftrag- und der Kundendatei ist beispielsweise dann sinnvoll, wenn Sie wissen wollen, welche Aufträge ein bestimmter Kunde vergeben hat. Bei der Datenverwaltung mit Karteikästen würden Sie folgendermaßen vorgehen. Sie würden sich aus der Auftrag-Kartei die Kundennummer heraussuchen und dann in der Kunden-Kartei die zugehörige Adresse suchen.

Diese Sucharbeit führt dBASE IV viel schneller und genauer aus. Im Prinzip geht dBASE IV dabei auch genauso vor, wie Sie es täten. Es braucht ein Feld, über das es die beiden Tabellen vorübergehend miteinander verknüpft. In unserem Beispiel erfüllt die Kundennummer diese Funktion. Sowohl die Auftrag- als auch die Kundendatei besitzen ein Feld mit der Kundennummer.

In der Kundendatei ist die Kundennummer eindeutig; jede Nummer kommt nur einmal vor. Ein und derselbe Kunde kann aber mehrere Aufträge vergeben haben. Deshalb kann in der Auftragsdatei eine Kundennummer mehrfach in der Spalte KNR auftauchen. Die Verknüpfung, die auch "Join" genannt wird, läßt sich aber trotzdem über das Join-Feld KNR durchführen.

Die Beziehung zwischen den beiden Dateien ist geregelt. Jede eindeutige Kundennummer aus der Kundendatei wird mit allen identischen Kundennummern aus der Auftragsdatei verknüpft.

Listen Sie alle Aufträge des Kunden Neumüller auf dem Bildschirm auf.

1. Öffnen Sie die Kundendatei in der dB-Dateiliste im Regie-Zentrum.

2. Rufen Sie aus dem Regie-Zentrum mit <neu> in der Abfragen-Spalte die Abfragemaske auf.

3. Geben Sie in das Feld ZUNAME ein: *"Neumüller"*

4. Öffnen Sie das **Layout**-Menü und rufen Sie den Befehl **Hinzufügen einer Datei** auf.

   Daraufhin öffnet dBASE IV ein Fenster, mit den zur Verfügung stehenden Dateien.

5. Wählen Sie die Datei Auftrag aus.

   dBASE IV blendet den Dateiaufbau der Datenbank-Datei Auftrag.dbf ein. Sowohl die Datei Kunden.dbf als auch die Datei Auftrag.dbf enthalten das Feld Kundennummer, über das Sie die beiden Dateien miteinander verknüpfen können. Mit den Tasten F3 und F4 bewegen Sie den Cursor zwischen den Dateien hin und her (Bild 6-51).

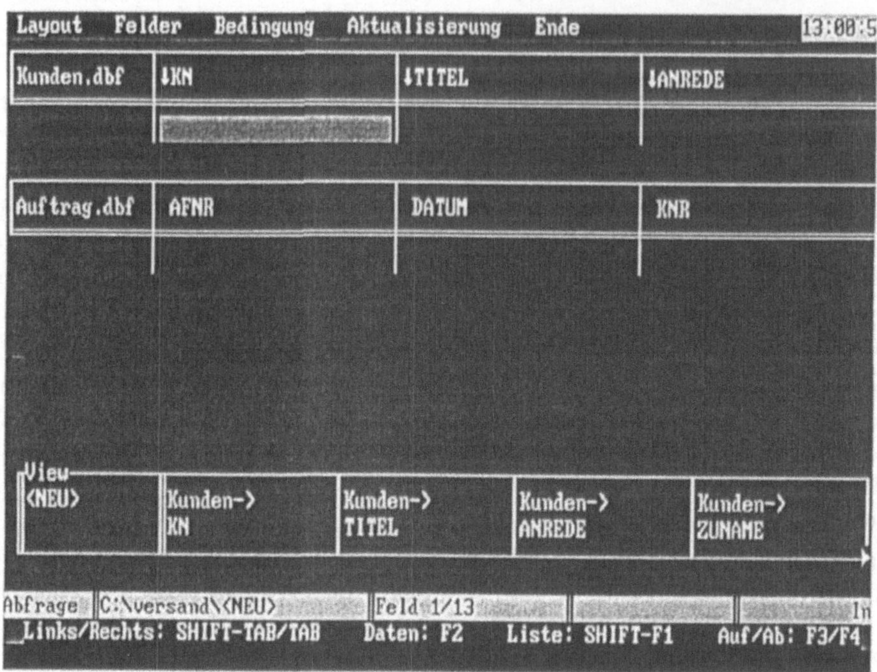

Bild 6-51 Beide Dateien enthalten das Feld Kundennummer

6.   Setzen Sie den Cursor auf das KN-Feld der Kundendatei.

7.   Öffnen Sie das **Layout**-Menü und wählen Sie den Befehl **Koppeln durch Zeigen** aus.

dBASE IV schreibt in das KNR-Feld den Hinweis **LINK1**.

8. Setzen Sie den *Cursor* auf das KNR-Feld der Auftragsdatei und drücken
    Sie die *Eingabetaste*.

    dBASE IV schreibt auch in dieses Feld **LINK1**. Die beiden Dateien sind
    miteinander verknüpft (siehe Bild 6-52). Jetzt müssen Sie noch die Felder
    auswählen, die dBASE IV in der Sicht ausgeben soll.

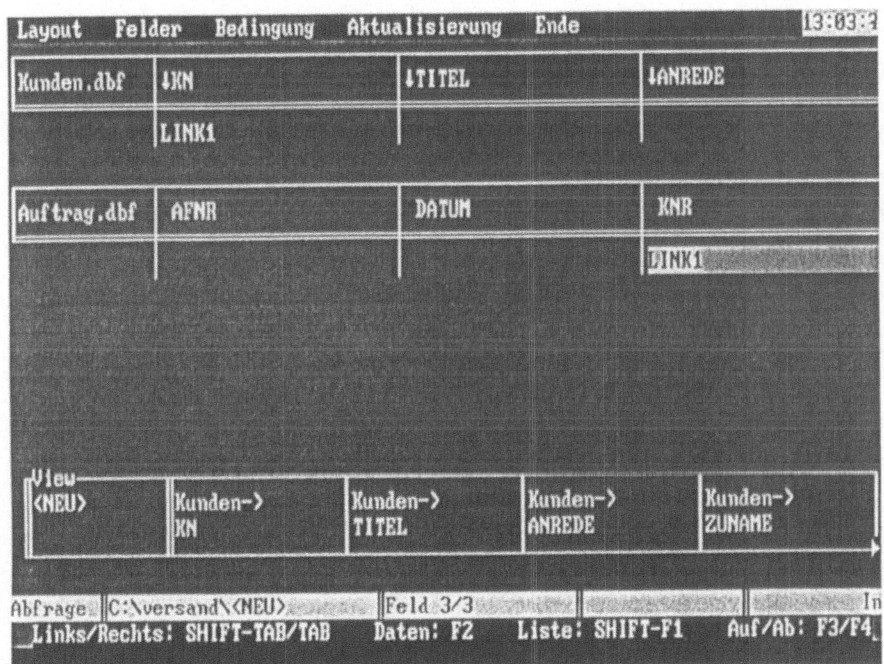

Bild 6-52 Verknüpfte Dateien

9. Wählen Sie mit der *F5*-Taste aus der Kundendatei die Felder KN,
    ZUNAME, VORNAME und TELEFON aus; aus der Auftragsdatei die
    Felder AFNR und DATUM.

10. Sehen Sie sich das Ergebnis an.

Kunde Neumüller hat einen Auftrag mit der Nummer 5 offen (Bild 6-53).

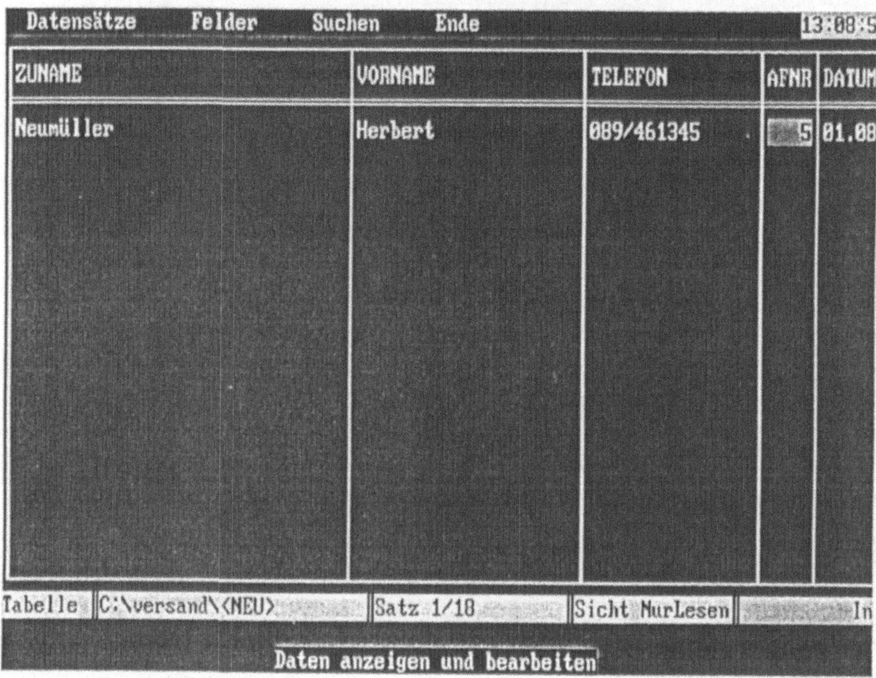

Bild 6-53 Ergebnis der verknüpften Abfrage auf Bild 6-52

Der Every-Operator

Der **Every**-Operator gibt bei einer Verknüpfung alle Werte des Verknüpfungs-feldes einer Datei aus. Ohne **Every** werden nur die Werte des Verknüpfungs-feldes ausgegeben, die in beiden Dateien übereinstimmen.

Mit dem **Every**-Operator können Sie beispielsweise prüfen, ob die Auftrags-datei gültige Kundennumern enthält.

1. Rufen Sie die Abfragenaske mit den beiden Dateien Kunden und Auftrag auf.

   Sie können die beiden Dateien nicht nur über den Befehl **Koppeln durch Zeigen** aus dem **Layout**-Menü miteinander verknüpfen, sondern auch über Variablen. Tragen Sie einfach in beide Verknüpfungsfelder dieselbe Variable ein.

2. Geben Sie in der KN-Spalte der Kundendatei ein: *k*

3. Geben Sie in der KNR-Spalte der Auftragsdatei ein: *every k*

4. Wählen Sie folgende Felder für die Sicht aus: KN aus der Kundendatei und AFNR, DATUM und KNR aus der Auftragsdatei (siehe Bild 6-54).

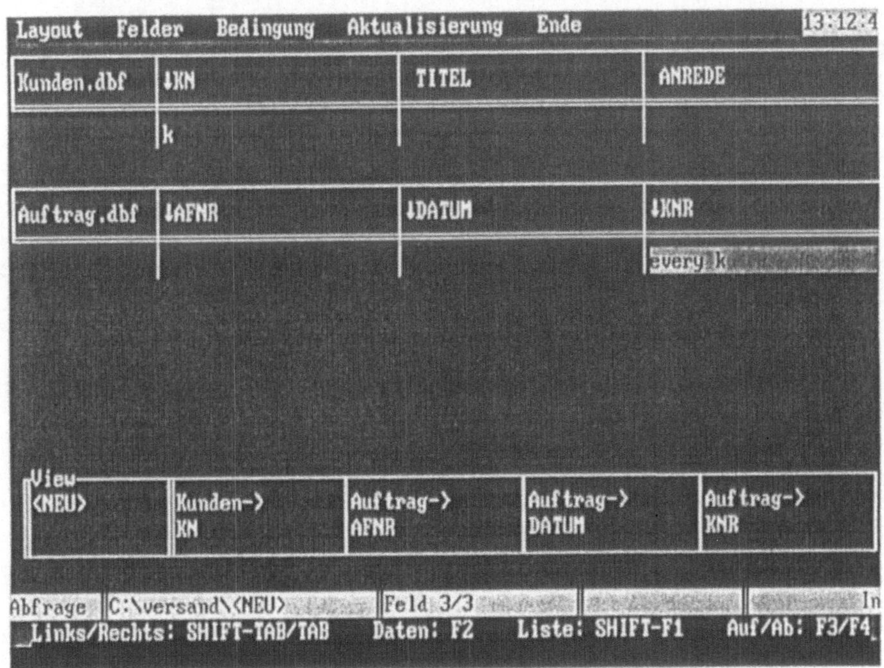

Bild 6-54 Alle Sätze der Auftragsdatei sind auszugeben

5.   Sehen Sie sich das Ergebnis an (Bild 6-55).

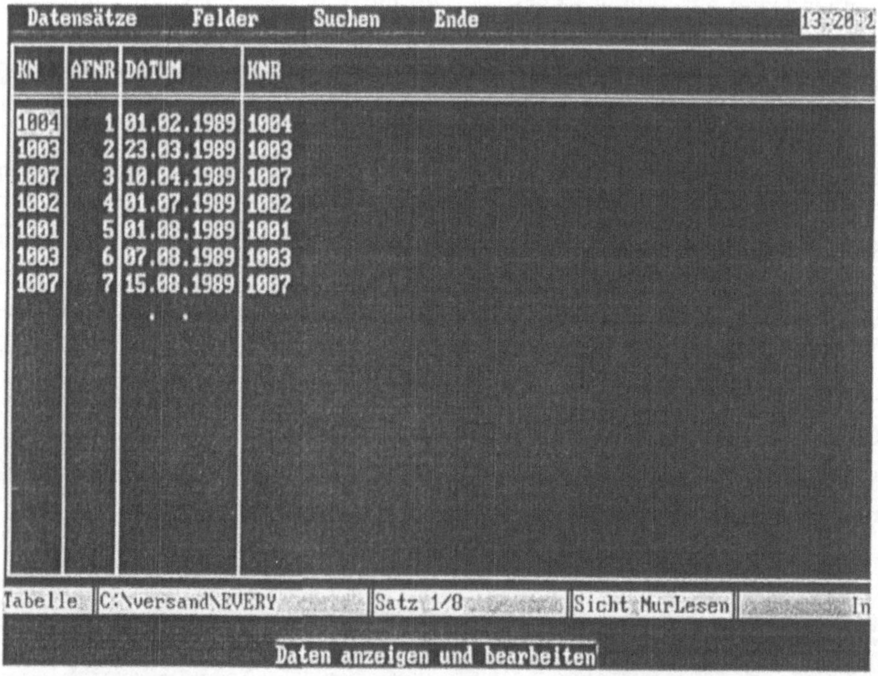

Bild 6-55 *Alle Aufträge enthalten gültige Kundennummern*

Enthält Ihr Ergebnis Datensätze mit unterschiedlichen oder fehlenden Kundennummern in der ersten Spalte, so haben Sie einen Auftrag mit einer nicht existierenden Kundennummer erfaßt oder keine Kundennummer angegeben.

8.   Speichern Sie die Abfrage unter Every ab.

Den **Every**-Operator dürfen Sie bei jeder Verknüpfung nur einmal verwenden.

Der First-Operator

Der **First**-Operator sorgt dafür, daß nur der erste Datensatz, dessen Wert im Verknüpfungsfeld mit dem Wert des Verknüpfungsfeldes der zweiten Datei übereinstimmt, ausgegeben wird.

Im obigen Beispiel zum **Every**-Operator werden sämtliche Kundennummern der Auftragsdatei ausgegeben. Einige Kundennummern tauchen daher doppelt auf. Die mehrfache Verknüpfung können Sie mit dem **First**-Operator verhindern. Er sorgt dafür, daß jede Kundennummer der Auftragsdatei nur einmal mit der Kundennummer in der Kundendatei verknüpft und ausgegeben wird.

1. Ändern Sie die Eingabe im KNR-Feld der Auftragsdatei (siehe Bild 6-56).

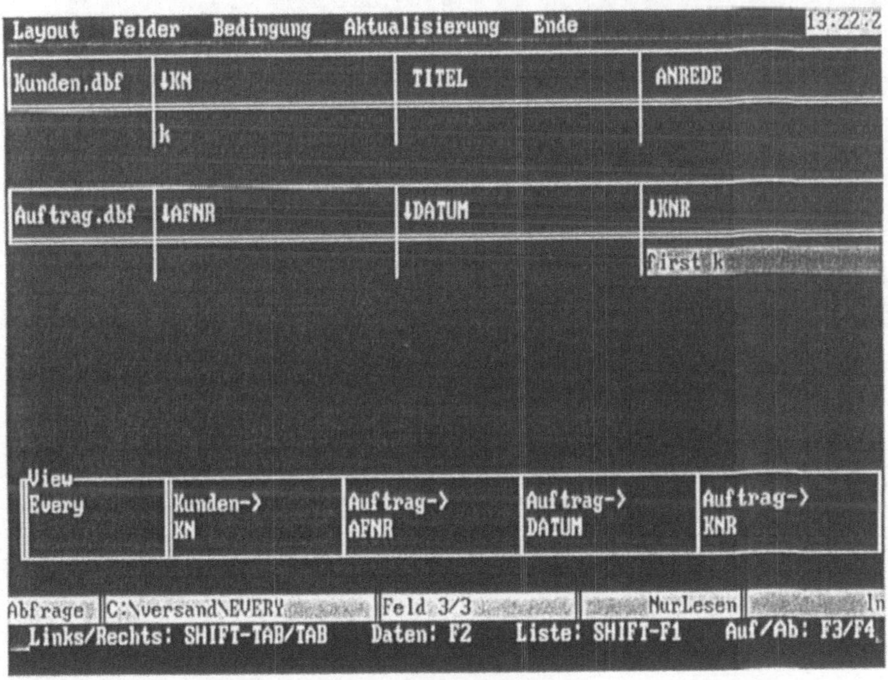

Bild 6-56 Verknüpfung mit dem First-Operator

2.   Sehen Sie sich das Ergebnis an (Bild 6-57).

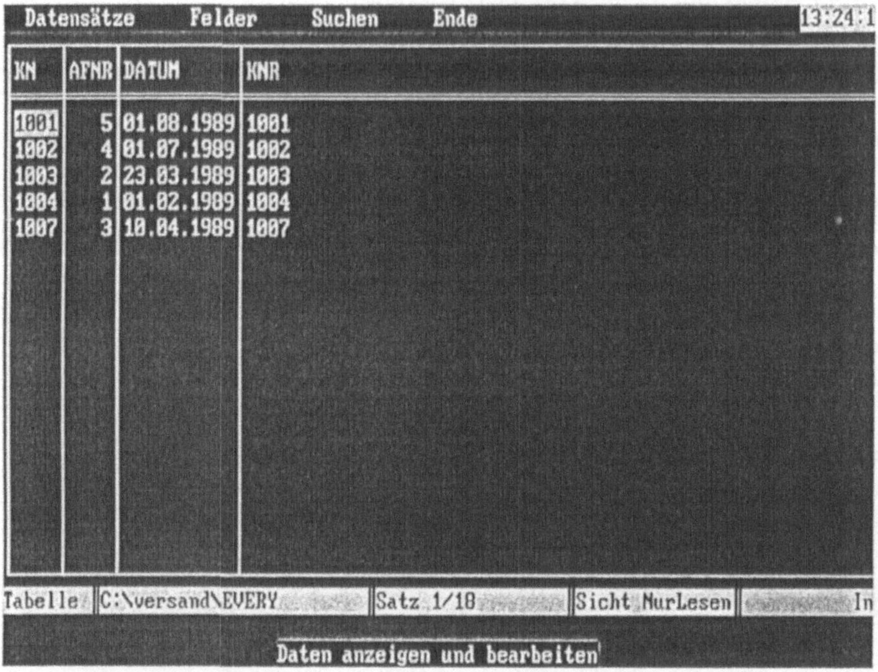

Bild 6-57 Jede KNR wird nur einmal ausgegeben

Datei mit sich selbst verknüpfen

Eine Datei kann auch mit sich selbst verknüpft werden. Diese Join-Form wird Auto-Join genannt. Ein Auto-Join ist beispielsweise dann sinnvoll, wenn Sie wissen wollen, welche Artikel genausoviel kosten wie die Canon T70. dBASE IV sucht diese Produkte in zwei Durchgängen:

● dBASE IV sucht den Preis für die Canon T70 heraus.

● dBASE IV wählt alle Artikel aus, die genausoviel kosten wie die Canon T70.

1. Rufen Sie vom Regie-Zentrum aus die leere Abfragemaske auf.

2. Wählen Sie die Artikeldatei aus.

3. Wählen Sie nochmals die Artikeldatei aus.

dBASE IV blendet einen zweiten Dateiaufbau für Artikel.dbf ein. Er ist in der linken oberen Ecke mit einem B gekennzeichnet (Bild 6-58).

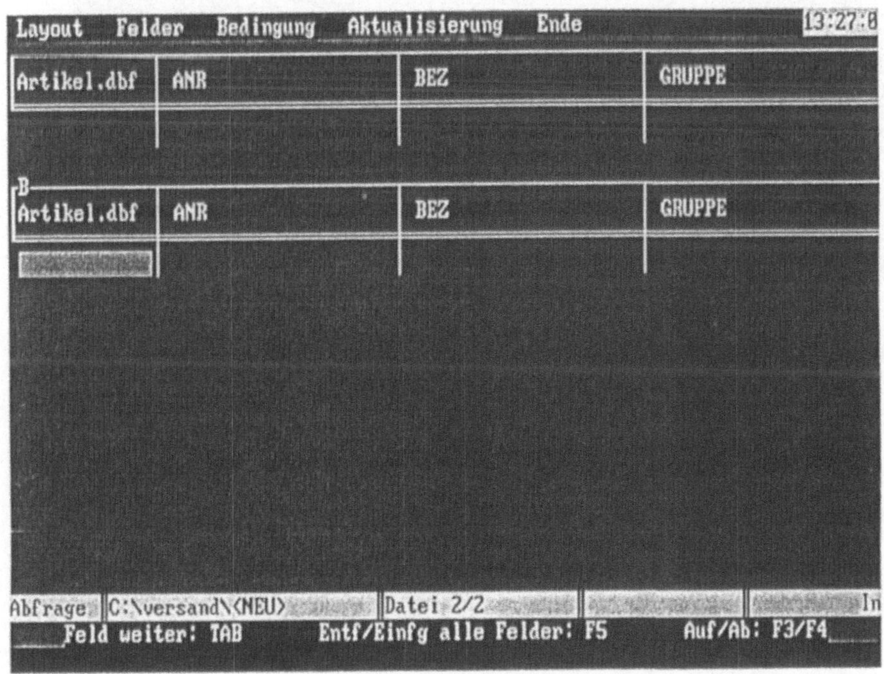

Bild 58 Zweiter Dateiaufbau der Artikeldatei für den Auto-Join

4. Geben Sie in das BEZ-Feld des zweiten Dateiaufbaus ein: *"Canon T70"*

5. Geben Sie in das EK-Feld des zweiten Dateiaufbaus ein: *x*

6. Geben Sie in das EK-Feld des ersten Dateiaufbaus ein: *every x*

7. Wählen Sie folgende Felder der ersten Datei für die Sicht aus: ANR,
    GRUPPE, BEZ und EK.

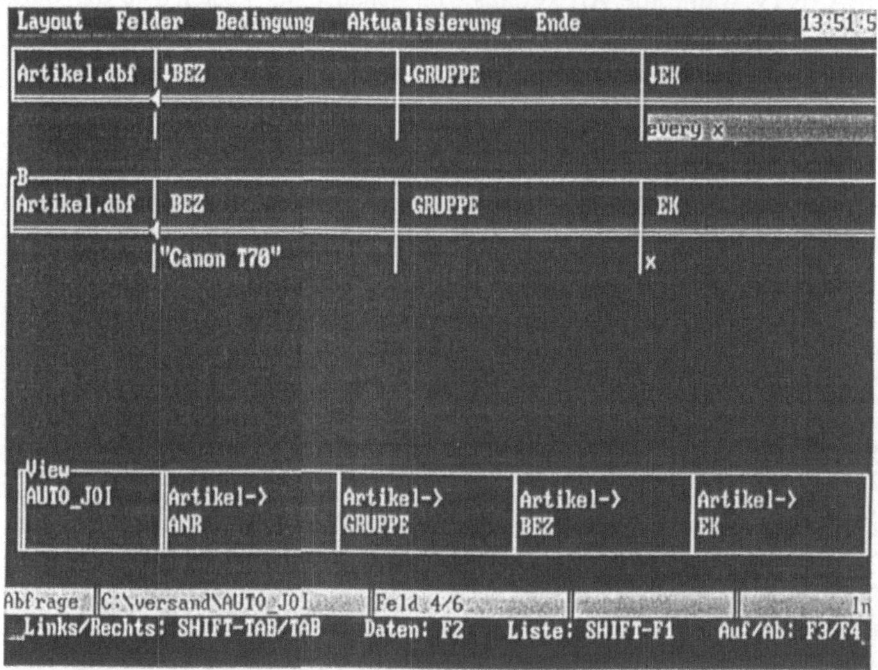

Bild 6-59 Auto-Join über das EK-Feld

8.   Sehen Sie sich das Ergebnis an (Bild 6-60).

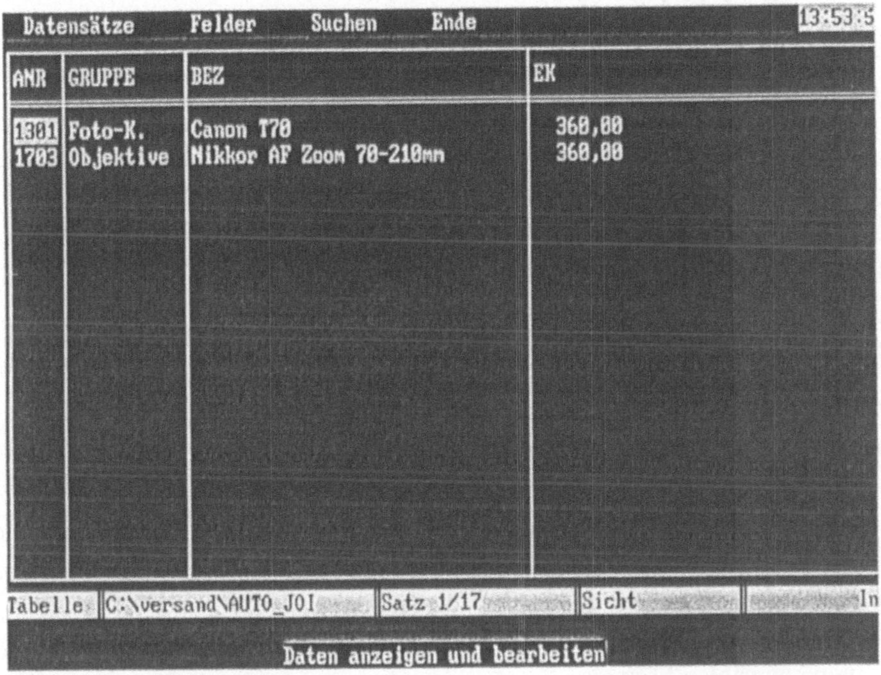

Bild 6-60 *dBASE IV findet ein weiteres Produkt zum selben Preis*

Wichtig!

Es werden immer nur Sätze mit identischen Werten im Verknüpfungsfeld miteinander verknüpft. dBASE IV findet nur Produkte, die genausoviel kosten wie
die Canon T70. Es ist beispielsweise nicht möglich, alle Produkte herauszufinden, die mehr als die Canon T70 kosten. Andere Vergleichsoperatoren als das
Gleichheitszeichen sind nicht erlaubt.

Zusammenfassung

dBASE IV unterscheidet Sichtabfragen und Aktualisierungsabfragen. Mit einer
Sichtabfrage wählen Sie Daten, die bestimmte Kriterien erfüllen, aus einer
Bestandsdatei aus. Mit einer Aktualisierungsabfrage wählen Sie Datensätze aus
einer Bestandsdatei aus, die Sie dann löschen, bearbeiten oder an eine andere
Datenbank hinzufügen.

Die Abfragemaske ist in vier Bereiche gegliedert:

● Dateiaufbau

● Aufbau der Kalkulationsfelder

● Bedingungsfenster

● Aufbau der Sicht

Cursorsteuerung	
F3	Einen Bereich der Abfragemaske zurück
F4	Einen Bereich der Abfragemaske vorwärts
Tab	Eine Spalte nach rechts
Umstell-Tab	Eine Spalte nach links
Pos1	Erste Spalte
Ende	Letzte Spalte

Um eine Bedingung zu löschen, verwenden Sie Strg-Y, Strg-T, Entf oder die Rücktaste.

Mit der F5-Taste wählen Sie Felder für die Sicht aus.

Mit Umstell-F1 rufen Sie eine Liste auf, aus der Sie Felder, Operatoren und Funktionen auswählen können.

dBASE IV kennt folgende Vergleichsoperatoren:

```
Operator              Beschreibung
>                     größer als
<                     kleiner als
=                     gleich
<> oder #             ungleich
>=                    größer gleich
<=                    kleiner gleich
$                     enthalten in
LIKE                  ähnlich geschrieben wie
SOUNDS LIKE           hört sich an wie
```

Zur Ermittlung des Vergleichswertes können Sie die arithmetischen Funktionen +, -, *, / und ** oder ^ (Exponent) verwenden.

Feld und Vergleichswert müssen vom selben Datentyp sein.

UND-Verknüpfung: Schreiben Sie mehrere Bedingungen in dieselbe Zeile des Dateiaufbaus. dBASE IV wählt dann die Sätze aus, die alle Bedingungen erfüllen.

ODER-Verknüpfung: Schreiben Sie mehrere Bedingungen in verschiedene Zeilen des Dateiaufbaus. dBASE IV selektiert dann auch die Sätze, die nur eine dieser Bedingungen erfüllen.

Sie können die Sicht sortieren:

- alphabetisch aufsteigend oder numerisch aufsteigend

- alphabetisch absteigend oder numerisch absteigend

- aphabetisch aufsteigend nach Wörterbuch oder numerisch

  aufsteigend (Groß- und Kleinschreibung spielt keine Rolle)

- aphabetisch absteigend nach Wörterbuch oder numerisch

  absteigend (Groß- und Kleinschreibung spielt keine Rolle)

Mit diesen Operatoren sortieren Sie nur die Abfrage, aber nicht den Datenbestand.

In Kalkulationsfeldern stehen Ihnen die vier Grundrechenarten, die Exponentation und Klammern zur Verfügung. Sie können Konstanten und Feldnamen verwenden. Die statistischen Operatoren dürfen nicht in Kalkulationsfeldern vorkommen. Es führt auch zu Fehlern, wenn Sie den Namen eines Kalkulationsfeldes als Variable in einem anderen Kalkulationsfeld verwenden.

Sie können eine Sicht statistisch auswerten und dazu folgende Funktionen verwenden:

```
Feldtyp            Statistische Funktion
Numerisch          AVG, SUM, MIN, MAX, COUNT
Gleitkomma         AVG, SUM, MIN, MAX, COUNT
Zeichen            MIN, MAX, COUNT
Datum              MIN, MAX, COUNT
Logisch            COUNT
Memo               keine
```

Sie können Gruppen bilden und die einzelnen Gruppen statistisch auswerten. Wenn Sie den Operator GROUP BY verwenden, müssen Sie zugleich auch in einem anderen Feld einen statistischen Operator (SUM, AVG, COUNT, MIN, MAX) verwenden. GROUP BY und ein statistischer Operator dürfen nicht in demselben Feld vorkommen.

Der Operator UNIQUE sorgt dafür, daß die Sicht keine doppelten Werte enthält.

Sie können Dateien über ein Verknüpfungsfeld miteinander verbinden. Es werden dann in der Sicht nur die Datensätze ausgegeben, die in ihrem Verknüpfungsfeld gleiche Werte enthalten.

Der Every-Operator gibt bei einer Verknüpfung alle Werte des Verknüpfungsfeldes einer Datei aus.

Der First-Operator sorgt dafür, daß nur der erste Datensatz, dessen Wert im Verknüpfungsfeld mit dem Wert des Verknüpfungsfeldes der zweiten Datei übereinstimmt, ausgegeben wird.

Eine Datei kann auch mit sich selbst verknüpft werden. Diese Join-Form wird Auto-Join genannt. Es werden nur Sätze mit identischen Werten im Verknüpfungsfeld miteinander verknüpft.

7 Berichte drucken

Mit dem Berichtsgenerator bereiten Sie Daten zum Ausdrucken vor. Sie erfahren in diesem Kapitel,

- wie Sie Felder für den Bericht auswählen und

- in einer beliebigen Reihenfolge anordnen,

- die Daten sortieren und gruppieren,

- statistische Größen berechnen,

- den Bericht formatieren und drucken.

Mit dem Berichtsgenerator können Sie die in dBASE IV-Datenbankdateien gespeicherten Daten ausdrucken. Das Programm gibt die Daten formatiert auf den Bildschirm, den Drucker oder in eine besondere Berichtsdatei aus.

Beispiele für Berichte können sein:

- Tabellen

- Geschäftsberichte

- Bestelllisten

- Artikellisten

- Adreßverzeichnisse

- Rundschreiben.

Die Hauptaufgabe des Berichtsgenerators besteht darin, die Daten vor dem Druck aufzubereiten. Sie können beispielsweise

- Daten aus verschiedenen Dateien in einer Liste zusammenfassen,

- die Felder in beliebiger Reihenfolge anordnen,

- Daten sortieren,

- Daten gruppieren,

- statistische Größen berechnen,

- aus existierenden Feldern Werte berechnen und ausgeben,

- die Seiten des Berichts automatisch numerieren und

- Kopf- und Fußzeilen drucken.

Wenn Sie einen Bericht einmal definiert haben, können Sie ihn immer wieder mit jeweils aktuellen Daten drucken. Gefällt Ihnen der Aufbau oder das Format des Berichts nicht mehr, so ändern Sie den Bericht ganz einfach ab, passen ihn Ihren Wünschen an.

Die Daten für einen Bericht holt sich der Berichtsgenerator aus einer Bestandsdatei oder einer Sicht (QBE). Wenn Sie Felder aus verschiedenen Bestandsdateien in einem Bericht zusammenfassen wollen, müssen Sie vorher die Bestandsdateien im QBE miteinander verknüpfen und eine Sicht erstellen. Grundsätzlich ist ein Bericht einer bestimmten Bestandsdatei oder Sicht zugeordnet. Wenn Sie eine andere Datei aktiviert haben und den Bericht aufrufen, macht Sie dBASE IV in einem Dialogfeld darauf aufmerksam. Sie können dann zwischen der aktuellen Datei und derjenigen Datei, die normalerweise dem Bericht zugeordnet ist, wählen. Falls Sie sich für die aktuelle Datei entscheiden, prüft dBASE IV, ob die Datei die für den Bericht erforderlichen Felder enthält. Findet dBASE IV diese Felder nicht, gibt es eine Fehlermeldung aus.

Aufbau der Formatmaske

Die Maske, in der Sie einen Bericht definieren, heißt Formatmaske. Bevor Sie die Formatmaske aufrufen können, müssen Sie eine Bestandsdatei oder eine Sicht auswählen. Wenn Sie zu einer bestimmten Bestandsdatei einen Bericht definieren wollen, gehen Sie am besten folgendermaßen vor:

1. Öffnen Sie im Regie-Zentrum die Artikeldatei.

2. Setzen Sie den Cursor auf <neu> in der Berichteliste, und drücken Sie die *Eingabetaste*.

    Daraufhin sehen Sie die Formatmaske für Berichte mit dem aufgeklappten **Layout**-Menü.

3. Schließen Sie das **Layout**-Menü, indem Sie die *Esc*-Taste drücken.

Der Arbeitsbereich der Formatmaske ist in fünf Bereiche aufgeteilt (Bild 7-1):

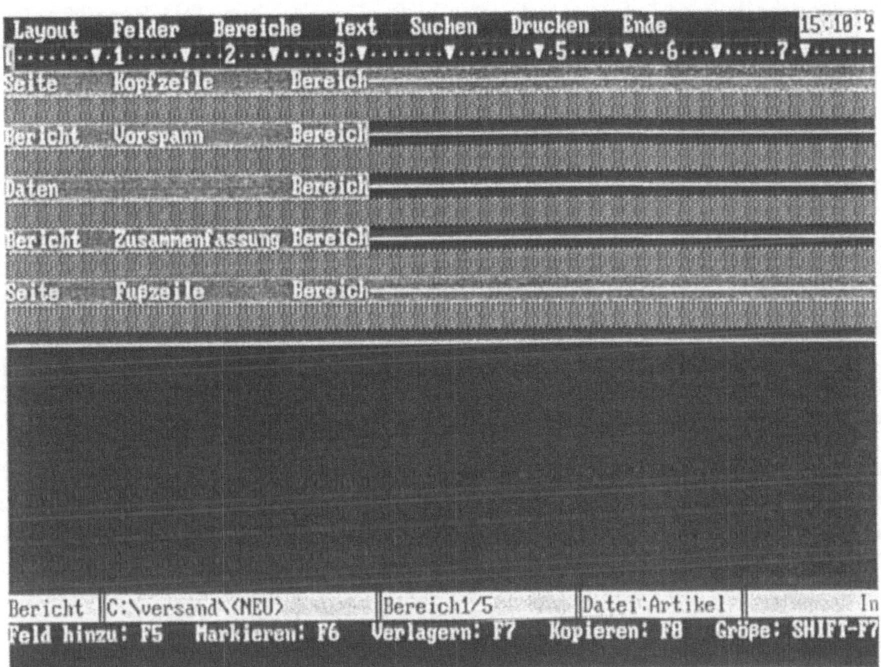

Bild 7-1 Aufbau der Formatmaske für Berichte

- Der Bereich **Kopfzeile** enthält Angaben über die Seitennummer und das Datum. Zusätzlich können Sie hier die Überschrift für den Bericht und die Überschriften für die Datenspalten angeben. Die Kopfzeile wird auf jedes Blatt des Berichts gedruckt.

- In den Bereich **Vorspann** können Sie einleitende Erklärungen schreiben. Der Vorspann wird nur auf das erste Blatt des Berichts gedruckt.

- Im Bereich **Daten** werden die Daten aus der Bestandsdatei oder Sicht ausgegeben. Sie können festlegen, ob die Informationen als einfache Datenspalten oder als übersichtliche Tabelle gedruckt werden.

- Der Bereich **Zusammenfassung** enthält beispielsweise Endsummen, statistische Auswertungen oder Text, der den Bericht abschließt. Die Zusammenfassung wird stets an das Ende des Berichts gedruckt.

- In den Bereich **Fußzeile** können Sie beispielweise den Namen des Berichts oder Ihrer Abteilung drucken. Die Fußzeile wird auf jedes Blatt des Berichts ausgegeben.

Die waagrechten Linien grenzen die Bereiche voneinander ab. Die Linie des Bereichs, in dem der Cursor gerade blinkt, ist markiert. Vier der fünf Bereiche bilden Paare. Steht der Cursor im Bereich **Kopfzeile**, ist nicht nur die Grenzlinie der Kopfzeile, sondern auch die der **Fußzeile** markiert. Die Bereiche **Vorspann** und **Zusammenfassung** bilden ebenfalls ein Paar. Nur der Datenbereich besitzt keinen Partner.

Gruppenbildung

Listen sehen übersichtlicher aus, wenn Sie Datensätze nach einem bestimmten Merkmal zusammenfassen. Sie können beispielsweise alle Artikel einer Artikelgruppe untereinander ausgeben und den durchschnittlichen Preis der Artikel dieser Gruppe ausrechnen. Erst nachdem alle Artikel der ersten Artikelgruppe und der Durchschnittspreis ausgedruckt wurden, werden die Artikel der zweiten Artikelgruppe ausgegeben.

Zusätzlich zu den fünf oben genannten Bereichen können Sie in der Formatmaske Gruppenbereiche bilden. Für jede Gruppe öffnet dBASE IV einen Bereich **Vorspann** und einen Bereich **Zusammenfassung** (vgl. Bild 7-2). Sie

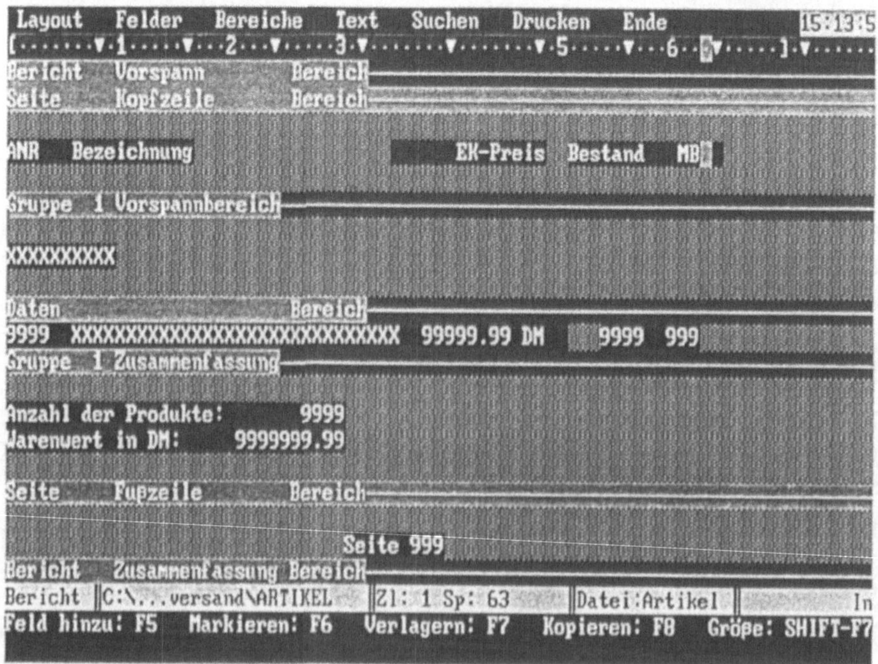

Bild 7-2 Gruppenbildung

können mehrere Gruppen bilden. dBASE IV numeriert die Gruppen. Im Vorspannbereich der Gruppe geben Sie an, nach welchem Feld gruppiert werden soll. In der Zusammenfassung der Gruppe können Sie statistische Werte wie beispielsweise den Durchschnittspreis oder die Anzahl an Artikeln in dieser Gruppe ausgeben.

dBASE IV faßt die Datensätze des Berichts zu Gruppen zusammen, die durch eine der drei folgenden Eigenschaften definiert werden:

- Anzahl der Datensätze

  dBASE IV zählt die Datensätze und faßt eine bestimmte Anzahl von Datensätzen zu einer Gruppe zusammen. Nach jeweils derselben Anzahl von Datensätzen bildet dBASE IV wieder eine neue Gruppe. Sie können beispielsweise fordern, daß dBASE IV jeweils zehn Datensätze abzählt und zu einer Gruppe zusammenfaßt.

- Feldinhalt

  dBASE IV faßt Datensätze mit identischem Feldinhalt zusammen. Sobald ein Datensatz einen anderen Feldinhalt besitzt, bildet dBASE IV eine neue Gruppe. Sie können beispielsweise Ihre Kundendaten nach Wohnorten gruppiert ausgeben und dadurch feststellen, wie viele Kunden in den verschiedenen Städten leben.

- dBASE IV-Ausdruck

  dBASE IV gruppiert Datensätze, die einen bestimmten dBASE-Ausdruck erfüllen. Ein Ausdruck besteht aus Feldnamen, Operatoren und Funktionen. Sie können beispielsweise alle Artikel, deren Artikelnummer in den ersten beiden Stellen identisch ist, zu einer Gruppe zusammenfassen.

Die Gruppenbildung nach dem Feldinhalt und nach einem dBASE IV-Ausdruck setzt voraus, daß die zu gruppierenden Datensätze sortiert nach dem Gruppenmerkmal in der Datei stehen. Sie müssen daher die Bestandsdatei oder Sicht nach dem Feld, nach dem Sie gruppieren wollen, indizieren und sortieren.

Innerhalb einer Gruppe können Sie nochmals gruppieren. Diesen Vorgang nennt man Verschachteln von Gruppen. Eine Verschachtelung ist dann sinnvoll, wenn Sie beispielsweise innerhalb einer Artikelgruppe die Artikel nach Herstellern zusammenstellen wollen.

Text- und Layoutmodus

Für jeden Bereich können Sie sich für eine der beiden Betriebsarten **Textmodus** und **Layoutmodus** entscheiden. dBASE IV wählt für die meisten Bereiche automatisch den Layoutmodus.

Im Layoutmodus können Sie Felder im Arbeitsbereich anordnen und umstellen. Diese Betriebsart empfiehlt sich für den Datenbereich, wenn Sie eine Tabelle aufbauen oder den Bericht mit Rahmen und Linien gestalten wollen.

Der Textmodus funktioniert ähnlich wie ein Textverarbeitungssystem. Sobald Sie das Zeilenende erreichen, führt das Programm automatisch einen Zeilenumbruch durch. Den Textmodus sollten Sie für alle Bereiche einschalten, in die Sie überwiegend Text eingeben. Sie rufen den Textmodus auf, indem Sie im **Bereiche**-Menü die Option **Automatischer Zeilenumbruch** einschalten.

Sowohl im Layout- als auch im Textmodus stehen Ihnen der Einfüge- und der Überschreibmodus zur Verfügung. Wenn Sie im Überschreibmodus Buchstaben eingeben, überschreiben Sie die Zeichen ab der aktuellen Cursorposition. Im Einfügemodus hingegen werden alle Zeichen, die Sie eingeben, an der aktuellen Cursorposition eingefügt.

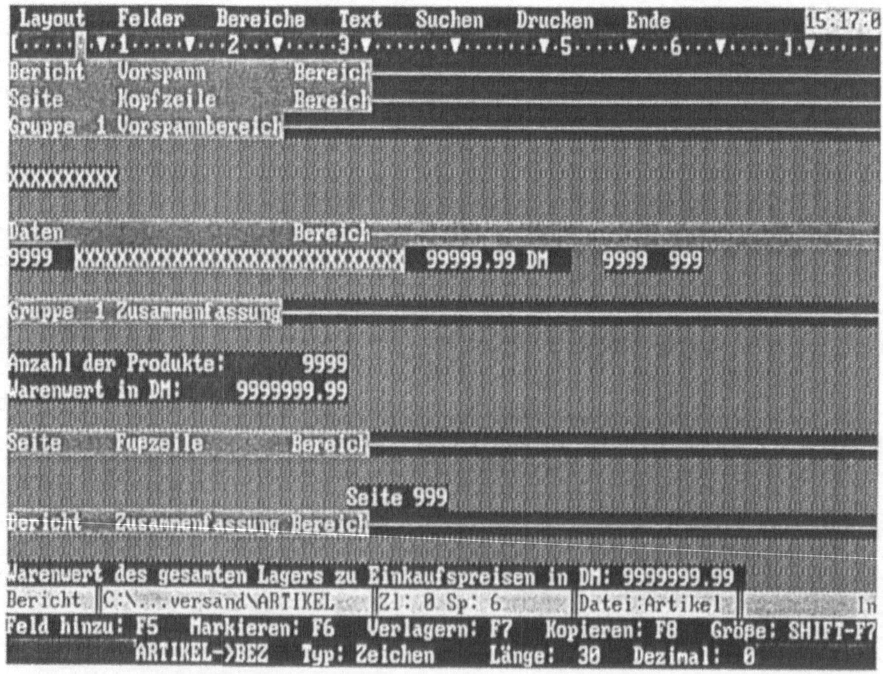

Bild 7-3 Layoutmodus im Datenbereich

Den Einfügemodus erkennen Sie an dem Hinweis "Ins", der ganz rechts in der Statuszeile ausgegeben wird. Mit der Einfg-Taste wechseln Sie zwischen den beiden Modi. An der Form des Cursor erkennen Sie ebenfalls, ob dBASE IV im Einfüge- oder im Überschreibmodus arbeitet. Ein blinkender Balken kennzeichnet den Einfüge- (vgl. Bild 7-3) und ein blinkendes Unterstreichungszeichen den Überschreibmodus (vgl. Bild 7-4).

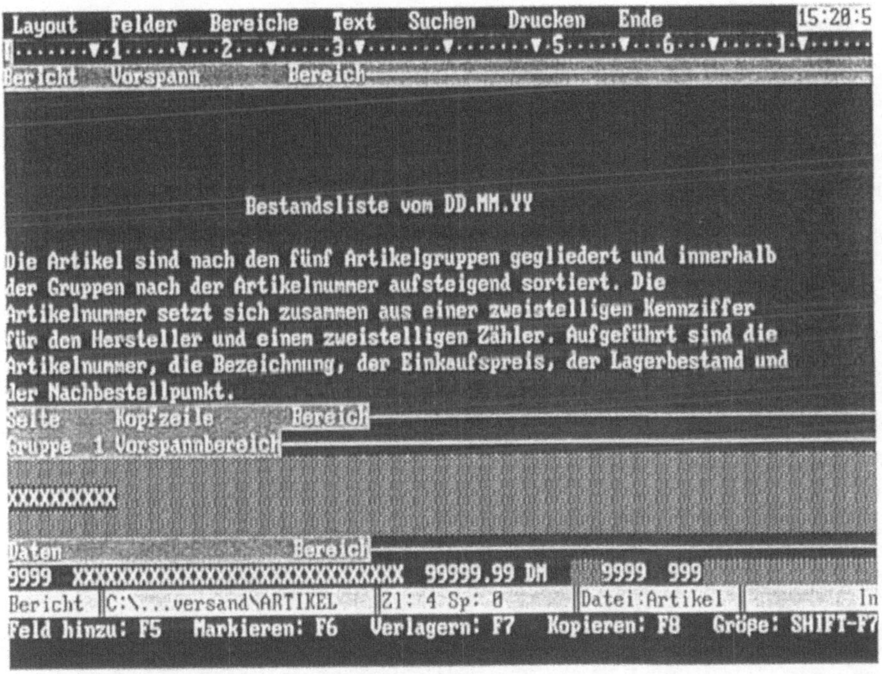

Bild 7-4 Textmodus im Vorspannbereich

Drei Standardformate für Berichte

Wenn Sie den Berichtsgenerator vom Regie-Zentrum aus aufrufen, sehen Sie
die Formatmaske mit dem aufgeklappten **Layout**-Menü. Es enthält die Option
Standardlayout. Wenn Sie die Option **Standardlayout** aufrufen, stellt Ihnen
dBASE IV drei Formate zur Wahl (vgl. Bild 7-5).

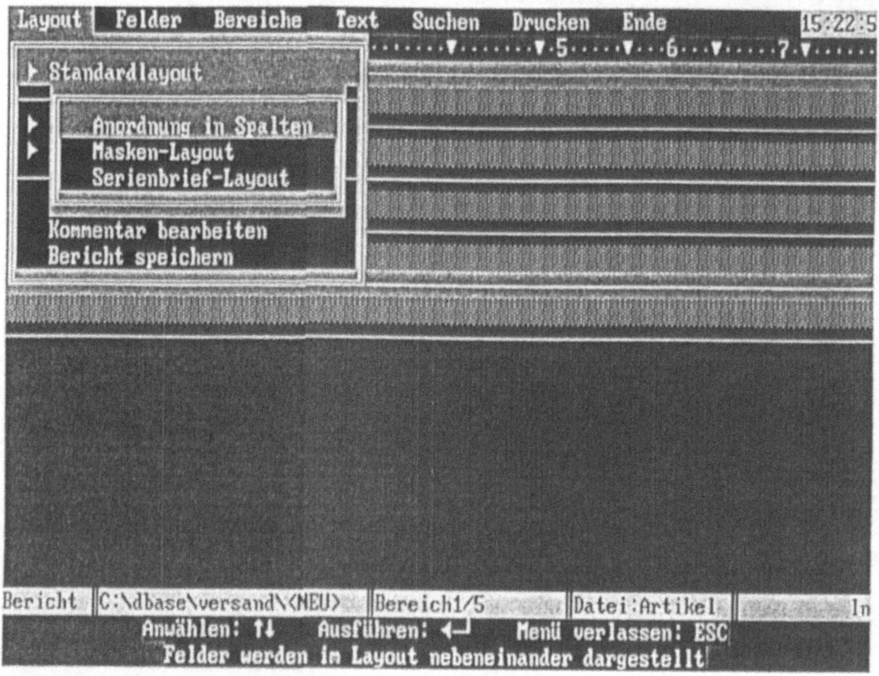

Bild 7-5 Die drei Standardformate

Jedes dieser Formate erstellt dBASE IV automatisch. Sie können es als Ausgangsbasis für Ihr spezielles Berichtsformat verwenden und nach Ihren Vorstellungen ändern.

Bei der **Anordnung in Spalten** wird jeder Satz in einer Zeile ausgegeben. Die Feldnamen bilden die Spaltentitel. In den Bereich für die Kopfzeile trägt dBASE IV automatisch die Seitennumerierung, das Datum und die Namen aller Felder dieser Datei als Spaltentitel ein. Der Daten-Bereich enthält alle Felder der Datei. Die Positionen der Felder werden durch Schablonen gekennzeichnet. In der Zusammenfassung werden numerische Felder summiert. Die anderen zwei Bereiche, Vorspann und Fußzeile, sind leer.

Im **Masken-Layout** gibt dBASE IV nur ein Feld pro Zeile aus. Das Masken-Layout ist mit der Einzelsatzdarstellung vergleichbar. In die Kopfzeile trägt es automatisch Seitennummer und Datum ein.

Mit der Option **Serienbrief-Layout** können Sie Rundschreiben drucken. dBASE IV schließt alle Bereiche bis auf den Daten-Bereich, in dem Sie im Textmodus arbeiten können. Näheres darüber erfahren Sie in Kapitel 9.

Aufgabe: Tabellarischer Bericht mit Gruppenbildung

Drucken Sie eine Artikelliste, in der alle Artikel mit Artikelnummer, Bezeichnung, Einkaufspreis, Bestand und Mindestbestand aufgelistet sind. Die Artikel sollen nach Artikelgruppen gegliedert sein. In jeder Gruppe sollen die Artikel nach ihrer Artikelnummer sortiert sein. Für jede Gruppe ist die Anzahl der Produkte zu ermitteln und der Warenwert zu Einkaufspreisen zu berechnen. Am Ende des Berichts soll der Warenwert des gesamten Lagerbestands aufgeführt werden. Numerieren Sie die Blätter des Berichts in der Fußzeile und geben Sie einen erläuternden Vorspann für Ihren Bericht ein. Der Bericht soll wie der in Bild 7-6 aussehen (vgl. Bild 7-6).

Bestandsliste vom 02.07.1989

Die Artikel sind nach den fünf Artikelgruppen gegliedert und innerhalb
der Gruppen nach der Artikelnummer aufsteigend sortiert. Die
Artikelnummer setzt sich zusammen aus einer zweistelligen Kennziffer
für den Hersteller und einem zweistelligen Zähler. Aufgeführt sind die
Artikelnummer, die Bezeichnung, der Einkaufspreis, der Lagerbestand und
der Mindestbestand.

ANR	Bezeichnung	EK-Preis	Bestand	MB
Blitzger.				
1803	Nikon Blitz SB23	157,21 DM	7	5
1804	Nikon Blitz SB22	183,41 DM	8	5
1805	Nikon Blitz SB20	314,43 DM	7	5
Anzahl der Produkte:	3	Warenwert in DM:	3301,41	
Filme & S.				
1001	Agfa CT100, 10x36	60,00 DM	54	40
Anzahl der Produkte:	1	Warenwert in DM:	3240,00	
Foto-K.				
1301	Canon T70	360,00 DM	1	4
1302	Canon EOS 650	500,00 DM	12	5
1507	Leica R6, 2,0/50mm	4000,00 DM	4	3
1604	Minox AF 1	250,00 DM	17	5
1806	Nikon F-801, Gehäuse	838,45 DM	8	5
1902	Ricoh Mirai	800,00 DM	10	5
Anzahl der Produkte:	6	Warenwert in DM:	2160,00	
Objektive				
1405	Fuji FZ-500 Zoom, 35-70mm	350,00 DM	4	5
1702	Nikkor AF Zoom 80-200mm, ED	1050,00 DM	4	3
1703	Nikkor AF Zoom 70-210mm	360,00 DM	8	5
2201	Tokina 2,8-4,3/28-70mm	175,00 DM	5	5
3303	Vivitar 300 Z, Zoom 38-60mm	312,00 DM	15	5
Anzahl der Produkte:	5	Warenwert in DM:	7000,00	
Video-K.				
3201	Sony CCD-F 340 E, 8 mm	2400,00 DM	5	3
3202	Sony CCD-V90E	2700,00 DM	4	3
Anzahl der Produkte:	2	Warenwert in DM:	24000,00	

Warenwert des gesamten Lagers zu Einkaufspreisen in DM: 39701,41

Seite   1

Bild 7-6 Artikelliste mit Gruppenbildung

Voraussetzungen für den Bericht

Die Arbeit mit dem Berichtsgenerator setzt voraus, daß Sie eine Bestandsdatei oder eine Sicht geöffnet haben.

Für die Bildung von Gruppen nach dem Feldinhalt müssen Sie zusätzlich die Datei nach dem Feld oder den Feldern, nach denen Sie gruppieren wollen, indizieren oder sortieren. Die zu gruppierenden Daten müssen direkt aufeinanderfolgend in der Datei stehen. Andernfalls würde dBASE IV bei jedem Wechsel im Feld, das das Gruppenmerkmal enthält, eine neue Gruppe bilden und so mehrere Gruppen zu demselben Gruppenmerkmal anlegen.

1. Öffnen Sie die Artikeldatei mit *Umstell-F2* in der Spalte **db-Dateien.**

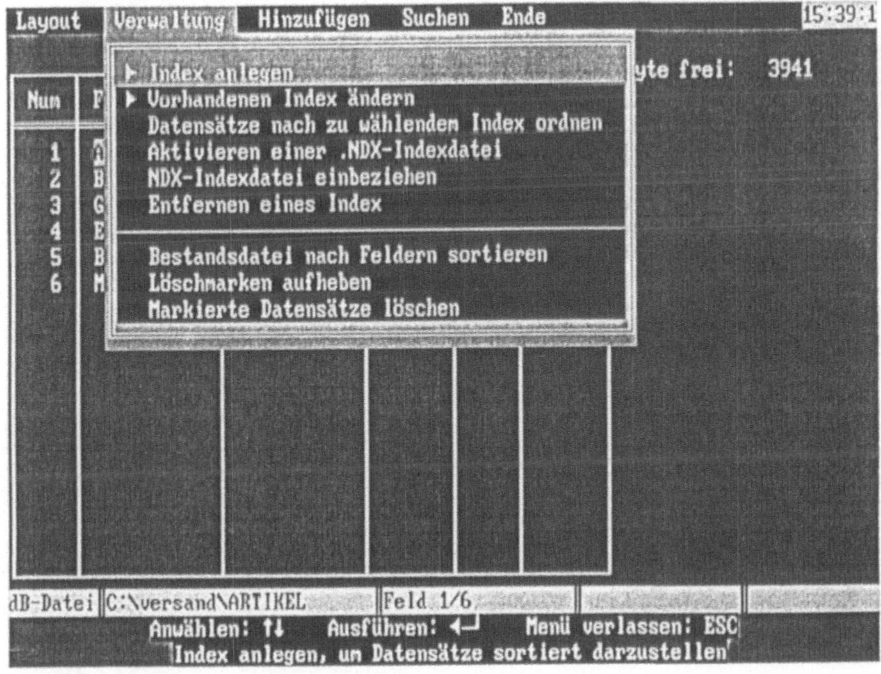

Bild 7-7 Öffnen der Artikeldatei

2. Wählen Sie aus dem **Verwaltung**-Menü den Befehl **Index anlegen** aus.

3. Definieren Sie den Index mit dem Namen *GR_ANR* und dem Ausdruck
    GRUPPE+ANR (vgl. Bild 7-8).

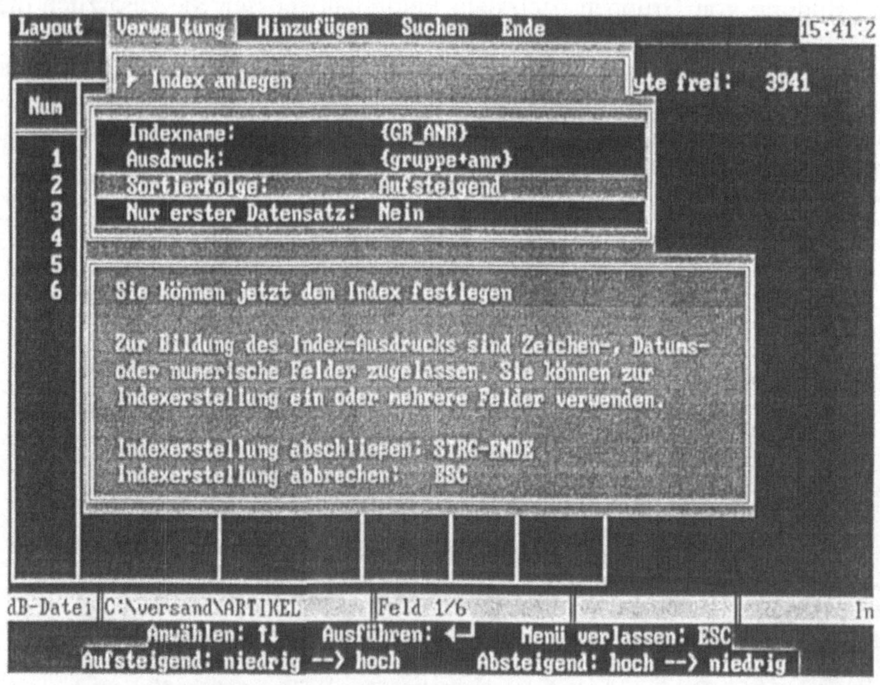

Bild 7-8 Definition des Indizes GR_ANR

4. Wählen Sie aus dem **Verwaltung**-Menü den Befehl **Datensätze nach zu wählendem Index ordnen** aus.

5. Indizieren Sie nach dem Index GR_ANR..

6. Wählen Sie aus dem **Ende**-Menü **Speichern und Beenden** aus.

7. Bestätigen Sie die Speicherung mit der *Eingabetaste*.

8. Wählen Sie dann in der **Berichte**-Spalte <neu> aus.

    Sie sehen dann die Formatmaske für Berichte mit dem geöffneten **Layout**-Menü.

9   Schließen Sie das Menü mit der *Esc*-Taste (vgl. Bild 7-9).

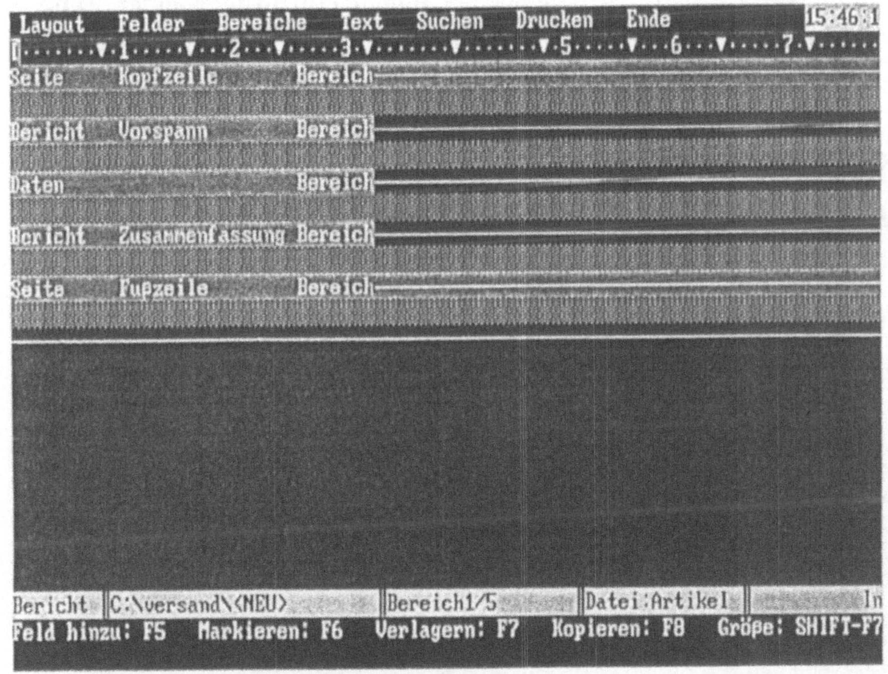

Bild 7-9 Leere Formatmaske für Berichte

Bereiche öffnen, erweitern, schließen

Sie können jeden Bereich beliebig öffnen, vergrößern oder schließen.

Um den Vorspannbereich zu vergrößern, gehen Sie folgendermaßen vor:

1. Der Vorspannbereich ist momentan nur eine Zeile groß. Setzen Sie den Cursor in diese Zeile.

2. Drücken Sie die *Eingabetaste*.

    dBASE IV fügt dann eine Zeile an den Vorspannbereich hinzu.

Es gibt noch eine andere Alternative Bereiche zu vergrößern:

1. Setzen Sie den Cursor in den Vorspannbereich.

2. Rufen Sie aus dem **Text**-Menü den Befehl **Hinzufügen einer Zeile** auf (Bild 7-10).

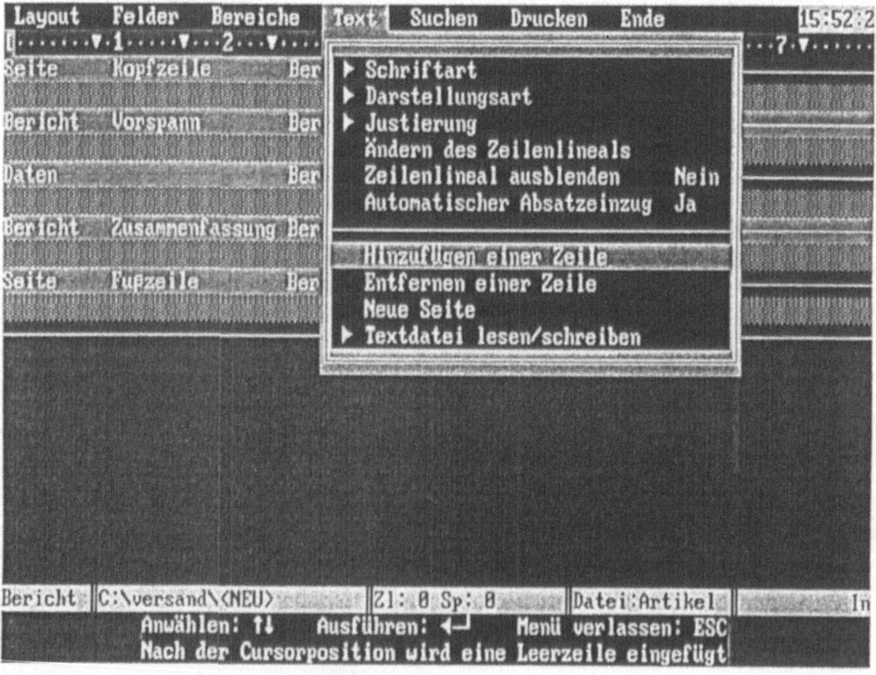

Bild 7-10 Eine Zeile hinzufügen

Um eine Zeile zu löschen, gehen Sie folgendermaßen vor:

1. Setzen Sie den Cursor auf diese Zeile.

2. Führen Sie den Befehl **Entfernen einer Zeile** aus dem **Text**-Menü aus.

Daraufhin löscht dBASE IV diese Zeile.

Sie schließen einen Bereich folgendermaßen:

1. Setzen Sie den Cursor auf die Grenzlinie des Bereichs Vorspann.

2. Drücken Sie die *Eingabetaste*.

dBASE IV schließt den Vorspannbereich (Bild 7-11). Wenn Sie nochmals die Eingabetaste drücken, öffnen Sie ihn wieder.

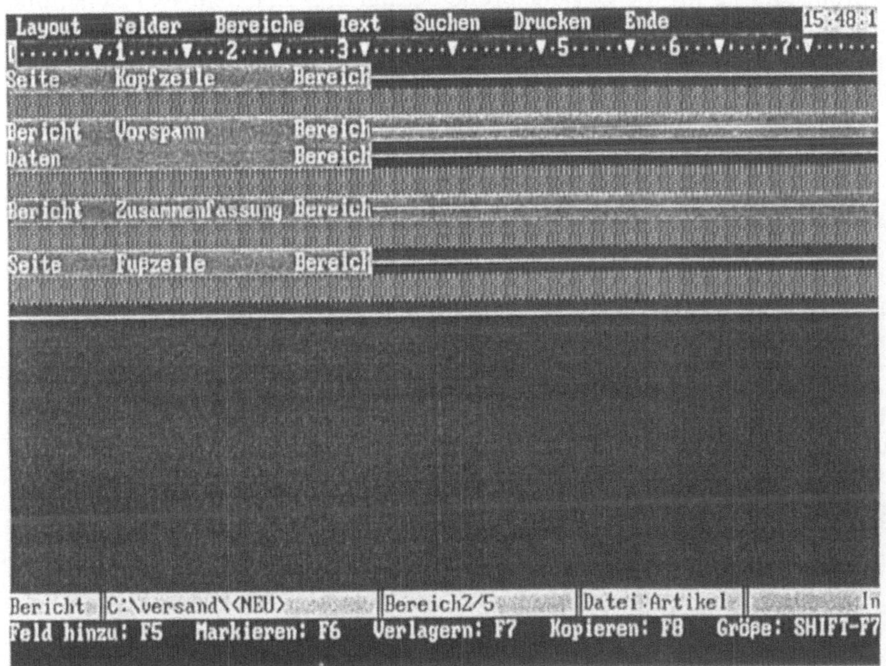

Bild 7-11 Geschlossener Vorspannbereich

Wenn Sie einen Bereich schließen, verschwindet dessen Inhalt vom Bildschirm. dBASE IV merkt sich den Inhalt und zeigt ihn wieder auf dem Bildschirm, sobald Sie diesen Bereich öffnen. Die Befehle zum Schließen und Öffnen von Bereichen tragen dazu bei, die Übersicht über das Berichtsformat zu behalten. Es genügt, wenn Sie den Bereich öffnen, an dem Sie gerade arbeiten wollen.

Wenn Sie alle Bereiche öffnen wollen, rufen Sie aus dem **Bereiche**-Menü **Öffnen aller Bereiche** auf.

Druckbreite des Berichts festlegen

Die Voreinstellung für die Berichtsbreite beträgt 255 Zeichen. Am Zeilenlineal können Sie den linken und rechten Rand des Berichts sowie auch die Tabulatorpositionen festlegen. Die eckigen Klammern kennzeichnen den linken und rechten Rand, die Dreiecke die Tabulatorpositionen (vgl. Bild 7-12).

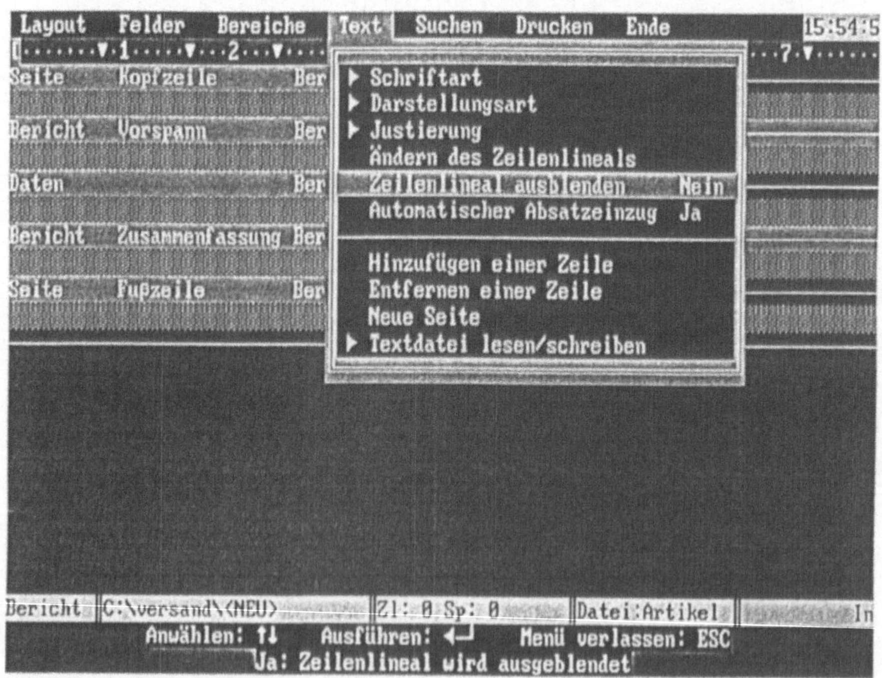

Bild 7-12 Zeilenlineal mit eckigen Klammern und Dreiecken

Falls Sie kein Zeilenlineal in der zweiten Bilschirmzeile sehen, öffnen Sie das **Text**-Menü, und prüfen Sie die Option **Zeilenlineal ausblenden.** Ist **Ja** eingestellt, markieren Sie diese Option und drücken Sie die Eingabetaste. Dadurch ändern Sie diese Einstellung auf **Nein** und dBASE IV blendet das Zeilenlineal ein.

Der Bericht soll 70 Zeichen breit sein.

1. Öffnen Sie das **Text**-Menü und wählen Sie **Ändern des Zeilenlineals** aus.

    Der Cursor blinkt dann auf dem Zeilenlineal.

2. Bewegen Sie den Cursor mit der *Pfeil-rechts-Taste* an die Position 70.

3. Geben Sie die schließende eckige Klammer ein *(AltGr 9)* und drücken Sie die *Eingabetaste*.

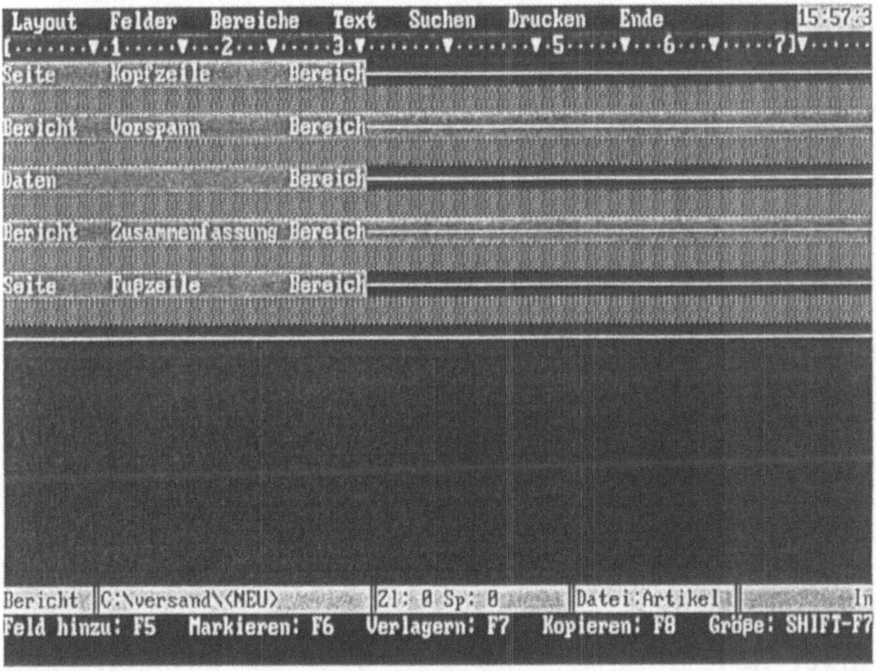

Bild 7-13 Festlegen des rechten Randes

Sie haben nun die Druckbreite für sämtliche Bereiche auf 70 Zeichen reduziert (vgl. Bild 7-13). Neue Tabulatorpositionen setzen Sie mit dem Ausrufezeichen "!".

Felder in den Daten-Bereich einfügen

Der Bericht soll die Felder ANR, BEZ, EK, BESTAND und MB aus der Artikeldatei enthalten. Fügen Sie diese Felder in den Datenbereich ein.

1. Setzen Sie den Cursor in den Datenbereich.

2. Sie können auf zwei Arten Felder hinzufügen. Entweder öffnen Sie das **Felder**-Menü und wählen **Hinzufügen** aus. Sie können aucher auch die *F5*-Taste **Feld hinzu** drücken.

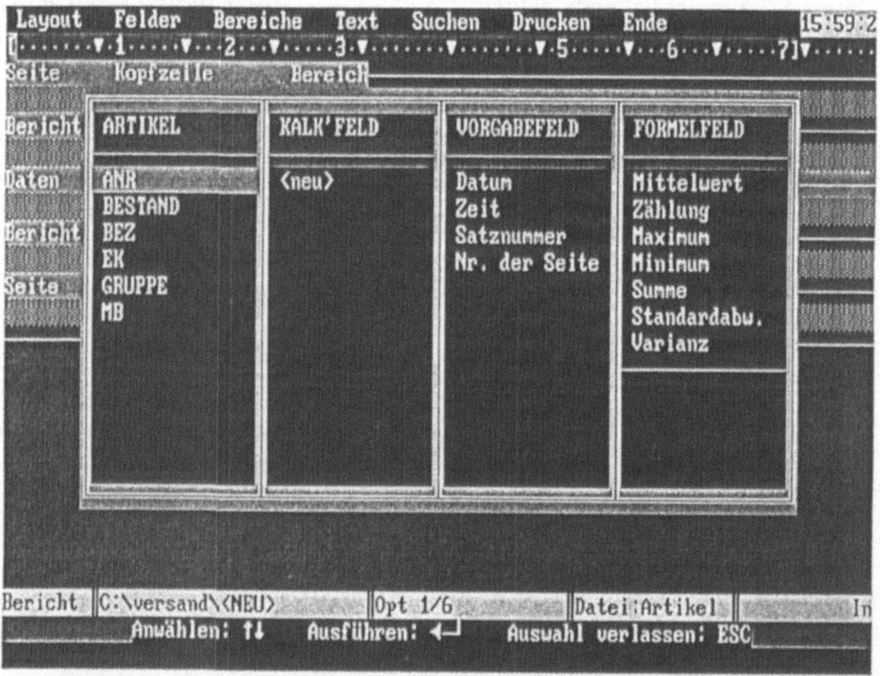

Bild 7-14 Felder für den Bericht

dBASE IV zeigt Ihnen eine vierspaltige Liste (vgl. Bild 7-14). Mit den Pfeiltasten können Sie zwischen den Spalten wechseln.

Die erste Spalte enthält die **Felder** der aktuellen Bestandsdatei oder Sicht. Falls Sie im QBE bereits ein Kalkulationsfeld definiert haben, wird es ebenfalls in der ersten Spalte ausgegeben.

In der zweiten Spalte stehen die Namen der **Kalkulationsfelder**, die Sie bisher für diesen Bericht definiert haben. Wenn Sie ein neues Kalkulationsfeld für den Bericht anlegen wollen, wählen Sie <neu> aus.

Die dritte Spalte enthält die **Vorgabefelder** Datum, Zeit, Datensatznummer und Seitennummer. Diese Felder sind bereits definiert und Sie können sie an jeder beliebigen Stelle in Ihren Bericht einfügen.

In der vierten Spalte sind die Namen der sieben **Formelfelder** aufgelistet. Sie können die Formeln entweder auf alle Daten eines Feldes anwenden, oder Sie gruppieren die Daten und wenden dann eine Formel auf die einzelnen Gruppen an. Sie können den Mittelwert einer Gruppe, die Anzahl der Datensätze einer Gruppe, größten und kleinsten Wert eines Feldes, die Summe aller Werte eines Feldes, die Standardabweichung oder die Varianz eines Feldes ermitteln. Unter den sieben Formelfeldern stehen die Formeln, die Sie selbst für diesen Bericht definiert haben.

3. Das Feld ANR ist bereits markiert. Wählen Sie es aus, indem Sie die *Eingabetaste* drücken.

   dBASE IV zeigt Ihnen das Felddefinitionsmenü (Bild 7-15). Es enthält im oberen Bereich Angaben über Typ und Länge des Feldes, die Sie an dieser Stelle nicht ändern können. Im unteren Bereich stehen Parameter, die das Aussehen des Feldes im Bericht bestimmen. Sie können diese Parameter verändern oder die vorgegebenen Einstellungen übernehmen.

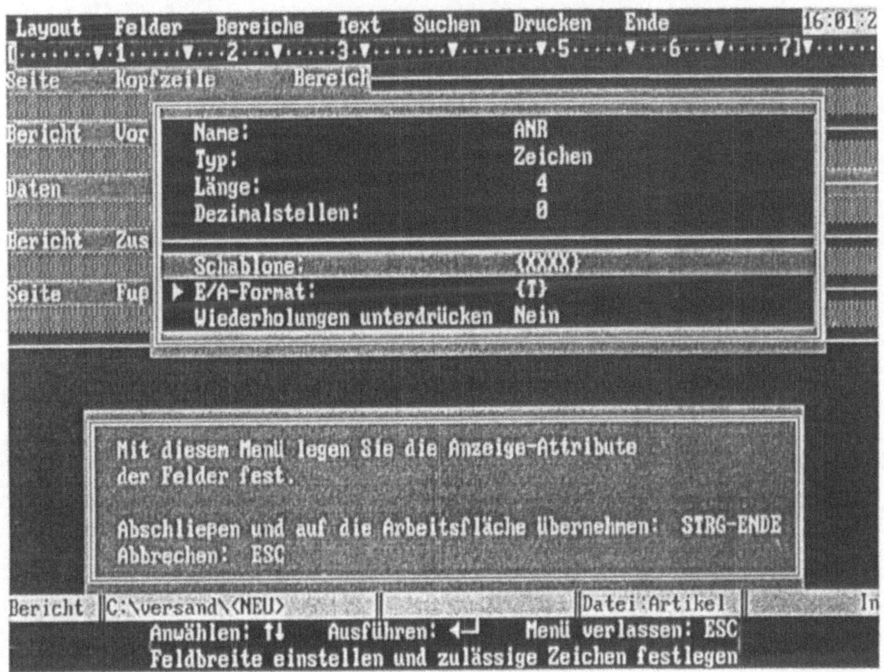

Bild 7-15 Felddefinitionsmenü für das Feld ANR

Feldschablonen ändern

Die Feldschablone zeigt die Breite und die Zeichenart des Feldes. Das Feld
ANR ist vier Zeichen lang. "X" kennzeichnet, daß sämtliche alphanumerischen
Zeichen ausgegeben werden. In der Spalte ANR sollen nur Ziffern ausgegeben
werden.

1.   Drücken Sie die *Eingabetaste*. Sie können dann die **Schablone** bearbeiten
     (Bild 7-16).

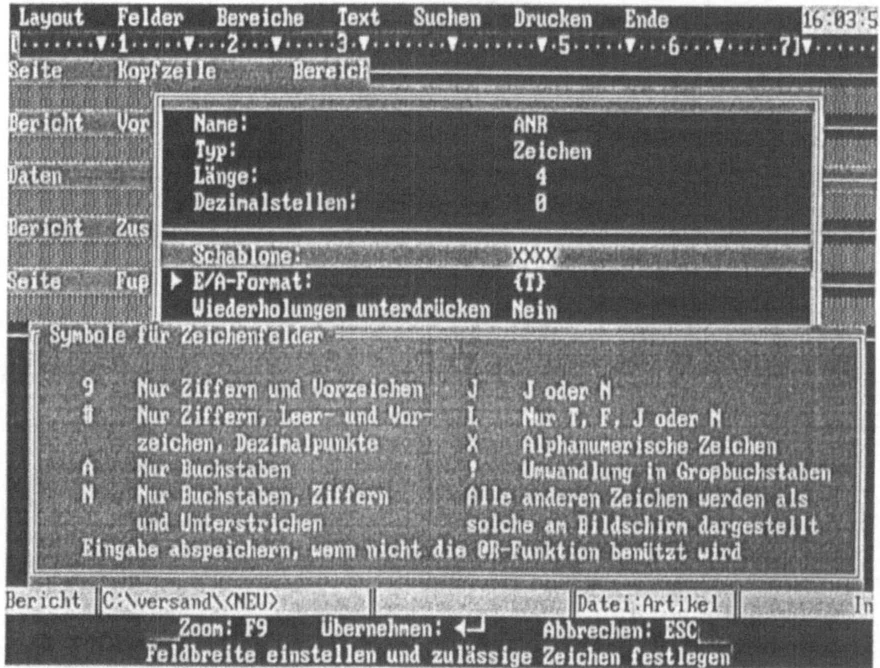

Bild 7-16 Schablone für das Feld ANR

Schablonenzeichen	
9	Es werden nur Ziffern und Vorzeichen ausgegeben
#	Es werden Ziffern, Vorzeichen und Leerzeichen ausgegeben
.	Position des Dezimalkommas
,	Zeichen für die Tausender-Trennung
$	Führende Nullen werden als $ ausgegeben
*	Führende Nullen werden als * ausgegeben

X   Es werden alphanumerische Zeichen ausgegeben

A   Es werden nur Buchstaben ausgegeben

N   Es werden nur Buchstaben, Ziffern und das Unterstreichungszeichen ausgegben

!   Alle Kleinbuchstaben werden in Großbuchstaben umgewandelt

J   Von Zeichenfeldern oder logischen Feldern werden nur die Zeichen J und N ausgegeben

L   Es werden nur die logischen Werte W, F, J oder N ausgegeben

Wenn in dem Feld andere Zeichen stehen als die, die Sie in der Schablone als zulässige Zeichen vereinbart haben, werden diese Daten nicht ausgedruckt.

2.   Löschen Sie die Schablone mit der *Rücktaste*.

3.   Geben Sie ein: *9999*

4.   Übernehmen Sie die Änderung mit der *Eingabetaste*.

In der geschwungenen Klammer sehen Sie dann die geänderte Schablone (Bild 7-17).

Bild 7-17 Geänderte Schablone für das Feld ANR

Das Aussehen von Datumsfeldern können Sie in der Schablone nicht verändern. Das Format des Datums können Sie nur über die Option **Einstellungen** aus dem **Diverses**-Menü im Regie-Zentrum ändern. Dort läßt sich sowohl das **Datumsformat** als auch das **Datumstrennzeichen** einstellen.

Schablone vergrößern

Wenn Ihre Schablone mehr als 36 Zeichen lang werden soll, vergrößern Sie das Eingabefeld für die Schablone mit der F9-Taste (Zoom). dBASE IV erweitert dann das Eingabefeld auf eine Zeile, die es am unteren Bildrand ausgibt. Wenn Sie nochmals die F9-Taste drücken, wird die Eingabezeile ausgeblendet.

Ein- und Ausgabeformate festlegen

Mit der Option **E/A-Format** können Sie ebenfalls das Druckformat der Felder bestimmen. In der geschwungenen Klammer listet dBASE IV die Kurzzeichen für die eingeschalteten E/A-Attribute auf. Für das Feld ANR vom Typ Zeichen hat dBASE IV automatisch das Attribut "T" **Unterdrücken von Leerzeichen** gesetzt (Bild 7-18).

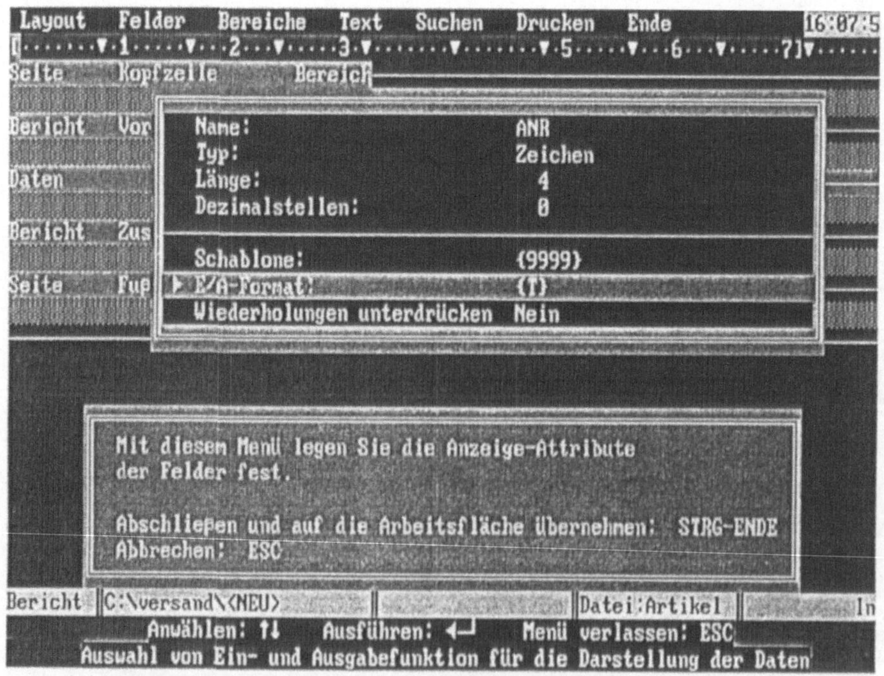

Bild 7-18 E/A-Formate für das Feld ANR

1. Markieren Sie die Option E/A-Format, und drücken Sie die *Eingabetaste*.

    Sie sehen dann eine Liste der verfügbaren Attribute. dBASE IV druckt die
    Attribute fett, die Sie für ein Feld auswählen können. Sie wählen ein At-
    tribut aus, indem Sie es markieren und die Leertaste oder die Eingabetaste
    drücken. Der Status **Aus** wechselt dann auf **Ein**.

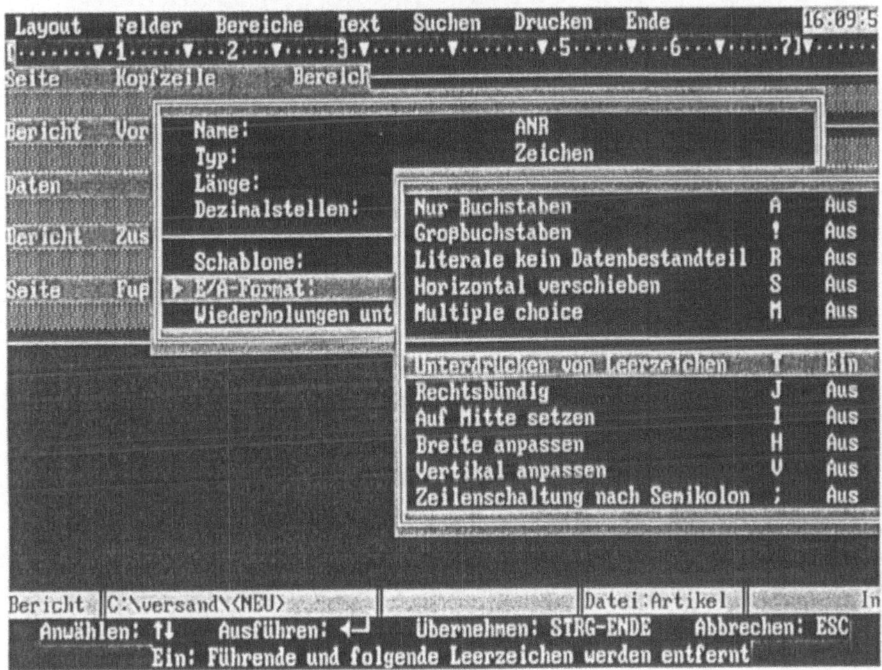

Bild 7-19 E/A-Formate für Zeichenfelder

2. Schalten Sie **Unterdrücken von Leerzeichen** aus (Leertaste).

3. Speichern Sie die Attribute mit *Strg-Ende*. Die Klammer für die Attribut-
    liste ist jetzt leer (Bild 7-20).

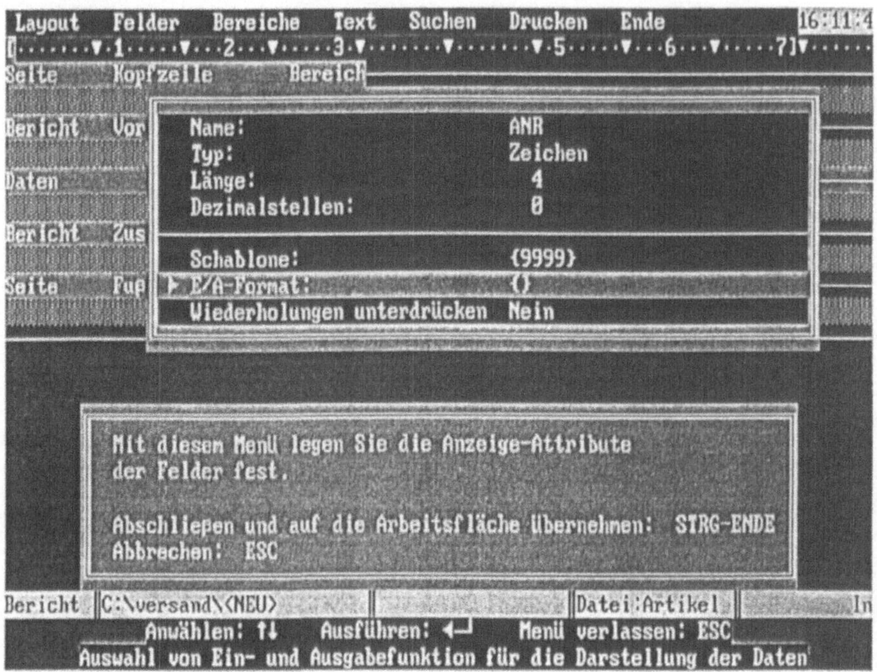

Bild 7-20 Nach der Änderung der E/A-Formate

4. Schließen Sie das Felddefinitionsmenü mit *Strg-Ende*. dBASE IV spei-
    chert die Definitionen ab.

Für Zeichenfelder (Bild 7-19) und numerische Felder (Bild 7-21) stehen unterschiedliche Attribute zur Verfügung.

Die Liste der E/A-Formate für Zeichenfelder unterscheidet sich im oberen Bereich von der Liste der E/A-Formate für numerische Felder. Drei dieser Attribute stehen nur für die Eingabe von Daten zur Verfügung. Sie werden deshalb zusammen mit dem Maskengenerator in Kapitel 10 erklärt.

Die Funktion **Großbuchstaben** wandelt für die Ausgabe des Berichts alle Buchstaben in Großbuchstaben um.

Wenn Sie die Funktion **Literale kein Datenbestandteil** einschalten, gibt dBASE IV Literale, die Sie in die Schablone einfügen im Bericht aus. Die Literale werden aber nicht im Feld abgespeichert.

Literale sind konstante Teile des Feldes. Sie können beispielsweise lange Artikel- oder Kundennummern durch Klammern oder Hochkommata lesbarer gestalten oder die Konstante "Postfach" vor der Postfachnummer ausgeben lassen.

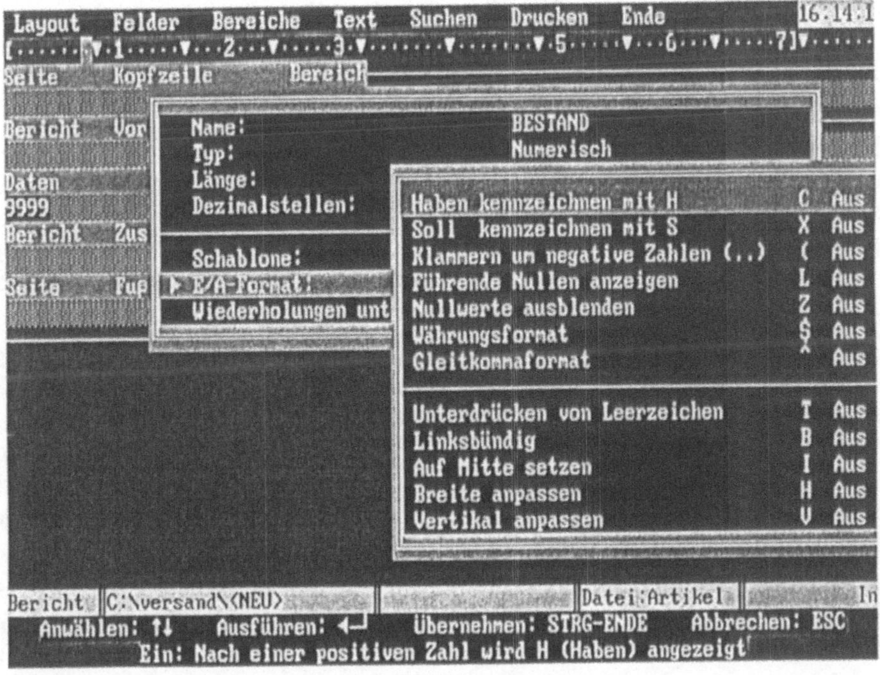

Bild 7-21 E/A-Format für numerische Felder

Einige der Attribute aus dem oberen Bereich in Bild 7-21 schließen sich gegenseitig aus. Es kann entweder das **Währungsformat** oder das **Gleitkommaformat** eingeschaltet werden. Ebenso verhält es sich mit **Führende Nullen anzeigen** und **Nullwerte ausblenden**. Die nächsten Attribute aus der Liste sind für numerische Felder und Zeichenfelder identisch.

Die Funktion **Unterdrücken von Leerzeichen** löscht Leerzeichen, die dem eigentlichen Feldinhalt vorangehen oder folgen. Sie rückt das Feld automatisch nach links, so daß es die durch das Löschen der Leerzeichen entstandene Lücke füllt.

Wenn Sie eine tabellarische Liste drucken wollen, wie in unserem Beispiel, sollten Sie diese Funktion ausschalten. dBASE IV muß alle Felder in der vollen Breite, einschließlich der Leerzeichen, ausdrucken, damit sich der tabellarische Aufbau tatsächlich realisieren läßt.

Für den Druck von Etiketten oder Serienbriefen ist diese Funktion sinnvoll. Sie können sie benutzen, um beispielsweise die Textfelder Vor- und Zuname zu verbinden. Es entsteht dann keine Lücke zwischen den beiden Feldern.

dBASE IV gibt numerische Felder grundsätzlich rechtsbündig aus. Mit der Option **Linksbündig** können Sie diese Voreinstellung ändern. Alphanumerische Felder gibt dBASE IV grundsätzlich linksbündig aus. Deshalb steht bei alphanumerischen Feldern an dieser Stelle die Option **Rechtsbündig**. Die Funktion **Auf Mitte setzen** zentriert die Daten.

Die Funktion **Vertikal anpassen** gibt den Feldinhalt in mehreren Zeilen aus. Sie ist nützlich, wenn man ein Memo-Feld oder ein sehr breites Feld als Textspalte ausdrucken will. dBASE IV trägt in die Schablone eines vertikal angepaßten Feldes z.B. "VVVVV" ein. Die Zeichenanzahl der Schablone legt fest, in welcher Breite das Feld gedruckt wird. Standardmäßig entspricht diese Breite der Feldlänge. Sie können sie mit *Umstell-F7* (Größe) verändern.

Wenn Sie in die Schablone eines Memo-Feldes beispielsweise "VVVVVVVVVVVVVV" eintragen, gibt dBASE IV den Inhalt des Memo-Feldes in einer 15 Zeichen breiten Textspalte aus. dBASE IV führt einen Zeilenumbruch automatisch durch. Die Anzahl der Zeilen hängt von der Länge des Memo-Feldes ab. Die Standardbreite von Memo-Feldern legen Sie im Regie-Zentrum über das **Diverses**-Menü fest. Über die Option **Einstellungen** gelangen Sie zum **Parameter**-Menü und zur Option **Memo Width**.

Wenn Sie Daten nicht tabellarisch angeordnet, sondern im Fließtext, z.B. in einem Serienbrief, ausgeben wollen, hilft Ihnen die Funktion **Breite anpassen**. Sie erweitert oder begrenzt den Raum für die Daten eines Feldes. Die Druckbreite hängt nur von der Zeichenanzahl der gespeicherten Daten ab. Ohne die Funktion **Breite anpassen** würden Daten, die länger als die Schablone sind, abgeschnitten. In der Schablone kennzeichnet dBASE IV diese Funktion durch "HHHHH". Sie können diese Schablone nicht bearbeiten.

Die Funktion **Zeilenschaltung nach Semikolon** gibt es nur für Zeichen- und Memo-Felder. Nach jedem Semikolon ";" beginnt dBASE IV in der Spalte, in der die Feldschablone beginnt, mit einer neuen Datenzeile.

Wiederholungen unterdrücken

Wenn Sie diese Option auf **Ja** setzen, werden wiederholt in einem bestimmten Feld vorkommende Daten nur beim ersten Vorkommen ausgegeben. Das ist beispielsweise dann sinnvoll, wenn Sie sämtliche Aufträge eines Kunden auflisten wollen und der Name des Kunden nur einmal erscheinen soll.

Sie können sämtliche Felddefinitionen nachträglich ändern. Sobald Sie den Cursor auf ein Feld setzen, wird es markiert. In der Hinweiszeile sehen Sie den Namen und die Definition des Feldes. Mit der F5-Taste gelangen Sie zum Felddefinitionsmenü.

Sie haben für das Feld ANR die Schablone bearbeitet, die E/A-Attribute festgelegt und das Feld in den Bericht eingefügt (vgl. Bild 7-22).

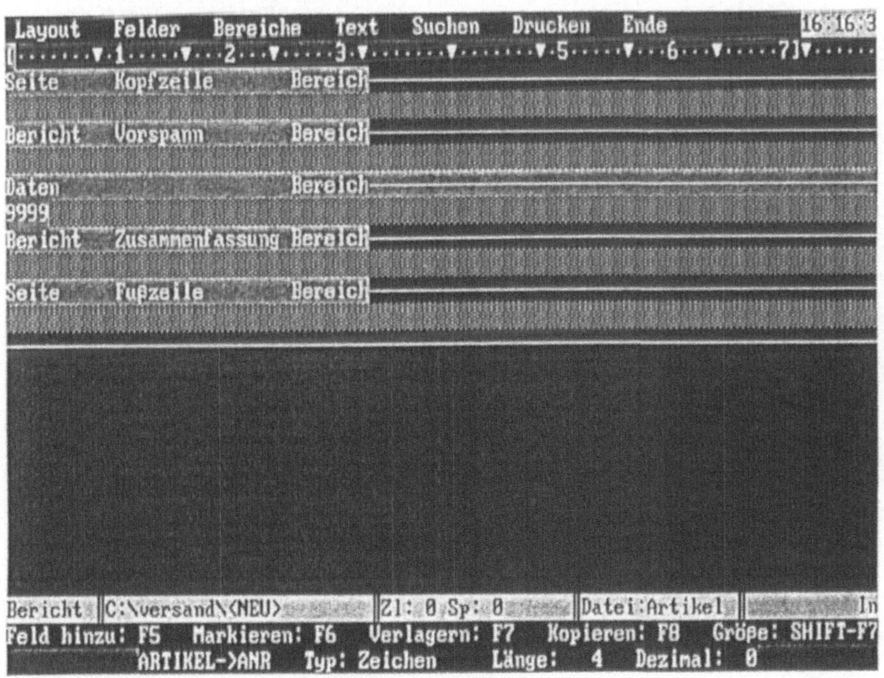

Bild 7-22 Der Bericht enthält das Feld ANR

Weitere Felder in den Bericht einfügen:

1. Rücken Sie den Cursor mit der *Leertaste* zwei Stellen weiter nach rechts,
    und fügen Sie das Feld BEZ hinzu (*F5*-Taste). Schalten Sie im Menü E/A-
    Format **Unterdrücken von Leerzeichen** aus. Übernehmen Sie die anderen
    Voreinstellungen.

2. Setzen Sie zwei Leerstellen und fügen Sie das Feld EK hinzu. Ändern Sie
    die Schablone in: *99999.99 DM*

3. Fügen Sie die Felder Bestand und MB hinzu. Drücken Sie zwischen den
    Feldern zweimal die *Leertaste*.

Vergleichen Sie Ihr Berichtsformat mit dem aus Bild 7-23.

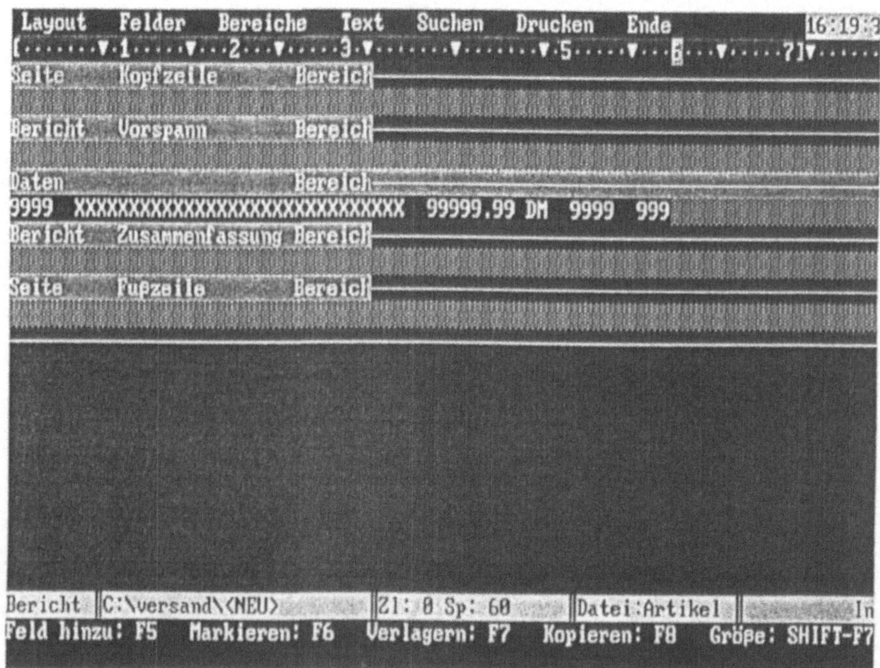

Bild 7-23 Datenbereich mit den auszudruckenden Feldern

Felder löschen, verlagern, kopieren

Sie löschen ein Feld aus dem Datenbereich, indem Sie es markieren und die
Entf-Taste drücken oder den Befehl **Entfernen** aus dem **Felder**-Menü auswählen.

Um ein Feld zu kopieren oder zu verlagern, müssen Sie es zuerst markieren. Achten Sie darauf, daß Sie genügend Platz an der Stelle haben, an die Sie ein Feld verlagern oder kopieren wollen. Reicht der Leerraum nicht aus, schalten Sie den Einfügemodus ein, und schaffen Sie mit der Leertaste eine ausreichend große Lücke. Wenn Sie ein Feld mit einem anderen verdecken, wird das untere gelöscht.

Verschieben Sie die Felder Bestand und MB um drei Stellen nach rechts:

1. Setzen Sie den Cursor auf die erste Stelle des Bestand-Feldes.

2. Drücken Sie die *F6*-Taste (Markieren).

3. Bewegen Sie den Cursor bis zur letzten Stelle des Feldes MB.

4. Schließen Sie die Markierung mit der *Eingabetaste* ab.

5. Drücken Sie die *F7*-Taste (Verlagern).

6. Schieben Sie mit den *Pfeiltasten* die Markierung an die gewünschte Stelle (Zeile 0, Spalte 54), und drücken Sie die *Eingabetaste*. dBASE IV fragt dann, ob Sie die verdeckten Texte und Felder löschen wollen (Bild 7-24).

    Wenn Sie die Frage verneinen, bricht dBASE IV die Verlagerung ab. Es passiert nichts.

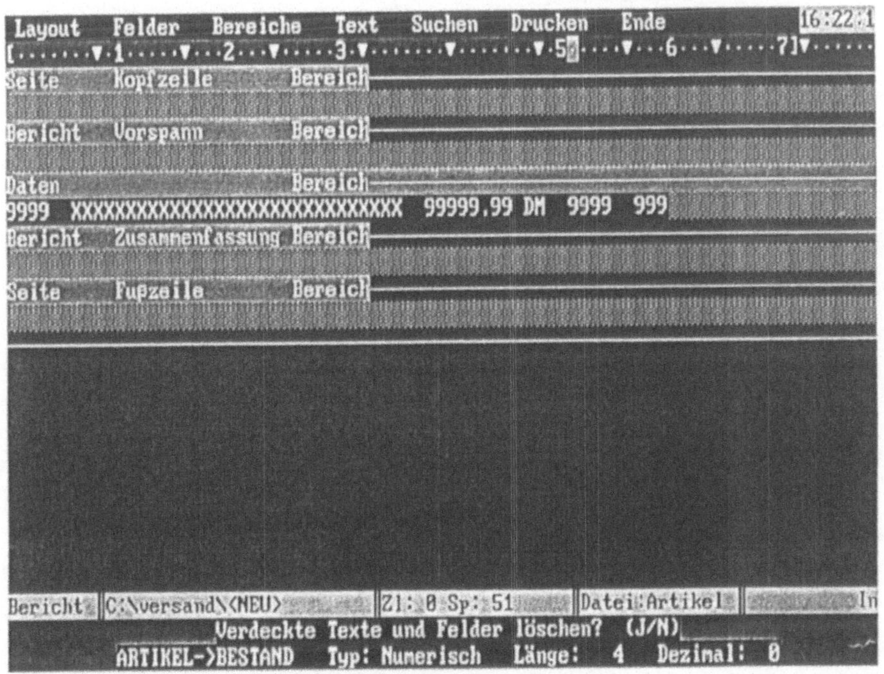

Bild 7-24 *dBASE IV fragt, ob es verdeckte Felder löschen soll*

7. In unserem Beispiel können Sie die Frage bejahen, da es sich bei den ver-
    deckten Feldern um die markierten Felder handelt.

8. Heben Sie die Markierung mit der *Esc*-Taste auf.

Kopieren mit der *F8*-Taste können Sie nur innerhalb eines Bereichs. Es ist beispielsweise nicht möglich, Text oder Felder aus der Kopfzeile in die Fußzeile
zu kopieren.

Spaltentitel in der Kopfzeile ausgeben

Als nächstes sorgen Sie dafür, daß dBASE IV alle Spalten mit den entsprechenden Titeln (Überschriften) versieht und auf jeder Seite in der Kopfzeile
ausgibt.

1. Setzen Sie den Cursor in den Bereich der Kopfzeile.

2. Drücken Sie einmal die *Eingabetaste*, um eine Leerzeile einzufügen.

3. Geben Sie an folgenden Positionen die Spaltentitel ein (vgl. Bild 7-25):

    Spalte 0:   *ANR*

    Spalte 6:   *Bezeichnung*

    Spalte 41:   *EK-Preis*

    Spalte 51:   *Bestand*

    Spalte 61:   *MB*

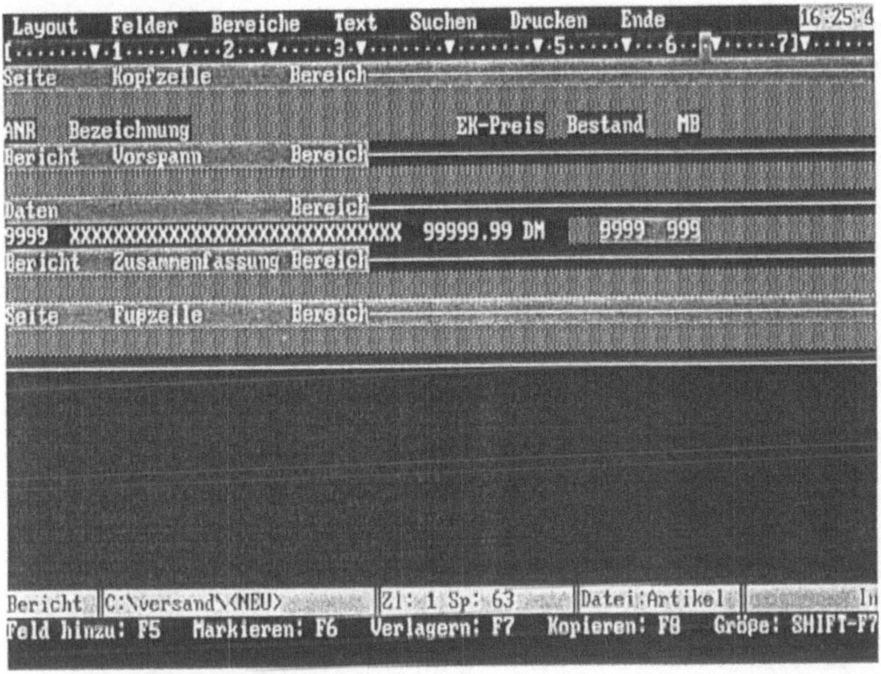

Bild 7-25 Spaltentitel für den Bericht

Seiten in der Fußzeile numerieren

Numerieren Sie die Blätter Ihres Berichts in der Fußzeile.

1. Setzen Sie den Cursor in den Bereich der Fußzeile.

2. Fügen Sie eine Leerzeile ein.

3. Geben Sie ein: *Seite*

4. Drücken Sie einmal auf die *Leertaste*.

5. Fügen Sie das Vorgabefeld **"Nr. der Seite"** (*F5*-Taste) ein.

Zentrieren Sie die Numerierung.

1. Markieren Sie die Fußzeile, indem Sie den Cursor mit der *Pos1*-Taste auf
    ihren Anfang setzen, die *F6*-Taste für (Markieren) drücken, mit der *Pfeil-
    Rechts-Taste* die gesamte Fußzeile markieren und mit der *Eingabetaste* die
    Markierung abschließen.

2. Wählen Sie aus dem **Text**-Menü die Option **Justierung** aus.

3. Wählen Sie **Zentrieren** aus. dBASE IV setzt daraufhin die Fußzeile in die
    Zeilenmitte.

Vergleichen Sie Ihr Berichtsformat mit dem aus Bild 7-26.

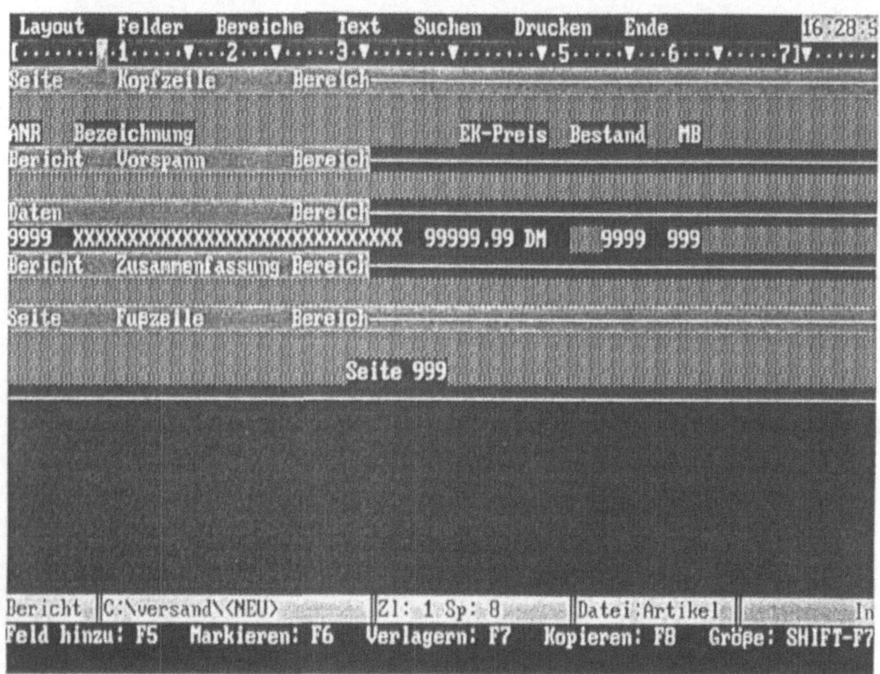

Bild 7-26 Die Bereiche Kopf- und Fußzeile

Gruppen bilden

Die Artikel sollen im Bericht nach Artikelgruppen zusammengefaßt und sortiert werden. Das bedeutet, daß dBASE IV alle Blitzgeräte nacheinander ausgibt und dann erst alle Kameras. Innerhalb der einzelnen Gruppen sind die Artikel nach der Artikelnummer sortiert.

Gruppieren Sie nach dem Feld Gruppe.

1. Setzen Sie den Cursor vor den Vorspann-Bereich.

2. Öffnen Sie das **Bereiche**-Menü, und rufen Sie **Hinzufügen einer Gruppe** auf.

    Die Funktion **Hinzufügen einer Gruppe** können Sie nicht aufrufen, wenn der Cursor im Datenbereich steht. Gruppen werden immer zwischen Vorspann und Datenbereich eingefügt.

3. Wählen Sie **Feldinhalt** und das Feld **Gruppe** aus (Bild 7-27).

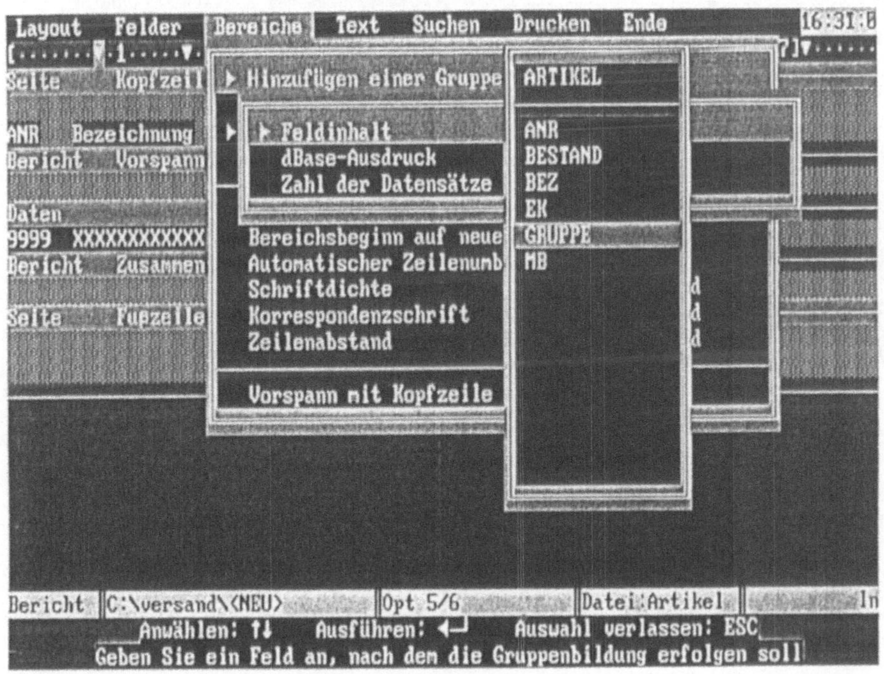

Bild 7-27 Gruppierung nach der Artikelgruppe

dBASE IV fügt darauf hin **Gruppe 1** mit Vorspann und Zusammenfassung ein (Bild 7-28). Im Vorspann soll der Name der jeweiligen Gruppe stehen und in der Zusammenfassung die Anzahl der Produkte und der Warenwert.

4. Fügen Sie in den Vorspann-Bereich der Gruppe 1 das Feld Gruppe ein (vgl. Bild 7-28).

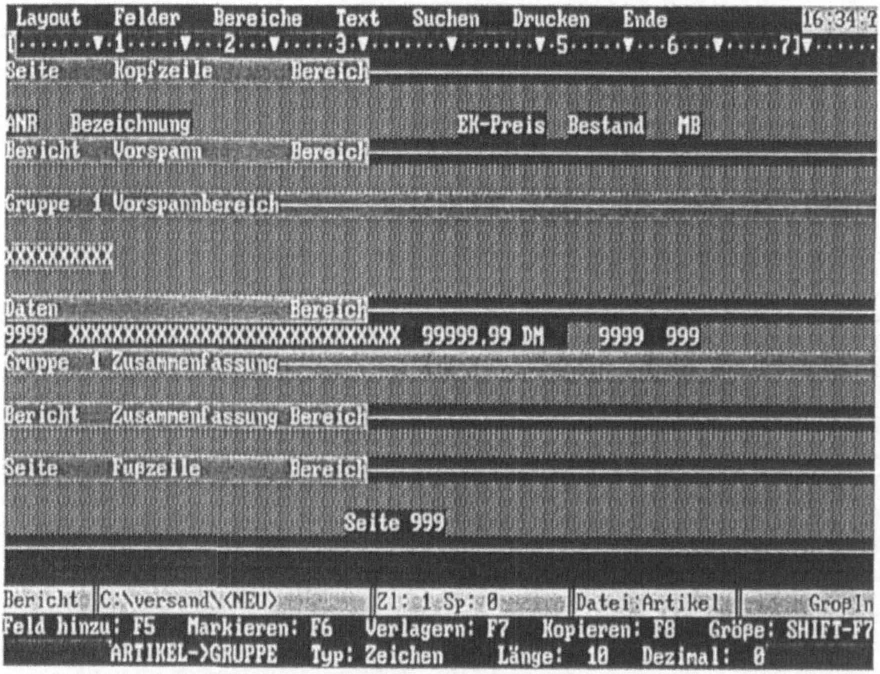

Bild 7-28 dBASE IV fügt Bereiche für die Gruppe ein

Gruppen statistisch auswerten

Gruppierungen sind vor allem dann sinnvoll, wenn man Zwischensummen berechnen oder Statistiken aufstellen will. Stellen Sie fest, wie viele verschiedene Artikel zu den einzelnen Gruppen gehören.

1. Geben Sie in die erste Zeile des Zusammenfassung-Bereichs der Gruppe 1 ein: *Anzahl der Produkte*:

2. Rufen Sie mit der *F5*-Taste die vierspalte Feldliste auf.

3. Wählen Sie die Funktion **Zählung** aus.

4. Ändern Sie die Schablone in: *9999*

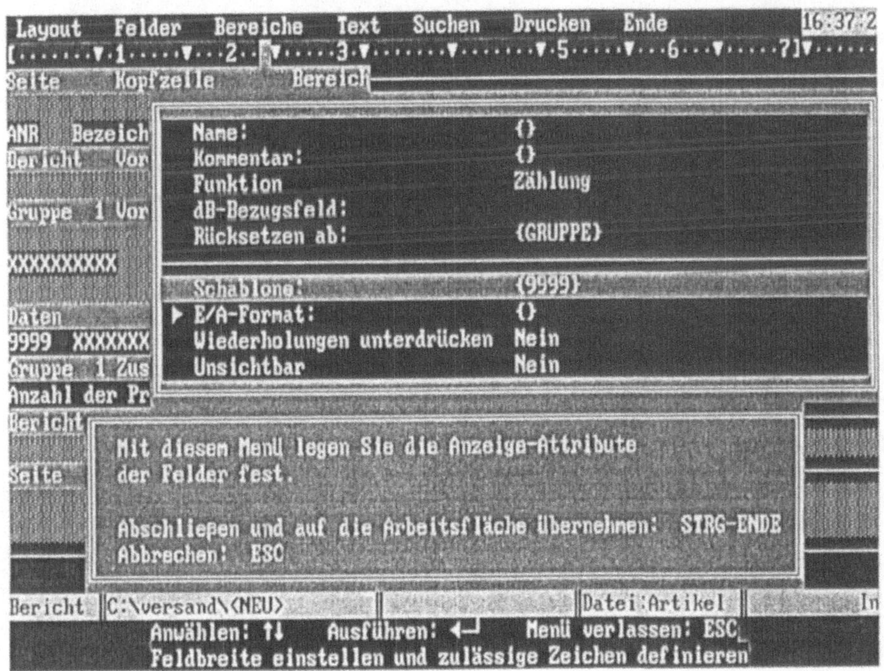

Bild 7-29 Felddefinition für den Gruppenbereich Zusammenfassung

5.   Speichern Sie die Felddefinition mit *Strg-Ende*.

Daraufhin fügt dBASE IV das Feld in den Bereich Zusammenfassung ein
(Bild 7-30).

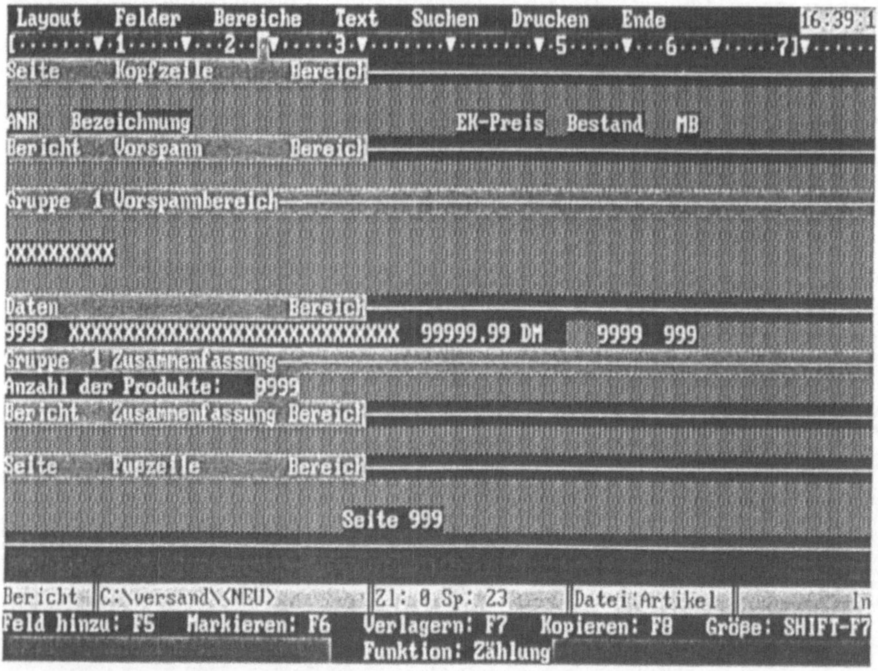

Bild 7-30 Zählung in der Zusammenfassung einer Gruppe

In der Zusammenfassung der Gruppe soll auch noch der Wert aller Artikel einer Gruppe ausgegeben werden. Der Warenwert eines Artikels ist das Produkt
der Felder EK und Bestand. Um den Warenwert einer Gruppe zu berechnen,
muß man diese Produkte (EK*Bestand) addieren.

Das Produkt (EK*Bestand) wird in einem unsichtbaren Kalkulationsfeld für jeden Artikel ermittelt. Diese Produkte werden dann summiert. Unsichtbare Felder gibt dBASE IV nicht auf den Bildschirm oder Drucker aus. Sie können unsichtbare Felder aber in Formelfeldern verwenden.

1. Geben Sie in dieselbe Zeile im Bereich Zusammenfassung der Gruppe ein: *Warenwert in DM:*

2. Drücken Sie die *F5*-Taste (Feld hinzu) und wählen Sie in der Spalte der Kalulationsfelder **<neu>** aus.

3. Nennen Sie das Feld: *Warenwert*

4. Tragen Sie in **Ausdruck** ein: *EK * Bestand*

5. Schalten Sie das Attribut **Unsichtbar** auf **Ja** (Bild 7-31) und speichern Sie die Definition mit *Strg-Ende*.

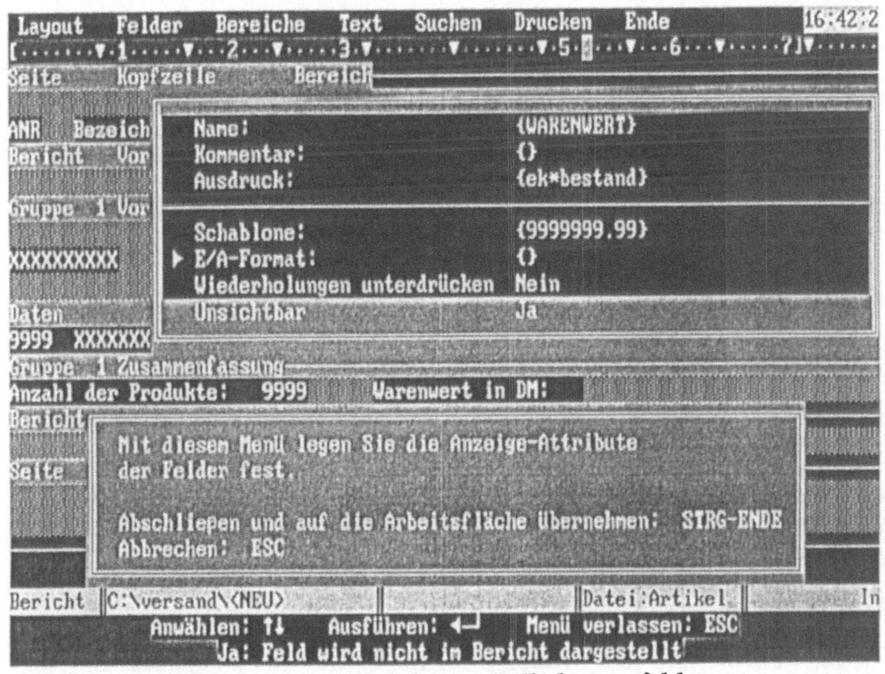

Bild 7-31 Defintion eines unsichtbaren Kalkulationsfeldes

Wenn Sie die Definition eines unsichtbaren Feldes lesen oder ändern wollen, rufen Sie aus dem **Felder**-Menü **Unsichtbares Feld bearbeiten** auf. Sie sehen dann eine Liste der unsichtbaren Felder, aus der Sie eines auswählen können.

Die Werte des unsichtbaren Feldes Warenwert sind noch zu summieren.

6. Drücken Sie die *F5*-Taste.

7. Wählen Sie **Summe** aus der Spalte der **Formelfelder** aus.

8. Markieren Sie die Zeile **db-Bezugsfeld** und drücken Sie die *Eingabetaste*.

    Sie sehen dann in einer Liste alle Felder der Artikeldatei und die Kalkulationsfelder. Die numerischen Felder sind fettgedruckt.

9. Wählen Sie das unsichtbare Feld Warenwert aus (Bild 7-32).

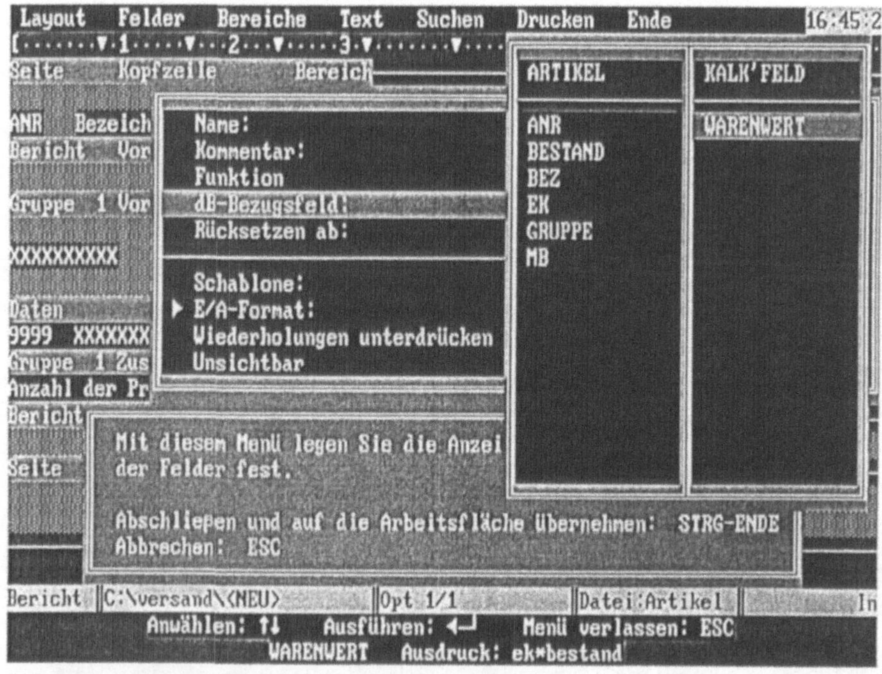

Bild 7-32   Formelfeld für Gruppen mit Bezug auf ein unsichtbares Kalkulationsfeld

Sie können dem Formelfeld einen maximal zehnstelligen **Namen** geben. Dies ist aber nicht unbedingt erforderlich. Im **Kommentar** können Sie die Formel kurz erklären. In die Zeile **Summe** trägt dBASE IV die Formel ein, die Sie ausgewählt haben. Im **db-Bezugsfeld** müssen Sie das Feld angeben, auf das die Formel angewendet werden soll.

In die Zeile **Rücksetzen ab** hat dBASE IV bereits **Gruppe** eingetragen. Laut dieser Voreinstellung wendet es die Formel auf jede Gruppe an. Sie können die Summierung aber auch **seitenweise** oder für den gesamten **Bericht** durchführen lassen. Wenn Sie die Eingabetaste drücken, können Sie eine dieser Optionen auswählen.

10. Speichern Sie mit *Strg-Ende* die Definition des Formelfeldes.

11. Verschieben Sie den Warenwert so, daß Mindestbestand und Warenwert rechtsbündig gedruckt werden (Bild 7-33).

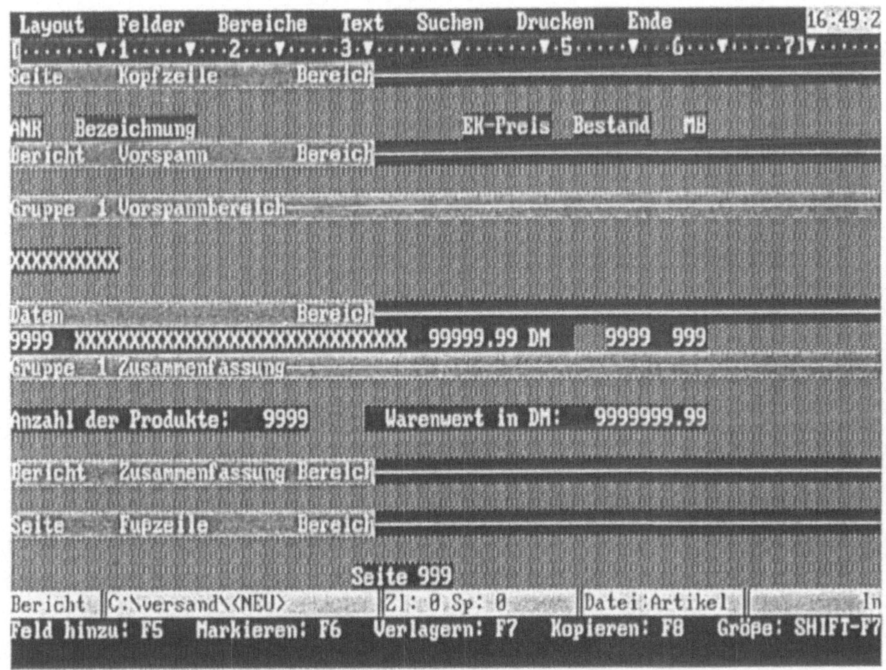

Bild 7-33 Statistische Auswertung in der Zusammenfassung

In der Zusammenfassung rechnen

In der Zusammenfassung soll der Warenwert des gesamten Lagers zu Einkaufspreisen stehen.

1.   Öffnen Sie den Bereich Zusammenfassung.

2.   Geben Sie in die erste Zeile ein:

      Warenwert des gesamten Lagers zu Einkaufspreisen in DM:

3.   Rufen Sie die Feldliste mit *F5* auf und wählen Sie **Summe** aus der Spalte Formelfelder aus.

4.   Geben Sie als **db-Bezugsfeld** *Warenwert* ein (Bild 7-34).

5.   Speichern Sie die Definition mit *Strg-Ende*.

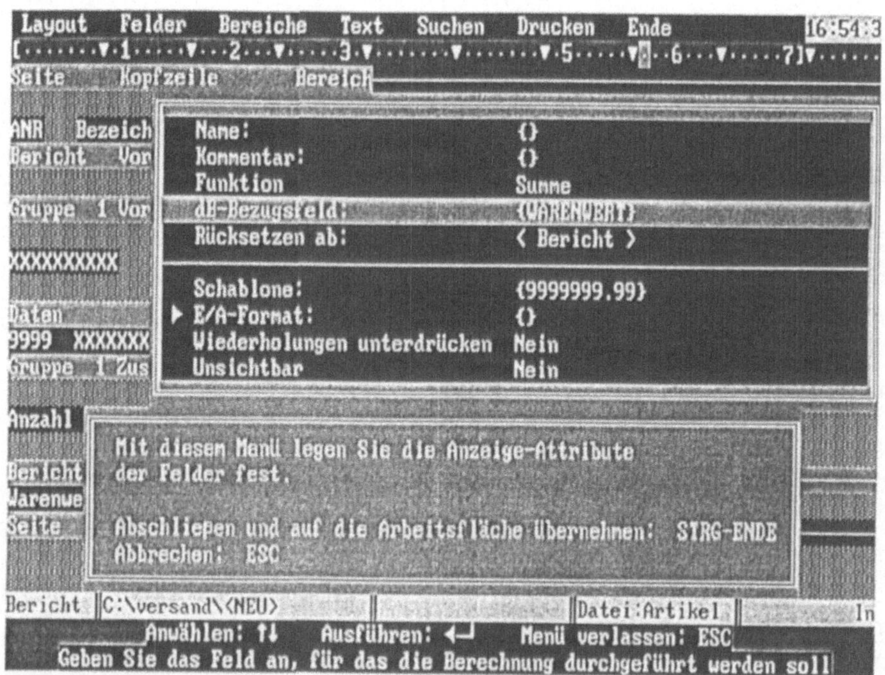

Bild 7-34 Formelfeld für den gesamten Bericht

In die Zeile **Rücksetzen ab** hat dBASE IV automatisch **<Bericht>** eingetragen. Es wendet die Summenformel auf alle Zeilen des Berichts an. Im Gegensatz dazu hat es in der Zusammenfassung für die Gruppe 1 an dieser Stelle automatisch **<Gruppe>** eingetragen (siehe Bild 7-32).

Vorspann eingeben

Im Vorspann können Sie schildern, wie der Bericht aufgebaut ist und welche Daten er enthält. Die Erklärungen geben Sie am besten im Textmodus ein. Sie können den Text dann genauso wie in ein Textverarbeitungsprogramm eingeben.

1. Setzen Sie den Cursor in den **Vorspann**-Bereich.

2. Rufen Sie den Textmodus auf, indem Sie aus dem **Bereiche**-Menü die Option **Automatischer Zeilenumbruch** auf **Ja** setzen (Bild 7-35).

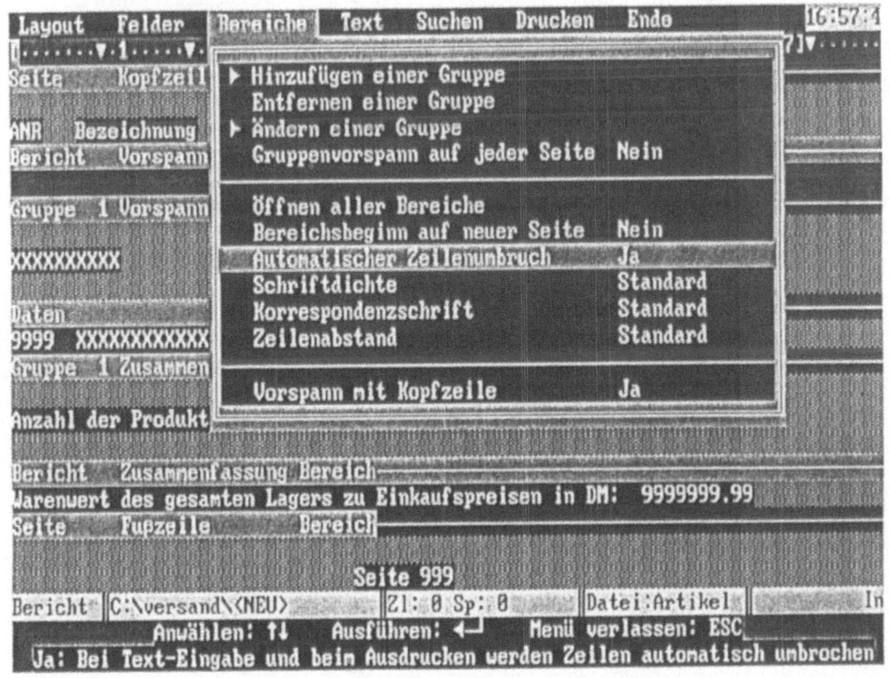

Bild 7-35 Textmodus für den Vorspannbereich aufrufen

3. Geben Sie den Text aus Bild 7-36 ein und fügen Sie das Vorgabefeld für das Datum ein.

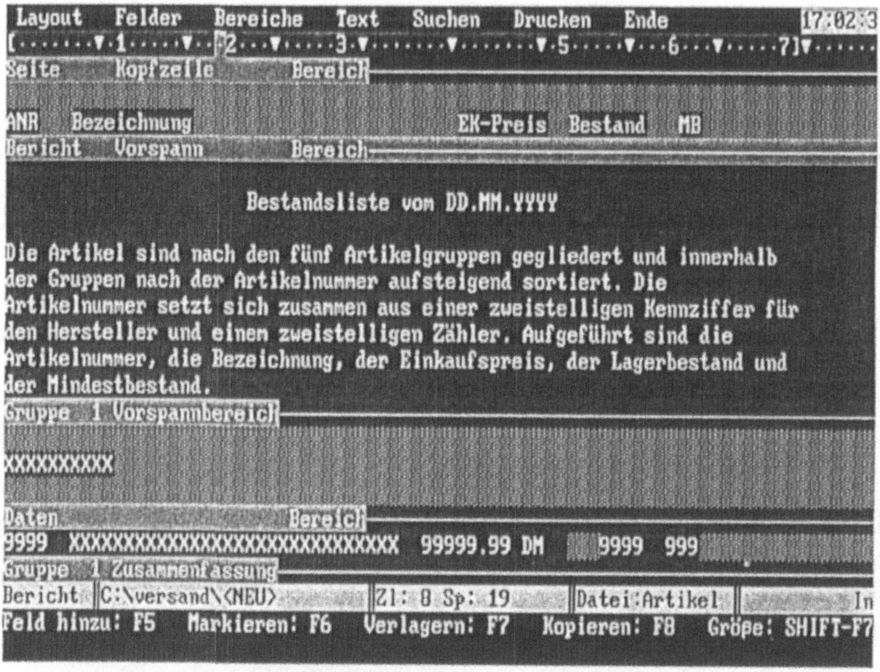

Bild 7-36 Eingabe im Textmodus

Sie können mit den Funktionstasten Text markieren, verlagern, kopieren oder löschen.

Text, den Sie formatieren wollen, müssen Sie zuerst markieren. Das **Text**-Menü enthält die Option **Schriftart** mit Funktionen zum Formatieren. Sie können den Text fettdrucken, unterstreichen, kursiv drucken, Zeichen hoch- oder tiefstellen.

Der Vorspann soll auf der ersten Seite vor der Kopfzeile mit den Spaltentiteln ausgedruckt werden.

1. Öffnen Sie das **Bereiche**-Menü, und setzen Sie die Option **Vorspann mit Kopfzeile** auf **Nein**.

dBASE IV setzt daraufhin den Vorspann vor die Kopfzeile (Bild 7-37).

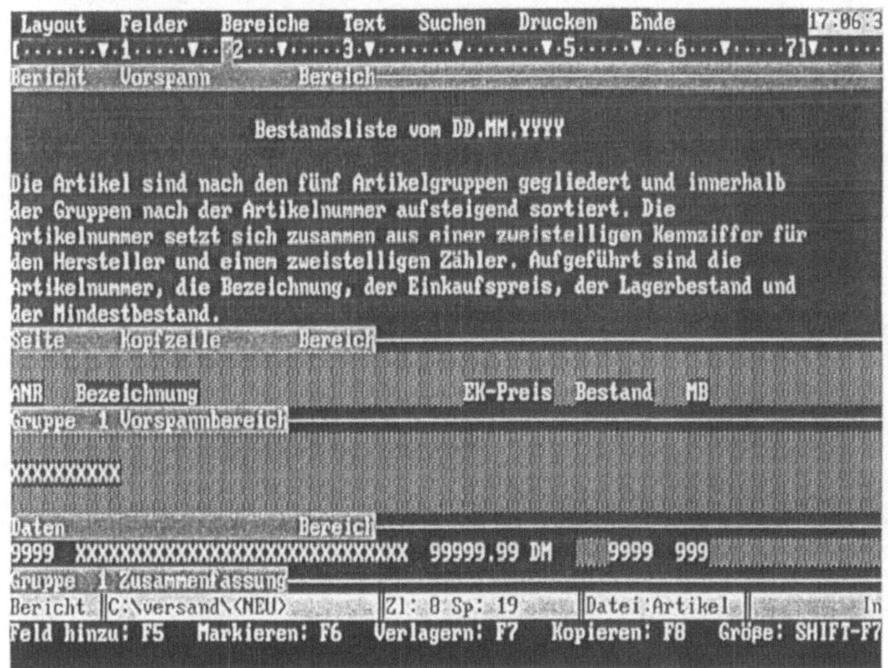

Bild 7-37 Austausch von Vorspann und Kopfzeile

Berichte drucken

Bevor Sie den Bericht auf Papier drucken, können Sie sich einen Probedruck auf dem Bildschirm ansehen.

1. Öffnen Sie sämtliche Bereiche mit der Option **Öffnen aller Bereiche** aus dem **Bereiche**-Menü. dBASE IV druckt nur die offenen Bereiche.

2. Öffnen Sie das **Drucken**-Menü, und wählen Sie **Ausgabe am Bildschirm** aus (Bild 7-38).

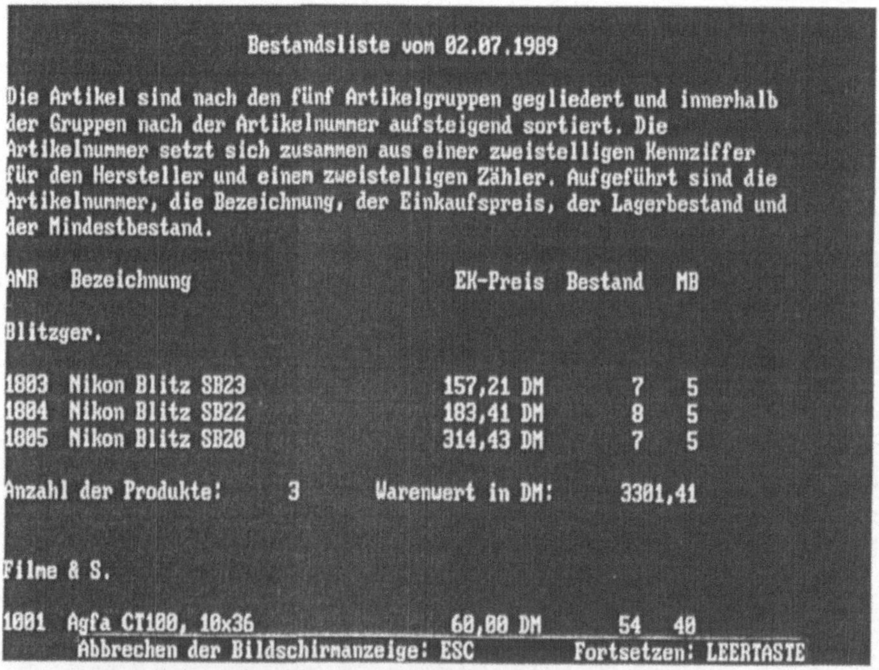

Bild 7-38 Erste Seite des Probedrucks auf den Bildschirm

dBASE IV übersetzt den Bericht in dBASE IV-Code und gibt den Bericht auf den Bildschirm aus. Sie können in der Statuszeile verfolgen, welche Zeile gerade codiert wird.

Vor dem Druck auf Papier, müssen Sie die Parameter aus dem untersten Bereich des **Drucken**-Menüs (vgl. Bild 7-39) einstellen.

Bild 7-39 Das Drucken-Menü

Mit der Leertaste oder der Eingabetaste blättern Sie zwischen den angebotenen Optionen. Mit Strg-Ende speichern Sie die gewählten Optionen. In den folgenden Bildern sehen Sie die Einstellungen der Druckparameter für den HP Laserjet Serie II.

Ziel der Ausgabe

Mit den Optionen des Menüs **Ziel der Ausgabe** bestimmen Sie das Ausgabege-
rät für den Bericht (Bild 7-40).

Bild 7-40 Auswahl des Druckers

Sie können den Bericht entweder auf den angeschlossenen **Drucker** oder in
eine **Druckdatei** ausgeben. Wenn Sie in eine Druckdatei ausgeben lassen, können Sie den Bericht zu einem späteren Zeitpunkt auf Papier ausdrucken lassen
oder an ein anderes Programm zur Weiterbearbeitung übergeben.

Automatisch nennt dBASE IV die Druckdatei ebenso wie den Bericht und
hängt die Dateinamenserweiterung .prt an. Sie können aber einen anderen Dateinamen eingeben.

Unter **Druckermodell** finden Sie alle Druckernamen wieder, die Sie bei der
Installation von dBASE IV angegeben haben. Wählen Sie den Drucker aus, auf
den Sie ausgeben wollen.

Wenn Sie das **Bildschirmecho** einschalten, sehen Sie auf dem Bildschirm was ausgedruckt wird. Mit Hilfe dieser Option können Sie den Ablauf des Druckvorgangs am Bildschirm verfolgen.

Druckersteuerung

Mit den Optionen des Menüs **Druckersteuerung** beeinflussen Sie Schriftqualität und -größe, den Seitenvorschub und die Ausgabe von Steuerzeichen (vgl. Bild 7-41).

Bild 7-41 Auswahl der Steuerparameter

Wenn Sie **Standard** wählen, wird die jeweils zuletzt eingestellte Option verwendet.

Zeichendichte bietet drei Optionen. Bei **Pica** beträgt die Zeichendichte 10 Zeichen pro Zoll, bei **Elite** 12 Zeichen pro Zoll. Bei der engsten Schrift, der **Schmalschrift**, hängt die Zeichendichte vom Drucker ab.

Wenn Sie **Korrespondenzschrift** auf **Ja** setzen, wird der Ausdruck mit der Schönschrift des Druckers erstellt.

Mit **Seitenvorschub** können Sie die Ausgabe leerer Seiten steuern. Sie können entweder vor oder nach dem Druck, vor und nach dem Druck oder überhaupt keine leere Seite ausgeben.

Wenn Sie **Warten vor jeder** Seite einstellen, hält der Drucker automatisch nach jeder gedruckten Seite an. Sie haben dann Zeit, um beispielsweise das Papier zu wechseln.

dBASE IV unterscheidet bei der **Vorschubart** zwischen **Seitenvorschub** und **Zeilenvorschub**. Wenn Sie Papier im Standardformat verwenden, stellen Sie **Seitenvorschub** ein. Entspricht das Papier nicht der von Ihrem Drucker unterstützten Papiergröße, müssen Sie **Zeilenvorschub** einstellen und über das Menü **Größe der Seite** bestimmen, wieviele Zeilen auf eine Seite passen.

Spezielle Steuerzeichen benötigen Sie nur in Ausnahmefällen. Sie werden deshalb in diesem Buch nicht erklärt.

Optionen für Ausgabe

Im Menü **Optionen für die Ausgabe** können Sie den Ausdruck auf bestimmte Seiten des Berichts einschränken und die Seitennumerierung beeinflussen (vgl. Bild 7-42).

Bild 7-42 Druckseiten und Seitennumerierung

Wenn Sie nicht alle Seiten eines Berichts ausdrucken wollen, können Sie angeben, bei welcher Seitennummer der Ausdruck beginnen (**Erste Seite**) und bei welcher er enden soll (**Letzte Seite**).

Normalerweise beginnt dBASE IV die Seitennumerierung bei "1". Sie können aber die **Nr. der ersten Seite** selbst bestimmen. Das ist sinnvoll, wenn Sie mehrere Berichte zu einem Gesamtbericht zusammenfügen wollen und die Seitennumerierung fortlaufend sein soll.

Mit **Anzahl der Exemplare** legen Sie fest, wie viele Kopien des Berichts dBASE IV druckt. Die maximale Einstellung beträgt 32767.

Größe der Seite

Die **Seitenlänge** ist die Zeilenanzahl, die der gesamten Blattlänge entspricht. Oberer und unterer Rand zählen zur Seitenlänge (vgl. 7-43).

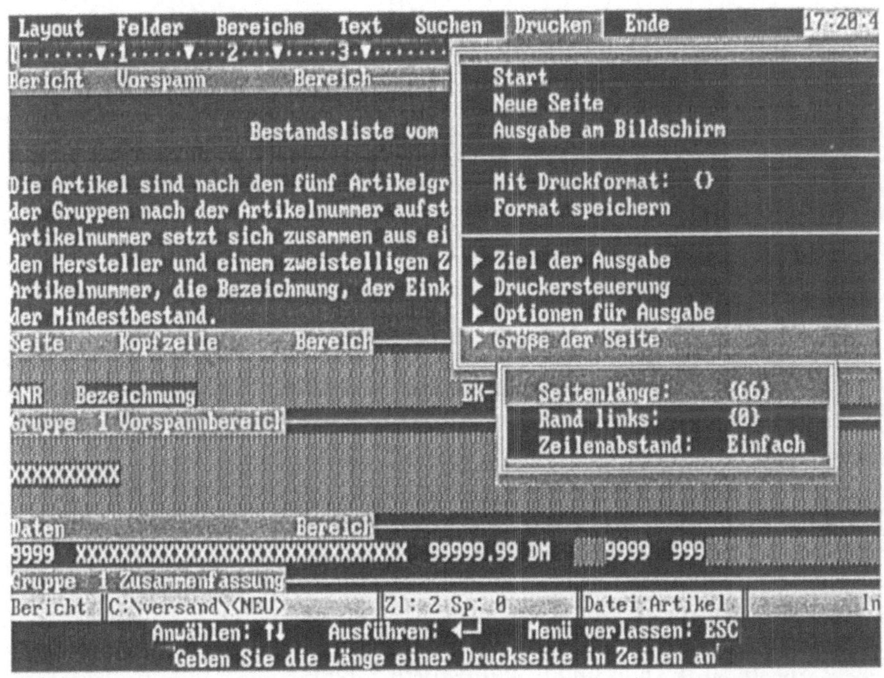

Bild 7-43 Definition einer Druckseite

Mit **Rand links** bestimmen Sie, mit wieviel Zeichen Abstand vom linken Blattrand der Ausdruck beginnt. Wenn Sie in der Formatmaske für Berichte anhand des Zeilenlineals ebenfalls einen linken Rand eingestellt haben, werden beide

Randeinstellungen summiert. Falls Sie in der Formatmaske für den linken Rand "5" und hier "10" eingestellt haben, beginnt der Druck nach 15 Zeichen.

Sie können mit einfachem, doppeltem und dreifachem **Zeilenabstand** drucken.

Druckformat speichern

Wenn Sie einmal die Optionen für Ihren Drucker eingestellt haben, können Sie das Druckformat zusammen mit dem Bericht speichern und anschließend immer wieder verwenden.

dBASE IV bietet Ihnen als Namen der Formatdatei den Namen des Berichts mit der Endung .prf an. Sie können diesen Namen mit der Eingabetaste bestätigen oder einen anderen Namen eingeben. Der Dateiname erhält auf jeden Fall die Dateinamenerweiterung .prf, an der von dBASE IV erkannt wird, daß es sich um eine Formatdatei handelt.

Wenn Sie eine Formatdatei neu anlegen, trägt dBASE IV diesen Namen in die Zeile **Mit Druckformat** ein. Sie können hier eine Liste aller Formatdateien aufrufen und ein Format auswählen.

Neue Seite

Die Option **Neue Seite** bewirkt, daß der Drucker auf einer neuen Seite weiterdruckt. Wenn Sie im Menü **Druckersteuerung** die Option **Seitenvorschub** ausgewählt haben, wird dieser Vorgang automatisch durchgeführt.

Start

Wenn Sie die Druckparameter eingestellt haben, starten Sie mit **Start** den Ausdruck.

Vorübergehend können Sie mit *STRG-S* den Druckvorgang unterbrechen.

Mit der *Esc*-Taste unterbrechen Sie den Druckvorgang. Sie haben nach dieser Tastenbestätigung keine Möglichkeit zum Weiterdrucken.

Berichte speichern

Speichern Sie Ihren Bericht unter dem Namen Lager.

1. Wählen Sie **Bericht speichern** aus dem **Layout**-Menü aus.

2. Geben Sie den Dateinamen ein: *Lager*

dBASE IV hängt an den Dateinamen automatisch die Endung .frm, an der es Berichte erkennt.

Zusammenfassung

In Berichten werten Sie Daten aus Bestandsdateien und Sichten aus. Den Bericht drucken Sie formatiert aus.

Die Formatmaske für Berichte besteht aus folgenden Bereichen:

- Kopfzeile

- Vorspann

- Daten

- Zusammenfassung

- Fußzeile

Funktionstasten und Tastenkombinationen für die Formatmaske:

F5	Feld hinzufügen
F6	Beliebigen Bereich markieren
F7	Markierten Bereich verlagern
F8	Markierten Bereich kopieren
Umstell-F7	Feldlänge ändern (Alternative zur Schablone aus dem Felddefinitionsmenü)
Strg-Ende	Parameter speichern
Einfg	Zwischen Einfüge- und Überschreibmodus wechseln

Folgende Formelfelder stehen zur Verfügung:

Mittelwert, Zählung, Maximum, Minimum, Summe, Standardabweichung, Varianz

Zusätzlich zu den fünf Standardbereichen können Sie Bereiche für beliebig viele Gruppen einfügen. dBASE IV numeriert die Gruppen und legt für jede Gruppe die Bereiche Vorspann und Zusammenfassung an. Bevor Sie eine Gruppe bilden, müssen Sie die Bestandsdatei oder die Sicht nach dem Gruppenfeld indizieren und sortieren.

Sie können Formelfelder entweder auf Gruppen oder den gesamten Bericht anwenden. Entscheiden Sie darüber im Felddefinitionsmenü in der Zeile Rücksetzen ab: Bericht, Seite, Gruppierung nach Feld.

8 Etiketten drucken

Dieses Kapitel beschreibt, wie Sie Adreßaufkleber oder Preisschilder drucken. Sie lernen,

- die Größe der Etiketten zu bestimmen,
- die Felder auszuwählen,
- das Etikettenformat in einem Probedruck zu testen und
- die Etiketten auszudrucken.

Mit dem Etikettengenerator von dBASE IV drucken Sie nicht nur Adreßaufkleber, sondern Sie können auch Preisschilder oder Etiketten mit beliebigen Daten ausgeben. Etiketten können bis zu 255 Zeilen lang und bis zu 255 Zeichen breit sein. Länge und Breite der Etiketten legen Sie selbst fest. Sie können auch mehrere Etiketten nebeneinander drucken. Nachdem Sie die Anzahl der Zeilen und Spalten des Etiketts festgelegt haben, gibt dBASE IV die Arbeitsfläche für ein Etikett in der entsprechenden Größe aus. In der Etikettenformatmaske sehen Sie immer nur ein Etikett. Den Layoutmodus haben Sie bereits im letzten Kapitel "Berichte drucken" kennengelernt. Für die Formatmaske des Etikettengenerators ist der Layoutmodus voreingestellt. Sie können den Modus nicht ändern. Die Daten, die Sie auf den Etiketten ausgeben wollen, müssen in einer Bestandsdatei oder einer Sicht gespeichert sein.

Aufgabe: Preisschilder für alle Artikel

Drucken Sie Preisschilder für alle Artikel der Artikeldatei. Auf dem Schild sollen die Artikelnummer, die Bezeichnung, die Artikelgruppe und der Verkaufspreis stehen. Die Preisschilder sollen wie die in Bild 8-1 aussehen.

```
ANR: 1001          VK: 85,50DM        ANR: 1302          VK: 712,50DM

Agfa CT100, 10x36                     Canon EOS 650
(Filme & S.)                          (Foto-K.)




ANR: 1604          VK: 356,25DM       ANR: 1405          VK: 498,75DM

Minox AF 1                            Fuji FZ-500 Zoom, 35-70mm
(Foto-K.)                             (Objektive)
```

Bild 8-1 Preisschilder, die mit dem Etikettengenerator gedruckt wurden

Aufbau der Formatmaske für Etiketten

Die Formatmaske für Etiketten (Bild 8-2) ist in folgende Bereiche aufgeteilt:

- Zeilenlineal
- Arbeitsbereich
- Statuszeile.

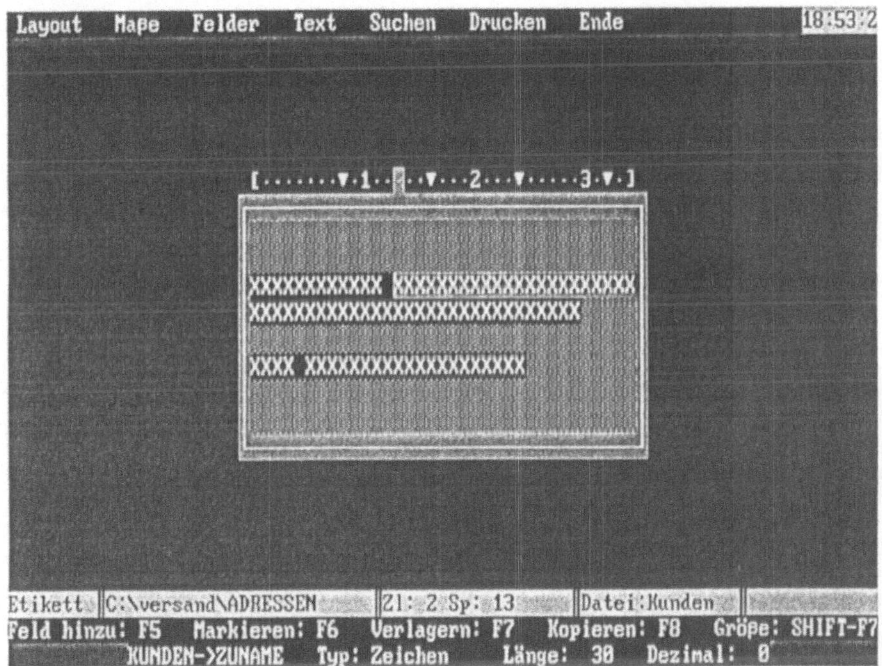

Bild 8-2 Formatmaske für Etiketten

In der Formatmaske für Etiketten blendet dBASE IV das Zeilenlineal unmittelbar über dem Arbeitsbereich ein. Die Dreiecke auf dem Lineal markieren die Tabulatorpositionen. Sie können das Lineal mit dem Befehl **Zeilenlineal ausblenden Ja/Nein** aus dem **Text**-Menü ein- oder ausblenden. Dann folgt der Arbeitsbereich, in dem Sie die Maske definieren. Seine Größe entspricht den Maßen der Etiketten. Es gilt der Layout-Modus, den Sie bereits im Kapitel "Berichte drucken" kennengelernt haben. Die Statuszeile enthält den Namen der Etikettendatei, die Positionsangabe des Cursors und den Namen der zugrundeliegenden Bestandsdatei oder Sicht. Ganz rechts erscheint der Hinweis **Ins**, wenn Sie den Einfügemodus mit der *Einfg*-Taste aufgerufen haben. Tastaturhinweise und die Meldungen gibt dBASE IV wie in allen anderen Bildschirmen auch in der letzten Zeile aus.

Druckeinstellungen definieren

Bevor Sie mit der Definition der Etiketten beginnen, sollten Sie die Druckparameter einstellen. Es hängt vom Drucker und der eingestellten Zeichendichte ab, wie viele Zeichen pro Zeile und wie viele Zeilen auf ein Etikett passen. Wenn Sie zuerst die Druckparameter einstellen und dann ein Etikettenformat auswählen, weiß dBASE IV automatisch z.B. wieviele Zeilen auf ein Etikett passen und wieviele Zeilen der Abstand zwischen den Etiketten beträgt.

Ändern Sie aber die Druckeinstellungen erst, nachdem Sie ein Etikettenformat ausgewählt haben, müssen Sie selbt die Form und die Anordnung der Etiketten bestimmen.

1. Markieren Sie die Artikel-Datei in der **dB-Dateiliste** im Regie-Zentrum.

2. Öffnen Sie die Artikel-Datei.

3. Setzen Sie den Cursor auf den Befehl < neu > in der **Etiketten**-Spalte. Sie sehen daraufhin die Formatmaske für Etiketten (Bild 8-3).

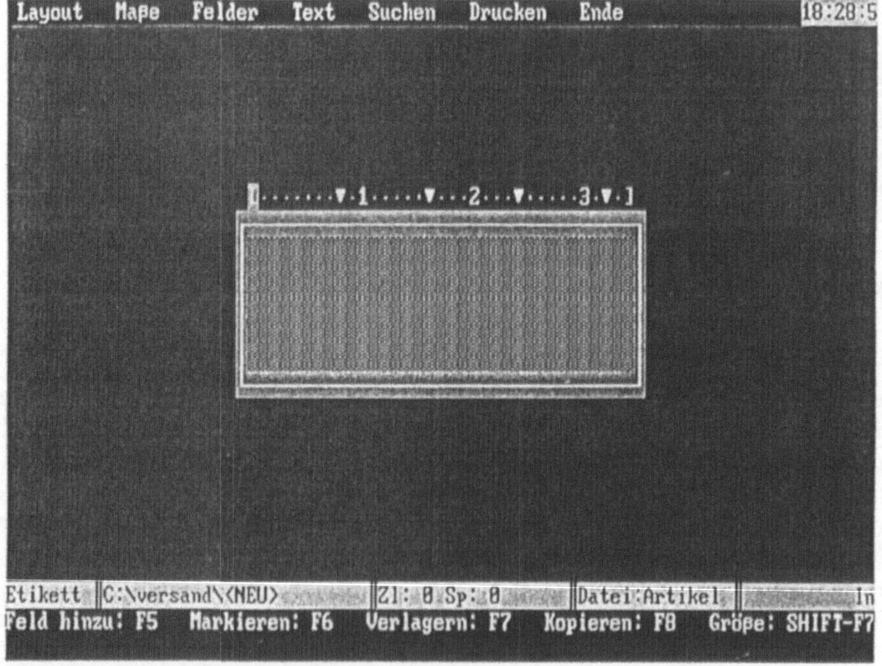

Bild 8-3 Leere Formatmaske für Etiketten

4. Öffnen Sie das **Drucken**-Menü, und bestimmen Sie die Druckparameter
    (Bild 8-4).

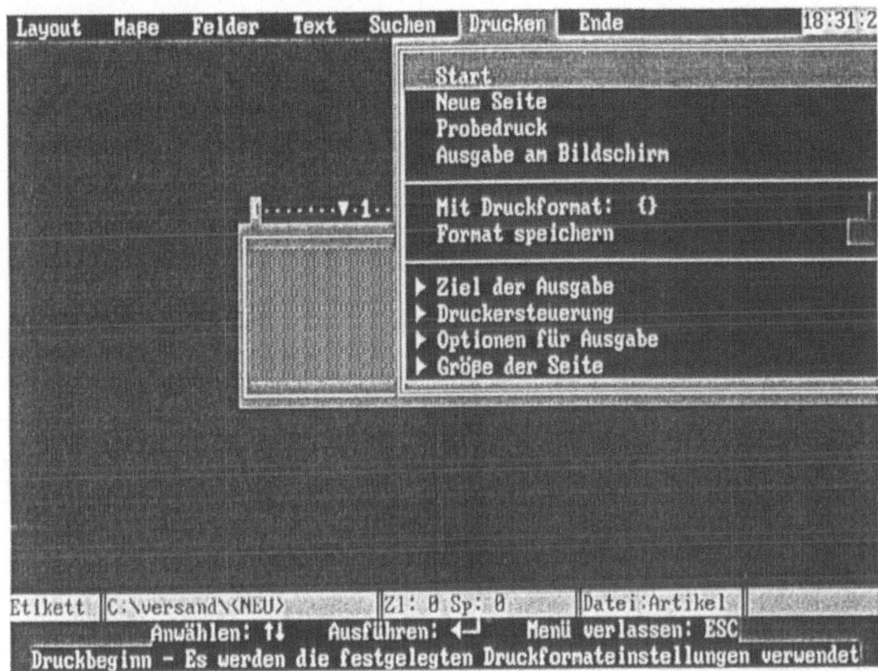

Bild 8-4 Druckparameter für Etiketten einstellen

Das **Drucken**-Menü ist in Kapitel 7 beschrieben.

Größe der Etiketten festlegen

Nachdem Sie die Druckparameter eingestellt haben, legen Sie die Größe der
Etiketten fest.

1.   Öffnen Sie das **Maße**-Menü (Bild 8-5).

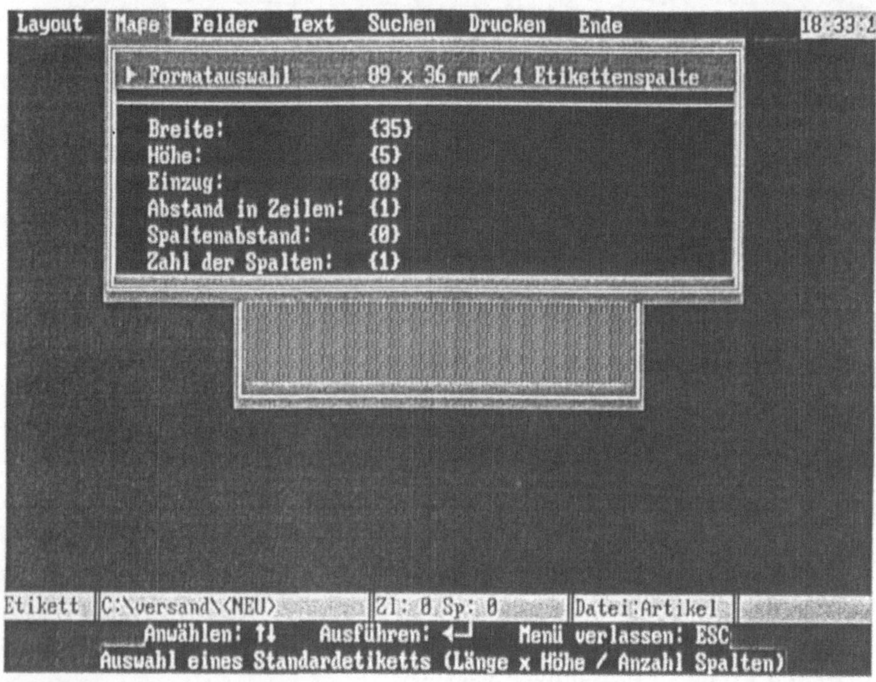

Bild 8-5 Das Maße-Menü

Mit den Optionen des **Maße**-Menüs passen Sie die Formatmaske auf dem Bildschirm an Ihr Etikettenformat an.

Das Maß in der Option **Formatauswahl** wird in Millimeter angegeben. Die weiteren Optionen hingegen in Zeichen oder Zeilen. Die **Breite** wird in Zeichen pro Zeile und die **Höhe** in Zeilen angegeben.

2. Wählen Sie **Formatauswahl** aus (Bild 8-6).

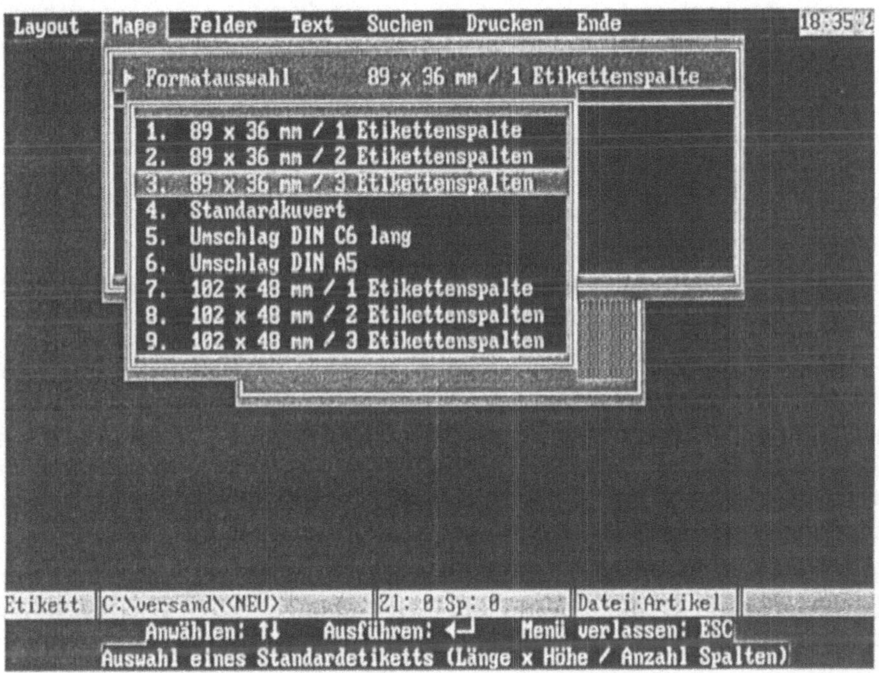

Bild 8-6 Formatauswahl für Etiketten

Die Maße werden in Millimeter angegegeben. Die ersten beiden Werte stehen für die Breite und die Höhe eines Etiketts. An dritter Stelle steht die Anzahl der Spalten. Wenn Sie beispielsweise Etikettenpapier verwenden, auf dem drei Spalten nebeneinander angeordnet sind und ein Etikett 89 mm breit und 36 mm hoch ist, entscheiden Sie sich für das dritte Format aus der Formatauswahl.

Sobald Sie ein Format ausgewählt haben, paßt dBASE IV die Formatmaske an die Größe des gewählten Formats an. Zudem stellt dBASE IV die anderen Optionen aus dem **Maße**-Menü automatisch ein.

Achtung

Die Option **Breite** gibt an, wieviele Zeichen in eine Zeile passen. Sie ist auf die Schriftart Pica abgestimmt. Wenn Sie mit einer anderen Schriftart oder in Schmalschrift drucken, müssen Sie die Option Breite selbst einstellen.

Die Option **Höhe** geht von sechs Zeilen pro Zoll aus. Weicht Ihr Drucker von dieser Einstellung ab, müssen Sie auch diese Option selbst korrigieren.

Stimmen die Maße Ihrer Etiketten oder Kuverts mit keinem der angegebenen Formate überein, müssen Sie selbst die erforderlichen Angaben in das **Maße**-Menü eintragen.

Achtung

Die Summe aller Maße, die die Breite betreffen, darf maximal 255 Zeichen betragen.

Die Option **Breite** bestimmt, wieviele Zeichen in eine Zeile des Etiketts (eine Spalte) passen. Die Höchstbreite beträgt 255 Zeichen.

Die Option **Höhe** definiert, wieviele Zeilen auf ein Etikett passen. Der Maximalwert beträgt 255 Zeilen.

Mit der Option **Einzug** verbreitern Sie den linken Rand vor der ersten Etikettenspalte. Den linken Rand haben Sie bereits mit der Option **Rand links** aus dem Untermenü **Größe der Seite** des **Drucken**-Menüs festgelegt. Der **Einzug** wird zum **linken Rand** addiert.

Mit **Abstand in Zeilen** bestimmen Sie die Anzahl der Leerzeilen vom unteren Rand eines Etiketts bis zum oberen Rand des nächsten Etiketts. Die Anzahl der Leerzeilen muß zwischen 0 und 16 liegen.

Mit **Spaltenabstand** legen Sie die Anzahl der Leerzeichen zwischen dem rechten Rand eines Etiketts und dem linken Rand des nächsten Etiketts fest. Die Anzahl der Leerzeichen muß zwischen 0 und 120 betragen.

Die Option **Zahl der Spalten** definiert, wieviele Spalten von Etiketten nebeneinander gedruckt werden. Sie können maximal 15 Etiketten nebeneinander ausgeben.

Felder einfügen

In Etiketten fügen Sie Felder auf dieselbe Art ein wie in Berichte (siehe Kapitel 7). Es ist nicht möglich, Wiederholungen zu unterdrücken oder unsichtbare Felder hinzuzufügen.

1. Tragen Sie die Felder ANR, BEZ, GRUPPE und den Verkaufspreis in das Etikett ein. Vergleichen Sie Ihre Formatmaske mit Bild 8-7, Ihre Maske sollte der Bilddarstellung entsprechen.

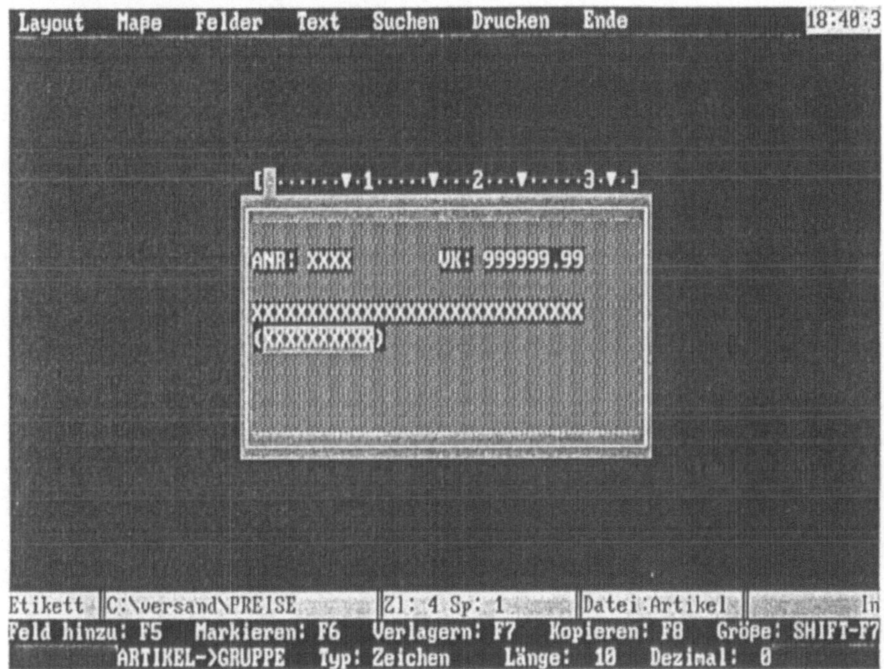

Bild 8-7 Formatmaske für Preisschilder

Wenn Sie ein Feld für das Etikett auswählen, wird die Option **Leerzeichen unterdrücken** automatisch eingeschaltet. Sie sorgt dafür, daß alle Leerzeichen vor und hinter den Daten eines Feldes nicht ausgegeben werden. Ausgegeben wird nur der eigentliche Feldwert. Die Funktion **Leerzeichen unterdrücken** ist wichtig, wenn Sie Adressen auf Etiketten drucken wollen. Für die Zeichenfelder Vor- und Zuname wird sie automatisch eingeschaltet. Wenn Sie zwischen diesen beiden Feldern ein Leerzeichen eingeben, wird auch im Ausdruck zwischen Vor- und Zunamen lediglich ein Leerzeichen ausgegeben. Es entsteht keine häßliche Lücke zwischen Vor- und Zuname. Einige Ein-/Ausgabeformate stehen in der Etikettenformatmaske nicht zur Verfügung. Sie müssen das Leerzeichen mit der Leertaste eingeben. Es genügt nicht, wenn Sie den Cursor mit der Pfeiltaste eine Stelle nach rechts rücken.

Etiketten-Layout speichern

Speichern Sie das Etiketten-Layout unter dem Namen Preise.

1. Wählen Sie aus dem Layout-Menü den Befehl **Speichern des Etiketten-Layouts** aus.

2. Geben Sie ein: *preise*

    Daraufhin wird das Layout unter dem Namen Preise gespeichert (Bild 8-8).

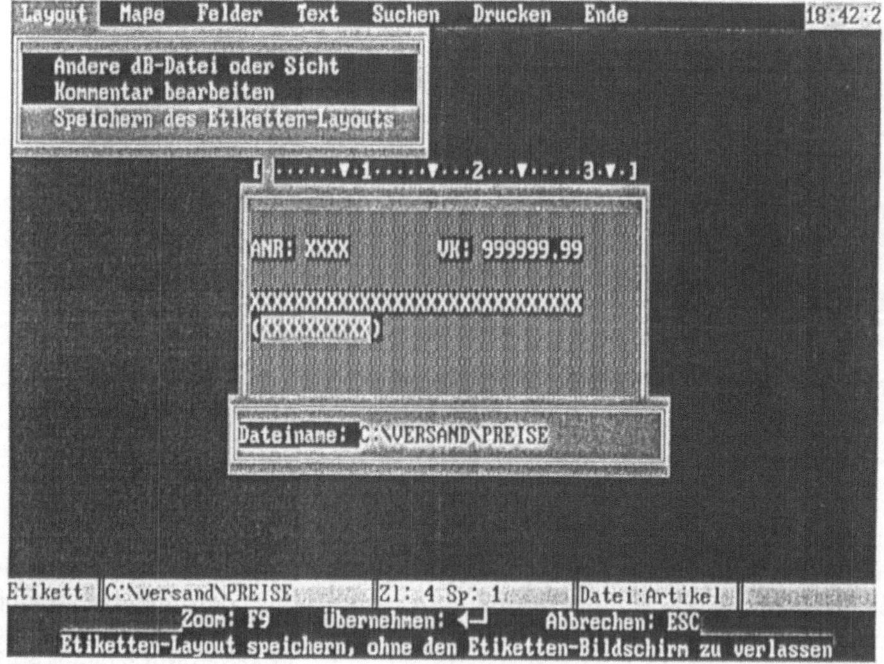

Bild 8-8 Das Etiketten-Layout wird gespeichert

Mit der Option **Speichern des Layouts** können Sie auch ein bereits bestehendes Etiketten-Layout unter seinem ursprünglichen oder unter einem neuen Namen speichern.

Probedruck erstellen

Bevor Sie alle Angaben ausdrucken, können Sie zuerst nur auf ein einziges
Etikett einen Probedruck ausgeben. Prüfen Sie dann anhand des Probedrucks,
ob alle Felder richtig angeordnet sind.

1. Wählen Sie aus dem **Drucken**-Menü den Befehl **Probedruck** aus
    (Bild 8-9).

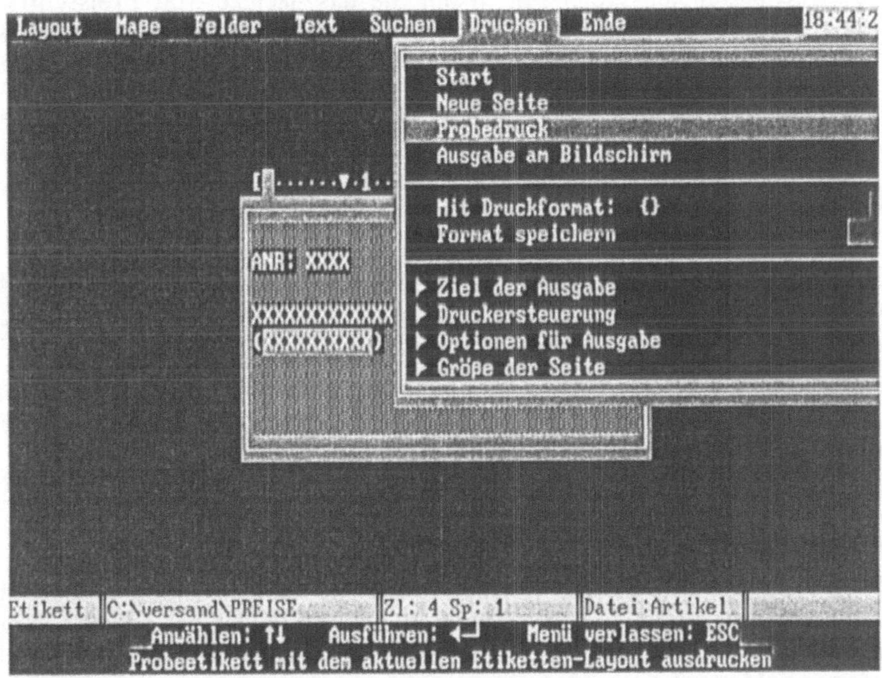

Bild 8-9 Die Funktion Probedruck aus dem Drucken-Menü

Dieser Befehl steht Ihnen nur im **Drucken**-Menü für **Etiketten** zur Verfügung. Der Drucker bedruckt probeweise ein Eitkett. Wenn Sie mehrere
Spalten von Etiketten bedrucken wollen, wird die erste Reihe der nebeneinander stehenden Etiketten bedruckt.

Ändern Sie die Parameter im **Maße**-Menü oder die Anordnung der Felder
in der Formatmaske, wenn der Probedruck noch nicht Ihren Vorstellungen entspricht. Lassen Sie sich so oft einen Probedruck ausgeben, bis die
Formatierung stimmt.

Etiketten drucken

Sind Sie mit dem Probedruck zufrieden? Wenn ja, dann drucken Sie alle Etiketten aus.

1. Wählen Sie aus dem **Drucken**-Menü den Befehl **Start** aus.

    Daraufhin beginnt dBASE IV die Daten der Bestandsdatei oder Sicht auf Etiketten zu drucken.

Sie können mit der Option **Format speichern** des **Drucken**-Menüs die eingestellten Druckparameter speichern. Wenn Sie das nächste Mal Preisschilder drucken, können Sie es dann mit der Option **Mit Druckformat** laden. Diese Optionen ersparen Ihnen die mühevolle Kleinarbeit, die Druckparameter immer wieder neu einzustellen.

Etikettenformat mit anderer Datei verwenden

Ein Etikettenformat, das Sie auf der Basis einer Bestandsdatei oder einer Sicht entworfen haben, können Sie auch zusammen mit anderen Bestandsdateien oder Sichten verwenden.

Wenn Sie das Etikettenformat geladen haben und aus dem **Layout**-Menü die Funktion **Andere dB-Datei oder Sicht** aufrufen, können Sie das aktuelle Etikettenformat einer anderen Datei zuordnen.

Voraussetzung

Die Datei, der Sie das Etikettenformat zuordnen, muß dieselben Felder enthalten wie die ursprüngliche Datei. Wenn dBASE IV Felder des Etiketts in der neuen Datei nicht findet, meldet es einen Fehler und listet die Namen der nicht gefundenen Felder auf.

Die Funktion **Andere dB-Datei oder Sicht** ist vor allem dann sehr praktisch, wenn Sie mehrere Bestandsdateien mit demselben Datensatzformat führen. Es genügt dann ein Etikettenformat zu definieren. Sie können es für alle Dateien gleicher Struktur verwenden.

Zusammenfassung

Wenn Sie Etiketten drucken wollen, führen Sie folgende Schritte durch:

- Druckeinstellungen definieren (**Drucken**-Menü)
- Größe des Etiketts festlegen (**Maße**-Menü)
- Felder hinzufügen (**Felder**-Menü oder F5-Taste)
- Probedruck durchführen (**Drucken**-Menü)
- Etiketten drucken (**Drucken**-Menü)

Bevor Sie mit der Definition der Etiketten beginnen, sollten Sie die Druckparameter einstellen. Es hängt vom gewählten Drucker und der gewählten Zeichendichte ab, wieviele Zeichen pro Zeile und wieviele Zeilen auf ein Etikett passen.

Die Maße des **Maße**-Menüs werden bei der Option Formatauswahl in Millimeter angegeben, die weiteren Optionen hingegen in Zeichen oder Zeilen. Ein Etikettenformat, das Sie auf der Basis einer Bestandsdatei oder einer Sicht entworfen haben, können Sie auch zusammen mit anderen Bestandsdateien oder Sichten verwenden - vorausgesetzt, sie enthalten dieselben Felder.

9 Serienbriefe drucken

Mit dem Berichtgenerator von dBASE IV können Sie Serienbriefe drucken. Wenn Sie die Empfänger im Brief mit Ihrem Namen anschreiben wollen, müssen Sie benutzerdefinierte Funktionen verwenden. Dieses Kapitel erklärt,

- wie Sie eigene Funkionen definieren und

- die Beziehung zwischen Serienbrief und Funktion herstellen können.

Wer mit dBASE IV Adressen verwaltet und Serienbriefe drucken will, ist nicht mehr auf ein Textprogramm angewiesen. dBASE druckt selbständig Briefe am laufenden Band. Der Berichtsgenerator stellt dazu das **Serienbrief-Layout** zur Verfügung, in dem sämtliche Bereiche bis auf den Datenbereich geschlossen sind. Für den Datenbereich schaltet dBASE IV automatisch den Textmodus ein.

Das folgende Beispiel basiert auf der Kundendatei, in der die vollständigen Adressen gespeichert sind (Bild 9-1). Sie können die Felder der Kundendatei

```
 Layout   Verwaltung   Hinzufügen   Suchen   Ende                    19:16:2

                                                      Byte frei:    3833

  Num   Feldname      Feldtyp      Länge   Dez   Index

   1    KN            Numerisch      4      0      J
   2    TITEL         Zeichen       10             N
   3    ANREDE        Zeichen        1             N
   4    ZUNAME        Zeichen       30             J
   5    VORNAME       Zeichen       20             N
   6    POSTFACH      Zeichen        6             N
   7    STRAßE        Zeichen       30             N
   8    PLZ           Zeichen        4             N
   9    ORT           Zeichen       20             N
  10    TELEFON       Zeichen       15             N
  11    DATUM         Datum          8             N
  12    ULGJ          Numerisch      9      0      N
  13    BEM           Memo          10             N



 dB-Datei C:\versand\KUNDEN         Feld 1/13

          Geben Sie den Feldnamen ein - Feld einfügen/löschen: STRG-N/STRG-U
 Feldnamen müssen mit Buchstaben beginnen und können Ziffern/Unterstr. enthalten
```

Bild 9-1 Struktur der Bestandsdatei für den Serienbrief

an jeder beliebigen Stelle in den Serienbrief einfügen. Im Serienbrief wird das Feld Anrede von einer benutzerdefinierten Funktion abgefragt und die Anrede im Brief entsprechend formuliert.

Die Felder Titel und Postfach werden im folgenden Serienbrief nur gedruckt, wenn sie einen Wert enthalten. Findet dBASE IV keinen Eintrag im Feld Postfach, gibt es das Feld Straße aus ohne eine Leerzeile zwischen Name und Straße einzufügen. Ausgedruckt wird entweder die Strasse oder das Postfach. Was ausgedruckt wird, entscheidet eine kurze benutzerdefinierte Funktion.

Bevor Sie mit dem Schreiben des Serienbriefes beginnen, müssen Sie

● die Datei mit den Adressen öffnen und

● die erforderlichen Funktionen definieren.

Die Beziehung zwischen den benutzerdefiierten Funktionen und dem Serienbrief stellen Sie im Brief über Kalkulationsfelder her. In Kalkulationsfeldern rufen Sie die von Ihnen definierten Funktionen wie eine beliebige dBASE-Funktion auf.

Benutzerdefinierte Funktionen

Mit dBASE IV können Sie selbst Funktionen definieren. Die benutzerdefinierten Funktionen rufen Sie dann genauso auf wie die Funktionen, die dBASE IV selbst zur Verfügung stellt. Wenn Sie beispielsweise in einem Kalkulationsfeld eine benutzerdefinierte Funktion aufrufen, sucht dBASE IV diese Funktion, übergibt den Eingabewert an die Funktion, berechnet das Funktionsergebnis und übergibt es an das Kalkulationsfeld.

Im Prinzip ist eine benutzerdefinierte dBASE IV-Funktion nichts anderes als ein kurzes dBASE IV-Programm. Ihr Quellcode wird in einer Datei mit der Endung .prg gespeichert. Der Quellcode muß übersetzt werden. Den Objektcode, den übersetzten Quellcode, speichert dBASE IV in einer Datei mit der Endung .dbo.

Eine benutzerdefinierte Funktion muß nach einem bestimmten Schema aufgebaut sein. Die Syntax lautet:

FUNCTION <Funktionsbezeichnung>

    PARAMETERS <Parameterliste>

......

RETURN <Wert>

Eine benutzerdefinierte Funktion muß mit dem FUNCTION-Befehl beginnen. Die Funktionsbezeichnung und der Name der Datei, in der Sie die Funktion speichern, müssen identisch sein. Die Funktionsbezeichnung darf aber nicht mit einer vorhandenen dBASE IV-Funktion oder einem dBASE IV-Befehl identisch sein.

In der Parameterliste geben Sie die Namen der Eingabeparameter an. Sie dürfen hier nicht die Feldnamen ihrer Bestandsdatei verwenden.

Die Funktion muß mit RETURN das Funktionsergebnis an das aufrufende Programm übergeben.

Für benutzerdefinierte Funktionen gelten einige Einschränkungen. Sie dürfen zwar die meisten, aber nicht alle dBASE-Befehle und -Funktionen verwenden. Das dBASE IV Programmierhanbuch ("Befehle und Funktionen", S. 2.176 ff) enthält eine Liste der Befehle, die Sie in benutzerdefinierten Funktionen nicht verwenden dürfen.

Aufgabe: Serienbriefe mit individueller Anrede drucken

Verfassen Sie ein Rundschreiben an alle Kunden, in dem Sie sie auf eine Sonderaktion hinweisen. Kunden mit akademischem Titel sollen mit ihrem vollständigen Namen angeschrieben werden. Wenn sowohl Postfach und Strasse

```
Galeristin                          8400 Regensburg
                                    Tel. 0941/15502


                                    02.07.1989


Prof. Dr. Vera Mayer
Himmelschlüsselstr.2

8000 München 50




Sehr geehrte Frau Prof. Dr. Mayer,


zur Vernissage von Max Hamm laden wir Sie recht herzlich ein.
Der Künstler aus Salzburg stellt Werke zum Thema Ökologie aus.

        Termin: Donnerstag, 17.8.1989, 19 Uhr
        Ort:    Galerie Sommer
                Zur schönen Gelegenheit 1
                8400 Regensburg

Wir freuen uns auf Ihren Besuch.


Mit freundlichen Grüßen
```

Bild 9-2 Serienbrief mit individueller Anrede

gespeichert sind, soll in der Anschrift nur das Postfach gedruckt werden. Die Anrede soll entweder "Sehr geehrter Herr" oder "Sehr geehrte Frau" lauten. Der gedruckte Brief soll wie der in Bild 9-2 abgebildete aussehen.

Funktionen mit dem Programmeditor schreiben

Erstellen Sie die Funktion "an", die für eine korrekte Anrede im Serienbrief sorgt. Sie erhält als Eingabewert den Inhalt des Feldes Anrede, in dem entweder ein "m" oder ein "w" steht. Im Serienbrief werden Sie eingeben: "Sehr geehrt". Das Ergebnis der Funktion "an" soll die Anrede vervollständigen.

1. Rufen Sie im Regie-Zentrum in der Spalte **Programme** <neu> auf.

2. Wählen Sie **dBASE-Programm** aus. dBASE IV ruft daraufhin seinen Programmeditor auf, und Sie können die benutzerdefinierte Funktion eingeben (Bild 9-3).

```
 Layout   Text   Suchen   Drucken   Ende                      19:22:8
 0·······▼1·······▼··2···▼····3··▼······4▼········▼5·······▼··6···▼····7·▼······
FUNCTION an
PARAMETERS x
IF x="m"
        RETURN ("er Herr")
ELSE
        RETURN ("e Frau")
ENDIF




 Progr.   ║C:\versand\AN           ║Zl: 1 Sp: 1      ║        ║        ║    In
```

Bild 9-3 Eingabe der Funktion an

Der Parameter x erhält beim Aufruf der Funktion den Wert des Feldes Anrede. Er wird mit der IF-Bedingung abgefragt. Das Funktionsergebnis wird mit RETURN übergeben.

3. Speichern Sie die Funktion mit **Speichern** aus dem **Layout**-Menü unter dem Namen an ab. Der Name muß mit der Funktionsbezeichnung übereinstimmen.

Funktionen übersetzen und testen

Als nächstes müssen Sie das Programm in Objektcode übersetzen.

1. Öffnen Sie das **Ende**-Menü, und wählen Sie **Im Testmodus ausführen** aus. dBASE IV verlangt dann die Eingabe von Parametern für den Testmodus (Bild 9-4).

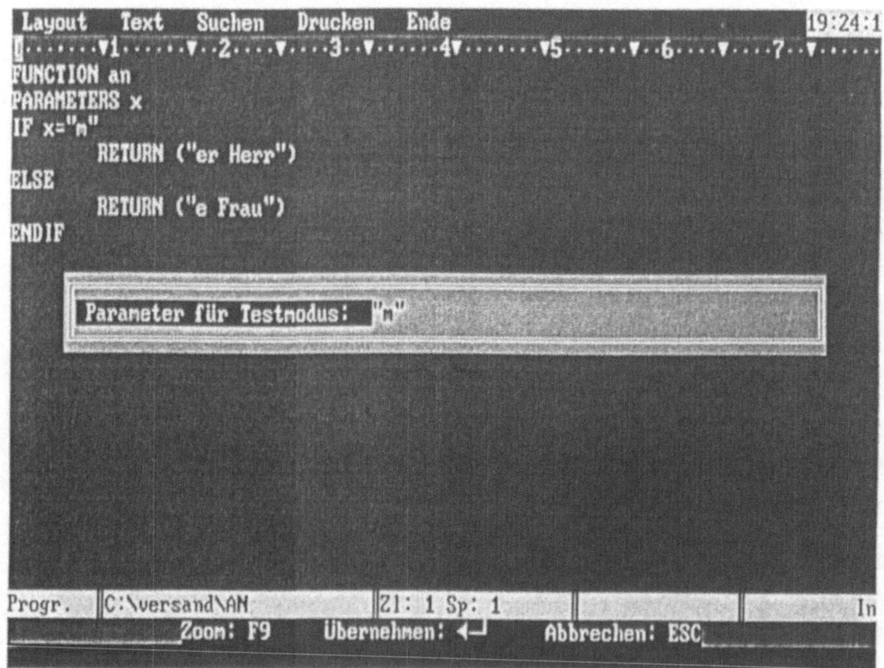

Bild 9-4 Die benutzerdefinierte Funktion wird übersetzt und getestet

2. Geben Sie ein: "m"

Achtung

Wenn Sie den Parameter für ein Zeichen-Feld nicht in Anführungszeichen eingeben, meldet dBASE IV, daß es die Variable nicht findet. Sollten Sie diese Aufforderung mit der Eingabetaste einfach übergehen, springt dBASE IV in den Befehlsmodus. Mit dem Befehl ASSIST rufen Sie wieder das Regie-Zentrum auf.

dBASE IV übersetzt die Funktion in Objektcode und meldet eventuell auftretende Übersetzungsfehler. Nach einer erfolgreichen Übersetzung sehen Sie das Debug-Fenster (Bild 9-5). Sie können die Anweisungen der Funktion Schritt für Schritt testen, indem Sie "S" eintippen oder mit "R" die gesamte Funktion ausführen lassen.

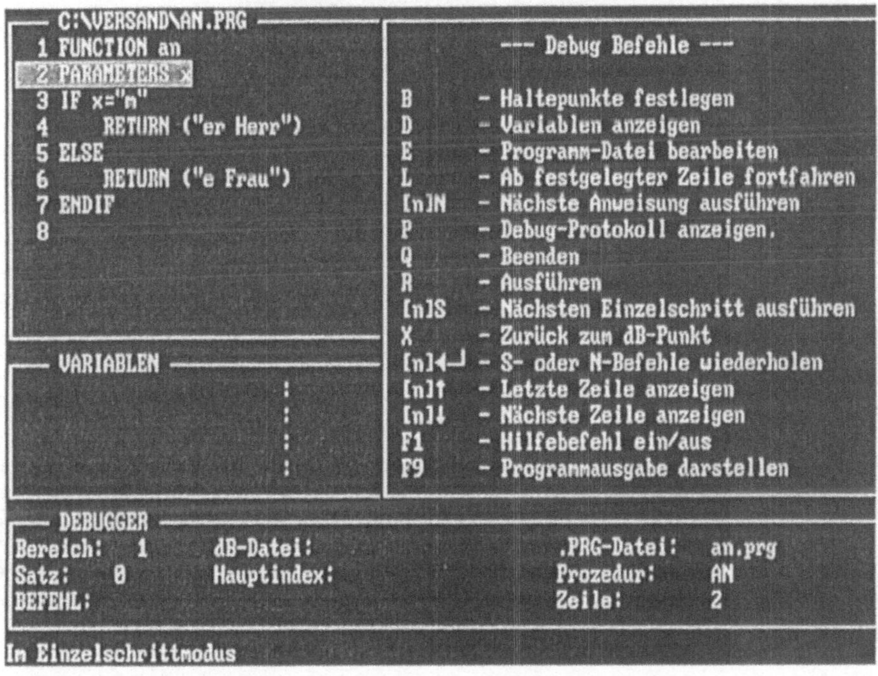

Bild 9-5 Debug-Fenster

3.   Geben Sie im Debug-Fenster ein: R

dBASE IV kehrt nach dem Testlauf ins Regie-Zentrum zurück und trägt die neu definierte Funktion in die **Programme**-Spalte ein (Bild 9-6).

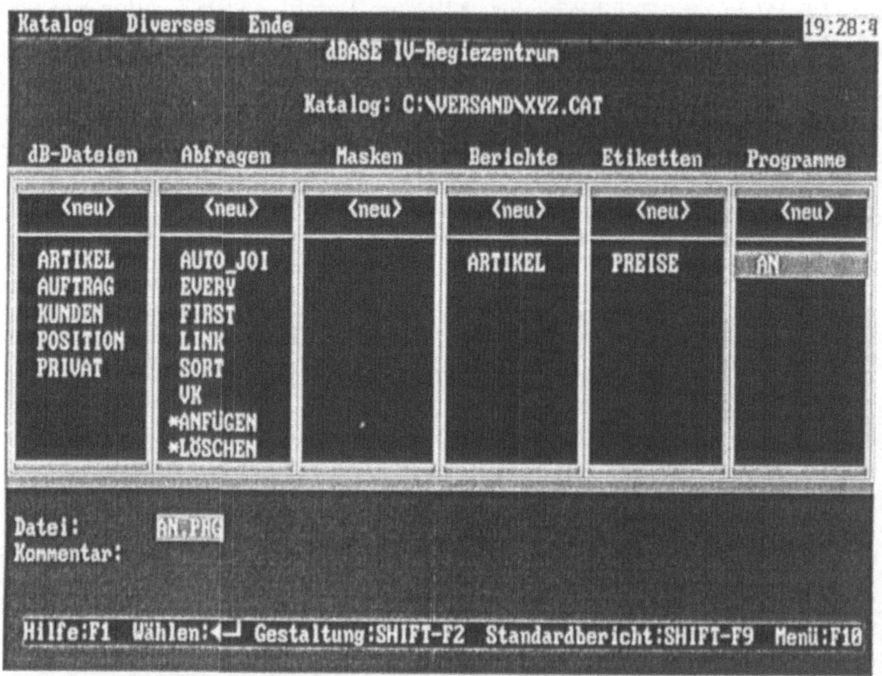

Bild 9-6 Übersetzte Funktion in der Liste der Programme

Das Feld Titel enthält nur bei einigen Adreßsätzen einen Wert. Wenn es keinen Wert enthält und im Serienbrief die Felder Titel und Zuname ohne Leerzeichen aufeinanderfolgen, dann stimmt die Anrede. Wenn es aber einen Wert enthält, gibt dBASE IV Titel und Zunamen aus, ohne sie durch ein Leerzeichen zu trennen. Deshalb ist auch für die korrekte Ausgabe des Titels eine benutzerdefinierte Funktion nötig. Sie lautet folgendermaßen:

```
FUNCTION tl
PARAMETERS t
IF LEN(T) > 0
    RETURN ((TRIM(t) + " ")
ELSE
    RETURN ("")
ENDIF
```

Die Funktion tl prüft, ob im Feld Titel ein Wert steht. Der Eingangsparameter t erhält beim Funktionsaufruf den Wert des Feldes Titel. Die dBASE-Funktion

LEN stellt die Länge des Parameters t fest. Wenn er ein Zeichen oder länger ist, fügt tl ein Leerzeichen an den Titel an und übergibt ihn an den Serienbrief. Steht im Feld Titel kein Eintrag, ermittelt die Funktion LEN die Länge null. Die benutzerdefinierte Funktion übergibt in diesem Fall nichts.

Die Funktion TRIM entspricht der Option Leerzeichen unterdrücken, die Sie bereits im Kapitel "Berichte drucken" kennengelernt haben.

1. Rufen Sie den Programmeditor auf, geben Sie die Funktion tl ein und speichern Sie die Funktion unter dem Namen tl.

   Sie können die Funktion übersetzen, indem Sie wiederum **Im Testmodus ausführen** aufrufen. Eine Alternative dazu bildet die Punktebene.

2. Kehren Sie in das Regie-Zentrum zurück, und rufen Sie über das **Ende-Menü** den Befehlsmodus mit **Zum dB-Punkt** auf.

3. Übersetzen Sie die Funktion mit dem Befehl:

```
set procedure to tl
```

4. Testen Sie die Funktion mit:

```
? tl("Dr.")
```

   Die Funktion sollte den Titel ausgeben (Bild 9-7).

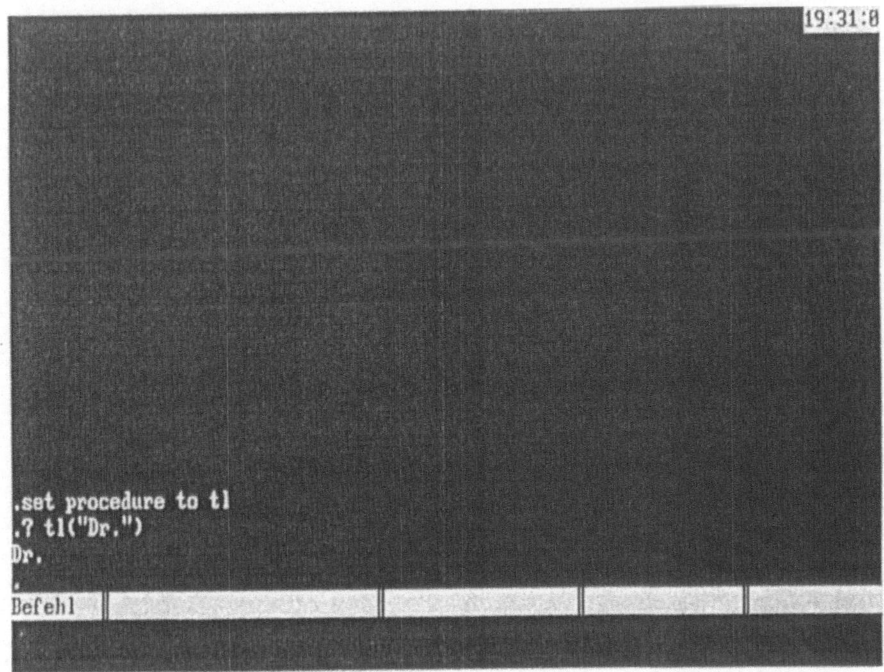

Bild 9-7 Testen auf der Befehlsebene

5.   Rufen Sie das Regie-Zentrum auf mit:

```
assist
```

Für den Serienbrief ist jedoch noch eine dritte Funktion zu definieren. Das ist
die Funktion ps. Sie prüft, ob im Adreßsatz eine Postfachnummer oder eine
Straße angegeben ist. Wenn eine Postfachnummer gespeichert ist, übergibt sie
diese an den Serienbrief. Wenn das Feld Postfach leer ist, prüft sie das Feld
Straße. Wenn in Straße ein Wert steht, übergibt die Funktion diesen Wert an
den Serienbrief. Andernfalls meldet es einen Fehler.

1.   Geben Sie die Funktion ps ein:

```
FUNCTION ps

PARAMETERS p,s
IF LEN(p) > 0
     RETURN ("Postfach "+p)
ELSE
     IF LEN(s) > 0
          RETURN (s)
     ELSE
          RETURN ("Fehler: Weder Postfach noch Straße")
     ENDIF
ENDIF
```

2.   Speichern und übersetzen Sie die Funktion ps (Bild 9-8).

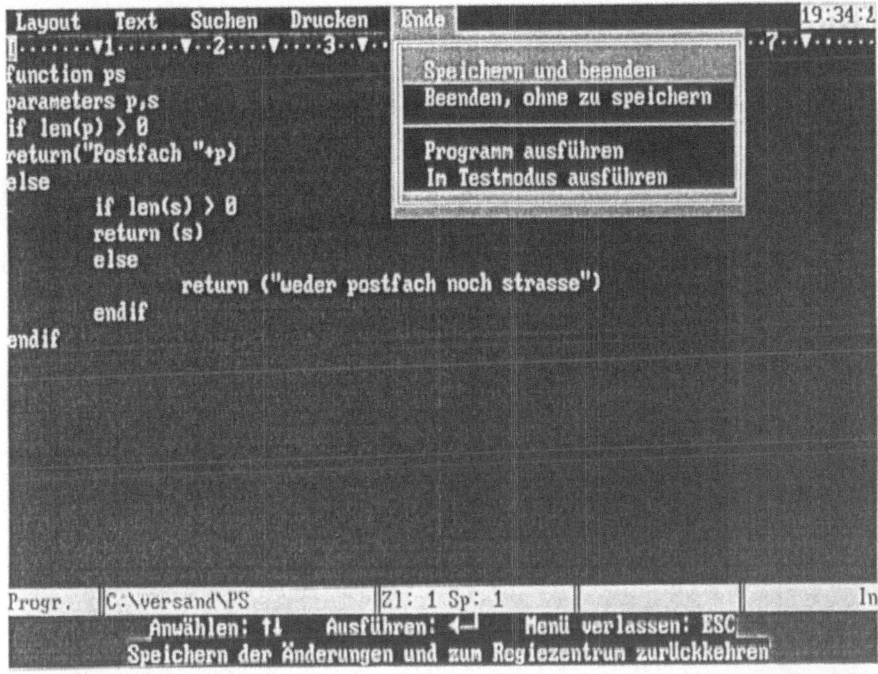

Bild 9-8 Die Funktion ps

Sie haben nun alle Funktionen definiert und übersetzt, die Sie für den Serienbrief benötigen.

Serienbriefe schreiben

Im Serienbrief stellen Sie über ein Kalkulationsfeld die Beziehung zwischen
der benutzerdefinierten Funktion und dem Brief her.

1. Wählen Sie in der **Berichte**-Spalte <neu> aus und rufen Sie das Stan-
    dardformat für Serienbriefe auf.

2. Geben Sie den Briefkopf ein und fügen Sie das Vorgabefeld Datum ein.
    Vergleichen Sie Ihre Eingaben mit den in Bild 9-9 abgebildeten.

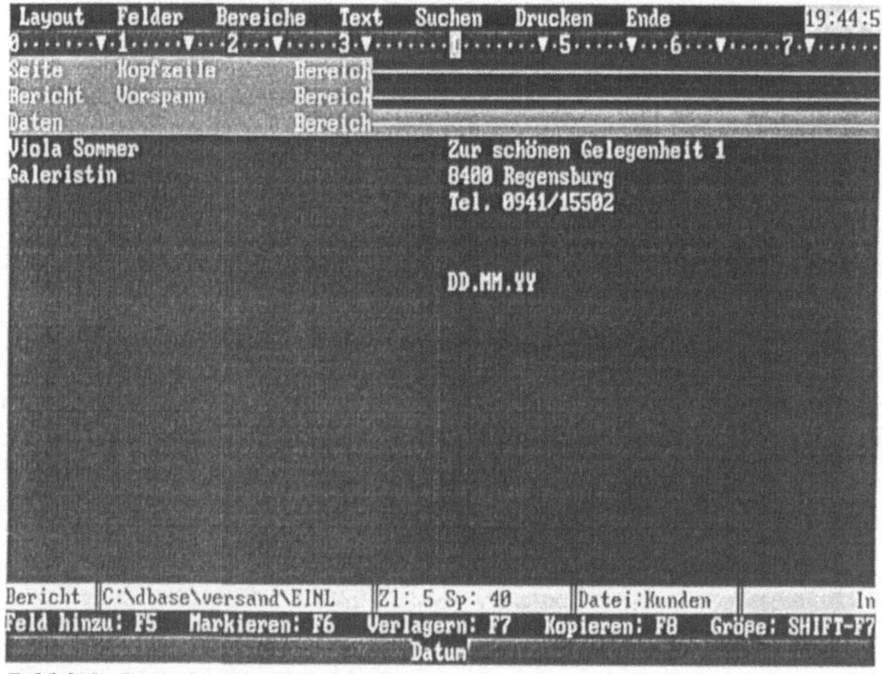

Bild 9-9 Eingabe des Briefkopfes

Funktionen im Serienbrief aufrufen

Nun ist die Adresse einzutragen. Sie beginnt mit der Abfrage des Feldes Titel.
Dazu definieren Sie ein neues Kalkulationsfeld und rufen die von Ihnen definierte Funktion tl auf.

1.   Rufen Sie die vierspaltige Feldliste mit der *F5*-Taste auf.

2.   Wählen Sie in der Spalte der Kalkulationsfelder **<neu>** aus.

3.   Name: *tl*

4.   Ausdruck: *tl(trim(titel))*

   In der Zeile **Ausdruck** rufen Sie die Funktion auf und übergeben in der Klammer den Eingabeparameter "trim(titel)". Sie müssen die Trim-Funktion anwenden, damit Leerzeichen im Feld Titel unterdrückt werden. Die Trim-Funktion hat dieselbe Wirkung wie **Unterdrücken von Leerzeichen** im Menü der E/A-Formate. Ohne die TRIM-Funktion würde die Funktion LEN in der benutzerdefinierten Funktion immer die volle Feldlänge als Ergebnis liefern.

5.   Schalten Sie im Menü **E/A-Format** die Option **Unterdrücken von Leerzeichen** aus.

6.   Schalten Sie im Menü **E/A-Format** die Option **Breite anpassen** ein.

7.   Speichern Sie die Felddefinition (Bild 9-10).

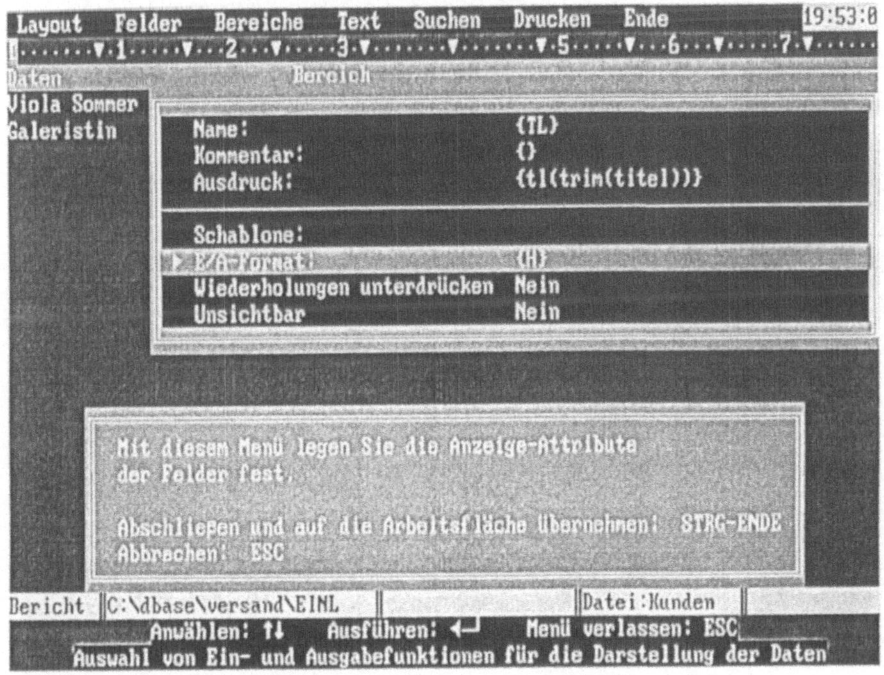

Bild 9-10 Bindeglied zwischen Funktion und Brief

8. Fügen Sie unmittelbar an das Kalkulationsfeld tl das Feld Vorname an und
    dann nach einem Leerzeichen den Zunamen. Übernehmen Sie die Vorein-
    stellungen. dBASE IV wendet auf Zeichen-Felder automatisch die Funk-
    tion **Unterdrücken von Leerzeichen** an. Sie verhindert, daß zwischen den
    Feldern Vor- und Zuname eine Lücke entsteht. Vergleichen Sie Ihren
    Brief mit dem in Bild 9-11 abgebildeten Brief.

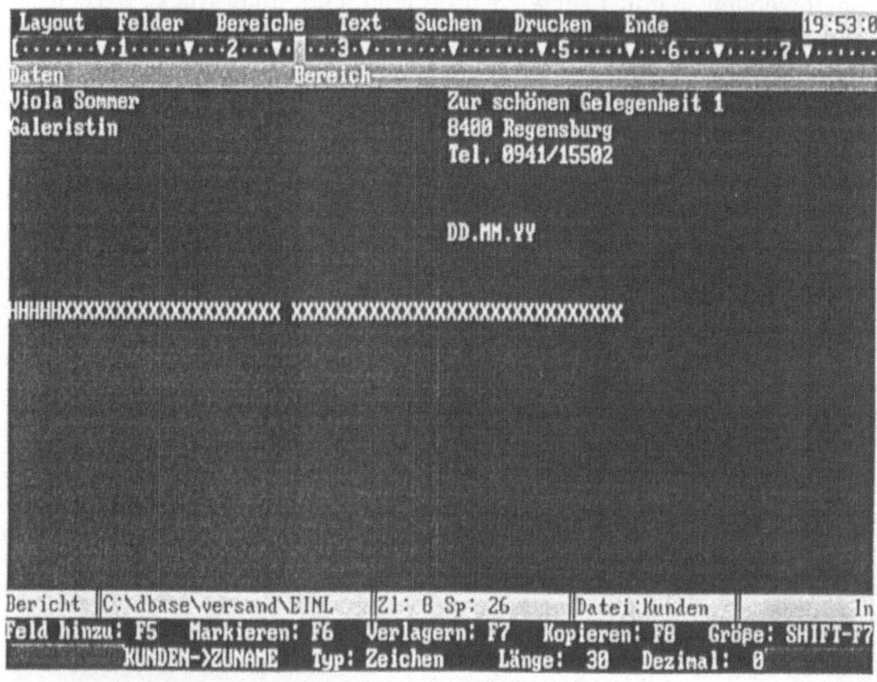

Bild 9-11 Die Felder Titel, Vorname, Zuname im Brief

In der nächsten Zeile steht entweder das Postfach oder die Straße.

1. Legen Sie ein neues Kalkulationsfeld an.

2. Name: *ps*

3. Ausdruck: *ps(trim(postfach),trim(straße))*

4. Übernehmen Sie die Voreinstellungen, und speichern Sie die Felddefinition (Bild 9-12).

Bild 9-12 *Aufruf der benutzerdefinierten Funktion ps*

5. Fügen Sie noch die Felder PLZ und Ort in den Serienbrief ein (Bild 9-13).

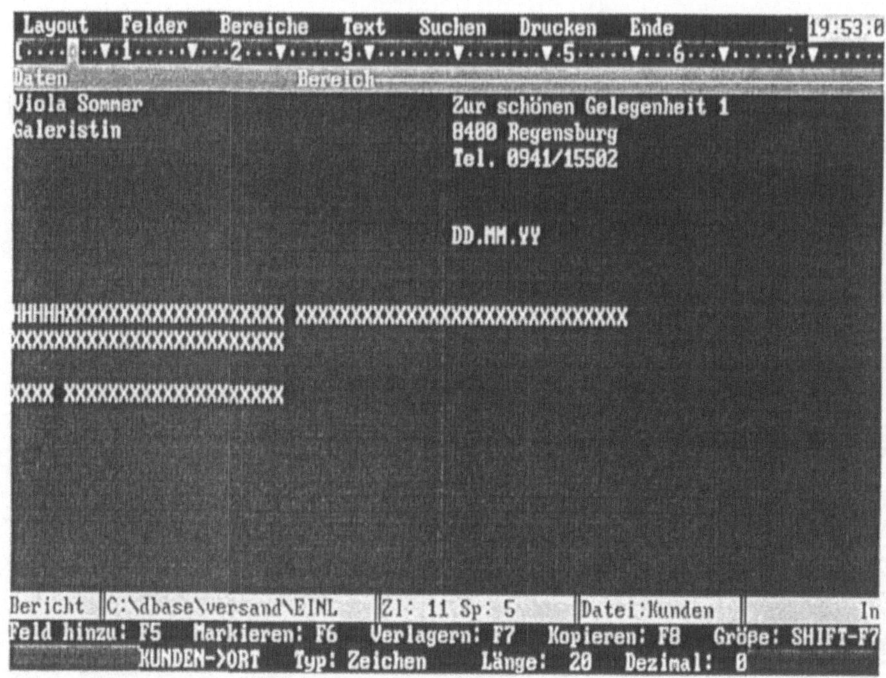

Bild 9-13 Schablonen für die Anschrift im Serienbrief

In der Anrede rufen Sie wiederum über ein Kalkulationsfeld die benutzerdefinierte Funktion an auf.

1. Geben Sie ein: *Sehr geehrt*

2. Legen Sie ein neues Kalkulationsfeld an.

3. Name: *an*

4. Ausdruck: *an(anrede)*

5. Speichern Sie die Felddefinition (Bild 9-14).

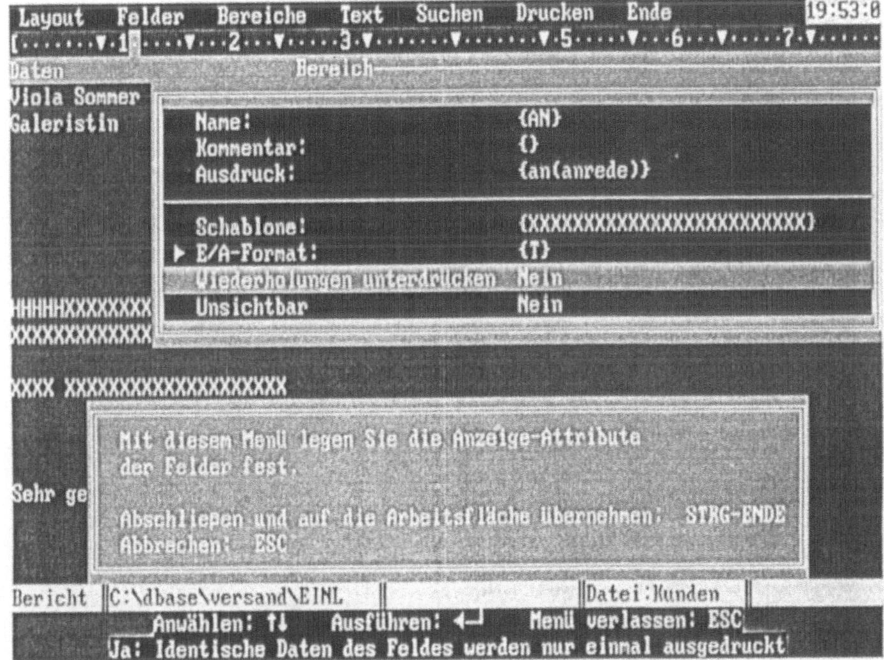

Bild 9-14 Aufruf der benutzerdefinierten Funktion an

6. Rufen Sie nochmals genauso wie oben beschrieben die Funktion tl auf. Sie müssen dem Kalkulationsfeld allerdings einen anderen Namen geben.

7. Fügen Sie unmittelbar nach dem Titel das Feld Zuname ein.

8. Schließen Sie die Anrede mit einem Komma ab.

9. Speichern Sie den Brief mit **Bericht speichern** aus dem **Layout**-Menü. Das Briefgerüst steht dann für weitere Serienbriefaktionen zur Verfügung.

Vor dem Speichern wird der Serienbrief automatisch in dBASE-Code übersetzt. In der Statuszeile sieht man Meldungen des Compilers und die Nummer der Zeile, die gerade codiert wird. Der Code sollte ungefährt 400 Zeilen lang sein.

Die Schablonen für Anschrift und Anrede im Serienbrief sollten wie die aus Bild 9-15 aussehen.

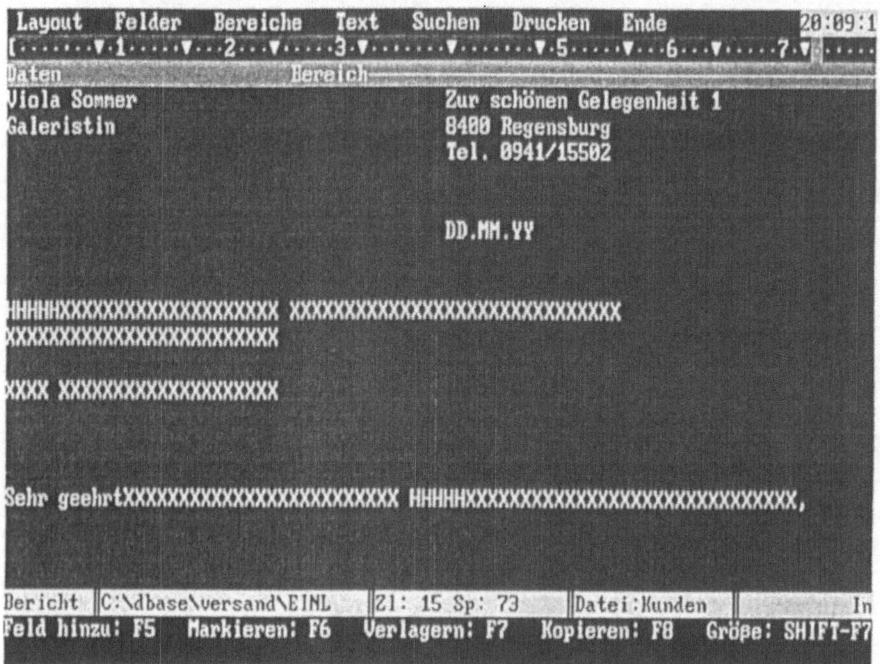

Bild 9-15 Serienbrief mit Schablonen für Anschrift und Anrede

Serienbriefe drucken

Am besten sehen Sie sich das Ergebnis nochmals auf dem Bildschirm an. dBASE IV sollte die Anrede in allen Briefen korrekt ausgeben.

1. Wählen Sie aus dem **Drucken**-Menü **Ausgabe am Bildschirm** aus.

    Daraufhin gibt Ihnen dBASE IV die Serienbriefe auf den Bildschirm aus. Sie können nun prüfen, ob Anschrift und Anrede korrekt ausgegeben werden (Bild 9-16).

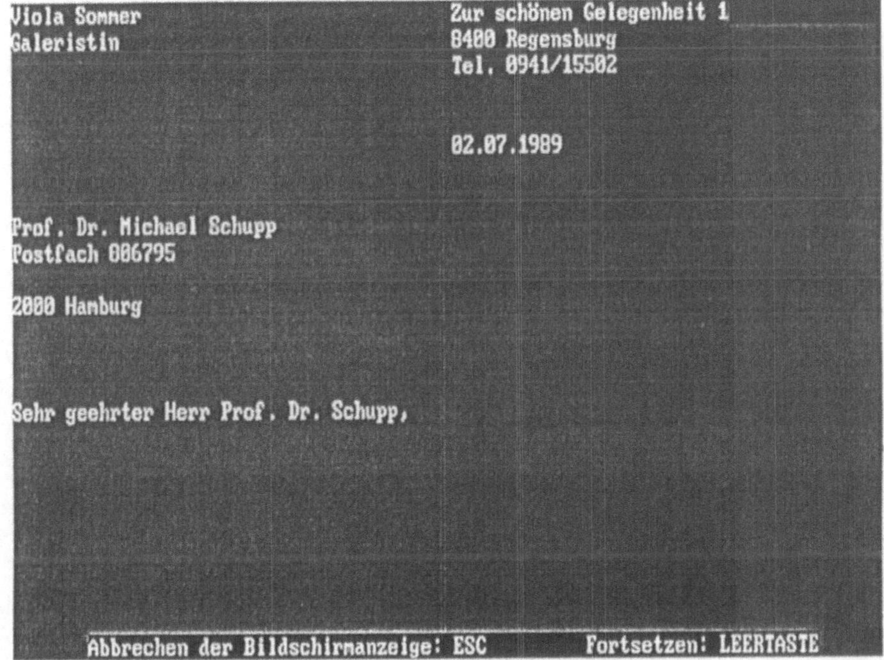

Bild 9-16 Ausgabe des Serienbriefes auf dem Bildschirm

2. Jetzt ist nur noch der Brief selbst zu schreiben. Geben Sie einen beliebigen Text ein (vgl. Bild 9-19).

Den linken und rechten Rand stellen Sie mit Hilfe des Zeilenlineals am oberen Bildrand mit dem Befehl **Zeilenlineal ändern** aus dem **Text**-Menü ein. Die eckigen Klammern kennzeichnen die Ränder und Ausrufezeichen die Tabulatorstellen. Der Text wird absatzweise formatiert. Wenn Sie beispielsweise an dem Absatz, an dem Sie gerade arbeiten, einen Seitenrand mit Hilfe des Zeilenlineals ändern, wird der gesamte Text in diesem Absatz entsprechend der neuen

Begrenzung umformatiert. Derartige Änderungen haben jedoch keinen Einfluß auf die Absätze vor oder nach dem gerade bearbeiteten Absatz.

Um bestimmte Adressen aus der Kundendatei auszuwählen, rufen Sie vom Berichtgenerator aus den Abfragemodus Query By Example auf *(Umstell-F2)*. Sie können dann Auswahlkriterien eingeben und die Selektion durchführen.

Wählen Sie für die Serienbrief-Aktion alle Kundenadressen aus, deren PLZ mit "8" beginnt.

1. Speichern Sie den Serienbrief.

2. Rufen Sie mit *Umstell-F2* die Abfragemaske auf (Bild 9-17).

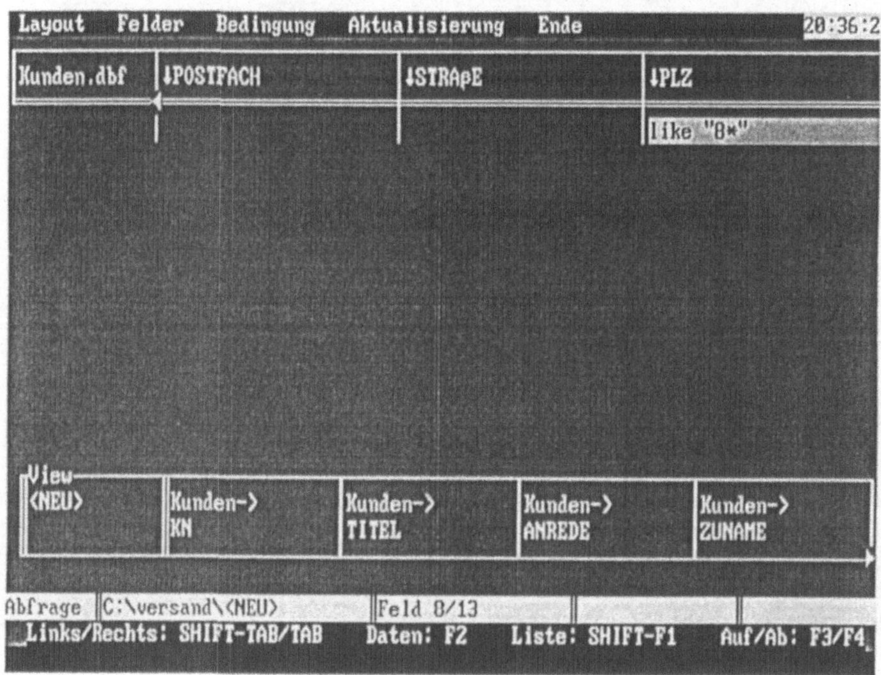

Bild 9-17 Adressenauswahl für den Serienbrief

3. Tragen Sie in das Feld PLZ ein: *like "8*"*

4. Öffnen Sie das **Ende**-Menü und wählen Sie den Befehl **Zum Bericht** aus (Bild 9-18).

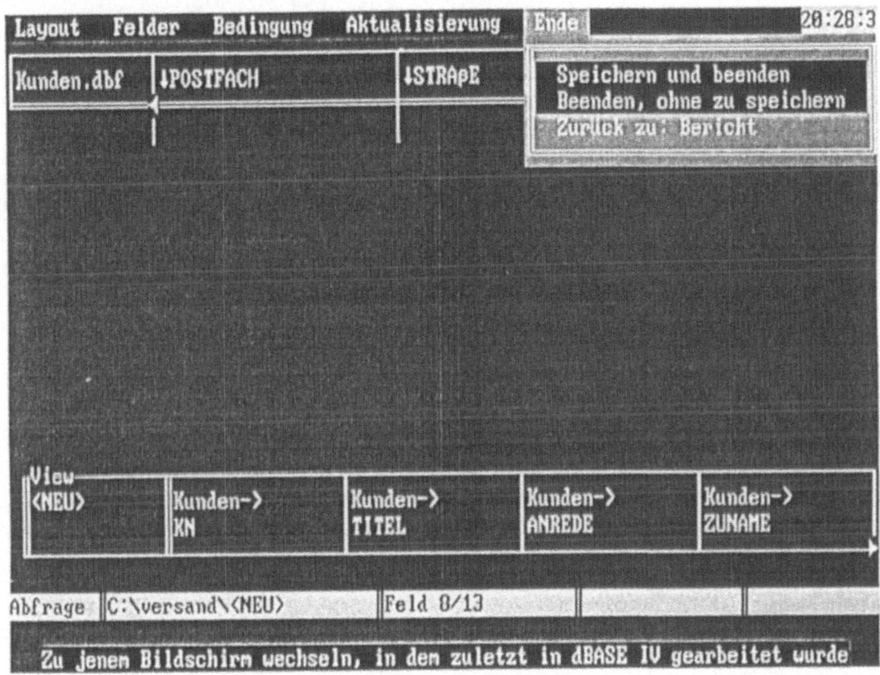

Bild 9-18 Rückkehr zum Bericht

5.   Stellen Sie die Parameter für den Drucker ein (**Drucken**-Menü) und
     drucken Sie die Serienbriefe aus (Bild 9-19).


```
Galeristin                              8400 Regensburg
                                        Tel. 0941/15502


                                        02.07.1989



Peter Scharschmidt
Postfach 605013

8400 Regensburg




Sehr geehrter Herr Scharschmidt,


zur Vernissage von Max Hamm laden wir Sie recht herzlich ein.
Der Künstler aus Salzburg stellt Werke zum Thema Ökologie aus.


         Termin: Donnerstag, 17.8.1989, 19 Uhr
         Ort:    Galerie Sommer
                 Zur schönen Gelegenheit 1
                 8400 Regensburg

Wir freuen uns auf Ihren Besuch.


Mit freundlichen Grüßen
```

Bild 9-19 Serienbrief mit individueller Anrede

Zusammenfassung

Wenn Sie Serienbriefe mit individueller Anrede drucken wollen, müssen Sie mit benutzerdefinierten Funktionen arbeiten. Sie müssen in folgenden Schritten vorgehen:

- Bestandsdatei oder Sicht auswählen
- Funktion mit dem Programmeditor eingeben
- Funktion übersetzen und testen
- Serienbrief mit dem Berichtgenerator schreiben
- Felder hinzufügen
- Kalkulationsfelder hinzufügen, über die Sie die Beziehung zischen Funktion und Brief herstellen
- Probedruck auf den Bildschirm ausgeben
- Adressen auswählen
- Serienbriefe drucken

Regeln für benutzerdefinierte Funktionen:

Die Funktionsbezeichnung und der Name der Datei, in der Sie die Funktion speichern, müssen identisch sein.

In der Parameterliste geben Sie die Namen der Eingabeparameter an. Sie dürfen hier nicht die Feldnamen ihrer Bestandsdatei verwenden.

Die Funktion muß mit RETURN das Funktionsergebnis an das aufrufende Programm, in unserem Fall den Serienbrief, übergeben.

10 Masken entwerfen

Dieses Kapitel beschreibt, wie Sie eigene Masken entwerfen können.

- Es werden zahlreiche Funktionen zur Eingabekontrolle erklärt.

- Sie können Wertebereiche festlegen,

- den Typ der eingegebenen Daten prüfen,

- die Eingabe an eine Bedingung knüpfen,

- die Dateneingabe mit Multiple-Choice-Feldern, der Übernahme von Standardwerten oder erklärenden Hilfstexten einfacher gestalten.

- Sie lernen Teile der Maske mit Linien, Rahmen oder Schriftarten optisch hervorzuheben.

Die Einzelsatz- und die Tabellendarstellung zur Ein- und Ausgabe von Datensätzen haben Sie bereits kennengelernt. In der Tabellendarstellung gibt dBASE IV einen Satz pro Zeile aus. In der Einzelsatzdarstellung definiert sich dBASE IV selbständig eine Standardmaske mit einem Feld pro Zeile. Sie können für die Einzelsatzdarstellung aber auch Bildschirmmasken mit dem Maskengenerator nach Ihren eigenen Vorstellungen entwickeln (Bild 10-1).

In Bildschirmmasken können Sie Ihre Daten eingeben, bearbeiten und ansehen. Wenn Sie Daten eingeben und bearbeiten wollen, müssen alle Felder der Maske aus derselben Bestandsdatei stammen. Wenn Sie aber eine Sicht verwenden, in der Felder verschiedener Bestandsdateien zusammengefaßt wurden, können Sie die Daten lediglich ansehen. dBASE IV erlaubt es in diesem Fall nicht, die Daten zu ändern. Zu einer Bestandsdatei oder Sicht lassen sich mehrere Masken definieren. Sie können z.B. über eine Eingabemaske Datensätze hinzufügen und aktualisieren. Über eine Ausgabemaske sehen Sie sich die Daten an.

Eine Eingabemaske sollte alle Felder der Bestandsdatei enthalten. In Ausgabemasken hingegen genügt es nur die Felder darzustellen, die Sie dem Anwender zeigen wollen. Felder mit vertraulichen Daten, wie beispielsweise die Gehälter von Mitarbeitern, müssen Sie nicht in der Maske ausgeben.

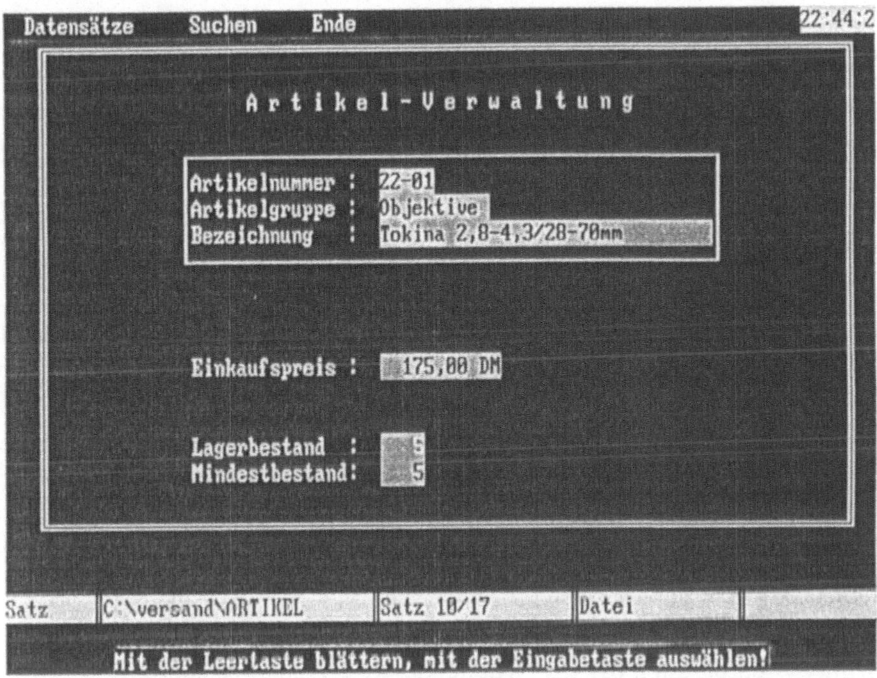

Bild 10-1 Eingabemaske für die Artikeldaten

dBASE IV verfügt über mehrere Funktionen, mit denen Sie Tippfehler und unplausible Werte bei der Dateneingabe erkennen können. Mit folgenden Funktionen können Sie Fehleingaben rechtzeitig zurückweisen:

- Lasse nur Ziffern und das Dezimalzeichen zu

- Lasse nur Buchstaben zu

- Lasse nur Buchstaben oder Ziffern, aber keine Sonderzeichen zu

- Lasse nur Werte aus einem bestimmten Wertebereich zu

- Lasse nur Werte aus einer Multiple-Choice-Liste zu

- Lasse nur Werte zu, die eine bestimmte Bedingung erfüllen

dBASE IV bietet zusätzlich eine Vielzahl von Funktionen, die die Eingabe in Bildschirmmasken erleichtern:

- Hilfstext zu jedem Feld, der dem Anwender die Eingabe erleichtert oder die Bedeutung des Feldes erklärt

- Hinweise zu jedem Feld, die nur nach fehlerhaften Eingaben ausgegeben werden

- Standardwerte für jeden neuen Datensatz
- Übernahme des Werts aus dem zuletzt eingegebenen Satz

Eine Bildschirmmaske besteht aus folgenden Elementen:

- Text,
- Feldern,
- Kalkulationsfeldern,
- Rechtecken und Linien.

Sie selbst bestimmen die Anordnung von Text, Feldern und Kalkulationsfeldern. Mit Rechtecken, Linien und Unterstreichungen heben Sie wichtige Teile der Maske hervor und gliedern den Platz auf dem Bildschirm.

Die Maskendefinition muß in dBASE IV-Code übersetzt werden. dBASE IV führt die Compilierung durch, wenn die Maskendefinition gespeichert oder die Maske auf den Bildschirm ausgegeben wird.

Für eine Maske legt dBASE IV drei Dateien mit unterschiedlichen Dateinamenerweiterungen an:

artikel.scr   enthält die Originalmaske,

artikel.fmt   enthält den dBASE-Quellcode der Originalmaske und

artikel.fmo   enthält den dBASE-Objektcode, die Übersetzung des Quellcodes aus der Datei artikel.fmo.

Tips für den Aufbau übersichtlicher Masken

Tragen Sie in jede Maske eine Überschrift ein. Geben Sie die wichtigsten Felder in der Mitte des Bildschirms aus. Heben Sie wichtige Informationen hervor, indem Sie sie umrahmen, unterstreichen oder invers ausgeben. Schreiben Sie Felder, die in verschiedenen Masken vorkommen, stets an dieselbe Position auf dem Bildschirm. Schreiben Sie Informationen, die zusammen gehören, neben- oder untereinander. Umrahmen Sie zusammengehörende Informationen.

Aufgabe: Eingabemaske für Artikel-Daten

Entwerfen Sie eine Eingabemaske für die Artikeldatei. Geben Sie zu jedem Feld einen Hilfstext zur Eingabe ein. Legen Sie für die Artikelgruppe eine Multiple-Choice-Liste an. Übernehmen Sie den Wert des Feldes Artikelgruppe aus dem zuletzt eingegebenen Satz. Legen Sie den kleinsten Wert für die numerischen Felder fest. Erzwingen Sie die Eingabe der Artikelnummer.

Aufbau der Formatmaske für Masken

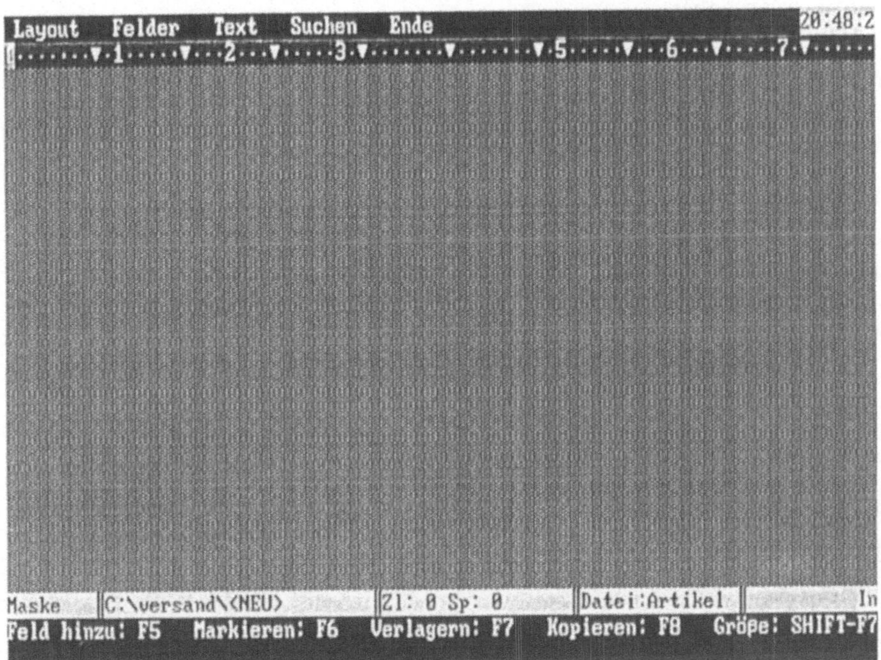

Bild 10-2 Leere Formatmaske für Masken

Die Formatmaske für Masken ist in folgende Bereiche aufgeteilt:

● Zeilenlineal

● Arbeitsbereich

● Statuszeile.

In der Formatmaske für Masken blendet dBASE IV das Zeilenlineal direkt unter der Menüzeile ein. Die Dreiecke auf dem Lineal markieren die Tabulator-Positionen. Sie können das Lineal mit dem Befehl **Zeilenlineal ausblenden Ja/Nein** aus dem **Text**-Menü ein- oder ausblenden.

Dann folgt der Arbeitsbereich, in dem Sie die Maske definieren. Für den Arbeitsbereich gilt der Layout-Modus, den Sie bereits im Kapitel "Berichte drucken" kennengelernt haben.

Die Statuszeile enthält den Namen der Maskendatei, die Positionsangabe des Cursors und den Namen der zugrundeliegenden Bestandsdatei oder Sicht. Ganz rechts erscheint der Hinweis **Ins**, wenn Sie den Einfügemodus mit der *Einfg*-Taste aufgerufen haben.

Tastaturhinweise und die Meldungen gibt dBASE IV wie in allen anderen Bildschirmen auch in der letzten Zeile aus.

Standardlayout für Masken

Wenn Sie eine Bestandsdatei oder Sicht geöffnet haben und die Formatmaske für Masken aufrufen, können Sie mit der Option **Standardlayout** aus dem **Layout**-Menü die Standardmaske aufrufen (Bild 10-3).

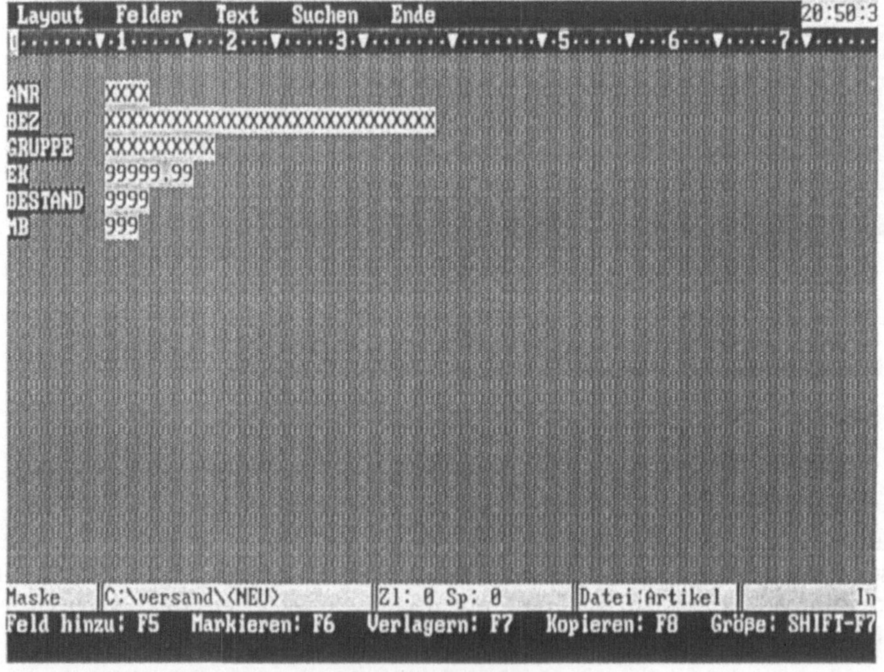

Bild 10-3 Standardmaske für die Artikeldatei

Die Standardmaske enthält alle Felder der zugrundeliegenden Bestandsdatei oder Sicht. Pro Zeile wird ein Feld, mit dem Namen und der Feldschablone, ausgegeben. Die Feldschablone kennzeichnet die Feldlänge und den Feldtyp.

Sie können das Standardlayout als Ausgangsbasis für die Entwicklung eigener Masken verwenden. In dem folgenden Abschnitt erfahren Sie, wie Sie Text und Felder verschieben, kopieren oder löschen.

Text eingeben

Sie können den Cursor mit den Pfeiltasten und der Tab-Taste an jede beliebige Stelle des Arbeitsbereichs bewegen. Mit dem Befehl **Zeilennummer** aus dem **Suchen**-Menü setzen Sie den Cursor an den Anfang einer bestimmten Zeile.

Geben Sie die Überschrift und die Bezeichnung der Felder ein.

1. Öffnen Sie die Artikeldatei.

2. Setzen Sie den Cursor auf **< neu >** in der **Maskenspalte**.

3. Drücken Sie die *Eingabetaste*.

    Daraufhin ruft dBASE IV seinen Maskengenerator auf und Sie sehen die leere Formatmaske auf dem Bildschirm.

4. Schließen Sie das **Layout**-Menü.

5. Geben Sie am Anfang der dritten Zeile die Überschrift ein:

    A r t i k e l - V e r w a l t u n g

6. Markieren Sie die Überschrift, indem Sie den Cursor mit der *Pos1*-Taste an ihren Anfang setzen, die *F6*-Taste drücken, den Cursor an ihr Ende bewegen und die *Eingabetaste* drücken.

7. Klappen Sie das **Text**-Menü auf, und wählen Sie **Justierung** aus.

    Sie können den markierten Text links-, rechtsbündig oder zentriert ausgeben.

8. Wählen Sie **Zentrieren** aus.

    Daraufhin setzt der Maskengenerator die Überschrift in die Mitte der Zeile. Die Überschrift bleibt markiert (Bild 10-4).

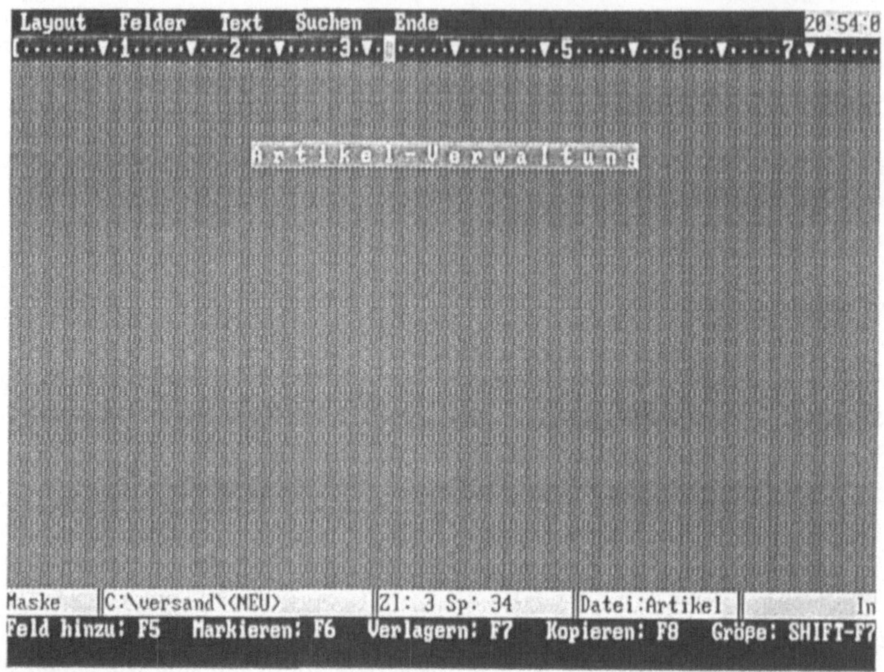

Bild 10-4 Zentrierte Überschrift

9. Heben Sie die Markierung mit der *Esc*-Taste auf.

10. Setzen Sie den Cursor auf Zeile 6/Spalte 17.

    Die aktuelle Cursorposition steht in der Statuszeile.

11. Geben Sie die Feldbezeichnung *Artikelnummer* ein.

12. Geben Sie die weiteren Feldbezeichungen ein:

```
Zl  7, Sp 17:     Artikelgruppe   :
Zl  8, Sp 17:     Bezeichnung     :
Zl12, Sp 17:      Einkaufspreis   :
Zl15, Sp 17:      Lagerbestand    :
Zl16, Sp 17:      Mindestbestand  :
```

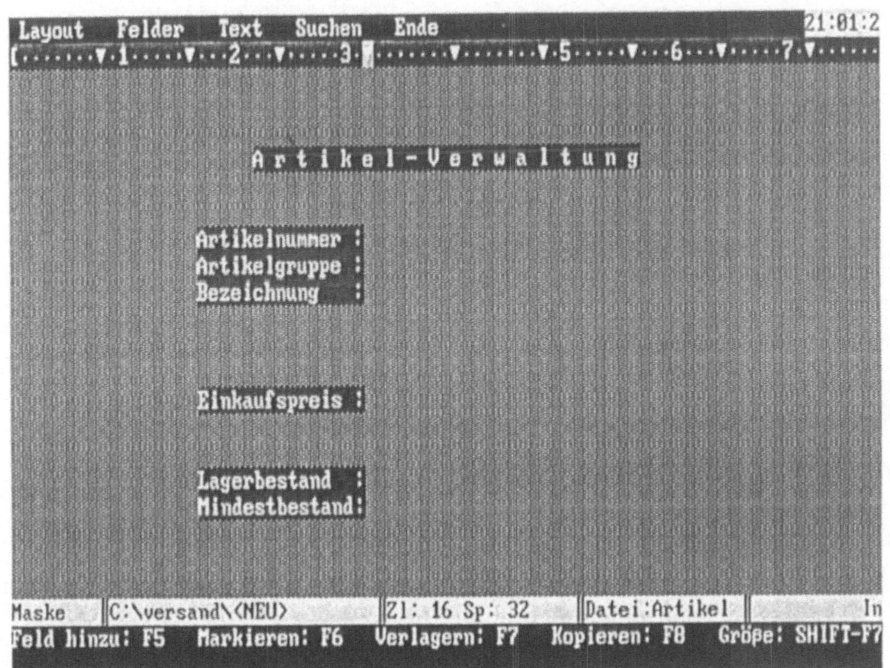

Bild 10-5 Feldbezeichnungen in Masken eingeben

13. Speichern Sie die Maske mit dem Befehl **Maske speichern** aus dem
    Layout-Menü. Nennen Sie die Maske Artikel.

Text und Felder der Maske können Sie verlagern, kopieren oder löschen. Zuerst müssen Sie dem Maskengenerator mitteilen, welchen Ausschnitt Sie bearbeiten wollen. Deshalb müssen Sie ihn markieren. Den markierten Ausschnitt können Sie dann bearbeiten.

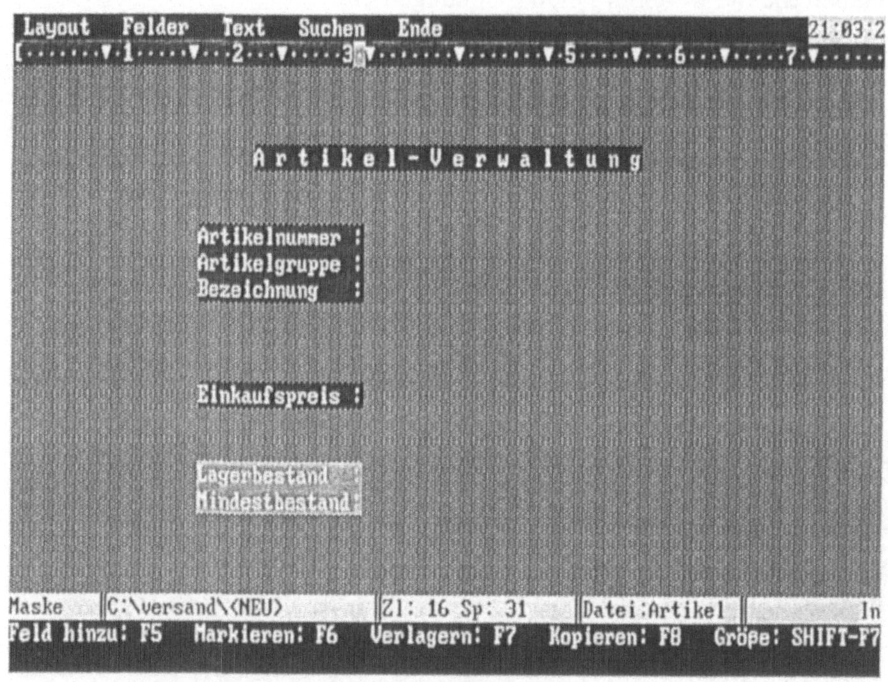

Bild 10-6 Markierte Feldbezeichnungen

Markieren:	Setzen Sie den Cursor an die linke obere Ecke des zu markierenden Bereichs. Drücken Sie die *F6*-Taste, setzen Sie den Cursors an die rechte untere Ecke und drücken Sie die *Eingabetaste* (Bild 10-6).
Verlagern:	Drücken Sie die *F7*-Taste. Sie können jetzt den markierten Bereich mit den *Pfeiltasten* verschieben. Mit der *Eingabetaste* legen Sie die endgültige Position fest (Bild 10-7).
Kopieren:	Drücken Sie die *F8*-Taste. Der Maskengenerator erstellt eine Kopie des markierten Bereichs. Setzen Sie diese mit den Pfeiltasten an die gewünschte Position und drücken Sie die *Eingabetaste*.

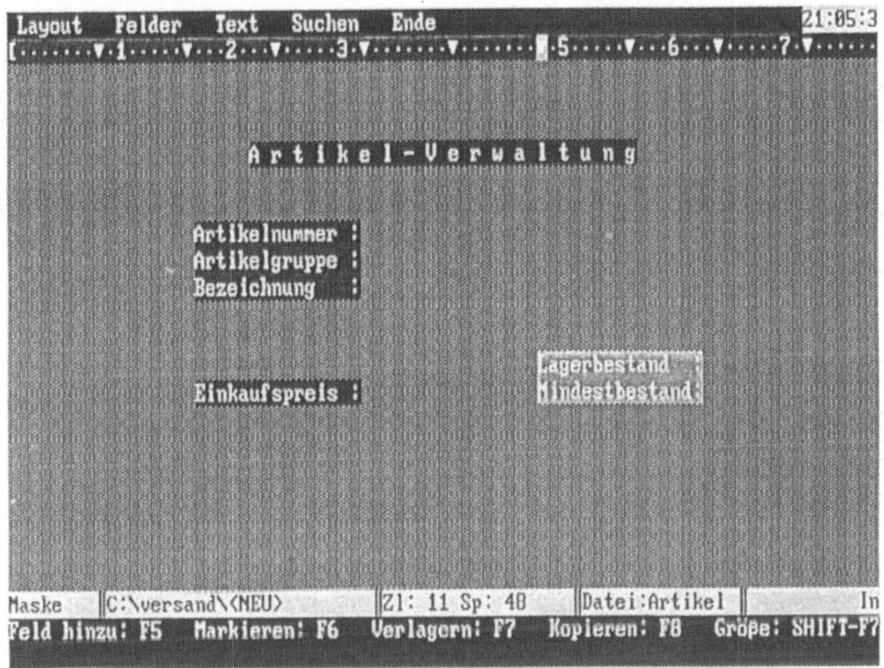

Bild 10-7 Ein markierter Bereich wurde verlagert

Löschen: Drücken Sie die *Entf*-Taste, um einen markierten Bereich zu löschen.

Größe ändern: Von Feldern, Rahmen und Fenstern können Sie mit *Umstell-F7* die Größe ändern. Legen Sie die neue Größe mit den *Pfeiltasten* fest und drücken Sie die *Eingabetaste*.

Felder hinzufügen

Sie können sowohl sämtliche Felder als auch Kalkulationsfelder aus der Bestandsdatei oder der Sicht in die Maske einfügen oder neue Kalkulationsfelder definieren und hinzufügen. Die Felder lassen sich bearbeiten und aus der Maske entfernen. Gleichzeitig mit dem Einfügen der Felder in die Maske, wählen Sie auch die Funktionen zur Eingabekontrolle aus.

Fügen Sie das Feld ANR der Artikeldatei in die Maske ein. Zur besseren Übersicht soll die Artikelnummer in der Form "13-01" ausgegeben werden. Die Artikelnummer enthält nur Ziffern. Geben Sie eine Meldung ein, die dem Anwender die Eingabe der Artikelnummer erleichtert. Sorgen Sie dafür, daß die Artikelnummer auf jeden Fall eingegeben wird.

1.   Setzen Sie den Cursor an die Position, an der Sie das Feld ANR einfügen wollen.

2.   Drücken Sie die *F5*-Taste (Bild 10-8).

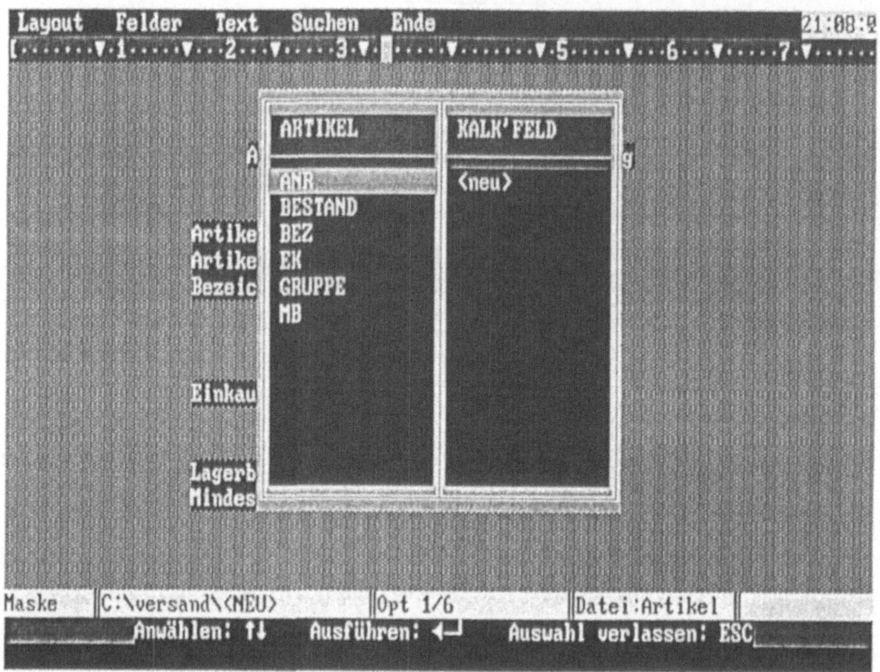

Bild 10-8 Liste der verfügbaren Felder

Daraufhin sehen Sie die Liste mit Feldern, Kalkulationsfeldern, Vorgabefeldern und Formelfeldern, die Sie bereits aus dem Kapitel "Berichte drucken" kennen.

3.   Wählen Sie das Feld ANR aus (Bild 10-9).

Bild 10-9 Felddefinitionsmenü für das Feld ANR

Im oberen Bereich des Felddefinitionsmenüs (Bild 10-9) stehen Angaben über
Feldtyp und Feldlänge, die Sie an dieser Stelle nicht ändern können. Mit den
Optionen im unteren Bereich können Sie die Feldcharakteristika, die in den
folgenden Abschnitten beschrieben werden, bestimmen.

Mit Feldschablonen Wertebereiche eingrenzen

Die Artikelnummer soll in der Form "10-03" ausgegeben werden. Sie soll nur Ziffern enthalten.

1. Setzen Sie den Cursor auf die Option **Schablone**, und drücken Sie die *Eingabetaste*.

   Daraufhin sehen Sie die Feldschablone (Bild 10-10).

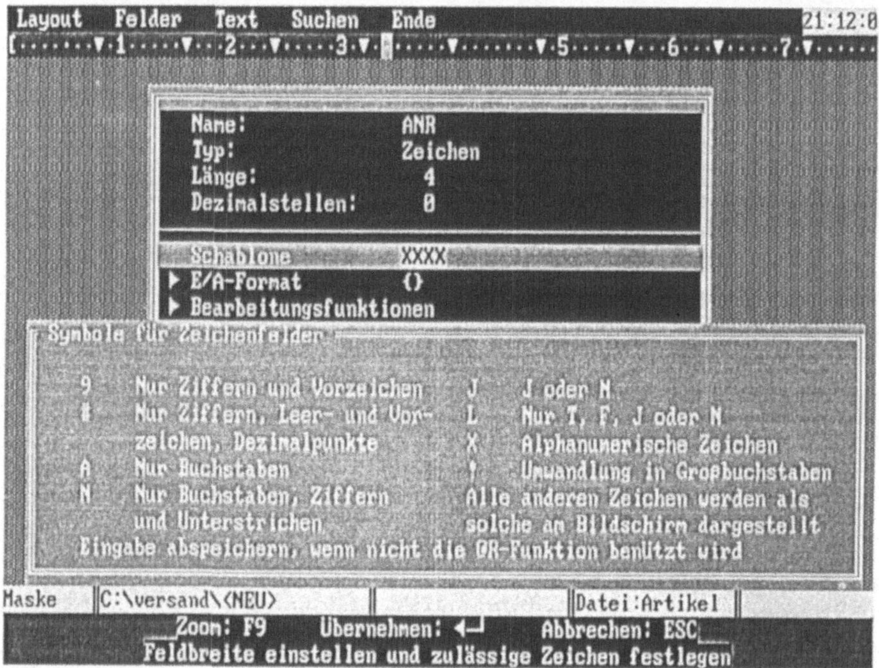

Bild 10-10 Feldschablone für das ANR-Feld

Die Länge der Feldschablone entspricht der Feldlänge. Sie können die Schablone vergrößern oder verkleinern.

Das Schablonenzeichen kennzeichnet den Datentyp, den dBASE IV als Eingabewert in diesem Feld akzeptiert. Sie können das Schablonenzeichen überschreiben.

Schablonenzeichen:

9   Es werden nur Ziffern und Vorzeichen akzeptiert.

Es werden Ziffern, Vorzeichen und Leerzeichen akzeptiert.

.   Position des Dezimalkommas.

,   Zeichen für die Tausender-Trennung.

$ Führende Nullen werden als $ ausgegeben.

*   Führende Nullen werden als * ausgegeben.

X   Es werden alphanumerische Zeichen akzeptiert.

A   Es werden nur Buchstaben akzeptiert.

N   Es werden nur Buchstaben, Ziffern und das Unterstreichungszeichen akzeptiert.

!   Alle Kleinbuchstaben werden in Großbuchstaben umgewandelt.

J   In Zeichenfeldern oder logischen Feldern werden nur die Zeichen J und N akzeptiert.

L   Es werden nur die logischen Werte W, F, J oder N akzeptiert.

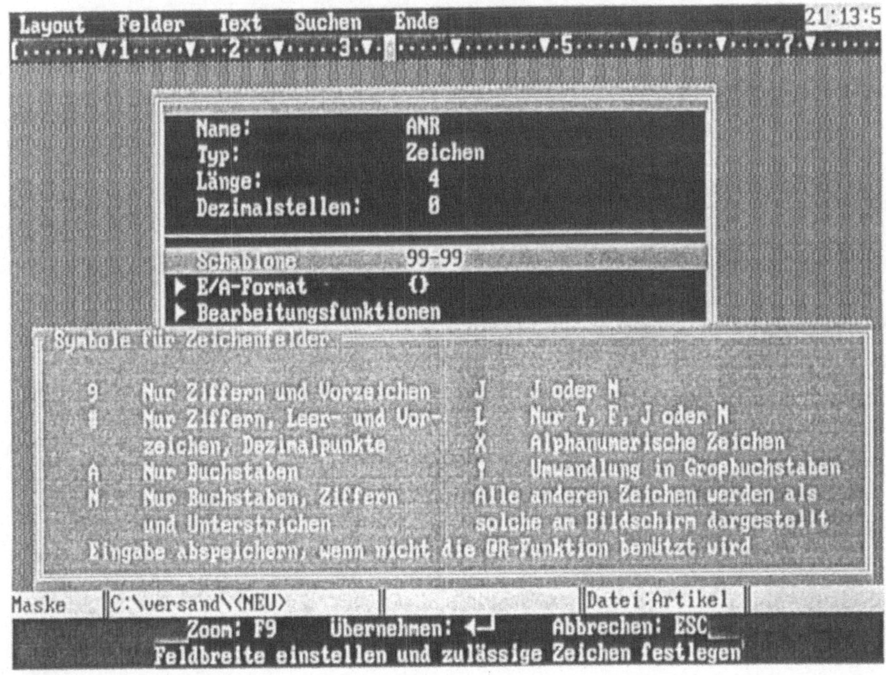

Bild 10-11 Die Schablone wird verändert

Wenn Sie versuchen, in das Feld andere als die in der Schablone als zulässig vereinbarten Zeichen einzugeben, akzeptiert dBASE IV diese Daten nicht.

2. Löschen Sie die Schablone mit der Rücktaste, und geben Sie ein: *99-99*

Der Bindestrich wird automatisch mit der Artikelnummer ausgegeben. Er teilt die Artikelnummer auf in die zweistellige Nummer des Herstellers und die laufende Nummer. Das Schablonenzeichen "9" sorgt dafür, daß nur Ziffern akzeptiert werden.

Das Eingabefeld für die Schablone können Sie mit der *F9*-Taste (Zoom) vergrößern. dBASE IV erweitert dann das Eingabefeld auf eine Zeile, die es direkt vor der Statuszeile ausgibt (Bild 10-12).

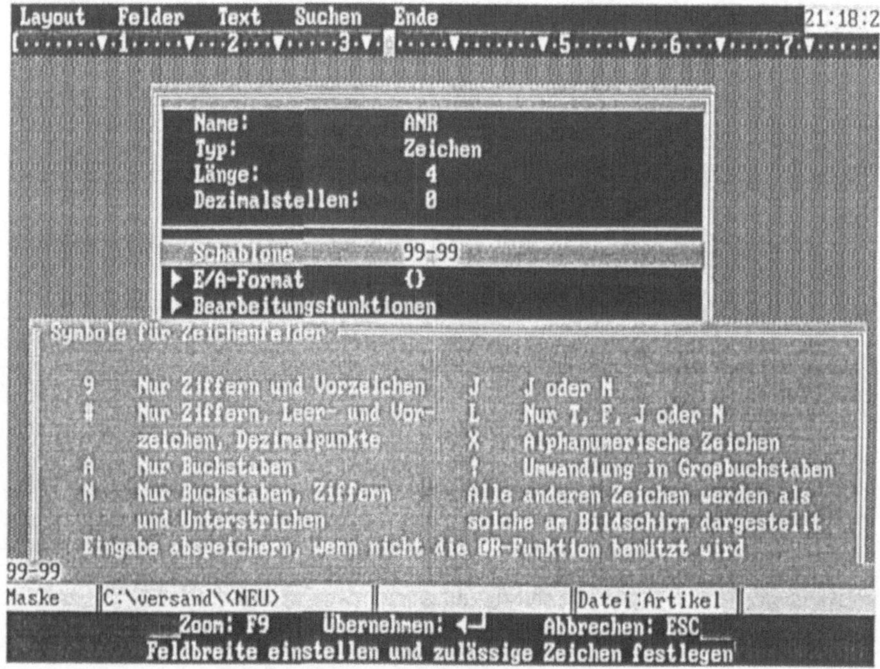

Bild 10-12 Vergrößertes Eingabefeld für die Schablone

Wenn Sie nochmals die *F9*-Taste drücken, blendet dBASE IV die Eingabezeile aus.

Achtung

Der Bindestrich gehört nicht zum Datenwert. Er gilt als Literal. Sie müssen deshalb in der Liste der **Eingabeformate** die Option **Literale kein Datenbestandteil** einschalten.

3. Übernehmen Sie die Änderung mit der *Eingabetaste*. In der geschwungenen Klammer sehen Sie dann die geänderte Schablone (Bild 10-13).

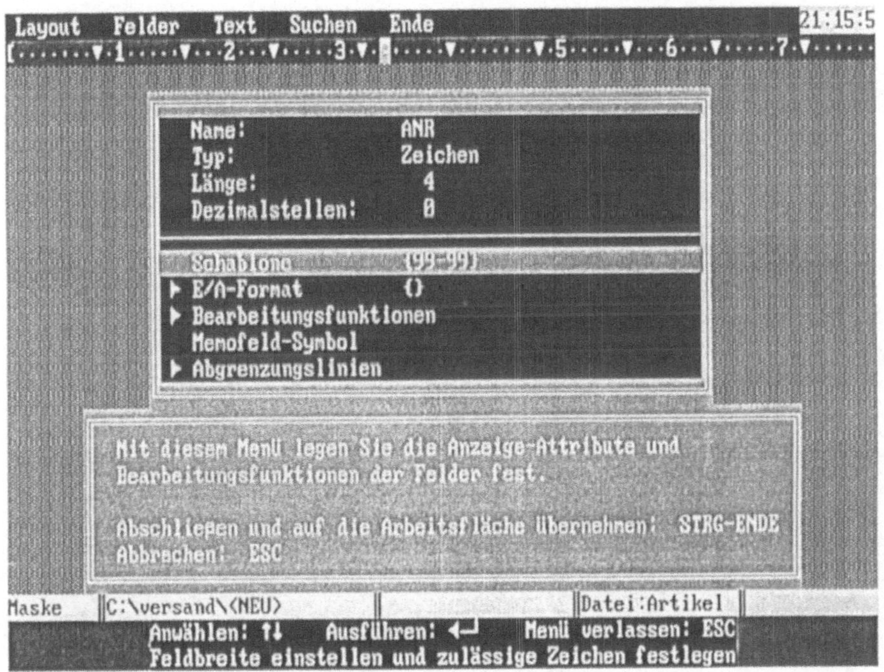

Bild 10-13 Geändertes Schablonenzeichen in der Klammer

Ein- und Ausgabeformate festlegen

Die Option **E/A-Format** stellt ebenfalls Funktionen zur Eingabekontrolle zur
Verfügung. Im Felddefinitonsmenü sehen Sie in der geschwungenen Klammer
die Kurzzeichen für die gültigen E/A-Attribute.

1. Setzen Sie den Cursor auf die Option **E/A-Format**, und drücken Sie die
    Eingabetaste.

    Sie sehen daraufhin die Ein- und Ausgabeattribute für Zeichenfelder (Bild
    10-14).

Bild 10-14 Ein-/Ausgabeattribute für Zeichenfelder

Die Liste der Ein- und Ausgabeattribute für numerische Felder unterscheidet sich nicht von der Liste der E/A-Attribute, die Sie beim Hinzufügen von Feldern in Berichte sehen (Bild 10-15). Lesen Sie bitte die Erklärung der Attribute im Kapitel "Berichte drucken".

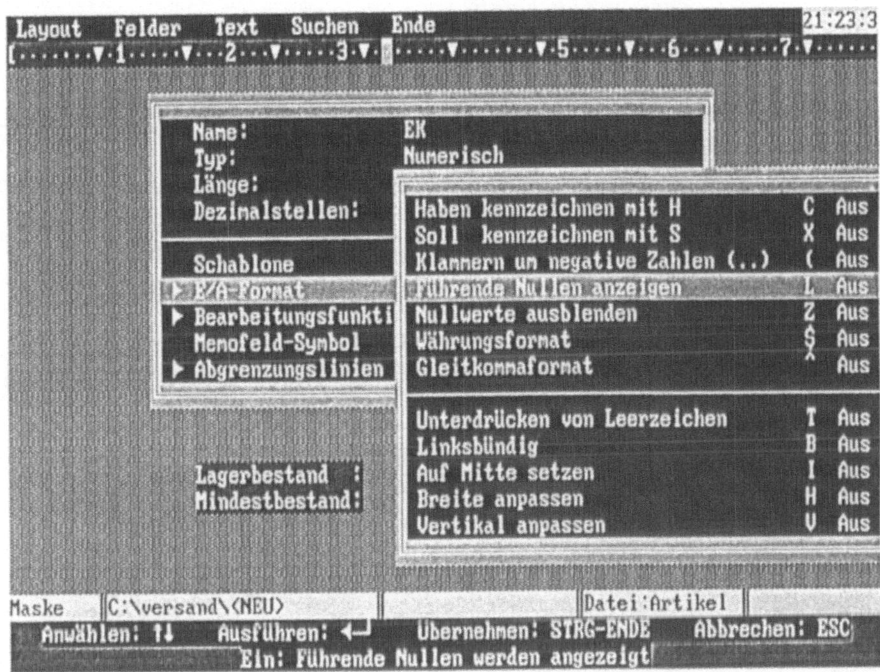

Bild 10-15 Ein-/Ausgabeattribute für numerische Felder

2. Setzen Sie den Cursor auf das Attribut **Literale kein Datenbestandteil**, und drücken Sie die *Eingabetaste*. Damit schalten Sie das Attribut ein.

3. Speichern Sie die Eingabeattribute mit *Strg-Ende*.

Wenn Sie das Attribut **Nur Buchstaben** einschalten, nimmt dBASE IV nur Buchstaben als Eingabewerte an. Andere Zeichen speichert es nicht.

Das Attribut **Großbuchstaben** wandelt Buchstaben, die Sie kleingeschrieben eingeben, in Großbuchstaben um.

Das Attribut **Literale kein Datenbestandteil** sorgt dafür, daß Konstanten, die Sie in die Schablone eingefügt haben, nicht mit den Daten gespeichert werden.

Das Attribut **Horizontal verschieben** ist hilfreich, wenn das Eingabefeld in der Maske kürzer ist als die Feldlänge. Sie können dann den Ausschnitt, den Sie im Eingabefeld sehen, mit den Pfeiltasten horizontal verschieben.

Das E/A-Format **Multiple choice** wird weiter unten bei der Hinzufügung des Feldes Gruppe erklärt.

Hilfstexte eingeben

Sie können eine **Meldung** eingeben, die die Eingabe in das Feld erklärt. Dieser Hilfstext wird automatisch ausgegeben, sobald der Anwender den Cursor auf das Feld setzt. So können Sie beispielsweise für das Multiple-Choice-Feld GRUPPE folgendenen Hilfstext vereinbaren:

"Blättern mit der Leertaste, auswählen mit der Eingabetaste"

Geben Sie zur Eingabe in das Feld ANR einen Hilfstext ein.

1. Setzen Sie den Cursor auf die Option **Bearbeitungsfunktionen** und drük-ken Sie die *Eingabetaste* (Bild 10-16).

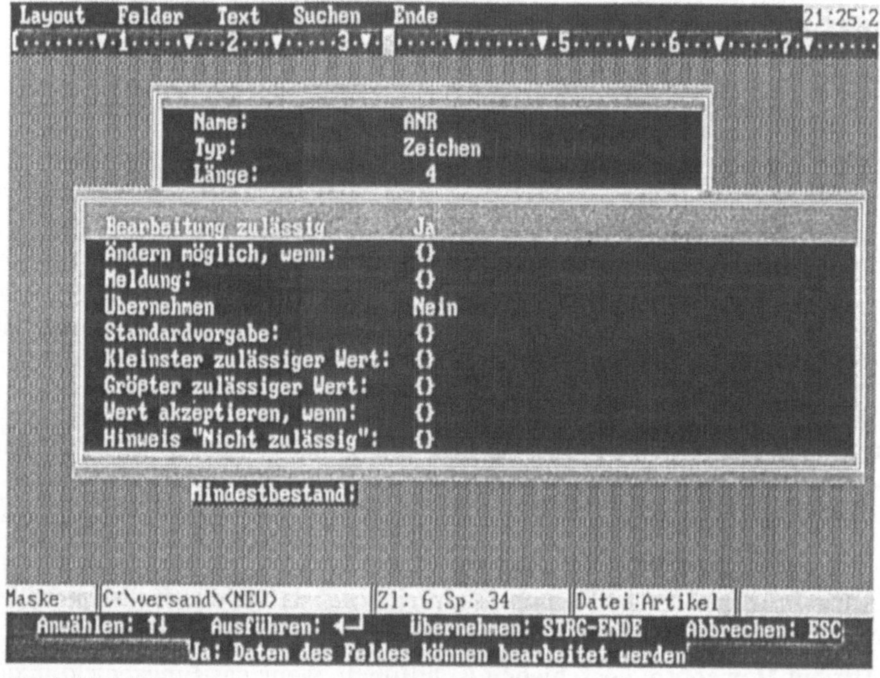

Bild 10-16 Bearbeitungsfunktionen aufrufen

Sie sehen daraufhin ein Menü, in dem Sie dem Feld Eigenschaften zuweisen, Meldungen vereinbaren, Standardvorgaben definieren und den Wertebereich festlegen können (Bild 10-17).

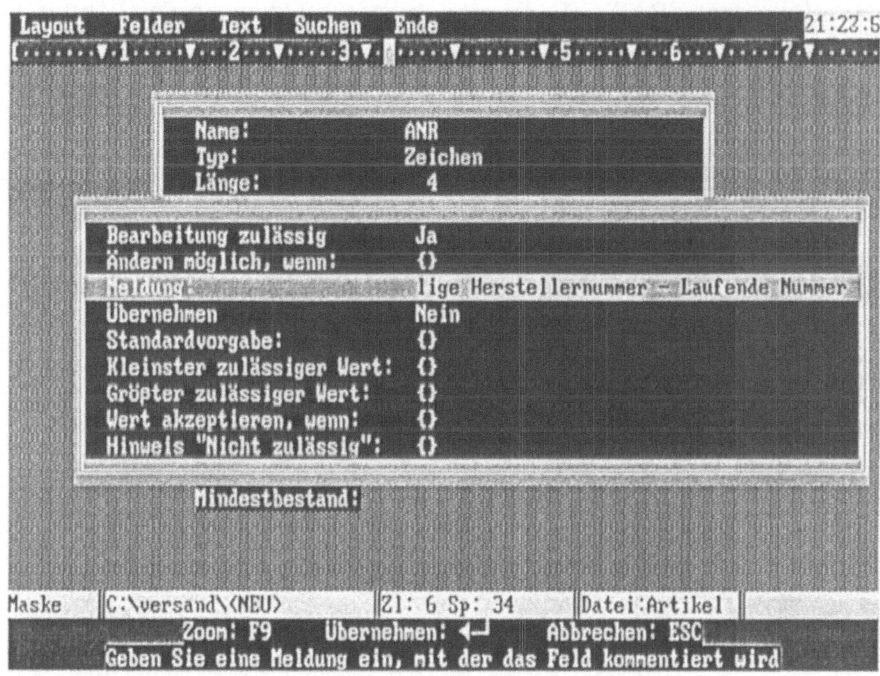

Bild 10-17 Meldungstext eingeben

2. Setzen Sie den Cursor auf die Option **Meldung**, und drücken Sie die *Eingabetaste*.

3. Geben Sie ein: *Zweistellige Herstellernummer - Laufende Nummer*

4. Drücken Sie die *Eingabetaste*.

Daraufhin trägt dBASE IV die eingegebene Meldung in das Fenster für die Bearbeitungsfunktionen ein (Bild 10-18).

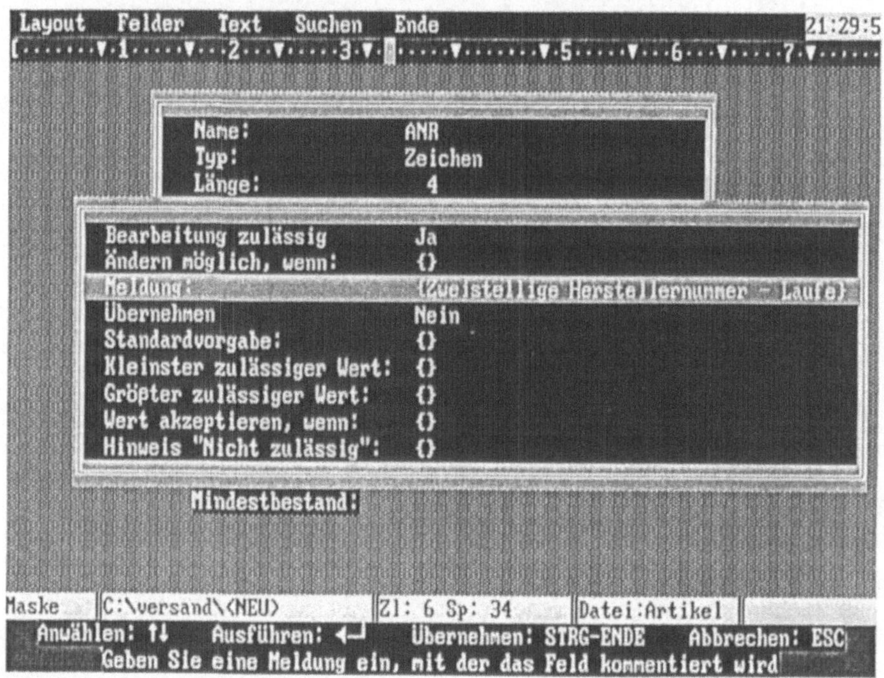

Bild 10-18 Meldungstext in geschwungener Klammer

Eingabezwang durch bedingte Eingabe

Mit der Option **Wert akzeptieren, wenn** können Sie ebenfalls die Eingabe kontrollieren. dBASE IV akzeptiert den eingegebenen Wert nur dann, wenn er die angegebene Bedingung erfüllt. Die Bedingungen geben Sie in Form eines dBASE IV-Ausdrucks ein. Ein Ausdruck besteht aus Feldnamen, Operatoren und Funktionen.

Sie können mit dieser Option beispielsweise prüfen, ob der eingegebene Wert mit einem der Werte aus einer Aufzählung übereinstimmt. Wenn der Mindest-bestand nur bestimmte Werte annehmen darf, können Sie mit Hilfe der Option **Wert akzeptieren, wenn** für die Eingabe zulässiger Werte sorgen:

> MB .IN. (3,5,10,20,50,100)

MB ist ein Feldname, .IN. ist ein Operator und in der runden Klammer steht eine Aufzählung der gültigen Eingabewerte.

Mit dieser Option können Sie aber auch die Eingabe in ein Feld erzwingen:

> LEN(TRIM(ANR)) — 4

Der Anwender muß dann eine vierstellige Artikelnummer eingeben.

Erfüllt der Eingabewert die angegebene Bedingung nicht, können Sie eine ent-sprechende Nachricht ausgeben lassen. Diese Meldung tragen Sie in der Option **Hinweis "Nicht zulässig"** ein. Diese Meldung wird nur dann ausgegeben, wenn der Eingabewert die Bedingung in der Option **Wert akzeptieren, wenn** nicht erfüllt.

Akzeptieren Sie die Artikelnummer nur dann, wenn sie vierstellig ist:

1. Setzen Sie den Cursor auf die Option **Wert akzeptieren, wenn,** drücken Sie die *Eingabetaste*.

2. Geben Sie ein:

    LEN(TRIM(ANR))=4

    Mit dieser Bedingung erzwingen Sie die Eingabe einer vierstelligen Arti-kelnummer. dBASE IV speichert den Datensatz erst dann ab, wenn es im Feld ANR eine vierstellige Ziffernfolge erhalten hat.

    Die Funktion LEN stellt die Länge eines Feldes fest. Die Funktion TRIM unterdrückt Leerzeichen.

    Die Eingabe von Bedingungen oder Ausdrücken können Sie sich erleich-tern, indem Sie mit *Umstell-F1* eine Liste mit allen für den Ausdruck zur Verfügung stehenden Feldern, Operatoren und Funktionen aufrufen (Bild 10-19).

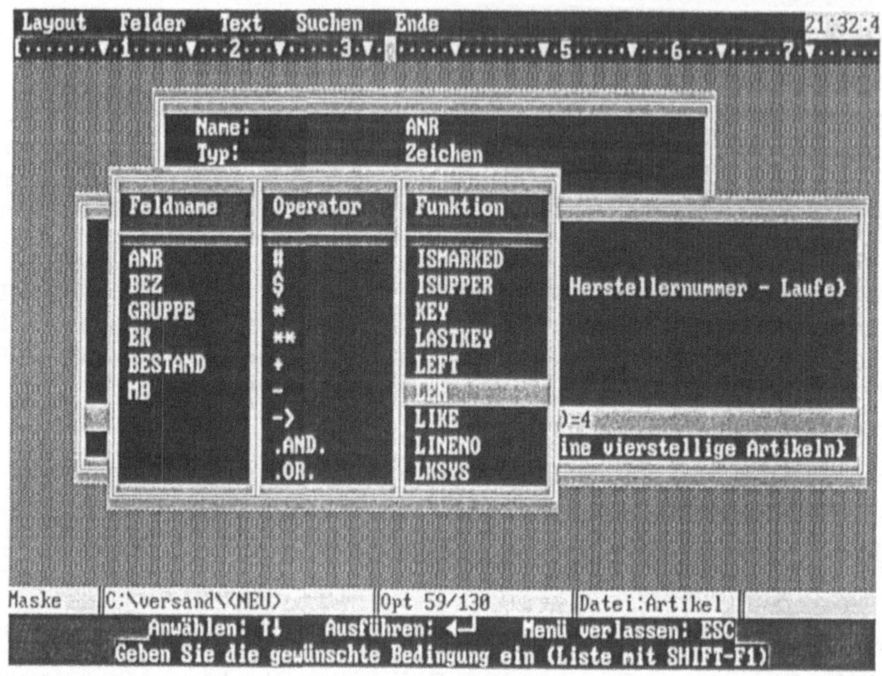

Bild 10-19   *Liste der verfügbaren Felder, Operatoren und Funktionen*

3. Drücken Sie die *Eingabetaste*.

4. Setzen Sie den Cursor auf die Option **Hinweis "Nicht zulässig"**, drücken
   Sie die Eingabetaste und geben Sie ein:

   Sie müssen eine vierstellige Artikelnummer eingeben!

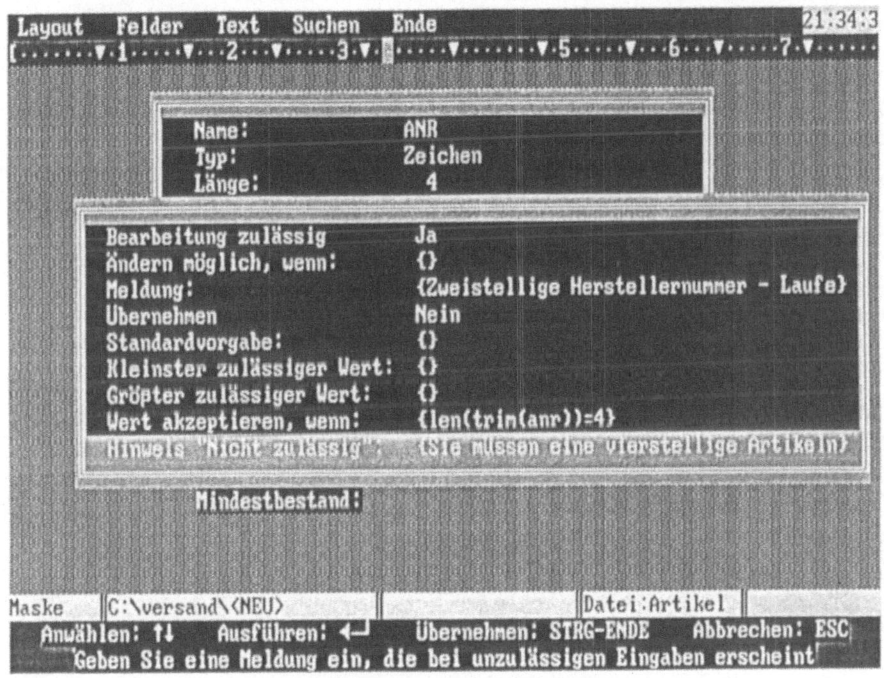

Bild 10-20 Bearbeitungsfunktionen für das Feld ANR

5.   Drücken Sie die *Eingabetaste*, und speichern Sie die Bearbeitungsfunktio-
     nen mit *Strg-Ende* (Bild 10-21).

Bild 10-21 Fertige Felddefinition für das Feld ANR

Die Optionen Memofeld-Symbol und Abgrenzungslinien stehen nur für
Memofelder zur Verfügung.

6.   Speichern Sie die gesamte Felddefintion mit *Strg-Ende* ab.

Multiple-Choice definieren

Das Feld ANR haben Sie bereits in die Maske eingefügt. Als nächstes ist das
Feld Gruppe in die Maske aufzunehmen. Für das Feld Gruppe ist ein Multiple-
Choice-Eingabefeld zu vereinbaren. Außerdem soll der Wert aus dem zuletzt
eingegebenen Datensatz übernommen werden.

Das Attribut **Multiple choice** erleichtert die Dateneingabe in Textfelder wesentlich. Sie geben eine Reihe von Werten vor. Der Anwender blättert dann mit Hilfe der Leertaste in der Liste der von Ihnen vorgegebenen Werte und wählt einen Wert mit der Eingabetaste aus.

1. Setzen Sie den Cursor an die Position, an der Sie das Feld Gruppe einfügen wollen.

2. Drücken Sie die *F5*-Taste.

3. Wählen Sie das Feld GRUPPE aus (Bild 10-22).

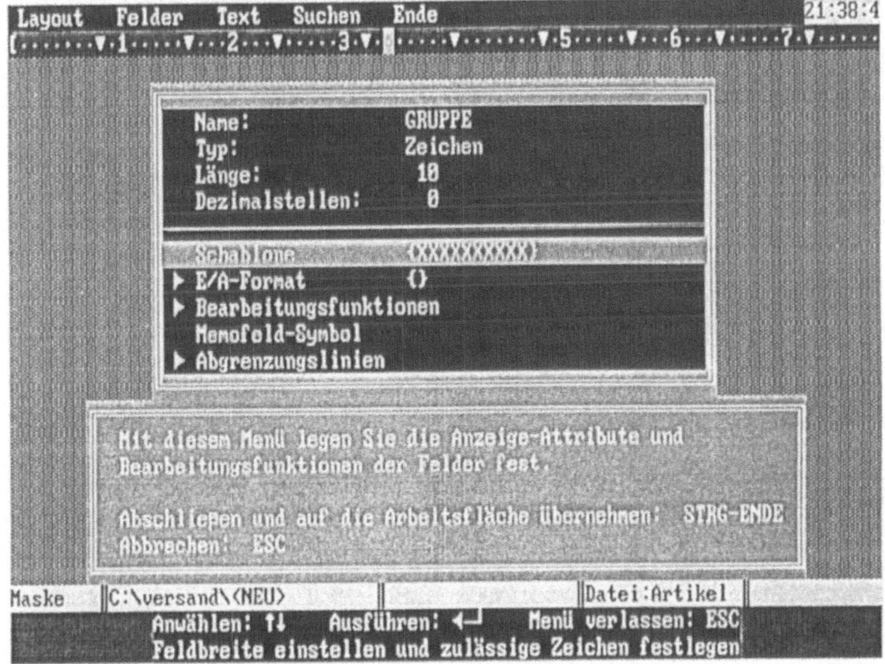

Bild 10-22 Felddefinitionsmenü für das Feld Gruppe

Wenn Sie für die Eingabe in das Feld Artikelgruppe die einzelnen Gruppen nach dem Multiple-Choice-Verfahren zur Verfügung stellen wollen, gehen Sie folgendermaßen vor:

1. Setzen Sie den Cursor auf die Option **E/A-Formate** und drücken Sie die *Eingabetaste*.

2. Setzen Sie den Cursor auf das Attribut **Multiple choice** und drücken Sie die Eingabetaste. Sie sehen dann ein *Eingabefeld* für die Werte (Bild 10-23).

Bild 10-23 Definition von Multiple-Choice-Feldern

3.   Vergrößern Sie das Eingabefeld mit der *F9*-Taste.

4.   Tragen Sie die Auswahlwerte ein, wobei Sie die einzelnen Werte durch Kommata voneinander trennen. Die Liste mit den Auswahlwerten darf maximal 254 Zeichen lang sein. Geben Sie bitte ein:

Foto-K., Video-K., Blitzger., Objektive, Filme & S.

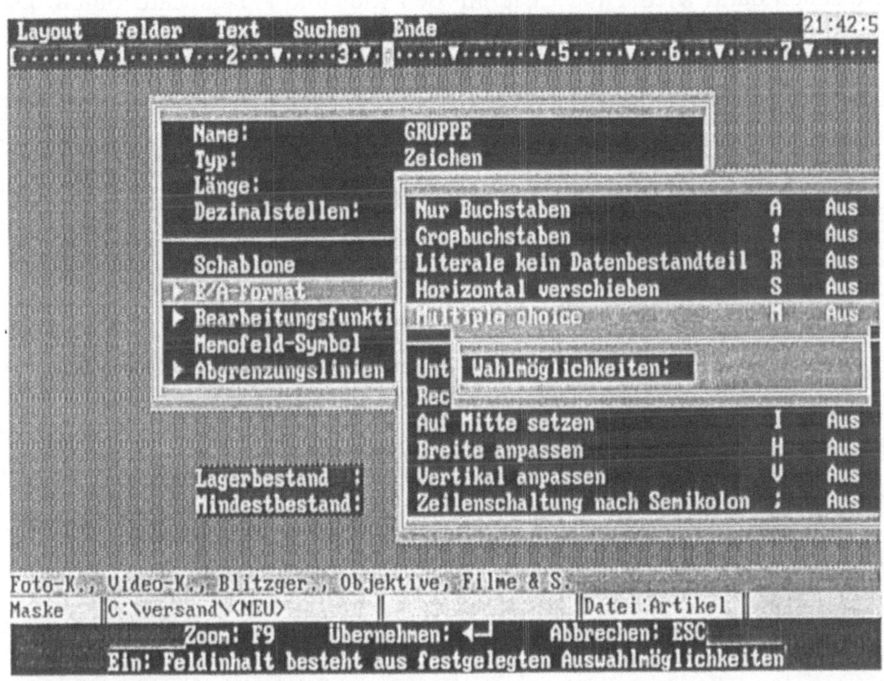

Bild 10-24 Eingabe der Auswahlwerte

Achtung

In der Bestandsdatei Artikel ist die Artikelgruppe als 10stelliges Zeichen-Feld definiert. dBASE IV speichert den Wert, den der Anwender aus der Multiple-Choice-Liste auswählt. Falls dieser Wert länger als 10 Zeichen ist, werden die Zeichen am Ende abgeschnitten.

5. Beenden Sie die Eingabe der Auswahlwerte mit der *Eingabetaste*.

    Sie sehen dann wieder die Liste mit den Ein- und Ausgabeattributen. Das Attribut **Multiple choice** ist jetzt eingeschaltet (Bild 10-25).

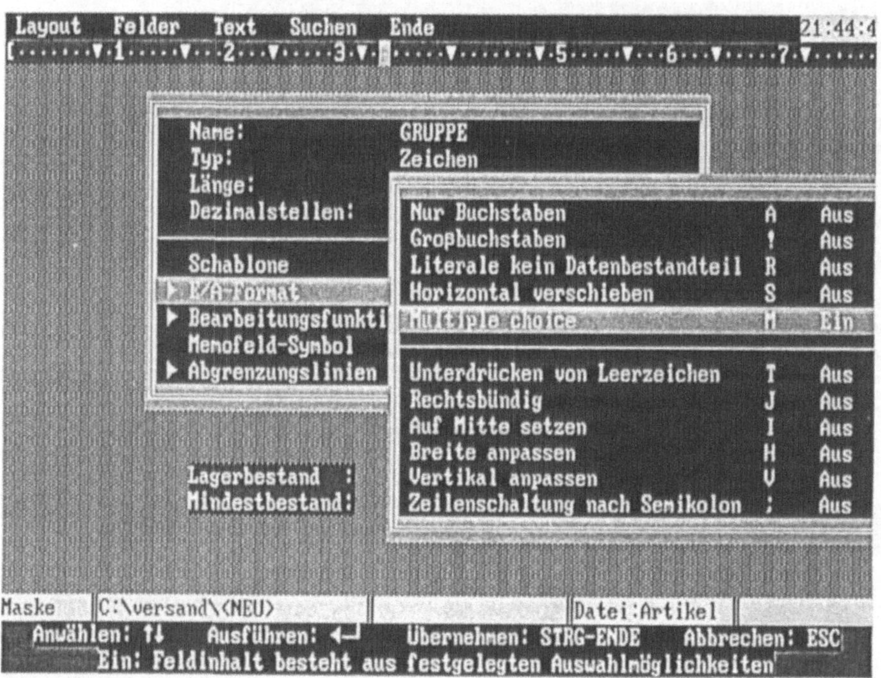

Bild 10-25 Multipe choice-Definition für das Feld Gruppe

6. Speichern Sie die Eingabe der E/A-Formate mit *Strg-Ende*.

Werte übernehmen

Der Wert des Feldes Gruppe soll aus dem zuletzt eingegebenen Datensatz übernommen werden.

1.	Setzen Sie den Cursor iim Felddefinitionsmenü auf die Option **Bearbeitungsfunktionen**. Sie sehen daraufhin die Liste der Bearbeitungsfunktionen.

2.	Setzen Sie den Cursor auf die Option **Übernehmen** und drücken Sie die *Eingabetaste* (Bild 10-26).

	dBASE IV schaltet daraufhin die Funktion Übernehmen ein (Ja).

	Die Option **Übernehmen** sorgt dafür, daß der Wert des entsprechenden Feldes des zuletzt eingegebenen Datensatzes automatisch in das Feld übernommen wird. Sie können übernommene Daten überschreiben. Die Option Übernehmen erleichtert die Eingabe von Datensätzen, wenn Sie beispielsweise alle Artikel einer Artikelgruppe hintereinander eingeben (Bild 10-26).

3.	Geben Sie noch folgende Meldung ein (Bild 10-26):

	Mit der Leertaste blättern, mit der Eingabetaste auswählen!

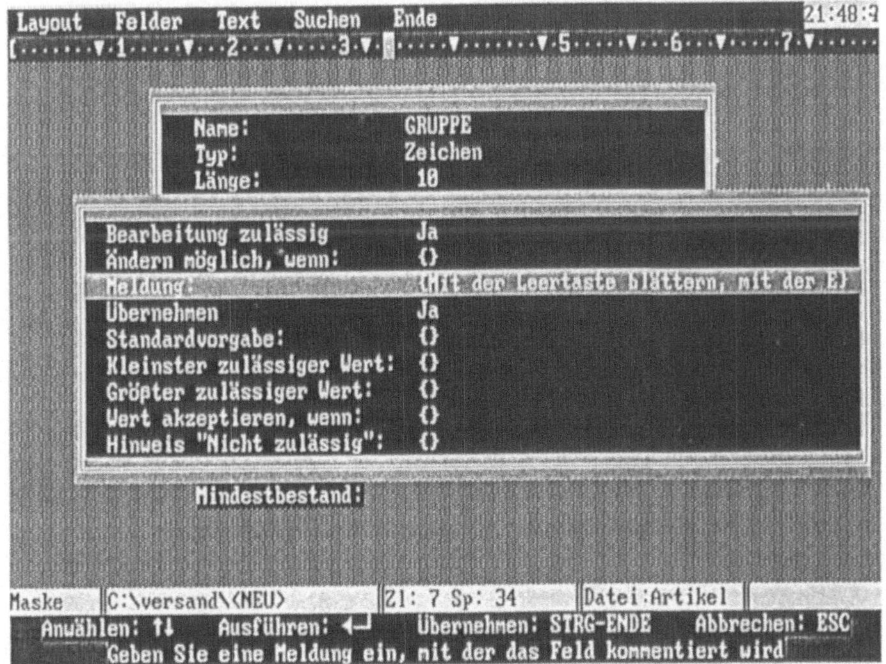

Bild 10-26 Übernehmen der Daten des zuletzt eingegebenen Satzes

4. Speichern Sie die Eingabe der Bearbeitungsfunktionen mit *Strg-Ende*. Sie
    sehen dann das Felddefinitionsmenü für das Feld Gruppe (Bild 10-27).

Bild 10-27 *Fertige Felddefinition für das Feld Gruppe*

5.   Speichern Sie die Felddefinition mit *Strg-Ende*.

Fügen Sie das Feld Bezeichnung in die Maske ein.

1.   Setzen Sie den Cursor an die Position, an der Sie das Feld Bez einfügen
      wollen.

2.   Drücken Sie die *F5*-Taste.

3.   Wählen Sie das Feld Bez aus (Bild 10-28).

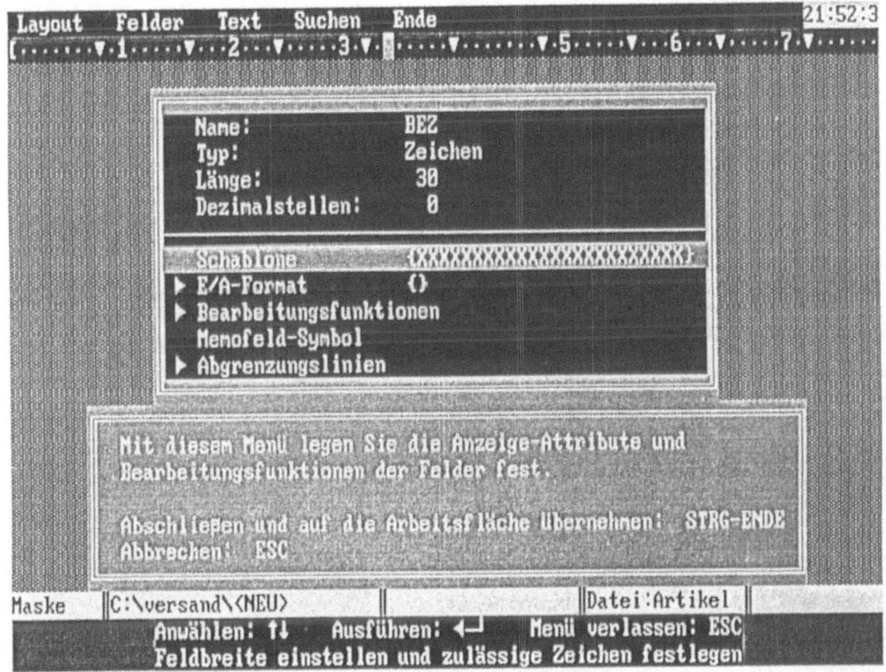

Bild 10-28 Felddefinitionsmenü für das Feld Bez

4.   Speichern Sie die Felddefinition, ohne Änderungen vorzunehmen mit
      Strg-Ende.

Wertebereich festlegen

Mit den Optionen **Kleinster zulässiger Wert** und **Größter zulässiger Wert** legen Sie den Wertebereich für den Eingabewert fest. dBASE IV akzeptiert nur Werte, die innerhalb dieses Wertebereichs liegen. Werte außerhalb des Wertebereichs werden abgelehnt. dBASE IV weist mit einer Meldung auf den gültigen Wertebereich hin. Als Grenzen können Sie Konstanten oder Ausdrücke verwenden.

Fügen Sie das Feld EK in die Maske ein, und legen Sie die Untergrenze für den Wertebereich fest:

1. Setzen Sie den Cursor an die Position, an der Sie das Feld EK einfügen wollen.

2. Drücken Sie die *F5*-Taste.

3. Wählen Sie das Feld EK aus (Bild 10-29).

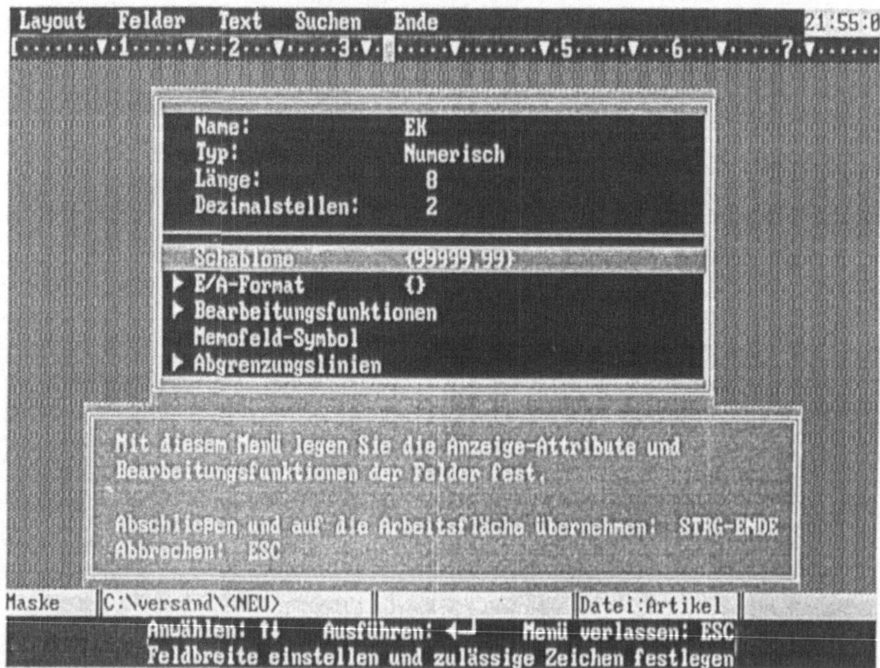

Bild 10-29 Felddefinitionsmenü für das Feld EK

4. Setzen Sie den Cursor auf die Option **Bearbeitungsfunktionen** und drük-
    ken Sie die *Eingabetaste*.

5. Setzen Sie den Cursor auf die Option **Kleinster zulässiger Wert** und
    drücken Sie die *Eingabetaste*.

6. Geben Sie ein: *0*

7. Drücken Sie die *Eingabetaste*.

    dBASE IV trägt daraufhin den kleinsten zulässigen Wert in das Fenster
    der Bearbeitungsfunktionen ein (Bild 10-30).

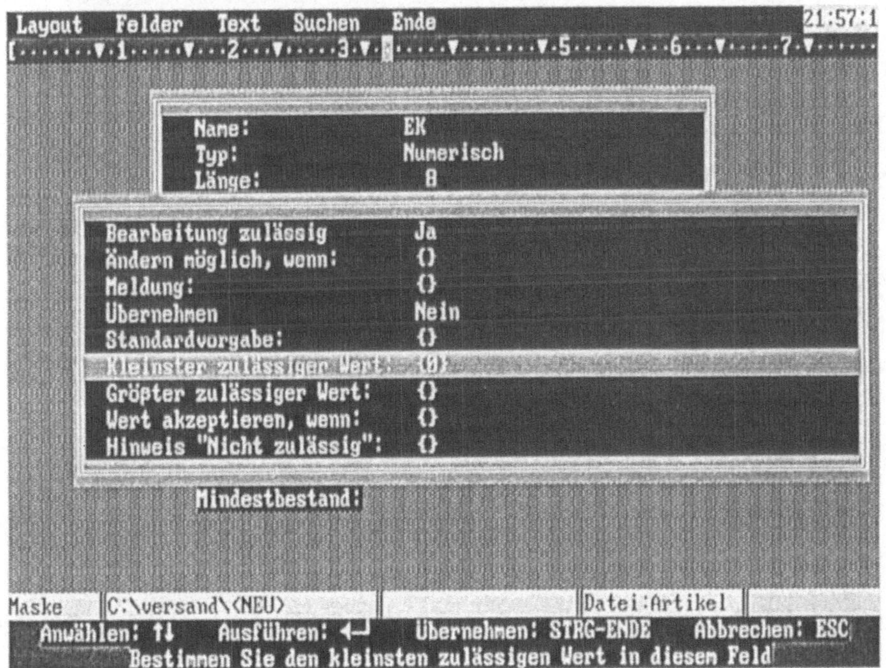

Bild 10-30 Wertebereich festlegen

8. Speichern Sie die Bearbeitungsfunktionen mit *Strg*-Ende.

9. Fügen Sie das Währungszeichen in die Schablone ein.

10. Speichern Sie die Felddefinition mit *Strg-Ende* (Bild 10-31).

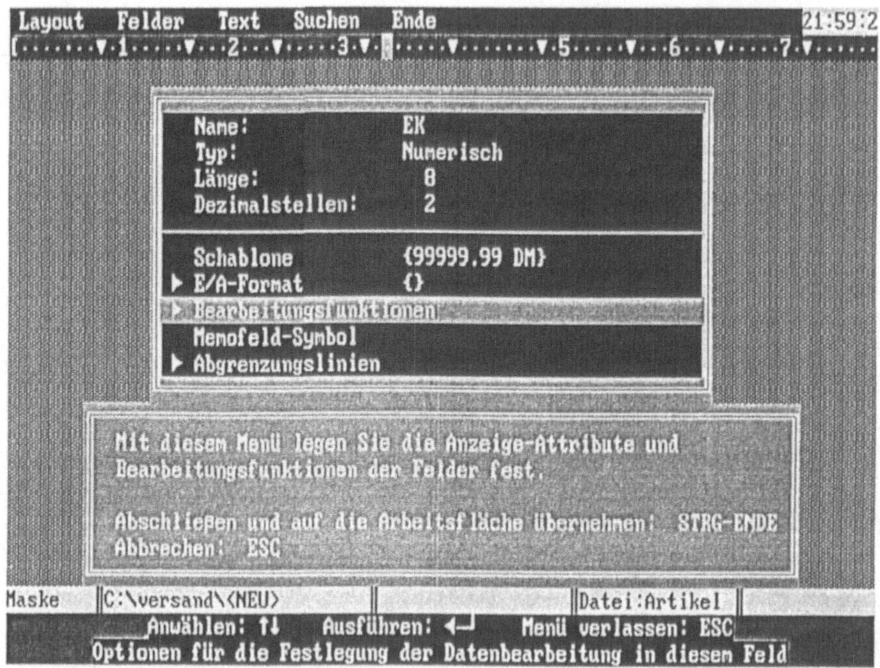

Bild 10-31 Fertige Felddefinition für das Feld EK

Fügen Sie das Feld BESTAND in die Maske ein, und legen Sie die Untergrenze für den Wertebereich fest:

1. Setzen Sie den Cursor an die Position, an der Sie das Feld BESTAND einfügen wollen.

2. Drücken Sie die *F5*-Taste.

3. Wählen Sie das Feld BESTAND aus.

4. Setzen Sie den Cursor auf die Option **Bearbeitungsfunktionen**, und drücken Sie die *Eingabetaste*.

5. Setzen Sie den Cursor auf die Option **Kleinster zulässiger Wert,** und drücken Sie die *Eingabetaste*.

6. Geben Sie ein: *0*

7.   Drücken Sie die *Eingabetaste*.

8.   Speichern Sie die Bearbeitungsfunktionen mit *Strg-Ende*.

9.   Speichern Sie die Felddefinition mit *Strg-Ende* (Bild 10-31).

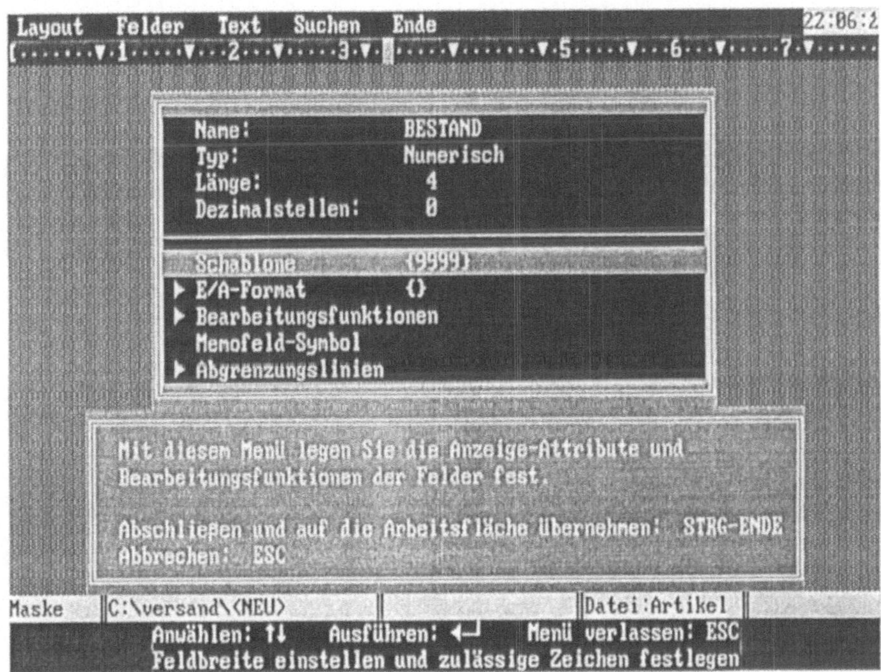

Bild 10-32 Fertige Felddefinition für das Feld BESTAND

Daten vor Änderungen schützen

Wenn Sie Daten in einer Ausgabemaske ausgegeben haben und verhindern
wollen, daß die Daten des Feldes verändert werden, schalten Sie die Option
Bearbeitung zulässig aus. Es ist dann nicht möglich, den Cursor auf das Feld
zu setzen. Ist diese Option eingeschaltet, können Sie Daten in das Feld eingeben und verändern.

Nach der Option **Ändern möglich, wenn** geben Sie eine Bedingung ein, von der es abhängt, ob ein Feld verändert werden darf. Wird die Bedingung erfüllt, darf der Anwender das Feld bearbeiten. Diese Option ist sicherlich im Feld EK sinnvoll, wenn der Anwender nur die Preise der Artikelgruppe "Foto-K." ändern darf (Bild 10-33).

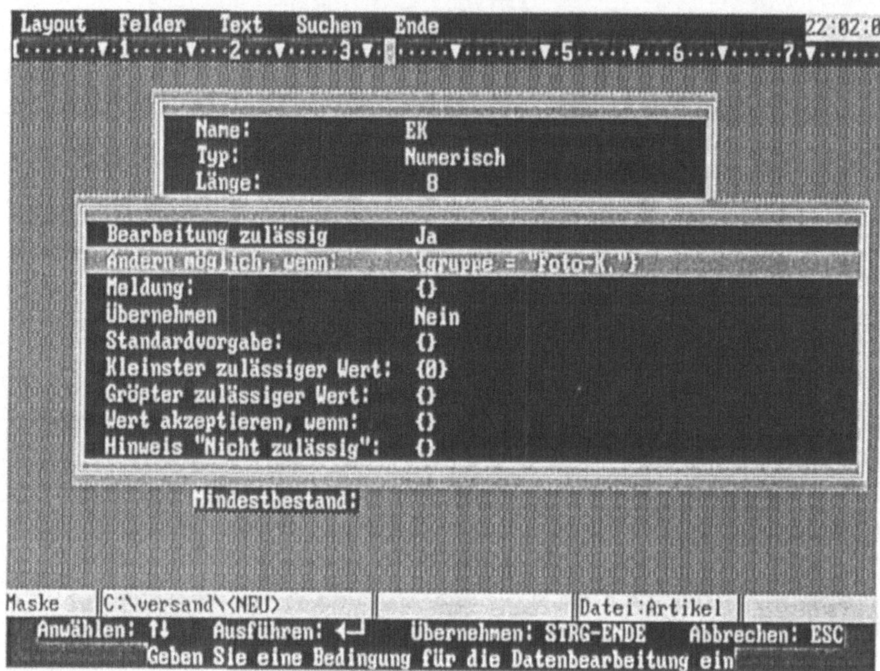

Bild 10-33 Felder vor Änderungen schützen

Standardvorgaben vereinbaren

Werte, die Sie als **Standardvorgabe** vereinbaren, werden beim Hinzufügen eines neuen Datensatzes automatisch in das Feld eingetragen. Diese Daten lassen sich überschreiben. Sie können beispielsweise für den Mindestbestand, der für viele Artikel identisch ist, eine Standardvorgabe eingeben. Wenn Sie Adressen erfassen, können Sie für die Postleitzahl und den Ort, die in den meisten Adressen vorkommen, Standardvorgaben vereinbaren.

Fügen Sie das Feld MB in die Maske ein, und legen Sie eine Standardvorgabe fest:

1. Setzen Sie den Cursor an die Position, an der Sie das Feld MB einfügen wollen.

2. Drücken Sie die *F5*-Taste.

3. Wählen Sie das Feld MB aus.

4. Ändern Sie die Schablone: *9999*

5. Setzen Sie den Cursor auf die Option **Bearbeitungsfunktionen**, und drücken Sie die *Eingabetaste*.

6. Setzen Sie den Cursor auf die Option **Standardvorgabe**, und drücken Sie die *Eingabetaste*.

7. Geben Sie ein: *5*

8. Drücken Sie die *Eingabetaste*.

    dBASE IV trägt daraufhin die Standardvorgabe in das Fenster der Bearbeitungsfunktionen cin (Bild 10-34).

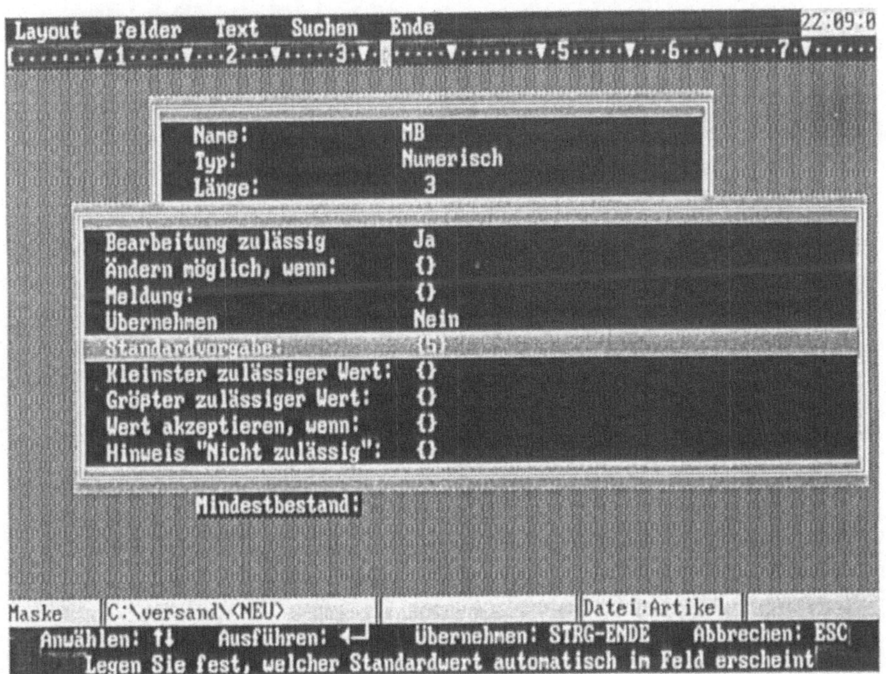

Bild 10-34 Standardvorgabe festlegen

9.   Speichern Sie die Bearbeitungsfunktionen mit *Strg-Ende*.

10. Speichern Sie die Felddefinition mit *Strg-Ende* (Bild 10-35).

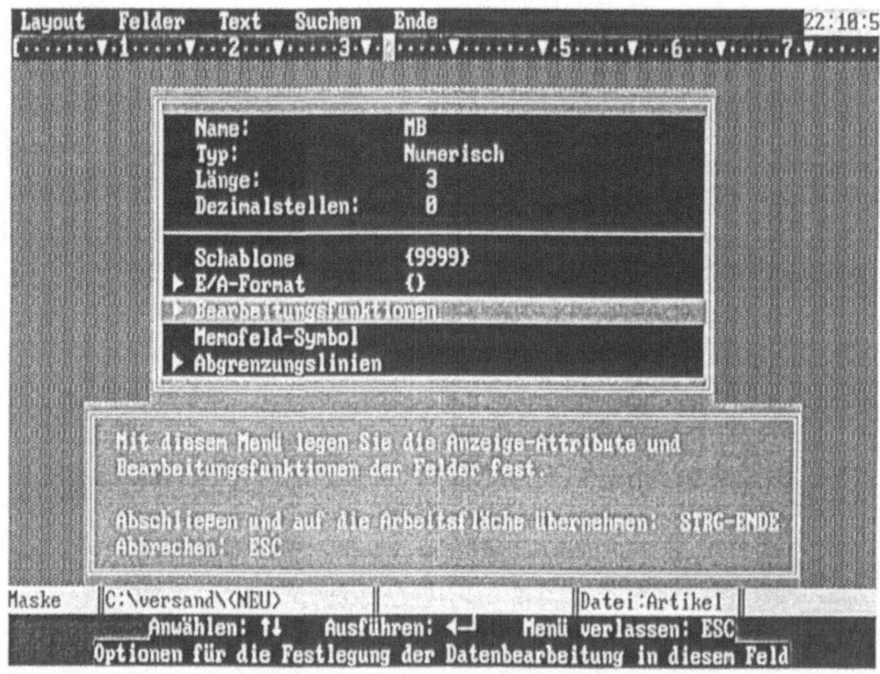

Bild 10-35 Fertige Felddefinition für das Feld MB

Sie haben nun alle Felder in die Maske eingetragen. Sie Maske sollte wie die in
Bild 10-36 abgebildete Maske aussehen.

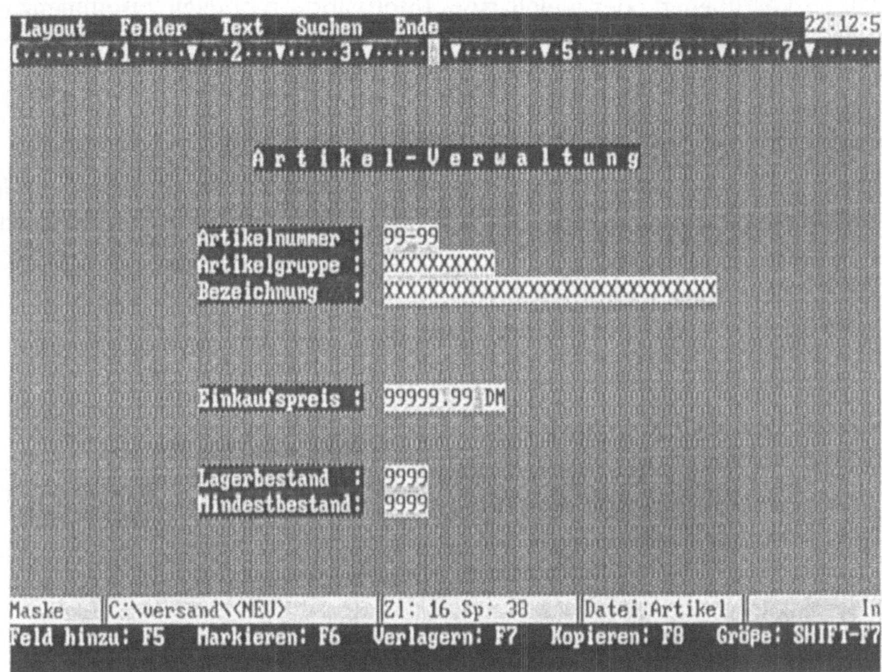

Bild 10-36 Maske mit Feldbezeichnungen und Feldern

Felder nachträglich bearbeiten

Sie können Felddefinitionen für die Maske auch nachträglich noch ändern.
Dazu markieren Sie den Namen der Maske im Regie-Zentrum und rufen mit
Umstell-F2 die Formatmaske auf. Setzen Sie den Cursor auf das zu ändernde
Feld und drücken Sie die *F5*-Taste oder wählen Sie **Feld barbeiten** aus dem
Felder-Menü aus. Sie sehen daraufhin das Felddefinitionsmenü und können
sämtliche Optionen wie oben beschrieben bearbeiten.

Informationen optisch hervorheben

Sie können in Ihre Maske Rechtecke und Linien einfügen, um wichtige Informationen hervorzuheben oder gleichartige Informationen optisch zusammenzufassen. Sie können aber auch die Darstellungsart von Informationen ändern, indem Sie Daten fett drucken oder invers darstellen.

Informationen umrahmen

Umrahmen Sie die Felder Artikelnummer, Bezeichnung und Artikelgruppe mit einer einfachen Linie. Umrahmen Sie zusätzlich die gesamte Maske mit einer doppelten Linie.

1. Rufen Sie aus dem **Layout**-Menü die Option **Umrahmung** auf.

2. Sie können dann das Zeichen für die Umrahmung auswählen (Bild 10-37).

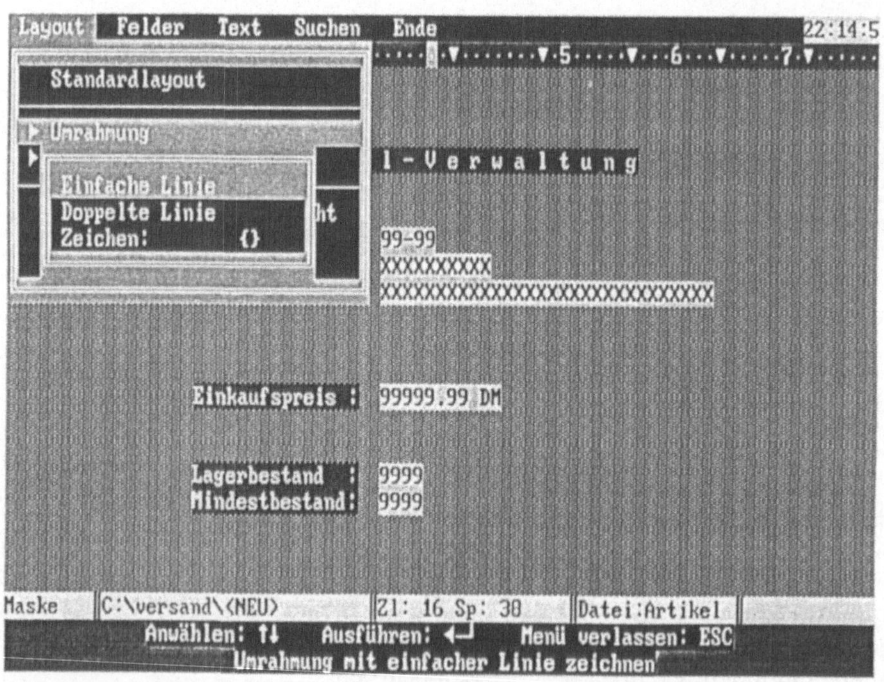

Bild 10-37 Zeichen für die Umrahmung

dBASE IV stellt Ihnen eine **einfache** und eine **doppelte Linie** zur Verfügung. Wenn Sie **Zeichen** auswählen, blendet dBASE IV eine Liste mit allen ASCII-Zeichen ein. Sie können in dieser Liste mit den Pfeiltasten ein Zeichen markieren und es mit der Eingabetaste auswählen (Bild 10-38).

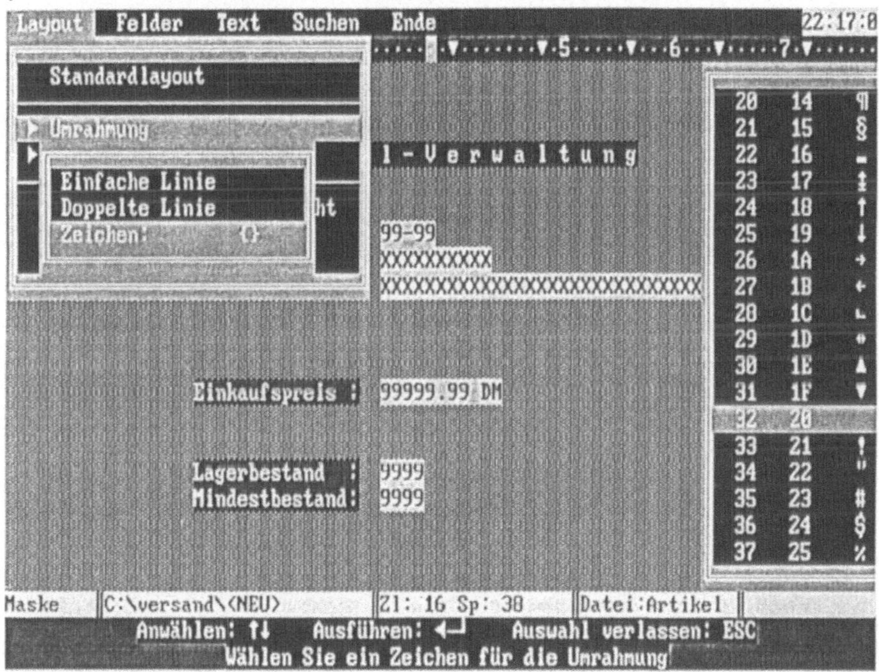

Bild 10-38 Beliebige Zeichen für die Umrahmung

Wählen Sie die **einfache Linie** aus.

3. Setzen Sie den Cursor mit den Pfeiltasten an die obere linke Ecke der Umrahmung und drücken Sie die *Eingabetaste*.

4. Setzen Sie den Cursor mit den *Pfeiltasten* an die untere rechte Ecke der Umrahmung, und drücken Sie die *Eingabetaste*.

    Daraufhin fügt dBASE IV die Umrahmung ein (Bild 10-39).

5. Umrahmen Sie die gesamte Maske mit der doppelten Linie.

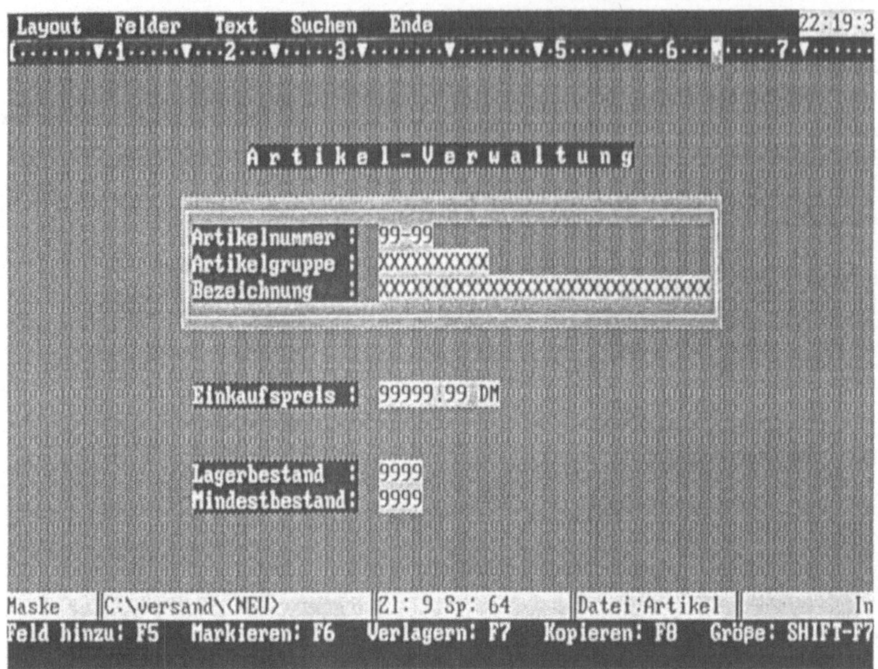

Bild 10-39 Umrahmte Felder

Umrahmungen, Linien löschen

Linien werden wie Text behandelt. Sie können Linien mit der *F6*-Taste markieren und mit der *Entf*-Taste löschen.

Sie können Linien aber auch löschen, indem Sie sie mit Leerzeichen nachziehen. Dazu wählen Sie aus dem **Layout**-Menü wiederum **Umrahmung** oder **Linie** aus. Wählen Sie **Zeichen** aus und entscheiden Sie sich für das Leerzeichen, indem Sie das ASCII-Zeichen Nummer 32 auswählen. Ziehen Sie dann die Linien nach. Sie werden gelöscht.

Darstellungsart ändern

Wenn Sie Informationen optisch gut aufbereiten, fallen Sie jedem Betrachter sofort auf. Sie können Informationen mit dBASE IV fettgedruckt, invers, unterstrichen oder blinkend auf den Bildschirm ausgeben. Wenn Sie einen Farbmonitor besitzen, können Sie sowohl die Vorder- als auch die Hintergrundfarbe ändern.

Heben Sie das Feld Lagerbestand hervor.

1. Markieren Sie das Feld Bestand.

2. Rufen Sie aus dem **Text**-Menü die Option **Darstellungsart** auf.

   Sie können Text und Felder auf monochromen Monitoren fettgedruckt, unterstrichen, negativ oder blinkend ausgeben. Für Farbmonitore können Sie die Farben für den Vorder- und den Hintergrund einstellen. Die Farben stehen in einfacher Darstellung, leuchtend und blinkend zur Verfügung.

   dBASE IV zeigt Ihnen die zur Verfügung stehenden Darstellungsarten. Sie hängen davon ab, ob Sie mit einem monochromen oder mit einem Farbmonitor arbeiten.

3. Schalten Sie die Option **Fett** mit der *Eingabetaste* auf **Ein** oder wählen Sie die Farbe **weiß/leuchtend** aus.

4. Drücken Sie *Strg-Ende*, um die ausgewählten Parameter zu speichern und das Menü zu verlassen.

dBASE IV zeigt Ihnen sofort das Ergebnis auf dem Bildschirm (Bild 10-40).

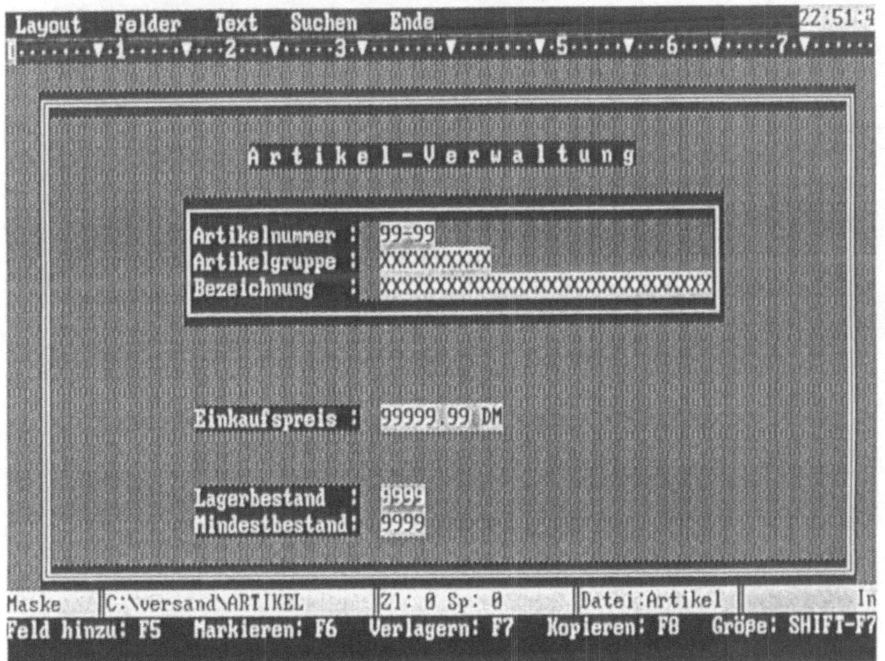

Bild 10-40 Hervorgehobenes Feld Bestand

Maske ansehen

Sehen Sie sich das Ergebnis der Maskendefiniton an.

1.   Drücken Sie die *F2*-Taste.

Daraufhin werden die Felddefinition in dBASE IV-Quellcode gespeichert. Der Quellcode wird in Objektcode übersetzt. Dann gibt dBASE IV die Maske auf den Bildschirm aus (Bild 10-41).

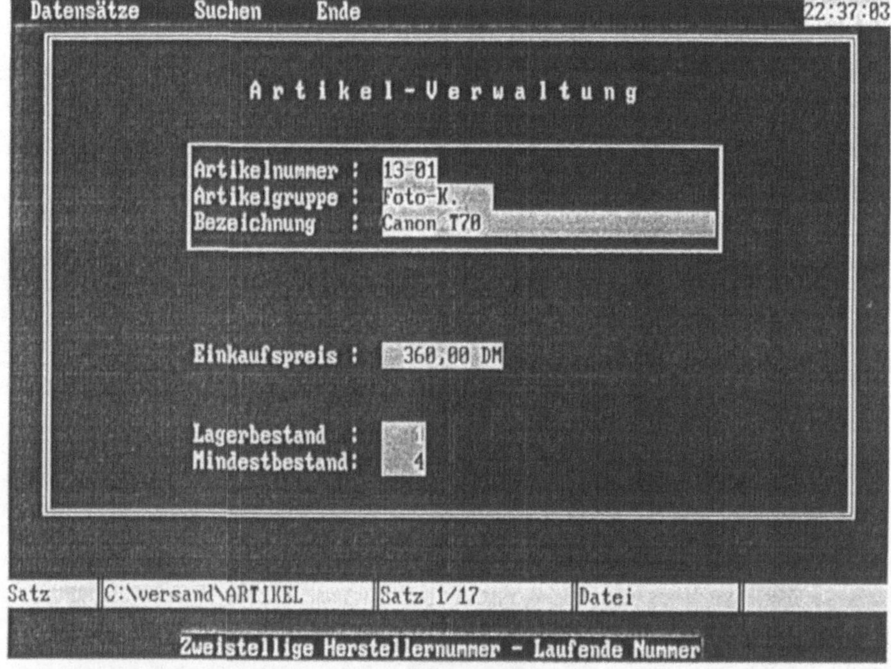

Bild 10-41 Eingabemaske für die Artikeldaten.

2.   Prüfen Sie alle Funktionen zur Eingabekontrolle.

3.   Kehren Sie mit *Umstell-F2* zur Formatmaske zurück.

Masken speichern

Speichern Sie die Maske unter dem Namen Artikel.

1.   Rufen Sie aus dem **Layout**-Menü den Befehl **Maske speichern** auf.

2.   Geben Sie ein: *Artikel*

Jetzt wird die Maske gespeichert. Sie sehen weiterhin die Formatmaske.

Sie können die Maske auch mit dem Befehl **Speichern und beenden** aus dem **Ende**-Menü speichern. dBASE IV kehrt dann in das Regie-Zentrum zurück.

Masken aufrufen

Wenn Sie mit einer Maske arbeiten wollen, gehen Sie wie folgt vor:

1.   Markieren Sie ihren Namen in der Masken-Spalte.

2.   Drücken Sie die *Eingabetaste*.

3.   Wählen Sie **Anzeigen** aus.

dBASE IV zeigt Ihnen daraufhin einen Datensatz in der Maske oder eine leere Maske, falls Sie noch keine Daten in der Bestandsdatei gespeichert haben (Bild 10-42).

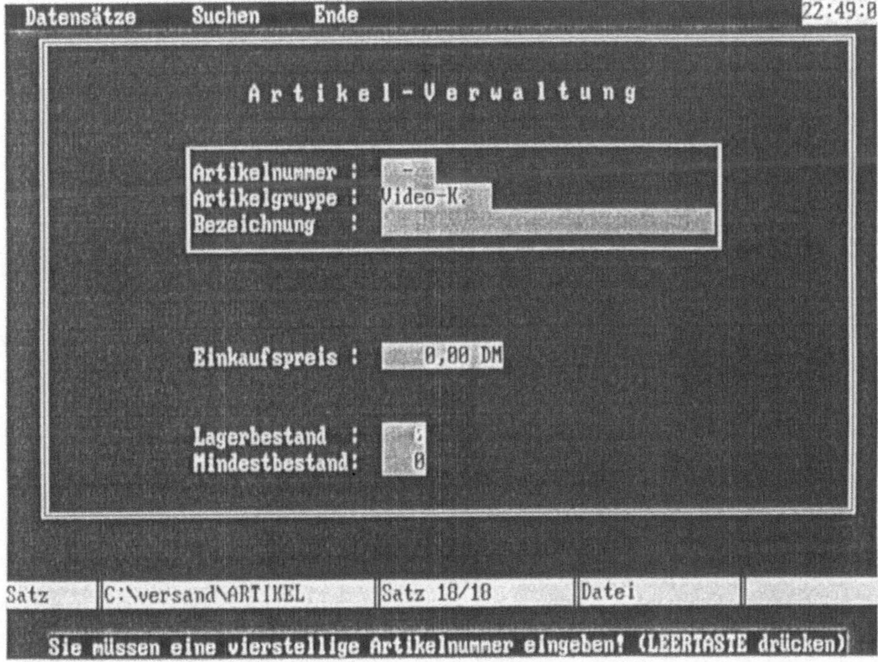

Bild 10-42 Eingabezwang in das Feld ANR

Zusammenfassung

Eine Bildschirmmaske besteht aus Text, Feldern, Kalkulationsfeldern, Rechtecken und Linien. Sie selbst bestimmen die Anordnung von Text und Feldern.

Sie können eingegebene Werte über folgende Optionen des Felddefinitionsmenüs kontrollieren:

- Schablone,

- E/A-Format und

- Bearbeitungsfunktionen.

Das Schablonenzeichen kennzeichnet den Datentyp, den dBASE IV als Eingabewert in diesem Feld akzeptiert.

E/A-Formate:

- Nur Buchstaben

- Großbuchstaben

- Literale kein Datenbestandteil

- Horizontal verschieben

- Multiple-Choice

Bearbeitungsfunktionen:

- Bearbeitung zulässig

- Ändern möglich, wenn

- Meldung

- Übernehmen

- Standardvorgabe

- Kleinster zulässiger Wert

- Größter zulässiger Wert

- Wert akzeptieren, wenn

- Hinweis "Nicht zulässig"

11 Diverse nützliche Funktionen

dBASE IV bietet Ihnen eine Vielzahl nützlicher Funktionen, mit denen Sie Ihre Dateien besser verwalten können. In diesem Kapitel lernen Sie folgende Funktionen kennen:

- Dateien in Katalogen und Verzeichnissen verwalten
- Sicherungskopien anlegen
- Makros programmieren
- dBASE IV-Dateien an andere Programme übergeben
- Dateien anderer Programme mit dBASE IV weiterbearbeiten

Kataloge und Verzeichnisse

dBASE IV verwendet die Begriffe Katalog und Verzeichnis.

Ein Verzeichnis ist ein Speicherbereich auf Ihrer Festplatte. In Verzeichnissen sind Dateien gespeichert. Wenn Sie eine Datei in einem Verzeichnis löschen, ist sie nicht mehr verfügbar. Der Begriff Verzeichnis hat unter dBASE IV dieselbe Bedeutung wie im Betriebssystem MS-DOS.

Ein Katalog hingegen enthält nur Dateinamen. In einem Katalog sind keine Dateien gespeichert, sondern nur Dateinamen. Wenn Sie eine Datei aus einem Katalog löschen, bleibt sie trotzdem auf der Festplatte erhalten. Sie können eine Datei in mehrere Kataloge aufnehmen.

Kataloge verbessern die Übersicht über Ihre dBASE IV-Dateien. In einem Katalog können Sie beispielsweise die Dateien, die Sie für eine bestimmte Arbeit benötigen, zusammenfassen. Sie können aber auch für verschiedene Abteilungen oder für jeden einzelnen Anwender Kataloge anlegen. Innerhalb eines Verzeichnisses können Sie mehrere Kataloge speichern.

Der Standardkatalog, den dBASE IV automatisch in einem Verzeichnis anlegt, heißt XYZ.CAT. Sie können weitere Kataloge anlegen, deren Namen ändern, jeden Katalog mit einem Kommentar beschreiben, Dateien aus anderen Katalogen in den aktuellen Katalog übernehmen und Dateien aus dem aktuellen Katalog löschen.

Wenn Sie dBASE IV starten, werden die Dateien des Verzeichnisses, aus dem dBASE IV gestartet wurde, im Regie-Zentrum aufgelistet. Enthält dieses Verzeichnis mehrere Kataloge, sehen Sie nur die Dateien des von Ihnen zuletzt benutzten Katalogs.

Sie können sowohl andere Kataloge aufrufen als auch das Verzeichnis wechseln.

Katalog wechseln

Wenn Sie den Katalog wechseln wollen, gehen Sie folgendermaßen vor:

1.   Rufen Sie **Anderen Katalog wählen** aus dem **Katalog**-Menü aus.

2.   Wählen Sie einen der aufgelisteten Kataloge aus oder entscheiden Sie sich mit <neu> dafür, einen neuen Katalog anzulegen.

Achtung

Es werden nur die Kataloge des aktuellen Verzeichnisses zur Auswahl angeboten. Wenn Sie einen Katalog eines anderen Verzeichnisses aufrufen wollen, müssen Sie zuerst das Verzeichnis wechseln.

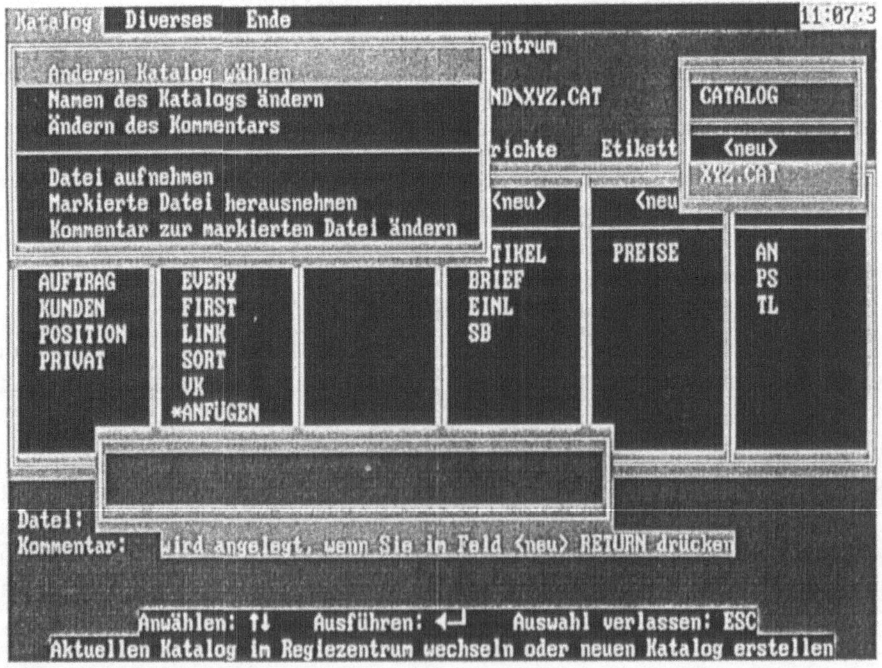

Bild 11-1 Den Katalog wechslen

dBASE IV schlägt den ausgewählten Katalog auf. Sie sehen in der Dateiliste des Regie-Zentrums sofort die Dateinamen des neuen Katalogs. Der Name des neuen Katalogs folgt auf die Angabe des aktuellen Dateiverzeichnisses.

Dateien in einen Katalog aufnehmen

Sie können die Namen von Dateien aus verschiedenen Verzeichnissen in den aktuellen Katalog aufnehmen.

Legen Sie den Katalog Briefe an und nehmen Sie die Kundendatei und den Serienbrief in den neuen Katalog auf.

1.   Rufen Sie aus dem **Katalog**-Menü den Befehl **Anderen Katalog wählen** aus.

2.   Rufen Sie **<neu>** auf, und geben Sie dem neuen Katalog den Namen: *briefe*

     Sie haben bereits den neuen Katalog angelegt. Er enthält noch keine Dateinamen. Die sechs Spalten des Regie-Zentrums sind leer.

3.   Setzen Sie den Cursor in die Spalte der **dB-Dateien.**

4.   Rufen Sie aus dem **Katalog**-Menü den Befehl **Datei aufnehmen** aus.

     dBASE IV zeigt Ihnen in einer Liste alle Namen von Bestandsdateien des aktuellen Dateiverzeichnisses. Sie sehen immer nur die Dateien, die zu der vom Cursor markierten Dateiliste gehören. Wenn der Cursor beispielsweise in der Spalte dB-Dateien steht, sehen Sie im Auswahlfenster nur Bestandsdateien (Bild 11-2).

     Sie können in untergeordnete Verzeichnisse oder in das übergeordnete Verzeichnis wechseln.

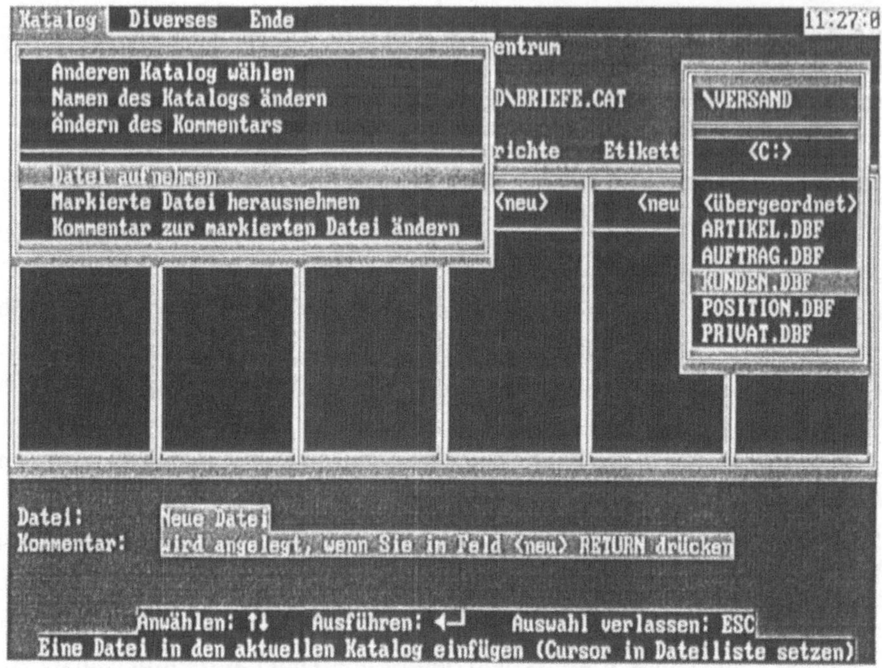

Bild 11-2 Eine Datei in einen Katalog aufnehmen

5.   Wählen Sie die Kundendatei aus, und drücken Sie die *Eingabetaste*.

     dBASE IV trägt die Kundendatei in die Liste der dB-Dateien ein.

6.   Setzen Sie den Cursor in die Liste der Berichte.

7.   Nehmen Sie nun den Serienbrief in den neuen Katalog auf.

Ein Katalog enthält immer nur die Namen von Dateien, nicht die Dateien selbst. Die Kundendatei ist nun zwei Katalogen zugeordnet. Sie ist aber nur einmal auf der Festplatte vorhanden. Über beide Kataloge greifen Sie auf dieselbe Datei zu.

Wenn Sie Adressen der Kundendatei des Katalogs XYZ.CAT aktualisieren, stehen die geänderten Adressen auch in den Serienbriefen, die Sie auf der Basis der Kundendatei des Katalogs BRIEFE.CAT drucken.

Dateien aus einem Katalog löschen

Sie können eine Datei im Regie-Zentrum markieren und aus dem Katalog herausnehmen. Um eine Datei aus dem Katalog herauszunehmen,

1.   markieren Sie den Dateinamen,

2.   rufen Sie **Markierte Datei herausnehmen** aus dem **Katalog**-Menü auf.

3.   Bestätigen Sie, daß Sie die Datei aus dem Katalog löschen wollen.

dBASE IV fragt dann noch, ob es diese Datei auch von der Festplatte löschen soll. Überlegen Sie sich die Antwort auf diese Frage gut. Sie sollten die Datei auf keinen Fall löschen, wenn sie noch in anderen Katalogen enthalten ist.

Verzeichnis wechseln

Sie können von dBASE IV aus in jedes beliebige Verzeichnis wechseln.

Wenn Sie gerade im Verzeichnis C:\VERSAND arbeiten und in das

Verzeichnis C:\DBASE\BEISPIEL verzweigen wollen, gehen Sie folgendermaßen vor:

1.   Rufen Sie aus dem **Diverses**-Menü den Befehl **Betriebssystem** auf.

      Die Dateien des aktuellen Verzeichnisses werden aufgelistet (Bild 11-3).

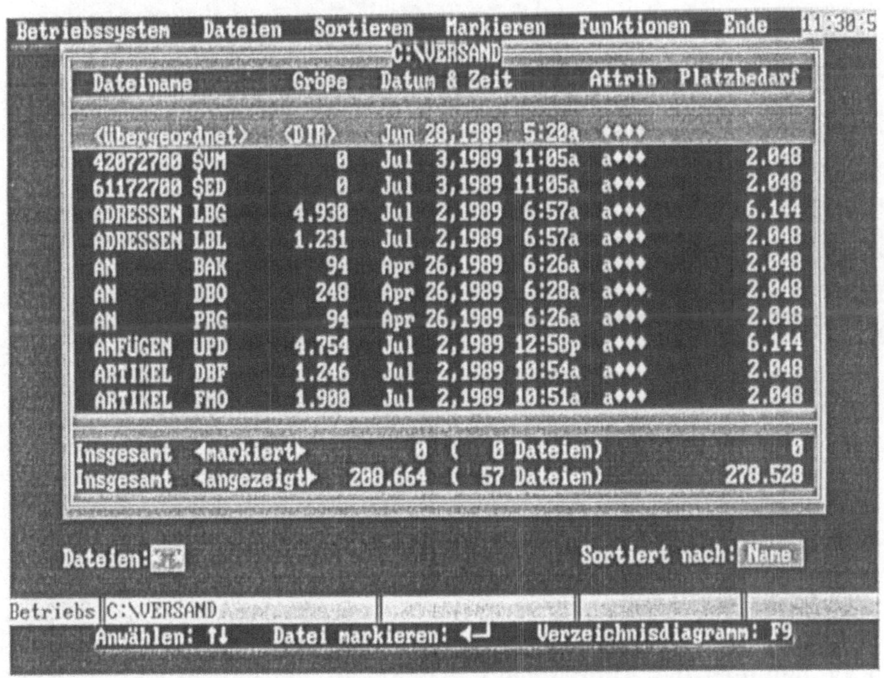

Bild 11-3 Übersicht über die Dateien des aktuellen Verzeichnisses

2. Öffnen Sie das **Betriebssystem**-Menü.

    In der Option **Neues Standard-Laufwerk/Verzeichnis** sehen Sie den
    Namen des aktuellen Verzeichnisses.

3. Rufen Sie die Option **Neues Standard-Laufwerk/Verzeichnis** auf.

    Sie können entweder den Namen des neuen Verzeichnisses über die Ta-
    statur eingeben oder das gewünschte Verzeichnis aus dem Verzeichnisdia-
    gramm auswählen.

4. Rufen Sie mit *Umstell-F1* das Verzeichnisdiagramm auf (Bild 11-4).

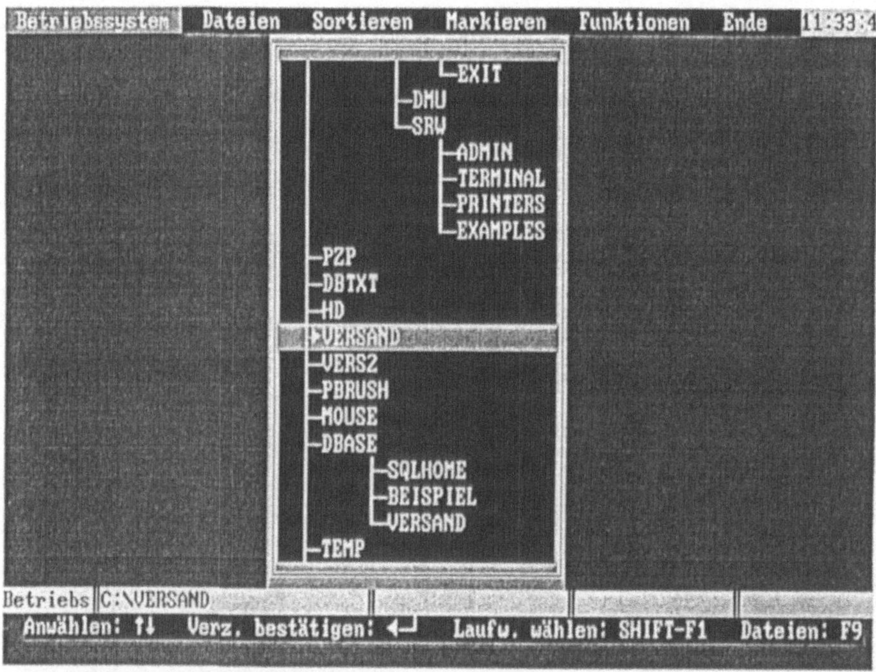

Bild 11-4 Verzeichnisdiagramm

5. Setzen Sie den Cursor auf den Verzeichnisnamen:

    C:\DBASE\BEISPIEL

6. Drücken Sie die *Eingabetaste*.

Wenn Sie nun über das **Ende**-Menü in das Regie-Zentrum zurückkehren, sind
in den Dateilisten bereits die Namen der Dateien des neuen Standardlaufwerks
aufgeführt. Alle Dateien, die Sie neu anlegen, werden in dem neuen Standard-
laufwerk gespeichert.

Sicherungskopien erstellen

Stellen Sie sich vor, Sie haben in einer Bestandsdatei rund 5000 Datensätze gespeichert. Durch einen unglücklichen Zufall löschen Sie gerade diese Datei. Oder die Datei wird durch einen Stromausfall oder einen Defekt der Festplatte zerstört. Sicherlich würde auch Ihnen in dieser Situation das Herz bis zum Hals klopfen. Haareraufen und Jammern helfen nichts. Der einzige Ausweg sind Sicherungskopien.

dBASE IV besitzt keine eigene Sicherungsfunktion. Sie sollten den DOS-Befehl **Backup** oder ein anderes Sicherungsprogramm verwenden. Mit dem DOS-Befehl **Restore** können Sie gesicherte Dateien zurückübertragen.

Mit Backup können Sie beispielsweise nur die Dateien sichern, die seit der letzten Datensicherung verändert wurden. Der größte Vorzug von Backup gegenüber dem Befehl Copy besteht darin, daß er auch Dateien sichert, die die Kapazität einer Diskette übersteigen. Backup speichert große Dateien auf mehreren Disketten.

Sicherungsdateien, die Sie mit Backup erstellt haben, können Sie nicht direkt mit dBASE IV lesen. Sie müssen die Dateien zuerst mit Restore wieder auf die Festplatte kopieren.

Mit Backup sichern

Sichern Sie die Bestandsdateien des Verzeichnis C:\VERSAND mit dem MS-DOS-Befehl **Backup** auf Disketten.

1. Verlassen Sie dBASE IV und verzweigen Sie in das Verzeichnis \VERSAND:

   cd \versand

2. Listen Sie nur die Dateien mit der Endung .dbf auf. Eingabe:

   *dir *.dbf*

3. Zählen Sie zusammen, wieviel Speicherplatz die zu sichernden Dateien benötigen. Eine HD-Diskette (High Density) bietet 1,2 MB Speicherplatz. Stellen Sie fest, wieviele Disketten Sie benötigen.

4. Legen Sie eine formatierte Diskette in das Diskettenlaufwerk.

5.   Geben Sie ein:

*backup *.dbf a:*

Daraufhin werden die Dateien gesichert. MS-DOS gibt die Namen der ge-
sicherten Dateien auf den Bildschirm aus.

Wenn die Dateien nicht auf eine einzige Diskette passen, werden Sie aufgefordert, eine neue Diskette einzulegen.

Die Befehle Backup und Restore sind in Ihrem MS-DOS-Manual ausführlich
beschrieben.

Dateien kopieren

Einzelne Dateien und kleinere Datenbestände können Sie auch mit den Befehlen von dBASE IV auf Disketten kopieren. Auf Disketten kopierte Dateien
können Sie direkt mit dBASE IV lesen.

Kopieren Sie die Bestandsdateien zur Datensicherung auf eine Diskette.

1.   Rufen Sie **Betriebssystem** aus dem **Diverses**-Menü auf.

2.   Rufen Sie **Folgende Dateien anzeigen** aus dem **Dateien**-Menü auf.

3.   Geben Sie ein: **.dbf*

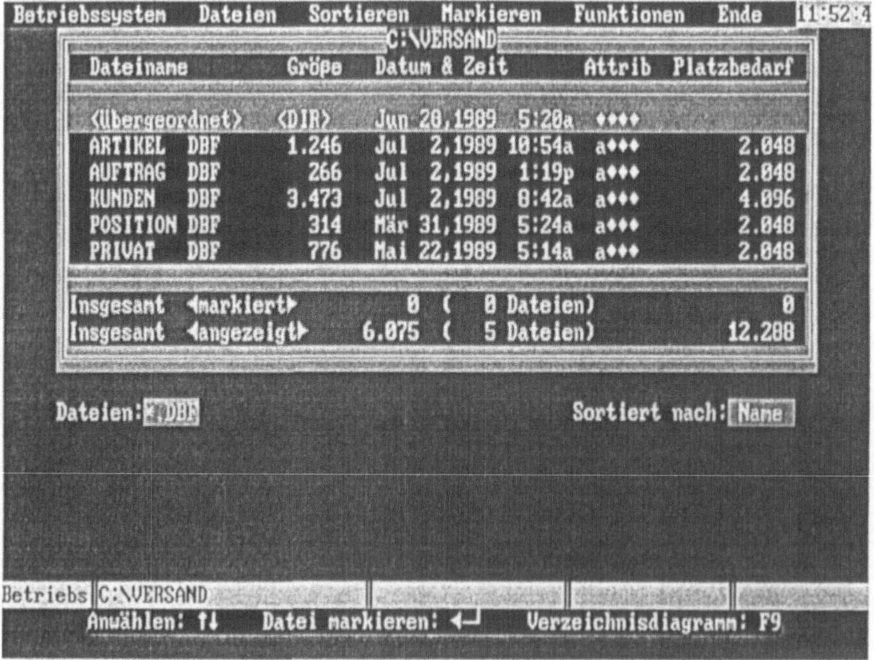

Bild 11-5 Liste der Dateien mit der Endung .dbf

Damit wählen Sie sämtliche Bestandsdateien aus.

Die Größe der Dateien wird in Byte angegeben. Prüfen Sie, ob alle Bestandsdateien auf eine Diskette (High Density) mit einer Kapazität von 1,2 MB passen. Falls die Bestandsdateien die Diskettenkapazität übersteigen, markieren Sie Dateien für den nächsten Kopiervorgang.

4. Rufen Sie aus dem **Funktionen**-Menü den Befehl **Kopieren** auf.

5. Wählen Sie die Option **Angezeigte Dateien** aus.

Sie müssen dann angeben, wohin dBASE IV die ausgewählten Dateien kopieren soll.

6. Legen Sie eine formatierte Diskette in das Laufwerk A: .

7. Geben Sie in das Feld Laufwerk ein: *A:*

8. Drücken Sie die *Eingabetaste*.

9. Geben Sie in das Feld Dateiname ein: *.*

Damit bestimmten Sie, daß die Kopien genauso heißen wie die Originaldateien (Bild 11-6).

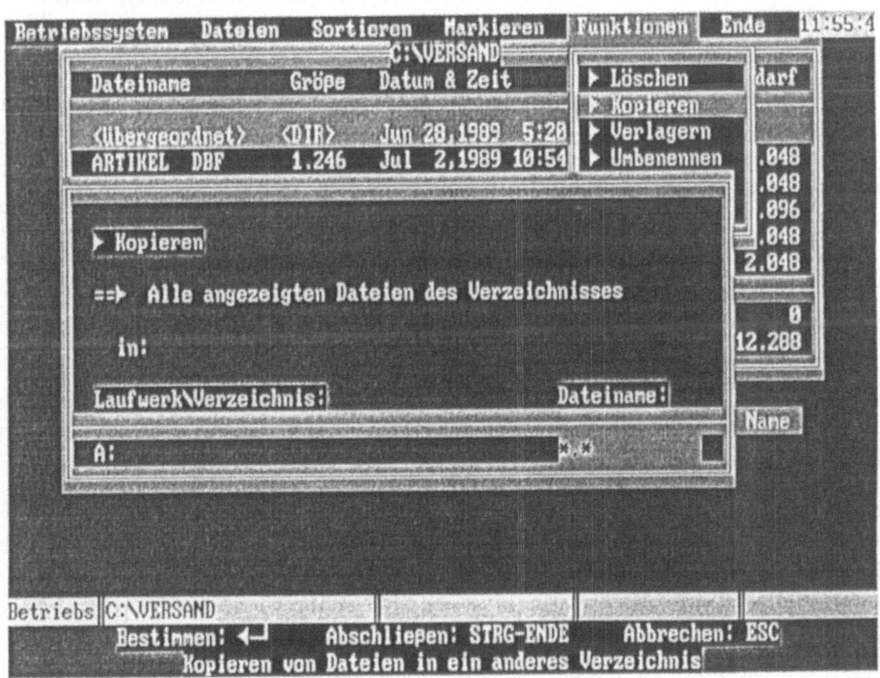

Bild 11-6 Dateien kopieren

10. Starten Sie den Kopiervorgang mit *Strg-Ende*.

dBASE IV kopiert die Bestandsdateien auf eine Diskette.

Viele Computer-Freaks schwören bei einem Datenverlust auf die *Norton Utilities* und die *PC-Tools*. Wenn man keine Sicherungskopien hat, sind diese Hilfsprogramme die letzten Retter in der Not. Die Not darf aber nicht zu groß sein. Solange nur eine Datei zu retten ist und wenn seit dem ungewollten Löschvorgang keine weiteren Zugriffe auf die Festplatte erfolgt sind, sind die Hilfsprogramme ohne größeren Aufwand in der Lage, die Daten wieder herzustellen. Falls Sie aber ein oder mehrere Verzeichnisse retten wollen, lassen Sie die Hilfsprogramme im Stich.

Makros programmieren

In einem Makro speichern Sie häufig wiederkehrende Tastenfolgen ab. Die Tastenfolge wird so gespeichert, wie Sie sie eingegeben haben. Sie rufen den Makro wie einen Befehl auf. Die gespeicherte Tastenfolge wird dann ausgeführt.

Sie können den Inhalt eines Makros mit der Aufnahme eines Kassetten-Recorders vergleichen. Wenn Sie die Kassetten-Aufnahme ablaufen lassen, hören Sie genau das, was Sie zuvor aufgenommen haben. Wenn Sie einen Makro ablaufen lassen, wird genau die Tastenfolge wiederholt, die Sie eingegeben haben.

Ein Makro ist beispielsweise sinnvoll, wenn Sie häufig denselben Text in eine Maske eintragen. Sie können die Tastenfolge in einem Makro speichern. Immer dann, wenn dieser Text einzugeben ist, trägt ihn dBASE IV automatisch ein. Makros können Sie aber auch einsetzen, um bestimmte Vorgänge möglichst einfach zu gestalten. Sie können beispielsweise mit einem Makro eine Datei öffnen, Datensätze auswählen und auf den Bildschirm oder den Drucker ausgeben. Ein Makro läßt sich so programmieren, daß Sie bei der Ausführung eines Makros weitere Informationen, beispielsweise ein Selektionskriterium, eingeben können.

Um den Überblick über definierte Makros zu bewahren, speichern Sie die Makros in Makrobibliotheken. Jede Bibliothek ist eine Datei, die bis zu 35 Makros faßt.

Während Sie einen Makro aufzeichnen, können Sie andere, bereits definierte Makros aufrufen. Man spricht dann von Verschachtelung. In einen Makro können Sie maximal 16 andere Makros einfügen.

Makros aufzeichnen

Sie können die Aufzeichnung eines Makros entweder vom Regie-Zentrum oder von jedem beliebigen Programmteil starten. Im Regie-Zentrum starten Sie die Aufzeichnung über das Untermenü **Makrobefehle** des **Diverses**-Menüs. Eine verkürzte Version des Untermenüs **Makrobefehle** erhalten Sie von jedem Programmteil aus über die Tastenkombination *Umstell-F10*.

Aufgabe: Automatische Texteingabe mit Makros

In die Kundendatei tragen Sie häufig Adressen einer bestimmten Stadt, beispielsweise Münchener Adressen, ein. Erleichtern Sie sich die Dateneingabe
mit einem Makro, das für Münchener Kunden automatisch PLZ, Ort und Tele-
fonvorwahl in die Eingabemaske einträgt.

1.   Öffnen Sie die Kundendatei, rufen Sie die Einzelsatzdarstellung auf und
     rufen Sie aus dem **Datensätze**-Menü den Befehl **Hinzufügen** auf.

2.   Achten Sie darauf, daß der Cursor im ersten Feld der Maske steht (Bild
     11-7).

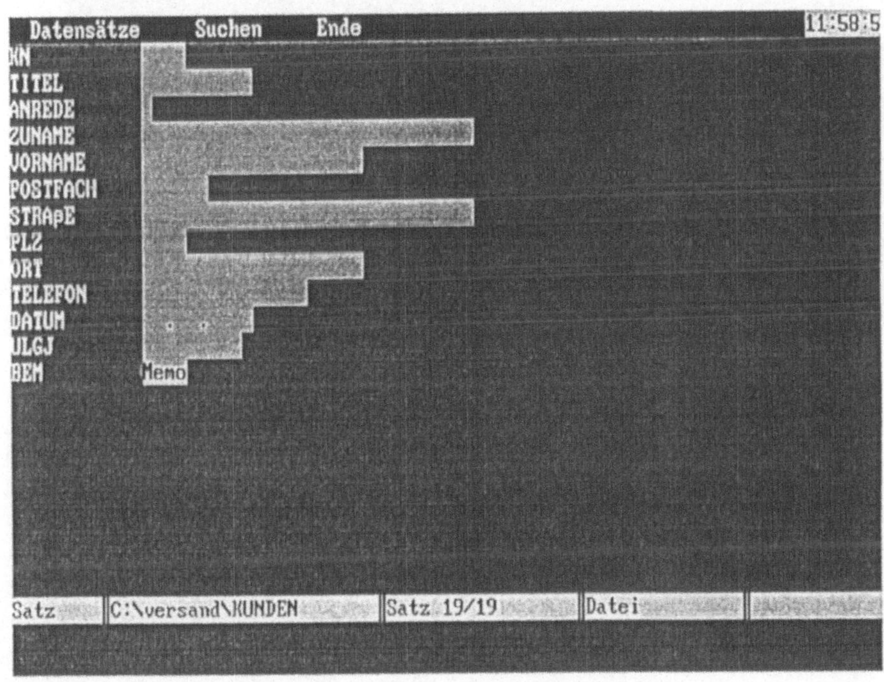

Bild 11-7 Startposition für die Makroaufzeichnung

3. Drücken Sie *Umstell-F10*. Daraufhin sehen Sie das folgende Dialogfeld
    (Bild 11-8):

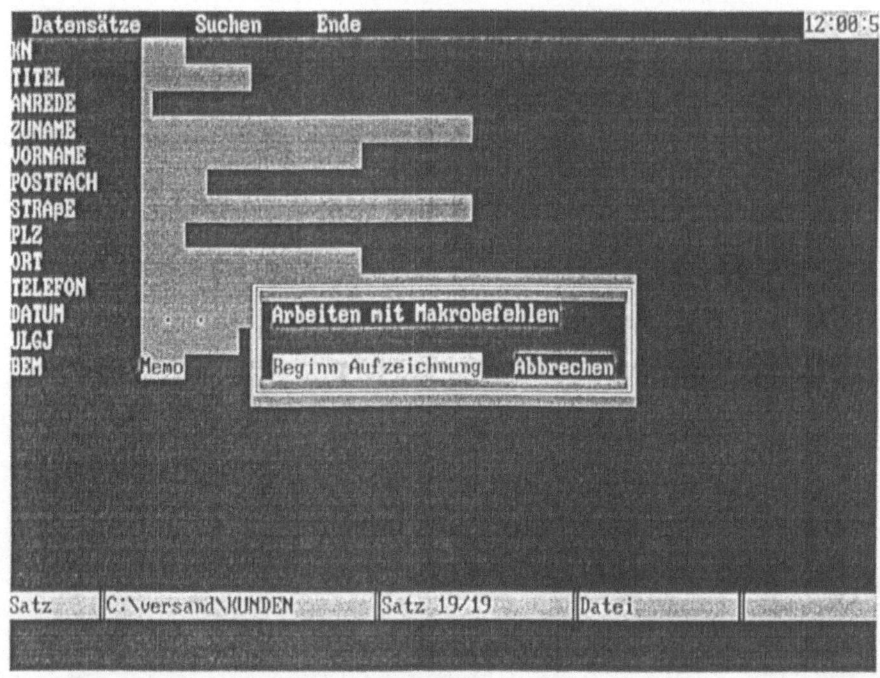

Bild 11-8 Makroaufzeichnung mit Umstell-F10

4. Wählen Sie **Beginn Aufzeichnung** aus.

    Daraufhin müssen Sie die Taste drücken, über die das Makro in Zukunft aufgerufen werden soll. Das Makro erhält einen Namen. Zur Auswahl stehen die Buchstabentasten und die Funktionstasten F1 bis F9.

5. Drücken Sie: *m*

    Wenn Sie eine Taste auswählen, die bereits mit einem Makro belegt ist, fragt dBASE IV, ob es dieses Makro überschreiben soll. Sie müssen mit *j* oder *n* antworten und die Eingabetaste drücken. Sie können den Namen eines Makros über Befehle des Untermenüs **Makrobefehle** ändern.

    Alle Tasten, die Sie ab der Namensvergabe drücken, werden im Makro aufgezeichnet.

6. Geben Sie in die Felder PLZ, Ort und Telefon die gewünschten Werte ein (Bild 11-9).

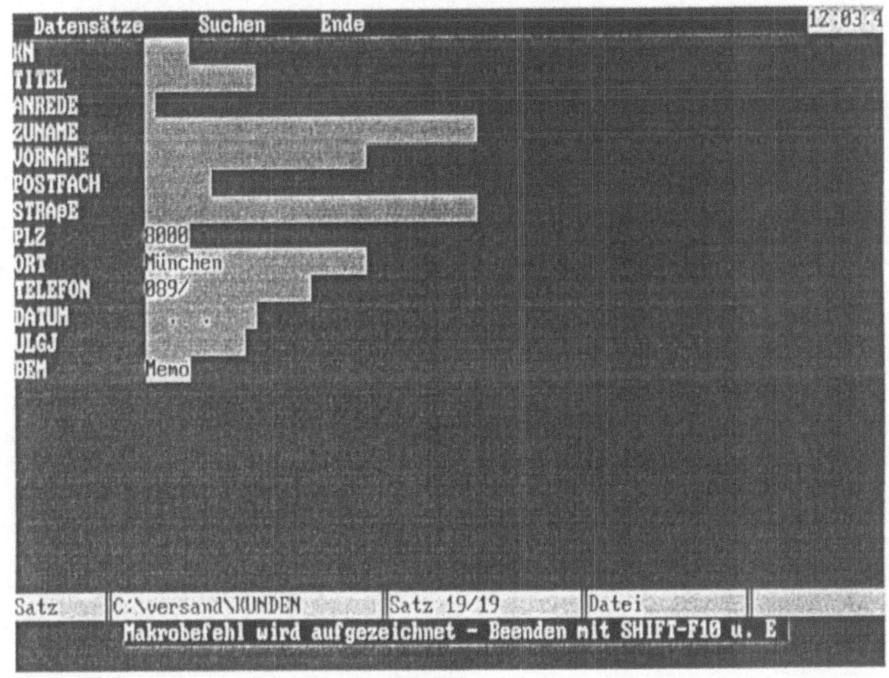

Bild 11-9 Texteingabe für den Makro

7.   Beenden Sie die Makroaufnahme, indem Sie wiederum *Umstell-F10* drük-
     ken. Sie sehen dann das folgende Dialogfeld (Bild 11-10):

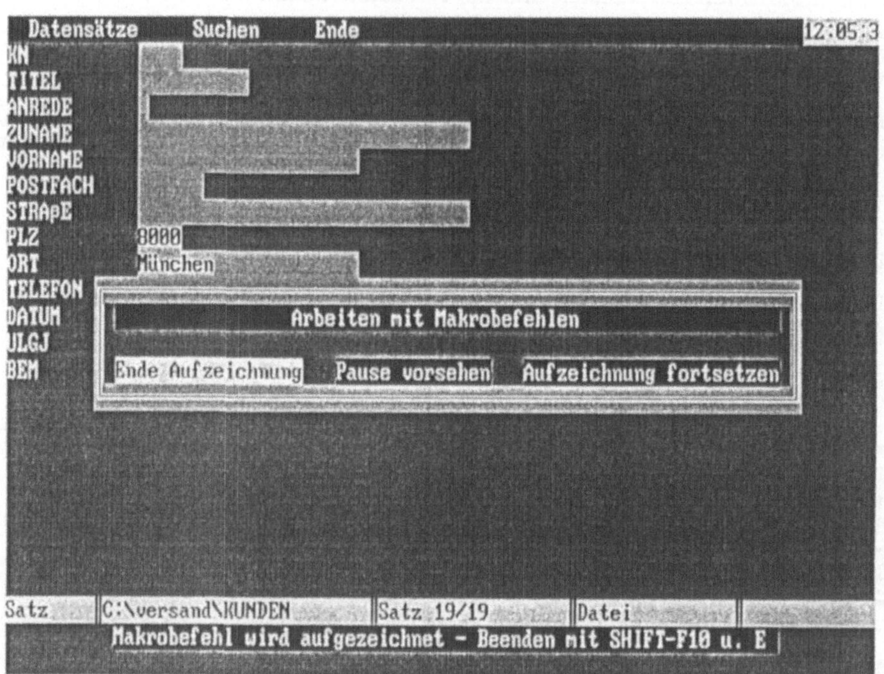

Bild 11-10 Makroaufnahme beenden

8.   Wählen Sie **Ende Aufzeichnung** aus.

Sie haben die Tastenfolge in dem Makro mit dem Namen "m" aufgezeichnet
und können das Makro ablaufen lassen.

Makros starten

Lassen Sie das oben definierte Makro ablaufen.

1. Rufen Sie eine leere Eingabemaske auf, und setzen Sie den Cursor auf das erste Feld der Maske.

    Sie müssen den Cursor an dieselbe Stelle setzen, an der Sie die Aufnahme des Makros gestartet haben. Andernfalls würde die aufgezeichnete Tastenfolge nicht zu dem gewünschten Ergebnis führen.

2. Drücken Sie die Tastenkombination *Alt-F10* (Bild 11-11).

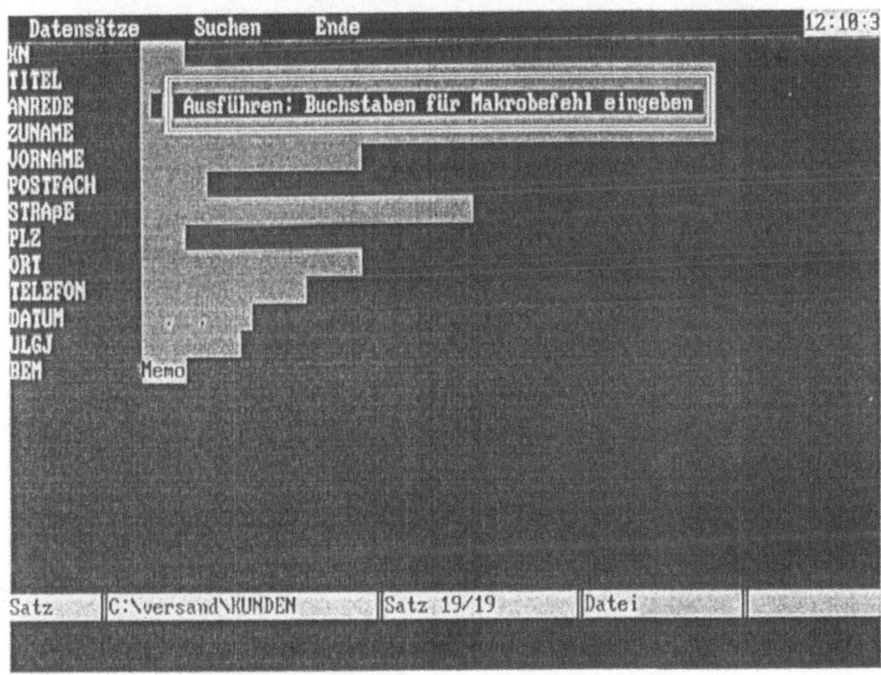

Bild 11-11 Ein Makro starten

3. Geben Sie den Namen des Makros ein: *m*

Wenn Sie das Makro einer Funktionstaste zugeordnet haben, rufen Sie es beispielsweise mit *Alt-F7* auf.

Daraufhin wird das Makro ausgeführt. Die aufgezeichnete Tastenfolge läuft automatisch ab. Das Makro "m" trägt den eingegebenen Text in die Felder ein (Bild 11-12).

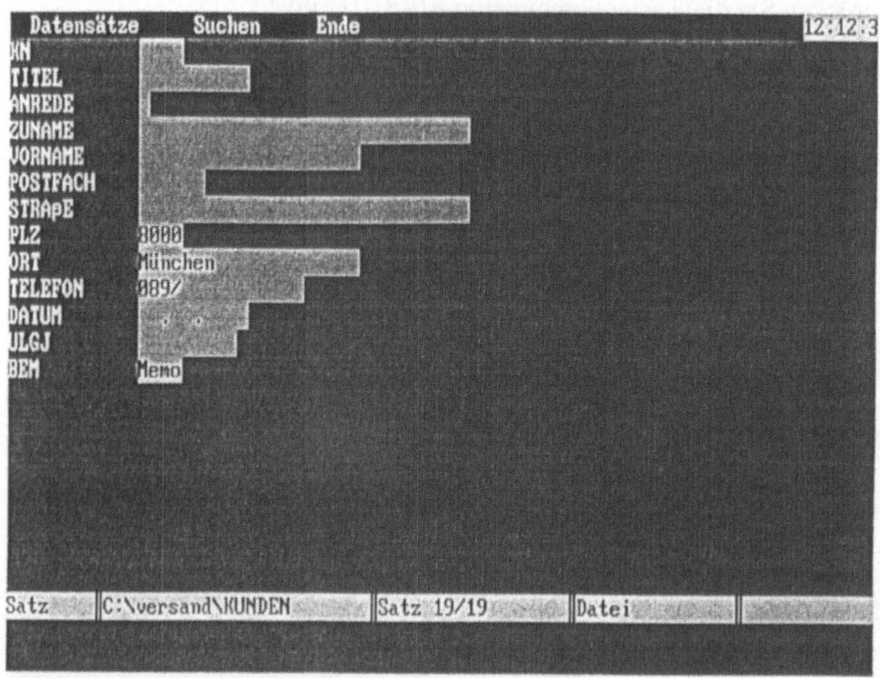

Bild 11-12 Das Makro hat den Text eingetragen

4.Vervollständigen Sie den Datensatz und speichern Sie ihn ab (Bild 11-13).

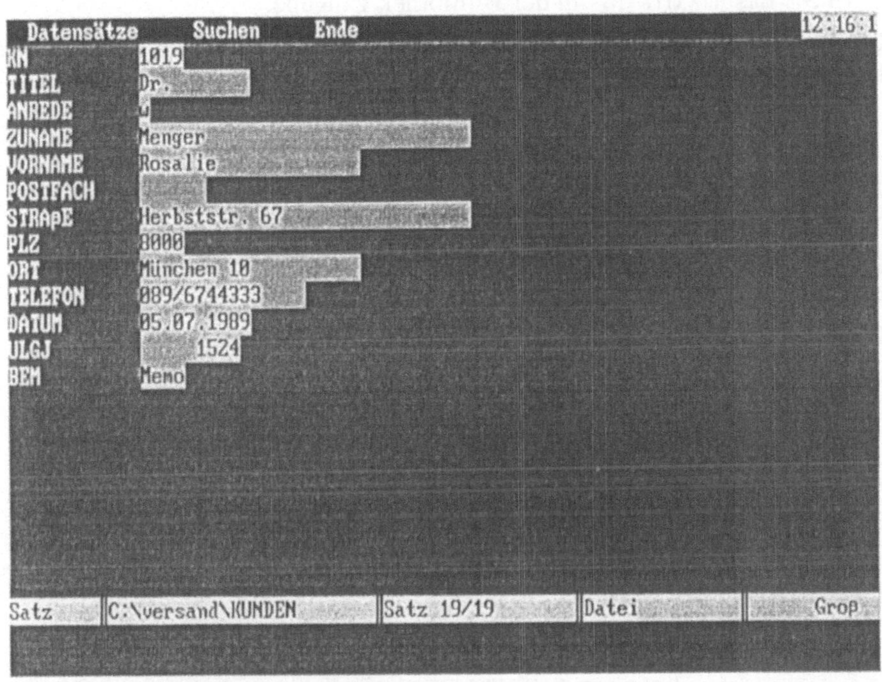

Bild 11-13 Vollständiger Datensatz

Makros speichern, laden

Ein Makro, das Sie aufgezeichnet haben und in späteren Sitzungen verwenden wollen, müssen Sie speichern. Nach der Aufnahme steht es nur im Arbeitsspeicher zur Verfügung. Wenn Sie Ihren Computer ausschalten, werden die Makros im Arbeitsspeicher gelöscht. Sie können Makros aber in Bibliotheken sammeln und speichern.

Sie können sich zu jeder Datenbank oder jedem Dateien-Katalog eine eigene Makro-Bibliothek anlegen.

Speichern Sie das Makro "m" in der Bibliothek Eingabe.

1. Öffnen Sie im Regie-Zentrum das **Diverses**-Menü, und wählen Sie **Makrobefehle** aus (Bild 11-14).

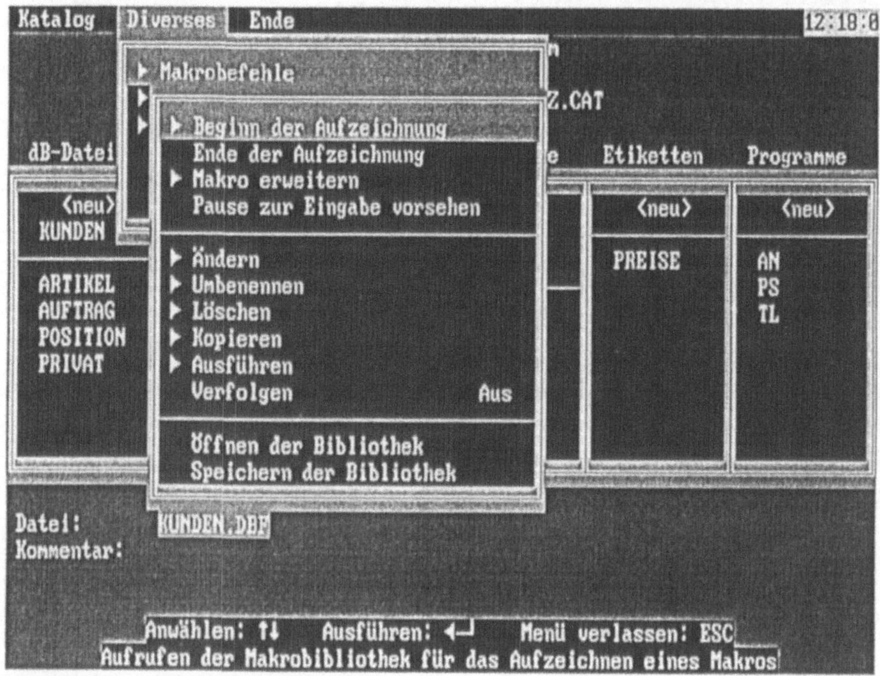

Bild 11-14 Makrobefehle

2. Wählen Sie **Speichern der Bibliothek** aus. Dieser Befehl speichert die aktuelle Bibliothek.

3. Geben Sie den Namen der Bibliothek ein: *Eingabe*

4. Drücken Sie die *Eingabetaste*.

    Daraufhin wird die Bibliothek gespeichert.

Sie können mehrere Bibliotheken anlegen und mit dem Befehl **Öffnen der Bibliohtek** die Makros dieser Bibliothek in den Arbeitsspeicher laden.

Wenn Sie eine neue Bibliothek laden, ersetzt dBASE IV die Makros, die in der alten und der neuen Bibliothek identische Namen besitzen, durch die Makros der neuen Bibliothek. Makros der alten Bibliothek, deren Namen von den Makros der neuen Bibliothek nicht belegt werden, bleiben im Arbeitsspeicher erhalten. Somit können Sie beispielsweise in einer Bibliothek häufig benötigte Makros, die Sie auf die Funktionstasten legen, speichern. In weiteren Bibliotheken sammeln Sie spezielle Makros, die Sie über Buchstaben aufrufen und jederzeit zu Ihrer Standardbibliothek hinzuladen können.

Makros ändern

Sie können ein Makro mit dem Makro-Editor ansehen und ändern. Sonderzeichen wie beispielsweise die Eingabetaste werden als Befehlswörter in geschwungenen Klammern dargestellt.

Sehen Sie sich das Makro "m" an.

1. Öffnen Sie im Regie-Zentrum das **Diverses**-Menü, und wählen Sie **Makrobefehle** aus.

2. Wählen Sie **Ändern** aus. Daraufhin sehen Sie eine Übersichtstabelle mit allen Makros der aktuellen Bibliothek (Bild 11-15).

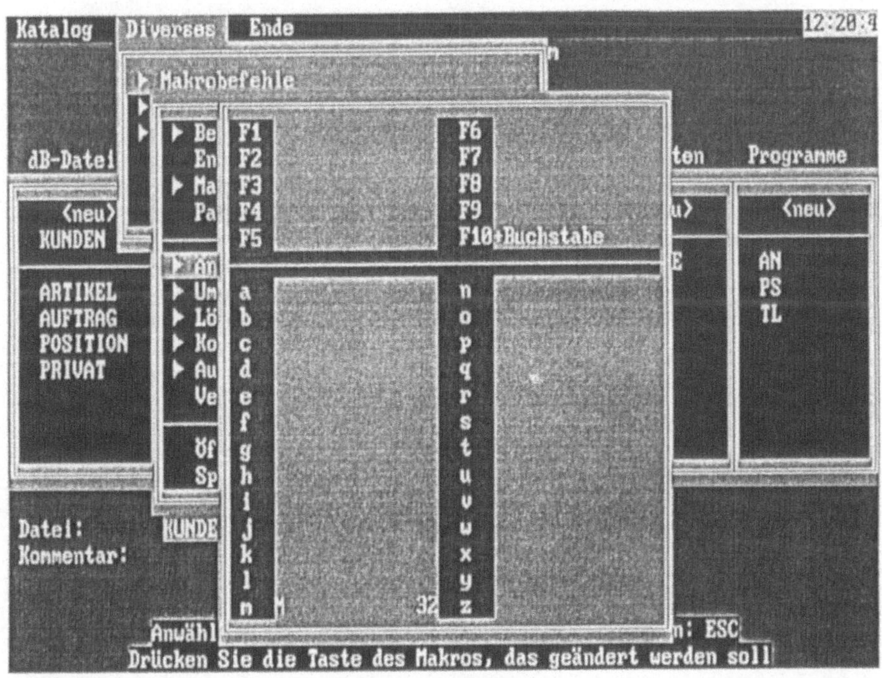

Bild 11-15 Makros der aktuellen Bibliothek

3.   Geben Sie ein: *m*

dBASE IV zeigt Ihnen den Inhalt des Makros mit dem Makro-Editor (Bild
11-16).

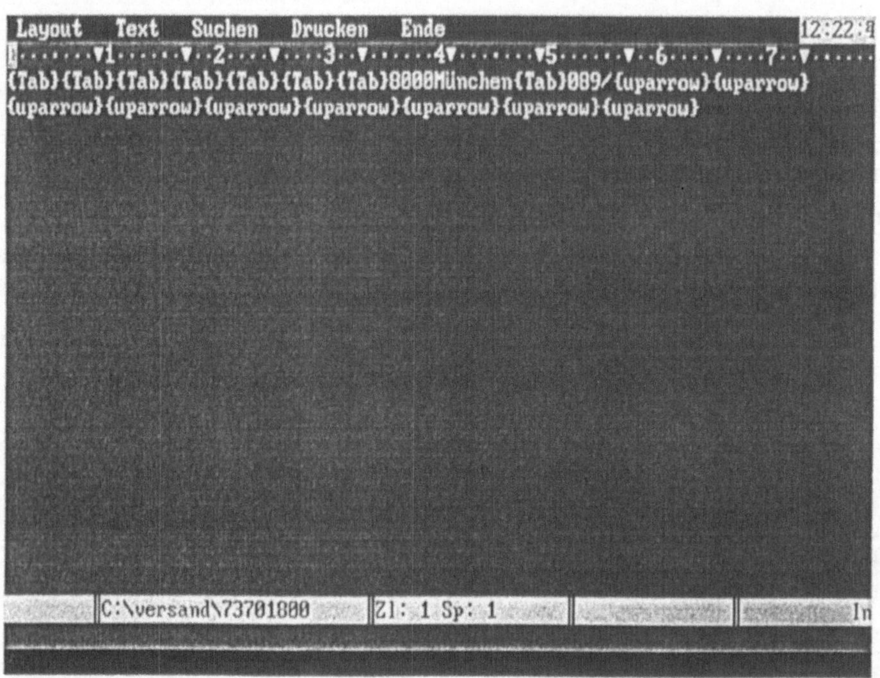

Bild 11-16 Inhalt eines Makros

Buchstaben und Ziffern, die Sie eingegeben haben, sehen Sie als ganz normale Zeichen. Die Befehlswörter in den geschwungenen Klammern stehen für folgende Tasten:

Taste	Befehlswort in geschwungener Klammer
Eingabe	Enter
Esc	Esc
Entf	Del
Einfg	Ins
Rück	Backspace
Tab	Tab
Umstell	Shift
Pfeil-rechts	rightarrow
Pfeil-links	leftarrow
Pfeil-oben	uparrow
Pfeil-unten	downarrow
Bild-oben	PgUp
Bild-unten	PgDn
Pos1	Home
Ende	End
Strg	Ctrl
Alt	Alt
Bindestrich	hyphen

Die geschwungenen Klammern erzeugen Sie mit den Tastenkombinationen Alt-123 und Alt-125. Halten Sie die Alt-Taste fest, und geben Sie die Zahlen ein. Sie müssen dazu die Zifferntasten des numerischen Tastenblocks (rechts auf der Tastatur) verwenden. Lassen Sie die Alt-Taste erst los, wenn Sie alle drei Ziffern eingegeben haben.

Die Alt-Taste können Sie mit Ziffern (0-9), Buchstaben (a-z), Funktionstasten (F1-F10) und dem Befehlswort *hyphen* kombinieren. Die Strg-Taste können Sie mit den Buchstaben (a-z), den Funktionstasten (F1-F10) und dem Befehlswort *hyphen* kombinieren. Das Befehlswort *hyphen* benötigen Sie, wenn Sie beispielsweise die Tastenkombination Strg-- ausführen wollen. Änderungen, die Sie mit dem Makro-Editor am Makro vornehmen, speichern Sie mit der Tastenkombination *Strg-Ende*.

Mit der Option **Makro erweitern** aus dem Untermenü **Makrobefehle** können Sie Tastenfolgen an das Ende eines Makros anfügen. Dazu rufen Sie diesen Befehl auf, drücken die Taste für das zu ergänzende Makro und geben die zusätzlichen Befehle ein.

Makros verwalten

Das Untermenü **Makrobefehle** des **Diverses**-Menü enthält Befehle zum Verwalten von Makros. Sie können Makros umbenennen, löschen, kopieren, aufrufen und den Ablauf des Makros verfolgen.

Geben Sie nochmals eine Adresse mit Hilfe des Makros "m" ein, und verfolgen Sie dessen Ablauf.

1. Rufen Sie die **Makrobefehle** auf, und schalten Sie **Verfolgen** ein (Bild 11-17).

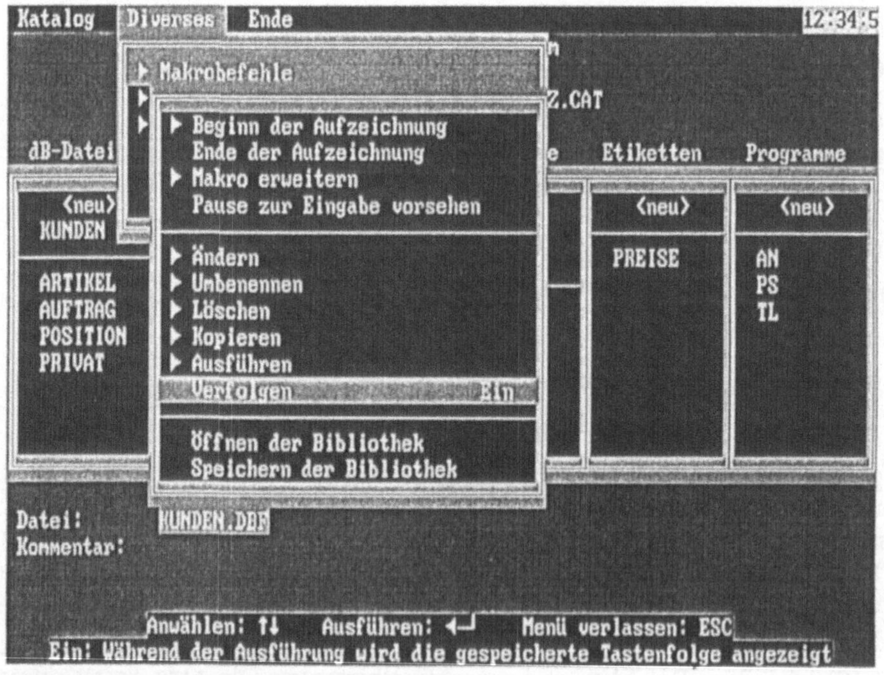

Bild 11-17 Der Befehl Verfolgen

2. Speichern Sie die Eingabe mit *Strg-Ende*.

    Während das Makro ausgeführt wird, sehen Sie die im Makro gespeicherten Eingaben auf dem Bildschirm. Die Eingaben stehen entweder in der Statuszeile oder am oberen Rand des Bildschirms.

    Sie können die Geschwindigkeit, mit der ein Makro abläuft, beeinflussen. Mit der Taste "<" verlangsamen Sie die Ausführung, und mit der Taste ">" beschleunigen Sie sie.

3. Rufen Sie die Einzelsatzdarstellung für die Kundendatei auf, und lassen Sie das Makro "m" ablaufen.

    Verfolgen Sie in der Statuszeile die gespeicherten Eingaben, und vergleichen Sie diese Eingaben mit der Ausführung des Makros (Bild 11-18).

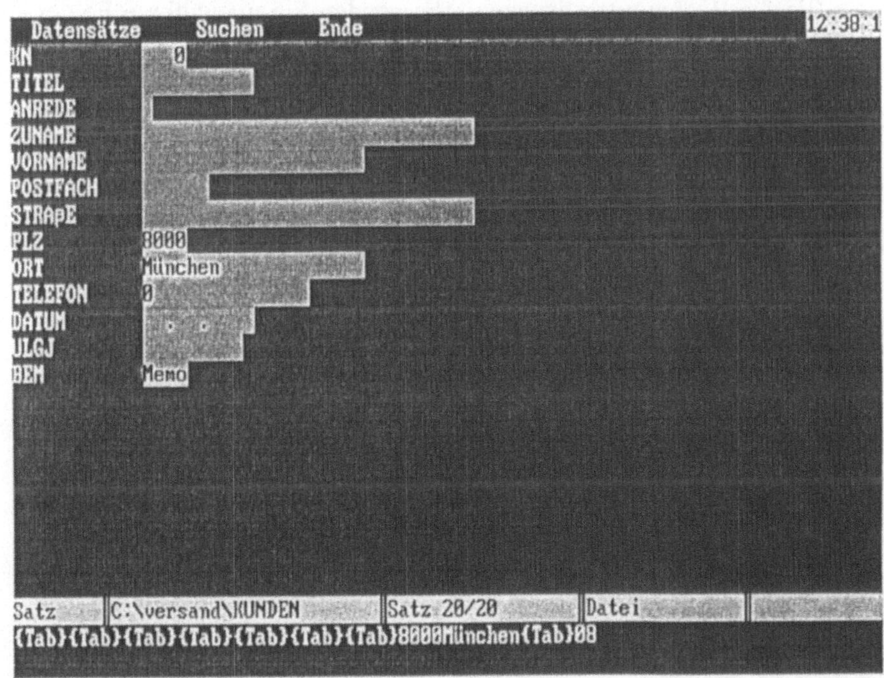

Bild 11-18 Die Befehle des Makros verfolgen

Makros mit Eingabepausen aufzeichnen

Sie können den Ablauf eines Makros unterbrechen, weitere Informationen eingeben und die Ausführung des Makros fortsetzen. Die Option **Pause zur Eingabe** ist sinnvoll, wenn Sie beispielsweise einen aktuellen Vergleichswert eingeben oder zusätzliche Arbeitsschritte durchführen wollen.

Aufgabe: Rechnung an einen ausgewählten Kunden drucken

Programmieren Sie ein Makro, das automatisch die Rechnung an einen ausgewählten Kunden schreibt. Den Zunamen des Kunden geben Sie ein, während der Makro abläuft.

Voraussetzungen:

- Erstellen Sie eine Sichtabfrage, die alle erforderlichen Daten für die Rechnung enthält (Adresse des Kunden, Menge, Preis, Artikelnummer, Artikelbezeichnung). Verknüpfen Sie dazu die Dateien Artikel, Kunden, Auftrag und Position. Die erforderliche Sicht ist auf der Diskette unter dem Namen Rechnung gespeichert.

- Erstellen Sie einen Bericht auf der Basis der Sichtabfrage Rechnung, mit dem Sie die Rechnungen drucken. Verwenden Sie unsichtbare Felder für die Berechnung der Mehrwertsteuer und der Gesamtsumme. Der erforderliche Bericht ist auf der Diskette unter dem Namen Rechnung gespeichert.

1. Setzen Sie den Cursor im Regie-Zentrum auf den Bericht Rechnung.

2. Wählen Sie aus dem Untermenü **Makrobefehle** aus dem **Diverses**-Menü den Befehl **Beginn der Aufzeichnung** aus. Sie sehen die folgende Übersicht (Bild 11-19):

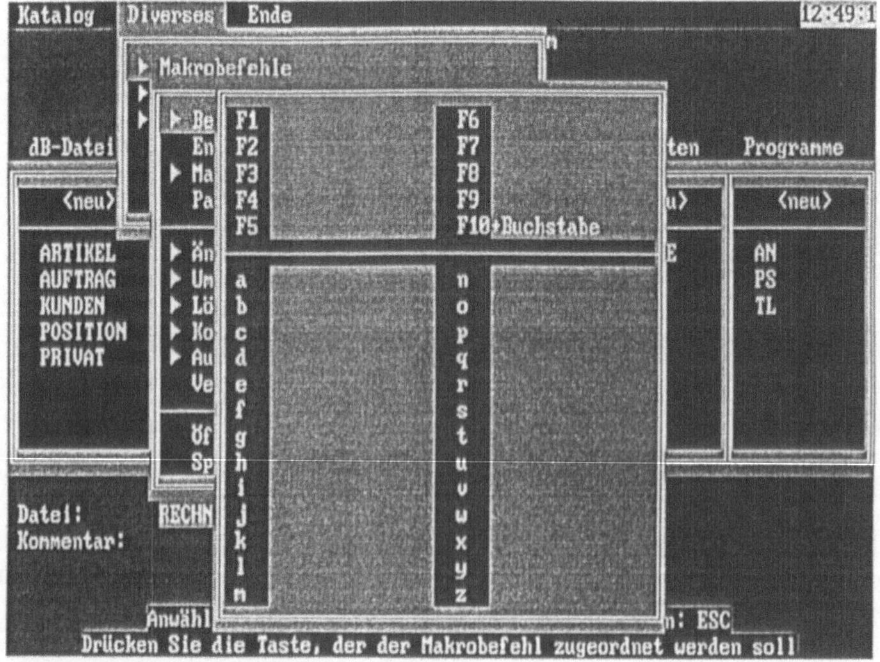

Bild 11-19 Übersicht über die Makros

3.   Weisen Sie dem Makro die Taste "r" zu.

     Von diesem Zeitpunkt an läuft die Aufzeichnung. Während die Aufzeich-
     nung läuft, geben Sie alle Befehle wie gewohnt ein.

4.   Rufen Sie den Bericht auf (Eingabetaste).

5.   Wählen Sie **Ändern** aus (Bild 11-20).

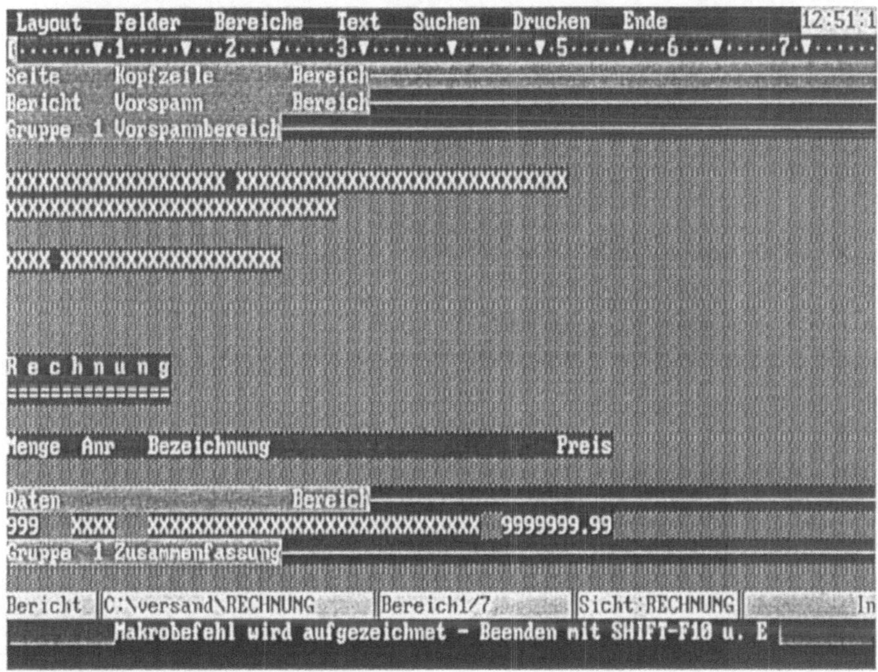

Bild 11-20 Der Bericht Rechnung

6.   Rufen Sie die Abfrage mit *Umstell-F2* auf.

7.   Setzen Sie den Cursor auf das Feld Zuname (Bild 11-21).

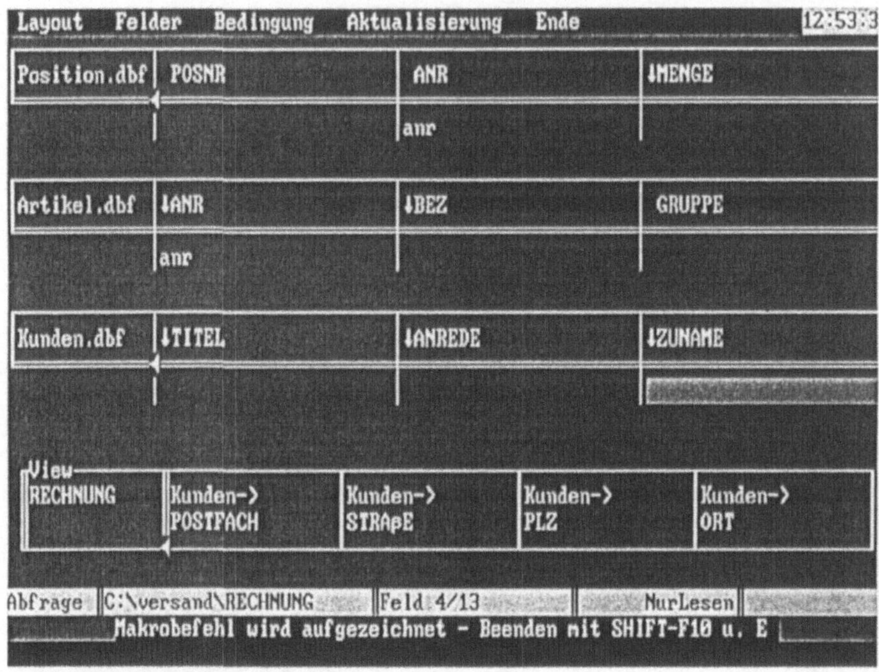

Bild 11-21 Auswahl über das Feld Zuname

8.   Drücken Sie *Umstell-F10* (Bild 11-22).

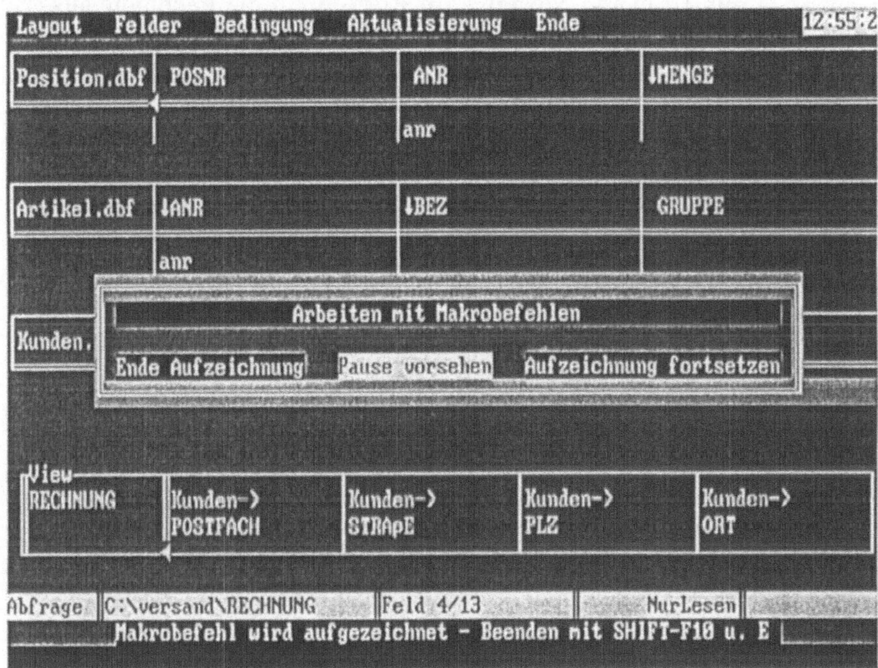

Bild 11-22 Eine Eingabepause vorsehen

9. Wählen Sie **Pause vorsehen** aus.

10. Kehren Sie mit *Alt-E* und **Bericht** zum Bericht zurück.

11. Geben Sie mit *Alt-D* und **Ausgabe am Bildschirm** die Rechnung aus (Bild 11-23).

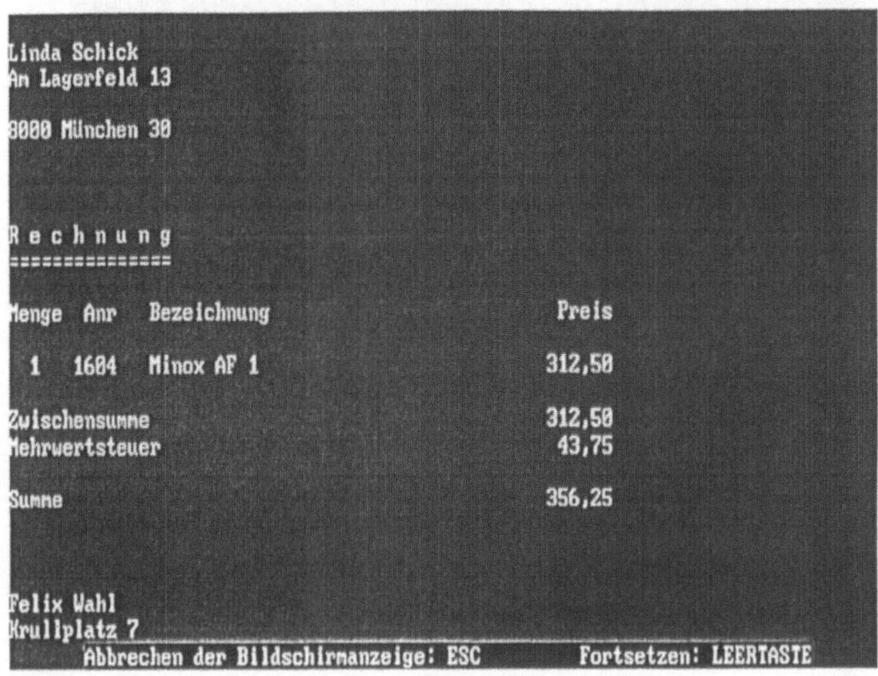

Bild 11-23 Ausgabe einer Rechnung auf dem Bildschirm

12. Drücken Sie die *Esc*-Taste, um zur Formatmaske zurück zu gelangen.

13. Verlassen Sie den Bericht, ohne den Bericht zu speichern.

14. Beenden Sie die Aufzeichnung des Makros mit *Umstell-F10* und der Option **Ende Aufzeichnung.**

Hinweis:

Dieses Makro ist auf der Diskette unter dem Namen "r" in der Bibliothek Rechnung gespeichert.

Prüfen Sie das neu definierte Makro:

1.   Setzen Sie den Cursor auf den Namen des Berichts (Rechnung).

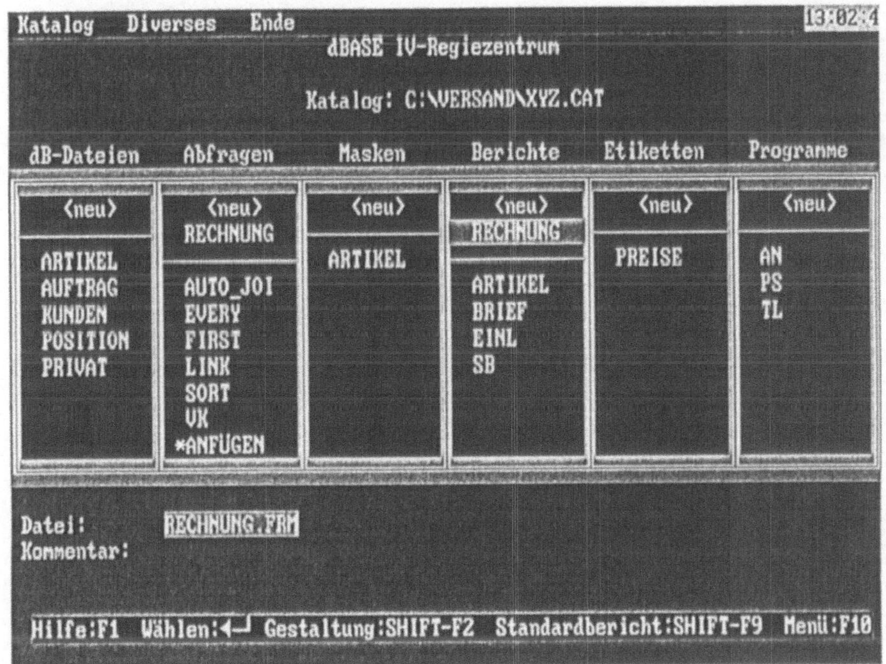

Bild 11-24 Startposition für das Makro

2.   Führen Sie den Makro aus *(Alt-F10-r)*.

3.   Geben Sie, sobald Sie aufgefordert werden, einen Zunamen in Anführungszeichen ein (Bild 11-25). Beispiel: "*Neumüller*" oder "*Fröhlich*"

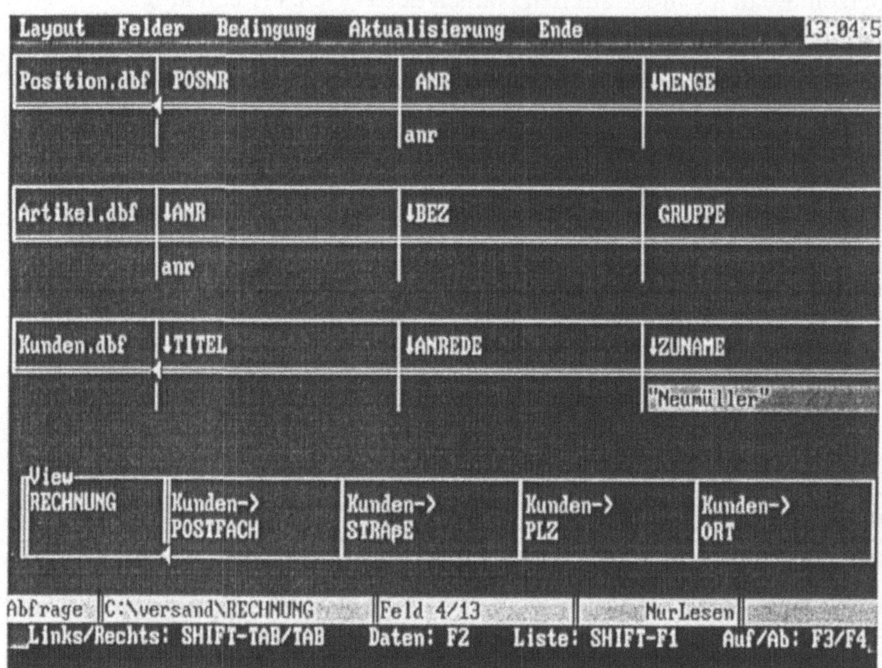

Bild 11-25 Auswahl eines Kunden während des Makroablaufs

4.   Beenden Sie die Eingabe mit *Umstell-F10*.

Wenn die Defintion geklappt hat, sehen Sie die fertige Rechnung mit der Adresse, allen Posten, Mehrwertsteuer und der Gesamtsumme auf dem Bildschirm (Bild 11-26).

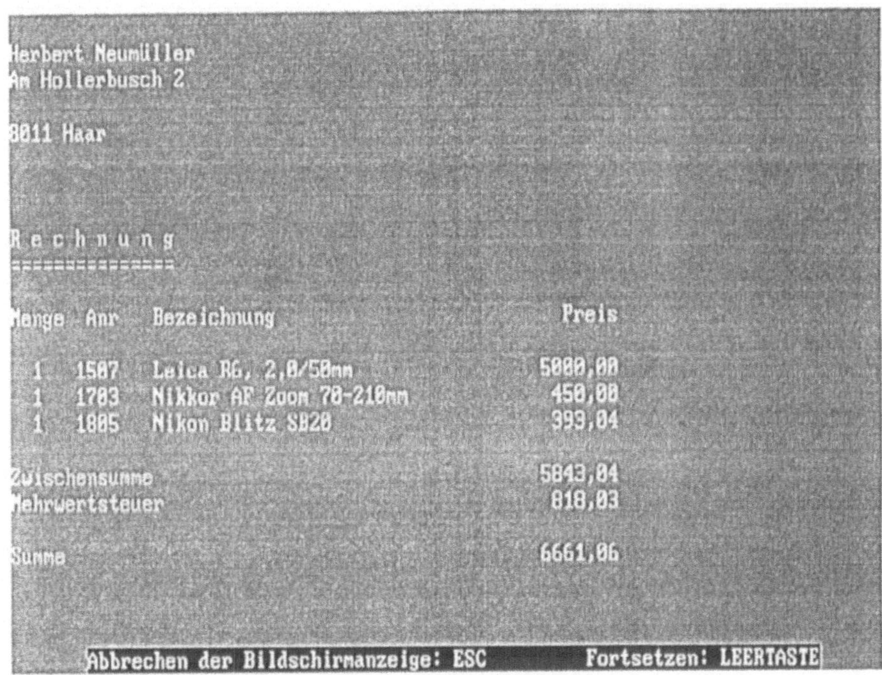

Bild 11-26 Mit einem Makro erstellte Rechnung

5. Verlassen Sie den Berichtsgenerator mit **Beenden, ohne Speichern**. Sie werden gefragt, ob die geänderte Abfrage gespeichert werden soll. Verneinen Sie diese Frage.

Fremdformatdateien lesen

Mit dBASE IV können Sie Dateien, die mit einem der folgenden Programme
erstellt wurden, weiterbearbeiten:

Programm	Endung des Dateinamens
Rapidfile	.RPD
dBASE II	.DB2 (.DBF umbenennen in .DB2)
Framework II	.FW2
(Tabellen- oder Datenbankdatei)	
Lotus 123	.WK1
PFS:, IBM Assistant	ohne Endung

Wollen Sie eine Datei von einem Programm dieser Liste einlesen,

1. Kopieren Sie die Datei in das aktuelle Verzeichnis.

2. Rufen Sie aus dem **Diverses**-Menü den Befehl **Lesen von Fremdformat-
    dateien** auf.

3. Wählen Sie ein Programm aus, und drücken Sie die *Eingabetaste*
    (Bild 11-27).

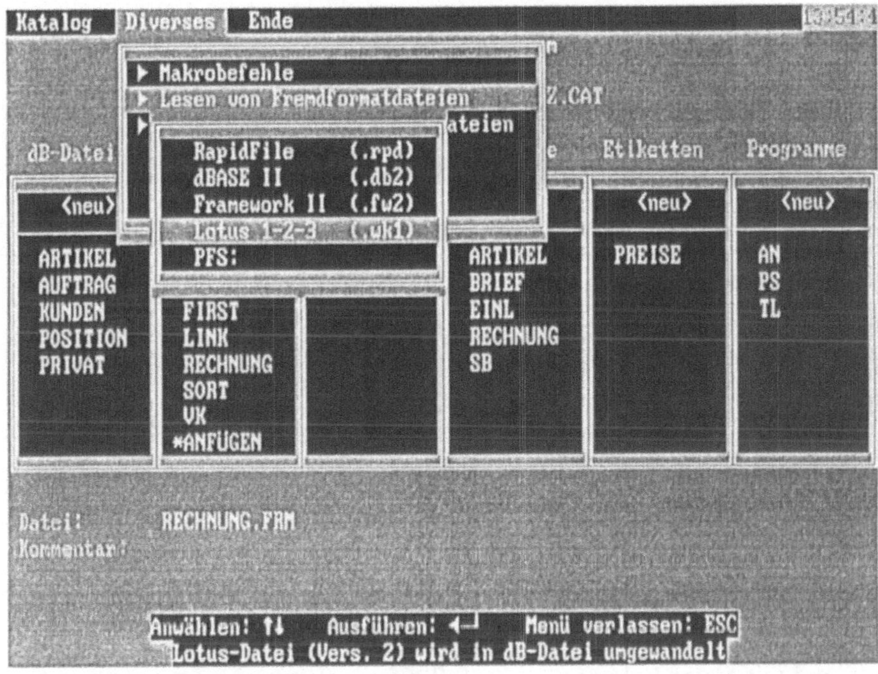

Bild 11-27 Ein Programm auswählen

4.   Wählen Sie die zu konvertierende Datei aus.

Falls der Name der ausgewählten Datei mit dem Namen einer dBASE IV-Datei in demselben Verzeichnis übereinstimmt, haben Sie die Wahl, die dBASE IV-Datei zu überschreiben oder den Vorgang abzubrechen. dBASE IV konvertiert die Fremddatei und legt eine Bestandsdatei mit der Endung .dbf an.

Fremdformatdateien schreiben

Mit dBASE IV können Sie Dateien so speichern, daß andere Programme sie lesen können. Die folgende Liste enthält die Programme, an die Sie dBASE IV-Dateien übergeben können. Sie können dBASE IV-Dateien aber auch als Textdateien speichern.

Programm/Textdatei	Endung des Dateinamens
Rapidfile	.RPD
dBASE II	.DB2 (.DB2 umbenennen in .DBF)
Framework II	.FW2
(Tabellen- oder Datenbankdatei)	
Lotus 123	.WKS
Visicalc	.DIF
PFS:, IBM Assistant	ohne Endung
Multiplan (SYLK)	ohne Endung
Textdatei mit fester Feldlänge	.TXT
Abgrenzung mit Leerzeichen	.TXT
Beliebiges Zeichen zur Abgrenzung	.TXT

Wollen Sie eine Bestandsdatei von dBASE IV an eines der aufgeführten Programm übergeben, gehen Sie wie folgt vor:

1. Rufen Sie aus dem **Diverses**-Menü den Befehl **Schreiben von Fremdformatdateien** auf.

2. Wählen Sie ein Programm aus, und drücken Sie die *Eingabetaste* (Bild 11-28).

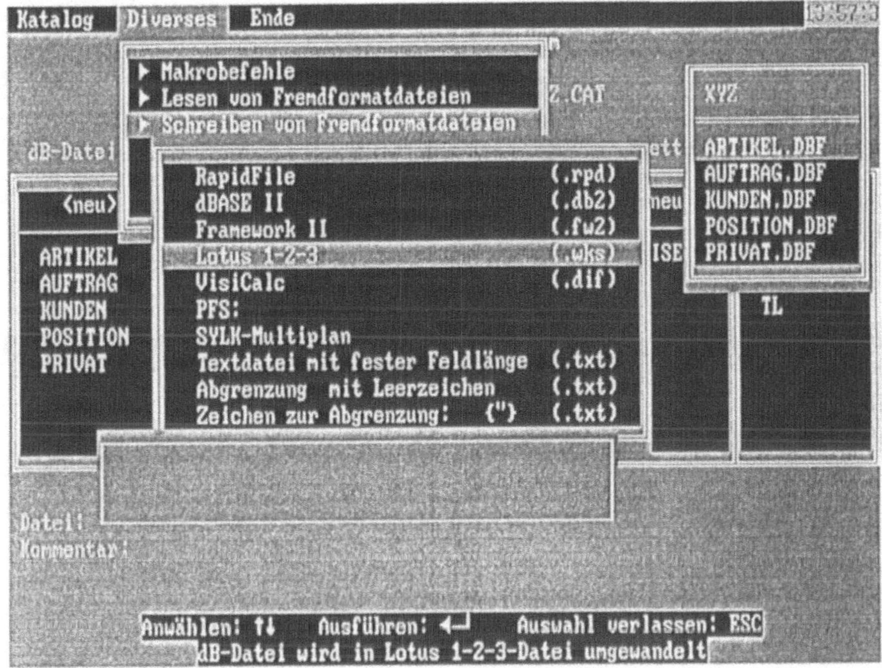

Bild 11-28 Programme, an die dBASE IV Dateien übergeben kann

3.   Wählen Sie die zu konvertierende Datei aus.

dBASE IV konvertiert die Bestandsdatei mit der Endung .dbf und legt eine Datei in dem angeforderten Format an.

Zusammenfassung

Ein Verzeichnis ist ein Speicherbereich auf Ihrer Festplatte. Ein Katalog hingegen enthält nur Dateinamen. Über die Option **Betriebssystem** des **Diverses**-Menü rufen Sie die Dateiübersicht auf. Mit der Option **Neues Standard-Laufwerk/Verzeichnis** des **Betriebssystem**-Menüs wechseln Sie das Verzeichnis, dessen Dateien im Regie-Zentrum aufgelistet sind. Mit *Umstell-F1* rufen Sie das Verzeichnisdiagramm auf.

Der größte Vorzug des MS-DOS-Befehls **Backup** gegenüber dem Befehl **Copy** besteht darin, daß er auch Dateien sichert, die die Kapazität einer Diskette übertreffen. Sicherungsdateien, die Sie mit Backup erstellt haben, können Sie nicht direkt mit dBASE IV lesen. Sie müssen die Dateien zuerst mit **Restore** auf die Festplatte kopieren.

In einem Makro speichern Sie häufig wiederkehrende Tastenfolgen ab.

Makro aufzeichen	Rufen Sie aus dem **Diverses**-Menü **Makrobefehle** auf. Wählen Sie **Beginn Aufzeichnung** aus. Oder: Drücken Sie *Umstell-F10,* und wählen Sie **Beginn Aufzeichnung** aus.
Eingabepausen vorsehen	Drücken Sie *Umstell-F10,* und wählen Sie **Pause vorsehen** aus.
Aufzeichnung beenden	Rufen Sie aus dem **Diverses**-Menü **Makrobefehle** auf. Wählen Sie **Ende Aufzeichnung** aus. Oder: Drücken Sie *Umstell-F10,* und wählen Sie **Ende Aufzeichnung** aus.
Makro speichern	Rufen Sie aus dem **Diverses**-Menü **Makrobefehle** auf. Wählen Sie **Speichern der Bibliothek** aus.
Makro laden	Rufen Sie aus dem **Diverses**-Menü **Makrobefehle** auf. Wählen Sie **Öffnen der Bibliothek** aus.
Makro starten	Drücken Sie *Alt-F10* und die dem Makro zugewiesene Buchstabentaste oder drücken Sie die *Alt-Taste* und die dem Makro zugewiesene Funktionstaste.

dBASE IV liest Dateien der Programme Rapidfile, dBASE II, Framework II (Tabellen- oder Datenbankdatei), Lotus 123 und PFS:, IBM Assistant.

Dateien von dBASE IV können Sie an die Programme Rapidfile, dBASE II, Framework II (Tabellen- oder Datenbankdatei), Lotus 123, Visicalc, PFS:, IBM Assistant und Multiplan (SYLK) übergeben. dBASE IV-Dateien können Sie auch als Textdateien speichern.

Anhang

dBASE IV installieren

Bevor Sie mit der Installation von dBASE IV beginnen, müssen Sie prüfen, ob Ihre Hard- und Software die Anforderungen erfüllt, die dBASE IV stellt. Außerdem sollten Sie vor der Installation von allen dBASE IV-Disketten unbedingt Sicherungskopien erstellen. Das Installationsprogramm stellt Ihnen mehrere Fragen. Zumeist wählen Sie die Antwort aus einer Liste aus. Das Kopieren der Programmdateien auf die Diskette erfolgt dann sehr schnell.

Welche Dinge Sie benötigen

Die DOS-Version von dBASE IV läuft auf folgenden Rechnern:

- IBM PC, XT, AT oder 100% kompatiblen Computern
- PS/2 Modelle 30, 50, 60, 80
- Compaq Deskpro 286, 386

Arbeitsspeicher:	mindestens 640 KB
Festplatte:	mindestens 3,5 MB freier Speicherplatz
Diskettenlaufwerk:	5 1/4 oder 3 1/2 Zoll
Speichererweiterung:	optional (HiCard, XMS Version 2.0, 386MAX)
Drucker:	Die meisten bekannten Drucker werden unterstützt.
Betriebssystem:	MS/PC-DOS 2.0 und höher, Compaq DOS 3.31

Sicherungskopien erstellen

Kopieren Sie alle dBASE IV-Disketten. Der DOS-Befehl Diskcopy formatiert die Zieldiskette automatisch.

Beispiel: *DISKCOPY A: A:*

Oder: *DISKCOPY A: B:*

Folgen Sie den Anweisungen des Diskcopy-Befehls.

Heben Sie die Originaldisketten an einem sicheren Ort auf, und verwenden Sie zur Installation die Kopien.

Installationsprogramm starten

Vor der Installation sollten Sie prüfen, ob auf der Festplatte genug Speicherplatz frei ist. dBASE IV benötigt 3,5 MB für sämtliche Dateien, einschließlich der Beispieldateien. Weitere Vorarbeiten sind nicht erforderlich.

Um dBASE IV auf Ihrer Festplatte zu installieren, gehen Sie wie folgt vor:

1. Legen Sie die Installationsdiskette in das Laufwerk A: ein.

2. Wechseln Sie auf das Laufwerk A: mit:

    A: *Eingabetaste*

3. Rufen Sie das Installationsprogramm auf:

    install Eingabetaste

4. Das Programm informiert Sie über das Copyright.

    Eingabetaste

5. Folgen Sie den Anweisungen des Installationsprogramms.

Die Installation verläuft in folgenden Schritten:

● Software-Registrierung (Erstinstallation)

● Angaben über die Hardware-Konfiguration

● Angaben über das Laufwerk und das Verzeichnis für dBASE IV

● Anpassen der Dateien Autoexec.bat und Config.sys

Software-Registrierung

Wenn Sie dBASE IV zum ersten Mal installieren, müssen Sie

● Ihren Namen,

● den Namen Ihrer Firma und

● die Seriennummer der Systemdiskette eingeben.

Mit der *Eingabetaste* bewegen Sie den Cursor jeweils eine Zeile weiter. Mit *Strg-Ende* speichern Sie die Angaben zur Software-Registrierung. Wenn Sie den Registrier-Bildschirm verlassen wollen, ohne die Angaben zur Software-Registrierung zu speichern, drücken Sie die *Esc*-Taste.

Stimmt die von Ihnen angegebene Seriennummer nicht mit der gespeicherten Nummer überein, bricht dBASE IV die Installation ab.

Angaben über die Hardware-Konfiguration

Sie müssen dBASE IV mitteilen, mit welchem Computer, Bildschirm und
Drucker Sie arbeiten.

1. Öffnen Sie das **Installation**-Menü, und wählen Sie **Hardware-Einstel-
    lungen** aus (Bild A-1).

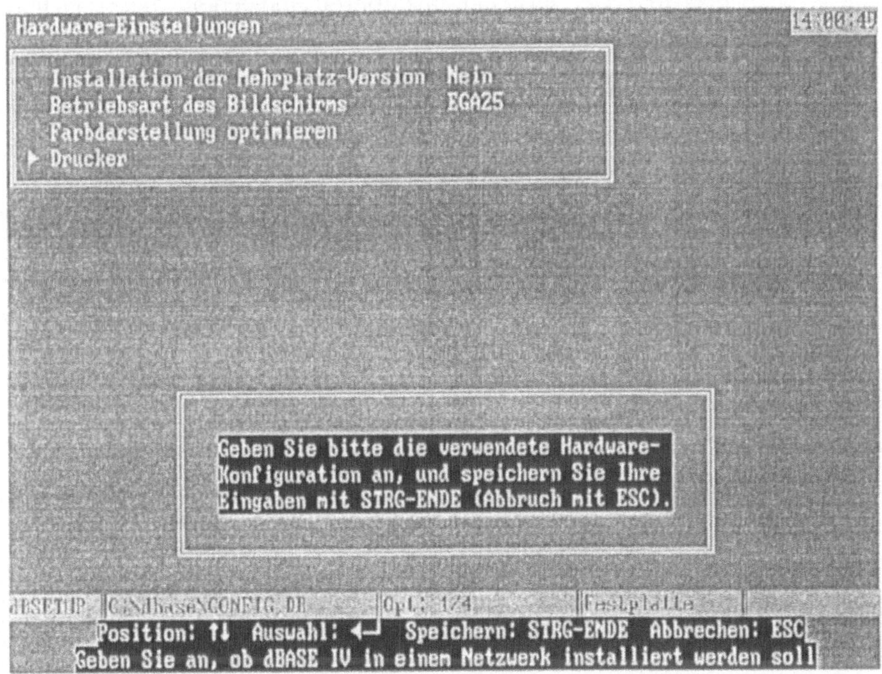

Bild A-1 Hardware-Einstellungen

In diesem Menü entscheiden Sie, ob dBASE IV als Einzel- oder Mehrplatzversion installiert wird, welchen Typ von Bildschirm und welche
Drucker Sie angeschlossen haben.

2. Übernehmen Sie den Vorgabewert **nein** für die Option **Mehrplatzversion**,
    indem Sie den Cursor mit der Taste Pfeil-unten auf die nächste Option
    setzen.

3. Mit was für einem **Bildschirm** arbeiten Sie?

    Color, Ega25, Mono43, EGA43 oder Mono

    Wählen Sie die Betriebsart Ihres Monitors mit der Leertaste aus, und set-
    zen Sie den Cursor mit der Taste Pfeil-unten auf das Feld Farbdarstellung.

4. Wenn Sie im Feld **Farbdarstellung optimieren** die Eingabetaste drücken,
    können Sie die Farbwiedergabe Ihres Monitors verbessern. Das Pro-
    gramm fragt, ob Sie ein Flimmern auf dem Bildschirm sehen. Sie beant-
    worten die Frage mit Ja oder Nein.

5. Nach der Optimierung der Farbdarstellung gelangen Sie wieder in das
    Menü **Hardware-Einstellung.** Setzen Sie den Cursor auf das Feld Druk-
    ker.

6. Sie können maximal vier Drucker installieren und jedem dieser Drucker
    einen eigenen Anschluß zuweisen (Bild A-2).

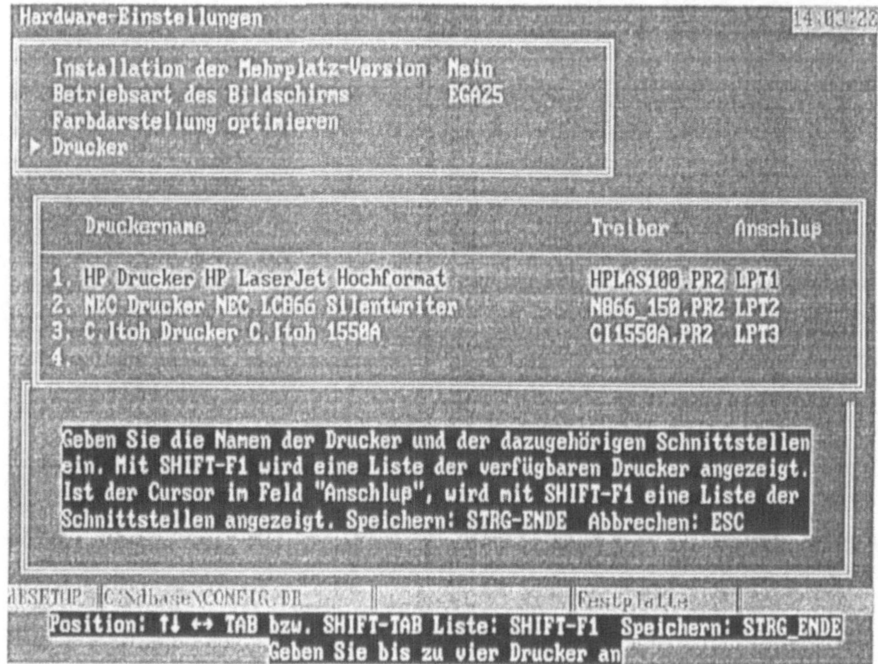

Bild A-2 Auswahl der Drucker

Wenn Sie *Umstell-F1* drücken, listet Ihnen das Programm alle Drucker
auf, die zur Verfügung stehen. Wählen Sie einen aus. dBASE IV zeigt
dann automatisch neben dem **Druckernamen** den entsprechenden **Treiber** an. Setzen Sie den Cursor auf das Feld **Anschluß.** Drücken Sie wiederum *Umstell-F1* und wählen Sie einen Anschluß aus.

Mit dieser Vorgehensweise können Sie noch drei weitere Drucker installieren. Wenn Sie mit der Installation der Drucker fertig sind, speichern
Sie die Druckerangaben mit *Strg-Ende*.

7. Einen der installierten Drucker müssen Sie zum **Standarddrucker** ernen-
    nen. Dieser Drucker wird dann beim Start von dBASE IV automatisch
    aufgerufen. dBASE IV listet Ihnen die verfügbaren Druckertreiber auf
    (Bild A-3).

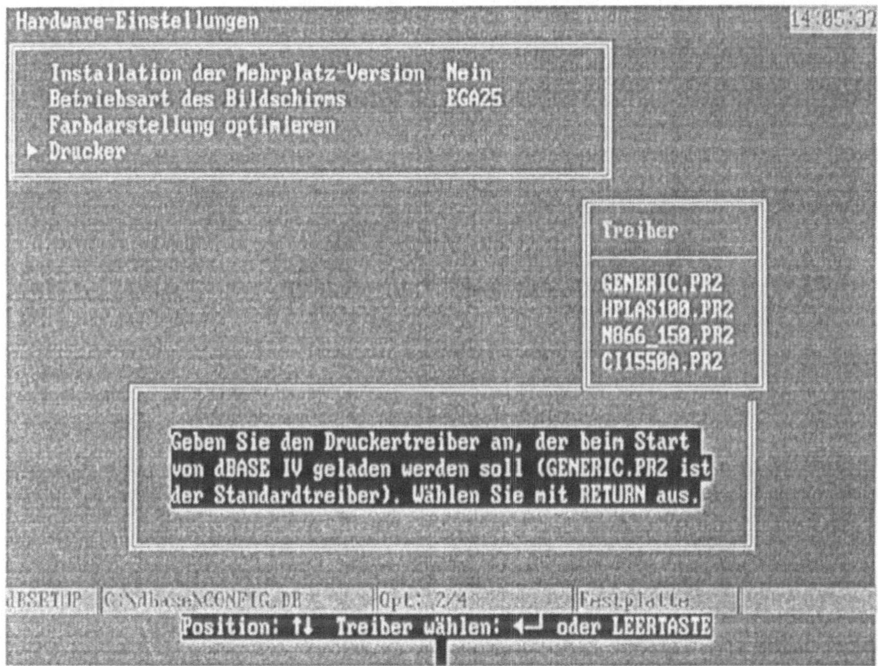

Bild A-3 Auswahl des Standarddruckers

Mit dem Druckertreiber Generic.pr2 können Sie auf jeden beliebigen
Drucker ausgeben. Der Treiber unterstützt sowohl Fett- als auch Kursiv-
druck. Diesen Treiber sollten Sie nur dann verwenden, wenn Ihr Drucker
nicht in der Liste der Drucker, die Sie oben mit Umstell-F1 aufgerufen
haben, enthalten ist.

Wählen Sie einen der Drucker aus.

8. Speichern Sie die Angaben mit *Strg-Ende*.

    Das Installationsprogramm gibt die Hardware-Einstellungen auf den Bild-
    schirm aus. Sie haben nun die Gelegenheit die Angaben nochmals zu prü-
    fen. Sie können die Hardware-Einstellungen bestätigen oder ändern.

9. Wenn Sie die Hardware-Einstellungen bestätigen, können Sie mit der Op-
    tion **Ausführen** die Installation fortsetzen.

Angaben über das Laufwerk und das Verzeichnis

1. Das Installationsprogramm weiß noch nicht, in welchem Laufwerk und in
    welchem Verzeichnis es dBASE IV installieren soll. Es schlägt Ihnen vor,
    dBASE IV auf

    C:\DBASE

    zu installieren. Sie können die Vorgabe überschreiben oder mit der Ein-
    gabetaste übernehmen (Bild A-4).

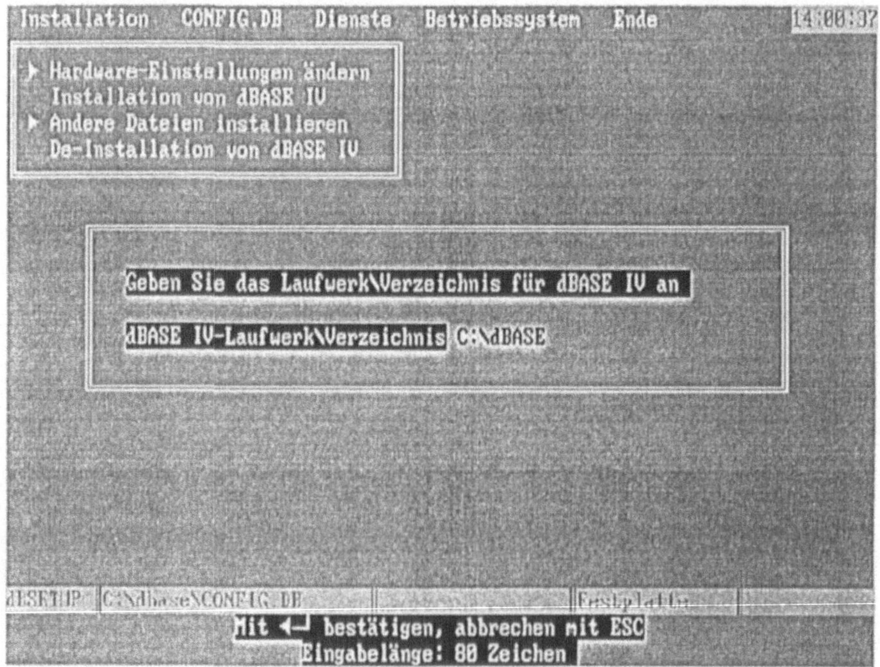

Bild A-4 Laufwerk und Verzeichnis festlegen

2. Dann will das Installationsprogramm noch wissen, in welchem Verzeichnis es die SQL-Systemdateien installieren soll. Es schlägt das Verzeichnis

C:\DBASE\SQLHOME

vor. Sie können auch diese Vorgabe überschreiben oder mit der Eingabetaste übernehmen.

dBASE IV prüft, ob auf dem angegebenen Laufwerk genug freier Speicherplatz vorhanden ist. Reicht der freie Speicherplatz nicht aus, werden Sie aufgefordert ein anderes Verzeichnis anzugeben oder die Installation abzubrechen.

Existiert eines der angegebenen Verzeichnisse auf dem Laufwerk noch nicht, fragt das Installationsprogramm, ob es das Verzeichnis anlegen soll. Sie können das Verzeichnis automatisch anlegen lassen oder ein anderes Verzeichnis angeben.

Wenn auf dem angegebenen Laufwerk bereits eine Version von dBASE gespeichert ist, können Sie die alte Version überschreiben oder für die neue Version ein anderes Verzeichnis angeben. Falls die alte Version kopiergeschützt ist, müssen Sie entweder ein anderes Laufwerk und ein anderes Verzeichnis angeben oder das Deinstallationsprogramm der kopiergeschützten Version ablaufen lassen.

Nachdem das Installationsprogramm alle erforderlichen Angaben erhalten und sich vergewissert hat, daß das System die Voraussetzungen für die Installation von dBASE IV erfüllt, beginnt es die Systemdateien zu kopieren. Legen Sie jeweils die angeforderte Diskette in das Laufwerk.

Aktualisieren der Dateien Autoexec.bat und Config.sys

Das Installationsprogramm fragt, ob es die Datei Autoexec.bat an dBASE IV anpassen soll.

1. Wenn Sie mit **Ja** antworten, trägt das Installationsprogramm den DOS-Suchpfad in die Datei ein. Wenn Sie dBASE IV beispielsweise im Verzeichnis C:\DBASE installiert haben, trägt es in die Autoexec.bat ein:

PATH = C:\DBASE

Das Installationsprogramm legt eine Sicherungskopie der ursprünglichen Datei an. Die Kopie erhält den Namen Autoexec.bak.

Achtung

Wenn Sie die Datei Autoexec.bat ändern, müssen Sie nach der Installation Ihren Computer neu starten.

2. Nachdem Sie die Datei Autoexec.bat aktualisiert haben, fragt das Installationsprogramm, ob es die Datei Config.sys an dBASE IV anpassen soll. Wenn Sie mit **Ja** antworten, trägt das Installationsprogramm folgende Parameter in die Config.sys ein:

FILES   = 40, falls der urspüngliche Wert kleiner als 40 ist und

BUFFERS   = 15, falls der ursprüngliche Wert kleiner als 15 ist.

Größere Werte werden nicht verändert.

FILES bezieht sich auf die Anzahl von Dateien, die gleichzeitig geöffnet sein können. BUFFERS bezeichnet die Anzahl der Puffer, die dem Hauptspeicher für das Lesen und Schreiben von Informationen von und auf den Datenträger zugeordnet werden.

Das Installationsprogramm legt eine Sicherungskopie der ursprünglichen Datei an. Die Kopie erhält den Namen Config.bak.

Beispieldateien

Abschließend können Sie noch die Beispieldateien kopieren. Vorgabewert für das Verzeichnis ist:

C:\DBASE\BEISPIEL

Die Beispieldateien müssen auf jeden Fall in ein Unterverzeichnis mit dem Namen \BEISPIEL kopiert werden. Ein anderes Verzeichnis akzeptiert dBASE IV für die Beispieldateien nicht. Sie können die Beispieldateien auch zu einem späteren Zeitpunkt installieren.

Installationsprogramm beenden

Wenn Sie das Installationprogramm über das **Ende**-Menü verlassen, können Sie entweder die Arbeit mit dem Programm Dbsetup fortsetzen oder in das Betriebssystem MS-DOS zurückkehren.

dBASE IV löschen

Das Programm Dbsetup enthält eine Funktion die sämtliche Systemdateien von dBASE IV in allen Verzeichnissen, die bei der Installation angelegt wurden, löscht. Übrig bleiben lediglich Bestandsdateien mit der Endung .dbf.

1. Starten Sie das Programm dBsetup.

2. Wählen Sie aus dem **Installation**-Menü die Option **De-Installation von dBASE IV** aus.

3. Geben Sie das Laufwerk und das Verzeichnis an, auf dem die Systemda-
    teien von dBASE IV gespeichert sind. Das Programm prüft sowohl, ob
    das Verzeichnis vorhanden ist als auch ob in diesem Verzeichnis dBASE
    IV installiert ist.   Wenn das Programm die Systemdateien im angegebe-
    nen Laufwerk findet, werden sie gelöscht. Andernfalls können Sie ein an-
    deres Verzeichnis angeben. Nachdem das Programm dBASE IV gelöscht
    hat, erscheint eine entsprechende Meldung.

Systemeinstellungen ändern

Das Installationsprogramm speichert in der Datei CONFIG.DB Angaben, die
Sie über Ihre Hardware-Konfiguration eingegeben haben. Zusätzlich stehen in
der CONFIG.DB Parameter, die den Ablauf von dBASE IV und die Ausgabe
bestimmter Werte auf den Bildschirm (z.B. Datum) beeinflussen.

Sämtliche Parameter der Datei CONFIG.DB können Sie mit dem Programm
dBsetup verändern. Einige Parameter können Sie auch direkt mit dBASE IV
verändern. Sie gelangen über die Option **Einstellungen** des **Diverses**-Menüs zu
den Systemparametern. Mit dBASE IV können Sie diese Parameter aber nur
für eine Sitzung ändern. Sobald Sie den PC ausschalten sind Ihre Änderungen
verloren.

Wenn Sie die Parameter hingegen mit dem Programm dBsetup ändern, stehen
sie für alle weiteren Sitzungen bereit.

1. dBsetup ist im Verzeichnis dBASE IV gespeichert. Starten Sie das Pro-
    gramm dBsetup.

2. Rufen Sie aus dem **CONFIG.DB**-Menü die Option **Ändern CONFIG.DB**
    auf.

3. Sie müssen dann das Laufwerk angeben, in dem die Datei CONFIG.DB
    gespeichert ist. Sie können den Vorschlag

    \dbase

    bestätigen oder ein anderes Verzeichnis angeben.

4. Rufen Sie das **Parameter**-Menü auf.

    Sie sehen daraufhin den ersten Teil der Parameter, die Sie ändern können,
    auf dem Bildschirm (Bild A-5).

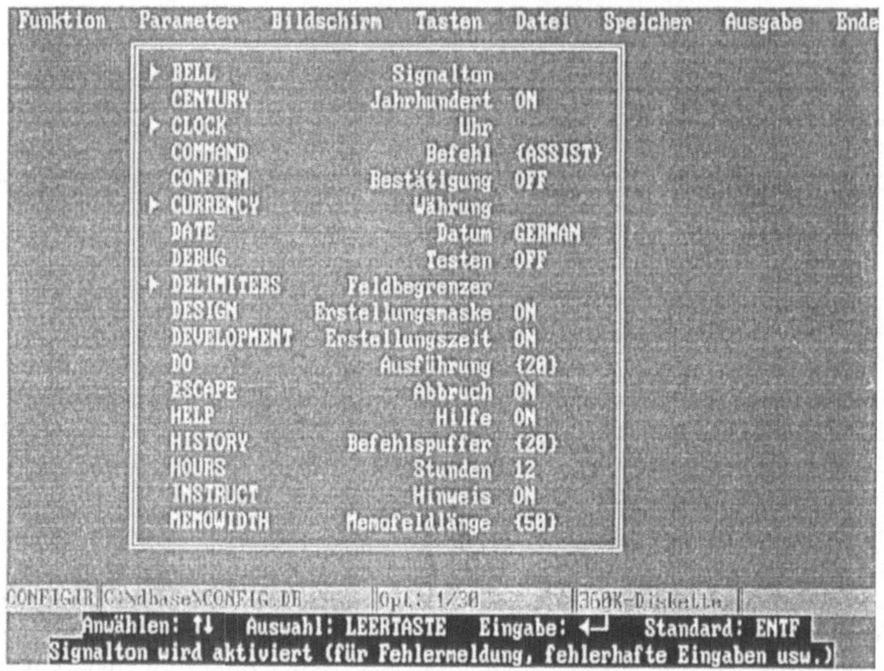

Bild A-5 Systemparameter der CONFIG.DB ändern

5. Sie können die Argumente der Systemparameter ändern und mit *Strg-Ende* speichern. Sie haben die Wahl die ursprüngliche Datei CONFIG.DB zu überschreiben oder eine neue Datei anzulegen.

Viele der Systemparameter sind nur für dBASE-Programmierer von Interesse. Es werden daher im folgenden nur die Systemparameter erklärt, die das Menüsystem betreffen. Das Argument, das standardmäßig eingestellt ist, wird in Großbuchstaben geschrieben.

Befehl	Erklärung	Argumente
BELL	Signalton	ON/off
BELL	Frequenz, Dauer	512 Hz (19-10000 Hz),
		2 (2-19)
CARRY	Sollen bei der Dateneingabe die Werte aus dem vorhergehenden Datensatz in den neuen Datensatz übernommen werden?	on/OFF

CENTURY	Vierstellige Ausgabe des Jahrhunderts im Datum	on/OFF
CONFIRM	Soll der Cursor am Ende eines Eingabefeldes automatisch in das nächste Feld springen (OFF) oder auf eine Bestätigung mit der Eingabetaste warten (on)?	on/OFF
CURRENCY	Währungszeichen	DM
DATE	Datum	deutsch im Format: TT.MM.JJ
DECIMALS	Anzahl der Dezimalstellen	2 (0-18)
DELETED	Sollen dBASE-Befhle zum Löschen markierte Datensätze berücksichtigen?	on/OFF
EXACT	Soll bei Suchfunktionen auf Groß- und Kleinschreibung geachtet werden?	on/OFF
EXCLUSIVE	Soll in einem Netzwerk immer nur ein Benutzer eine Datei bearbeiten dürfen?	on/OFF
INSTRUCT	Soll das Dialogfeld für Dateilisten eingeblendet werden?	ON/off
MARGIN	Linker Rand beim Ausdrucken eines unformatierten Textes	0 (0 bis 254)
MEMOWIDTH	Zeilenlänge der Memofelder	50 (8 bis 32000)
SAFETY	Soll eine Warnung ausgegeben werden, bevor Sie eine bereits vorhandene Datei mit einer neuen Datei überschreiben?	ON/off
TALK	Sollen die Vorgänge bei der Ausführung einer Funktion genau angezeigt werden?	ON/off
TRAP	Soll beim Erstellen benutzerdefinierter Funktionen oder von Programmen der Testmodus eingeschaltet werden?	on/OFF

Überblick über Dateien und ihre Endungen

Alle Dateien, die dBASE IV speichert, erhalten eine Endung, die den Typ der Datei eindeutig kennzeichnet.

Endung	**Dateityp**
.CAT	Katalog
.DBF	dB-Datei
.DBT	Memo
.MDX	Index
.NDX	Index (dBASE III plus)
.SCR	Maske (Formatmaske)
.FMT	Maske (dBASE IV-Code)
.FMO	Maske (kompilierter Coede)
.FRM	Bericht (Formatmaske)
.FRG	Bericht (dBASE IV-Code)
.FRO	Bericht (kompilierter Coede)
.LBL	Etikett (Formatmaske)
.LBG	Etikett (dBASE IV-Code)
.LBO	Etikett (kompilierter Code)
.QBE	Sichtabragen
.UPD	Aktualisierungsabfragen
.KEY	Makro-Bibliothek
.PRF	Druckmaskendatei
.PRT	Datei für Druckausgabe
.PRG	dBASE-Programm- oder Prozedurdatei
.PRS	dBASE/SQL-Befehls- oder Prozedurdatei
.DBO	kompilierte Befehls- oder Prozedurdatei

Überblick über die Beispiel-Dateien auf der Diskette

Auf der Beispieldiskette sind folgende 63 Dateien gespeichert:

Dateiname	Endung
ARTIKEL	DBF
ARTIKEL	SCR
ARTIKEL	FMT
ARTIKEL	FMO
ARTIKEL	MDX
ARTIKEL	PRF
ARTIKEL	FRM
ARTIKEL	FRG
AUFTRAG	SCR
AUFTRAG	FMT
AUFTRAG	FMO
AUFTRAG	DBF
AUFTRAG	MDX
POSITION	DBF
POSITION	MDX
PRIVAT	DX
PRIVAT	DBF
BRIEF	FRM
BRIEF	FRG
BRIEF	PRF
BRIEF	BAK
BRIEF	DBO
BRIEF	QBO
EINL	FRM
EINL	FRG
EINL	PRF
EINL	FRO
RECHNUNG	QBO
RECHNUNG	QBE
RECHNUNG	FRO
RECHNUNG	FRM
RECHNUNG	FRG
RECHNUNG	KEY
ADRESSEN	LBL
ADRESSEN	LBO
ADRESSEN	LBG
PREISE	LBL

PREISE	LBO
PREISE	LBG
AN	PRG
AN	DBO
AN	BAK
PS	PRG
PS	DBO
PS	BAK
TL	PRG
TL	DBO
TL	BAK
KUNDEN	MDX
KUNDEN	DBF
KUNDEN	DBT
VK	QBE
SORT	QBE
CATALOG	CAT
LINK	QBE
EVERY	QBE
FIRST	QBE
AUTO_JOI	QBE
PREIS_AK	UPD
LÖSCHEN	UPD
ANFÜGEN	UPD
EINGABE	KEY
XYZ	CAT

Sachwortverzeichnis

G

H

I

J

K

L

M

N

O

P